我が人生は
三里塚農民と共にあり

加瀬勉
闘いに生きる

上

柘植書房新社

出版にあたって

泥土放光農魂不滅。北総畑作大地における空港建設反対闘争は、日本人民が多大な犠牲の上に築き上げた財産、宝物であると私は自覚している。農民は家屋敷を破壊され、土地を奪われ、あらゆる迫害を受け弾圧され牢獄につながれ故郷を追われていった。三里塚闘争を現地の農民とともに戦った全国津々浦々の支援者、貧しい生活の中で浄財と物資カンパ、闘争に馳せ参じ、権力の弾圧で傷つき、何百何千の人たちが逮捕され牢獄に、あるものは職場を追われた。三里塚闘争に尊い命を捧げていった。全国の友人、同志達の一人ひとりの顔が私の魂に焼きついている。私は物書きではない。組織者、オルガナイザーである。この観点と姿勢は80余年の人生を貫いてきたつもりである。

「革命期。白色テロ地域で秘密の特殊工作員として偽名を使って任務を遂行していたが犠牲になった。彼がこの世に生きて最も困難な白色地区で活動し犠牲になったことは誰も知るものはない」実はこのような多くの同志たちの犠牲の上に革命は勝利したのである。

「周りにいる大勢の人たちが銃を持って立ち上がったから私も銃を持って立ち上がった。そして彼は敵の銃弾に倒れた。同志たちは懇ろに彼を葬り、小さい墓の土饅頭を作って枯れ枝を墓標に立てて転戦していった。墓は風雨に晒され平らになり草が生え茂った。枯れ枝の墓標も草の中に倒れた。ある日、一人の農夫が来て夕餉の支度をするために墓標の枯れ枝を持って行ってしまった。彼がこの世に生まれてきた痕跡も、革命の犠牲になったことを知る人は誰もいない。革命はこのような民衆の犠牲の上に築かれていった」

三里塚闘争も然りである。闘争の歴史に名を残し刻まれたものはよいだろう。だが刻まれない無数の人たちによって三里塚闘争は築かれていったのである。私の熱い視線と魂はいつもこの人たちに注がれている。

「加瀬勉　闘いに生きる」の出版の申し出があったときに私には深い戸惑いがあった。拙文が三里塚闘争と日本の階級闘争の前進のために少しは役立ち貢献できるであろうか。私の思想の未熟さから立身、出世、野心、吹聴の権力史観、観点の闘争を利用し食い物にするそんな出版物になるのではないかと恐れている。そんな出版物を私は沢山読み、見てきたからである。

自己批判と相互批判がどれだけ深くできるかは闘争前進の根源である。討論の素材になればと出版の御厚意に甘えることにした。

「三里塚空港機能拡大・700ヘクタール用地拡大・新滑走路の建設・50万回増便」の国家権力の新たなる攻撃に対して、50年・100年闘争に決意新たに出発するときに、私の拙文が少しでも役に立てばと思っている。

出版においても大衆路線を貫いてひとりでも多くの農民の生身の姿を登場させたかった。

また、文章の中に多くの重複箇所があることをお詫びしたい。とりわけ、小川明治さん、小川源さん、大木よねさんについては、その生き様を強調する必要から、実川山武農協組合長等に対しては、その裏切り行為の重大性を強調するために言及したつもりである。なにとぞご了承くださるよう、お願いします。

加瀬　勉

２０１７年10月31日

加瀬勉　闘いに生きる――我が人生は三里塚農民と共にあり◆目次

―下巻―

第5部　反対同盟の国際交流

第6部　加瀬勉とは何ものか

第7部　闘争の中で学んで来たこと

第8部　小作人・百姓口伝

第1部

怒り心頭に発す

怒り心頭に発す　機能拡大絶対反対

夜間飛行制限緩和反対、第三滑走路建設反対、50万回発着反対
騒音被害反対　立ち退き断固拒否

お前たちは犯罪者

成田空港は国家犯罪の積み重ねによって建設されたものである。お前たちは加害者であり犯罪者であり犯人なのである。我々は成田空港の機能拡大に反対し、立ち退き移転を断固拒否する。自分の生活を守り絶対に他人の生活を脅かさず、お互いに命を守りあって、健康な自然と命と文化を後世に伝えてゆく決意である。

人面獣心

政府は強権を発動してあらゆるものを奪い尽くした。我々の反対抵抗で強権が通らないと知るや、今度は「丁寧に説明する」「ご理解をいただく」「結論は急がない」と町村単位、地区単位、集落単位で説明会を開いてきている。鉄棒を振るっても鬼は鬼、笑っていても鬼であることには変わりはない。「夜間飛行制限緩和」「第三滑走路の建設」「50万回増便」「1000ヘクタールの用地拡大」「騒音対策」にご理解をいただきました。この既成事実をつくるための説明会ではないか。人間の皮を被った鬼どもの衣の下に鎧が見える。我々はいかなる空港の機能拡大にも断固として反対する。

殺人鬼

「国策に反対するものは日本人ではない」「国賊、日本から出て行け」「空港に反対する奴は何人殺してもよい、お上（政府）

から指示されている」

俺たちはお前たちにあらゆる迫害を受け殺され、すべてを奪われていった。俺はその事実を真実をこの目でしっかり見つめ体験してきた。真実を聴け、犯罪者ども。霞が関で作成した空港機能拡大のペーパープランを撤回せよ。再びこの地域に大混乱を起こし、我々を殺して空港機能を拡大してゆく気か。人間の命を超越する大義などこの世には存在しない。

人間の良心の破壊

「空港株式会社、俯いていないで立って聴け」、「お前のところの黒野匡彦（元成田空港株式会社社長、現最高顧問）は、突如、三里塚東峰神社の御神木を切り倒した」。集落の鎮守、初参り、結婚の報告、七五三の宮参り、成人の宮参り、秋の収穫祭、日常的に清掃し、御神木の一枝も折ることなく大切にしてきた。集落の守り神として信仰の対象にしてきた。御神木を盗伐したことは、憲法で保障されている思想、信条の自由に対する重大な人権侵害である。黒野は東峰集落の住民に謝罪文を提出した。その黒野が空港機能拡大の講演会を開催して歩いている。

「この天下り官僚の退職金泥棒」「黒野、人間として恥を知れ」

国土航空局

成田空港（株）の黒野は、東峰神社の御神木を盗伐する重大な過失を犯した。監督官庁の航空局はどのように指導したのか。どのように注意したのか。答えてみろ、答えられまい。真犯人は航空局お前であろう。なぜ隠蔽しているのだ。一般社会では刑事事件である。なぜ刑事事件にならないのか。成田空港の建設が国家犯罪であるからである。

闘病生活

私の集落では1戸1名の割合で病人がいる。ある者は通院し、ある者は福祉施設へ、ある者は自宅療養、これらの人々にとって絶対必要なものは、航空機騒音のない静かな環境である。この人たちを日常的に騒音で苦しめ、さらに空港機能拡大で騒音地獄に陥れようとしている。さらに立ち退きを要求するとはなにごとか、人権蹂躙である。空港機能拡大に断固反対して人間の命の尊厳を絶対に守り抜く決意である。

騒音対策

隣の家と軒先を並べながら騒音a地区、b地区に分断され、同じく軒を並べながら騒音b地区は騒音地区外に分断されている。発着、時間帯、天候、風向き、地形によって騒音の被害は複雑に違う。集落の分断と差別を解消せよ。騒音測定は、具体的な状況に合わせて行っていないではないか。騒音の測定数値も被害の実態に合ってはいない。60デシベル(騒音数値)や騒音区域線引きの決まりで生活しているのではない。航空機騒音がうるさいか、うるさくないかの生活実感の中で生きているのだ。デシベルや線引きに関係ない。騒音被害をゼロにせよ。騒音区域内の土地規制をなくせ。昭和46年度以降新築した家には防音補助は出ない。子供たちが結婚し屋敷内に住宅ローンを組んで家を新築しても補助の対象にはならない。なぜ、家族内に差別をおこすのだ。防音工事の補助は家族構成割りである。家の建坪によって行われているのではない。居間や寝室が中心の防音工事である。台所、風呂場、トイレ、などは対象外である。家の建坪、面積に従って補助せよ。

集落の家族構成は1戸3・3人である。補助金では工事費が足りない。当初1戸100万円の個人負担をした。成田方式という特別財団をつくって補助金を出しているが、個人が工事費の不足分を出していることには変わりはない。加害者の成田空港(株)のお前たちの会社が黒字で、被害を受けている我々が、犠牲になっている我々が、なぜ工事費不足を負担しなければならないのだ。そんな道理があるか。ふざけるでない。「自分で騒音測定器を買い求めて測っているが、防音の二重サッシを入れても10デシベルしか下がっていない。55デシベルでも煩わしくてしょうがない」「我々は騒音区域の線引きや60デシベルの騒音基準で生活しているのではない。うるさいか、うるさくないかの生活体感で生活している。10デシベルでも煩わしい」「落下物があって急報したが特定するまで3カ月もかかった。レーダーで監視し誘導している飛行機を瞬時特定できないはずはない。我々の命が危険にさらされているのだ。不誠実極まりない」「畑のビニールハウスがジェット機の燃料不燃物で汚染され陽の通りが悪くなっている。調査しろと要求してもやらないではないか。ビニールが汚染されているということは、畑の作物も汚染されているということである。食の安全、生命の安全を脅かしているのではないか」

どんなに金を積んでも防音工事をしても騒音は防げないことが実証されている。空港機能拡大とは騒音被害を深刻化させることである。

我々は立ち退きを断固拒否する。相川勝重・芝山、菅澤英毅・多古、佐藤晴彦・横芝光の各首長は成田に比較して交付金が少ない、差額が広がっていると不満を述べている。交付金を増額されて道路、箱物を作っても深刻な騒音被害は少なくならない。私の集落100戸に年間70万の迷惑料が来ているが、空港機能が拡大され被害が増大し、それに従って迷惑料が増額されても、騒音の被害はなくならない。騒音の被害が深刻になれば迷惑料、我慢料が増額されるであろうが、我々の我慢にも限度がある。必ず爆発する。お前たちにそのことを警告しておく。

夜間飛行制限緩和

夜間飛行制限緩和に断固反対する。お前らはぐっすり寝ていて、なんで我々は夜騒音で眠れなくなるのだ。24時間稼働は絶対に許さない。断固反対する。騒音30デシベルの特殊な防音寝室を作ると説明している。昼間汗流して働いていて、夜密閉した部屋に、金庫みたいな部屋に寝なければならないのか。高温多湿な日本の気候風土では開放的な家屋でなければならない。我々を牢屋みたいな部屋に閉じ込めるとはなにごとか。広い田圃、生育した稲、田圃には水、この田圃の水の上を風が通ってくる。田圃風、裏山の樹木と木陰。科学エネルギーを使わない自然の空調である。この自然と断絶して非人間的な生活を強要するとはなにごとか。

立ち退き

空港用地1000ヘクタールの空港用地の拡大、立ち退き戸数2000戸、10年後の第三滑走路の建設計画、30年後50万回発着、北は筑波山から南は九十九里浜に広がる騒音地帯。俺の集落（多古町牛尾）が立ち退きになる。ふざけるなこの野郎。騒音立ち退き区域になるから村を出て行けとは何だ。お前たちのために、俺たちが運命を変えなければならないとはなにごとか。お前たちに俺たちの運命を変える権限などなにもない。お前たちは月給をもらい、定年退職し退職金をもらってゆく、いや来年にも転職があって空港関係から離れてゆくかもしれない。俺たちは子々孫々、永久的に騒音被害の中で生きてゆかねばならない。何人も人の運命に介入、干渉する権限はない。

農民にとって自然、土地は己の分身なのである。自らの労働を通して命をつぎ込み命を育てともに生きてゆく関係にある。その我々に騒音被害が発生するから立ち退け、移転しろとはなにごとか。移転、立ち退きは農民にとって生きることの断絶なのである。お前たち会社員の転職と違うのだ。我々の財産権、居住権、職業選択の自由、健康で文化的な生活を送る権利等の基本的権利、人間の良心の世界に行政権をもって介入してくるのだ。人権と民主主義にたいする蹂躙である。

重い経済負担

空港関連事業の振興策、騒音対策、成田用水事業、集落排水事業は重い経済負担を我々にかけている。防音工事に対する個人負担は先に述べたとおりである。成田用水事業は空港周辺市町村の13組合3０００人3０００ヘクタール、揚水、水田区画事業、畑地灌漑事業は30年の歳月をかけ、10アール当たり30万円の賦課金を納めて実施してきた。米価格は安く10アール当たり米の販売は10万円ぐらいである。それに対して生産費は全国平均で13万円である。赤字経営のなか、農外収入と年金で賦課金を納入して経営を維持してきた。この成田用水実施区域1０００ヘクタールの自然、田畑を空港用地にしてコンクリートの下に、滑走路の下に埋めようとするとは何事か。

さらに空港用地内と騒音立ち退き区域の2０００戸の農民の立ち退きである。これも成田用水区域である。30年にわたる我々の生産に対する努力を無にする気か。断じて農業破壊自然破壊の空港用地の拡大は許さない。空港関連事業の集落排水事業（トイレと生活雑排水処理）だが、宅地内工事に一番多い人で2６０万円、少ない人で30万円かかっている。平均すると50万円から60万円の負担になっている。対象地域の住民49％の加入しかない。あまりにも宅地内工事費の負担が重いからである。防音工事、成田用水、集落排水事業に対する我々の負担は重く肩にのしかかっている。お前らの空港（株）が黒字経営をしていて、被害を受けている我々が犠牲になっている。空港関連振興策が聞いてあきれる。政治責任を取れ。

世界の流れに逆行

「空港と地域の共生」、空港と地域住民との共栄共存はありえない。空港は我々の生活に脅威をもたらす敵対物以外のなにものでもない。我々の理念は「自然と人間との共栄、共存」である。断じて滑走路とコンクリートとの共存ではない。これが我々の理念であり進むべき道である。環境問題は、地球温暖化に見られるように人類の生存の危機に直面させている。京都議定書に始まって最近のパリ協定の枠組みまで、それをすべて実施しても地球の温度は３度上昇するといわれている。サンゴ礁の島々が水没して環境破壊難民が発生する事態になっている。世界航空業界総会でも二酸化炭素２％削減を決議している。日本有数の畑作農業地帯を破壊し、北は茨城水郷穀物地帯、南は九十九里平野穀物地帯を騒音地獄にしてジェットエンジンの油を撒いて環境を汚染していく。ビニールハウスと農産物と油の汚染を見るがいい。空港機能の拡大は地球環境保全に努力している世界の流れに逆行するものである。我々の未来に対する挑戦にほかならない。

菅澤多古町長は辞任せよ

お前は町長辞めろ。何時から航空局と成田空港（株）の手先になったのか。町民に犠牲を強制し町民を権力と空港の生贄にする町長はもはや町長でもなんでもない。航空局、千葉県、成田空港（株）、空港関連市町村首長の参加する４者協で、お前は一番空港機能拡大について積極的な発言をしている。そんなに空港建設が好きなら、国土省航空局、成田空港（株）に雇ってもらって玄関の掃除やビルディングの窓拭きでもやっていろ、また多古町の道路の端に散乱している塵でも拾っていろ。それがよっぽど町民のためになるし社会貢献にもなる。

日本の民主主義制度

「千葉県の知事なのだから、俺たち県民の空港反対の立場になって政府から我々を守るのが知事の役目ではないか」。農民はこのように友納武人千葉県知事に懇願した。友納曰く、「国が潰れれば自治体もなくなりますよ。国の方針に従うのは当然のことでしょう」、日本は単一国家、多様性社会を認めない一元制国家なのである。

空港問題が起きると成田市、芝山町に空港対策課が設けられ、千葉県から職員が派遣されてきた。政府、千葉県、成田市、芝山町は一元化されたのである。

では空港建設に反対する農民はどうであったのか。「農は国の基なり」「農民にとって国は親なり」の家族主義的国家観の思想を持っていた。集落共同体の絆も異質を認めない、出る釘は打たれるのが共同性である。日本は上から下まで多元性、多様性を認めない一元制の国家なのである。だから空港反対を主張しこの一元制国家の政策に反対すると、「非国民」「国賊」「日本人ではない。日本から出て行け」の排外主義が現われてくるのである。日本の戦後民主主義は脆弱で日本は民主主義の育ちにくい社会構造と風土をもっている国なのである。

佐藤内閣は突如空港建設を三里塚に決定した。これに対して即座に成田市議会、芝山町議会は空港建設反対の議決を満場一致で決めた。政府と千葉県はこの事態に困惑した。成田市議会議員浅野惣平、篠原茂、芝山町議員三浦五郎氏等から「運輸省と県の空港対策課の職員が現金7万円をもってきて、空港反対決議を白紙に戻してくれときた。現金を突き返してやった」と私に報告が入った。この3人の議員を除いて、成田市議会議員、芝山町議員は政府と千葉県に買収されて空港建設に賛成し、議会の空港建設反対の議決は撤回されたのである。

印旛郡栄町安食の料亭金田屋で芝山町議会議員の全員協議会が開かれた。そこには運輸省の役人、千葉県空港対策室の職員が出席していた。三浦五郎議員は怒って退席した。この会議のあと三浦議員を除いて芝山町議員の姿は町から消えてしまったのである。茨城県袋田温泉に運輸省職員、千葉県職員が議員を缶詰にして空港反対の議会決議撤回の陰謀の秘策を練っていたのである。彼らは芝山町役場前の料亭菊屋に秘密のうちに移動。この料亭は加瀬清議員の経営するものであった。この料亭から警察隊に守られて議場に入り、空港反対決議撤回の緊急動議が出され、宮野雄亮議長によって議決され閉会宣言がなされて、議員は警官隊に守られて姿を消してしまった。

もちろん、空港反対同盟は動員して激しい抗議行動を展開した。そのとき農民は議員に対して「俺たちが投票してやったから議員になれたのだ。なぜ賛成になったのか」と抗議をした。議員から返ってきた言葉は「1票の金は払っているし、選挙運動の手間代も払っている。文句を言われることはない」と反撃されて絶句していた。投票用紙1枚500円で売買されていた。選挙事務所に投票用紙を売りに来る人もいた。500円相当の手土産持参、料亭接待も存在していた。議員、議会を支える主権者の意識も低かった。

空港反対同盟は賛成にまわった議員のリコールを開始した。リコールに必要な法定署名を即座に集めた。誰もがリコールは成立すると思った。反対同盟は議会で多数派を占める選挙における候補者の選任を始めた。この事態に芝山町長寺内元助は友納千葉県知事のところに相談に出向いた。ここで寺内町長は行方不明になってしまったのである。続いて起きたのが芝山選挙管理委員全員の辞職であった。リコール署名は審査されることなく廃棄されたのである。最後の手段の直接請求権も権力の陰謀で無効にされたのである。行方不明になっていた寺内町長は千葉県知事友納の紹介で県立鶴舞病院に仮病を使って面会謝絶で入院していたのである。

成熟しない戦後民主主義をよいことに政府はそれを蹂躙し無政府状態を作り出し、空港建設を進めていったのである。航空局は新しく成田空港の機能拡大、夜間飛行制限緩和、第三滑走路の建設。１０００ヘクタールの用地の買収、２０００戸の移転、50万回の増便、騒音被害の拡大の計画を出してきた。我々の財産権、職業選択の自由、居住権、健康で文化的生活を送る権利、思想、信条の自由に対する重大な干渉、介入をして来た。徹底的に権利を主張して自らの主体を変革し日本の民主主義制度を発展させる好機が訪れてきたのである。

農民の作ったものを食うな

お前らは今朝の食事になにを食ってきた。農民の作ってきたものを食ってきたのであろう。毎日農民の作った野菜を食って自分の命を養っていながら農民の土地を奪い、農民を追い出し、農民を弾圧し、暴行して監獄に入れ、村々を廃墟にした。そんなお前らに農民が作ったものを食う資格などない。空港の滑走路やビルディングのコンクリートをかじっていろ。それでは生きて行くことはできまい。農民の作った作物によってお前らは生きているのだ。命あるものを食べておのれの命を人間は養っているのだ。お前らには命に対する尊厳感謝はないのか。命を育てているその農民を殺して空港を建設してきた。現在の２５００メートルの滑走路を延長したり、２０００戸の農民を移転させ、１０００ヘクタールの用地を拡大し３５００メートルの滑走路の建設を計画したり、50万回発着する騒音地獄を作り出す。地獄を作り出す鬼ども、断じて寸土もお前たちには渡さぬ。

航空政策の混迷

「国策に反対する奴は国賊」「国策に反対する奴は日本人ではない。日本から出て行け」「空港に反対する奴らは何人殺してもいい。お上（政府）から指示されている」、お前たちはその言葉を忠実に実行してきた。「アジアに一つのハブ空港それが成田」とお前たちは言ってきた。それがどうだ、韓国仁川、中国北京、上海、フィリピンのマニラに巨大空港が建設されてお前らの思惑は外れた。「国際線は成田乗り入れのみ」が、羽田、中部、関西空港に国際線は発着し、今や地方空港まで国際線は乗り入れられている。超音速機コンコルドがフランスで開発された。ソ連でもツボレスTu144型機が開発された。膨大な開発費、衝撃波の発生する騒音被害。コンコルドは日本に1回試験飛行で飛来して開発は中止された。いずれも姿を消していって、今や格安小型機が主力になる勢いである。お前たちの航空政策はみんな失敗した。だが俺たちは過酷な耐え難き犠牲を背負わされた。

お前たちは1人として政治責任は取ってはいない。成田の空港の地位が低下した。だから機能拡大のペーパープランを出してきた。自分たちの航空政策の失敗を棚に上げて再び大混乱と悲劇を起こそうとしているのである。機能拡大計画を撤回せよ。

戦後最大の失敗

「成田空港の建設は戦後自民党内閣の政策の中で最大の失敗である」これは俺の言葉ではない。日本財界を代表する経団連会長桜田武の言葉である。俺は日本財界代表に会談を申し込まれた。相手は経団連会長の桜田武、財界の実力者中山素平、元警視総監秦野章等であった。桜田は「成田の内陸に空港を作ったことは戦後自民党内閣の最大の政策の失敗であった。財界は海上に空港を作れと言ってきたが、佐藤（総理）が聞き入れなかった。だからこんな事態を引き起こしてしまった。財界は成田貨物空港、4000メートル滑走路1本で事態を収拾したい」と発言した。我々は工事中止、全面撤退を要求して譲らなかった。秦野は「成田ではジャングルの中にビルを建てて毎日攻撃されているようなものである。関東管区、中部管区（名古屋）まで警視庁は動員したが、成田で敗れたり。1万5000人の機動隊を動員して1週間しかもたない。それ以上になると日本の警察行政は麻痺してしまう。成田の闘争の事態を何としても収拾したい」。俺は「成田から一切の警備警察を撤退させよ」と要求した。

俺は断固として闘争継続と廃港を主張した。成田空港は国家犯罪の積み重ねの上に悲劇を生み続けている内陸空港である。さらに機能を拡大し犠牲と悲劇を再び作り出そうとしている。航空局とその手先ども、悲劇を作り出す亡者ども計画を撤回せよ。

悪魔ども

そこに座っている航空局の悪魔、千葉県空港対策課の悪魔、空港（株）の悪魔ども、悪魔はその魔力を失う時がある。自分の醜い姿が鏡に映ったときである。鏡とは民衆の声であり、お前たちを批判する人民の声である。三里塚シンポで政府は行き過ぎがあったと謝罪した。村山総理も親書で謝罪した。空港（株）の黒野匡彦も文書をもって東峰の農民に謝罪した。千葉県も和解調書の中で大木よねさんに謝罪した。謝罪とはこれまでの罪と過失を改め償い二度とその過ちを繰り返さないように反省し決意することである。お前たちは反省するどころか、機能拡大のプランを出してきた。三里塚シンポで強制代執行はやらないという合意になっていながら、横堀団結小屋の強制執行を行い、今度は天神峰の市東さんの土地に対して強制明け渡しを求めると、空港（株）の社長夏目誠は言明している。謝罪と反省は人間の良心に基づいて行うものであるが、お前たちは、謝罪は方便だとしか考えていない。そこに座っている悪魔ども、お前たちに将来、未来を語る資格はない。

人間の尊厳

強制代執行の時に俺は大木よねさんと生活を共にしていた。朝夕毎日ガードマンと機動隊が巡回してきた。そしてよねさんに「婆早く出て行け」「婆早く死ね」「早くくたばれ」とあらゆる暴言、差別言葉を浴びせていった。ある日怒り心頭に発したよねさんは着物の裾をまくり性器をあらわにして「この婆様がそんなに憎いならこの股の間の穴に警棒を突っ込んで殺せ、お前たちはここから生まれてきたのだ」と抗議した。さすがの機動隊も無言で帰って行った。

「お前たちにも母親がいるだろう。お前たちにも妻もいるだろう。可愛い娘もいるだろう。その人たちが大木よねさんのように迫害を受けたらなんとする」「航空局答えてみろ」「強制代執行をかけた千葉県答えてみろ」「空港（株）答えてみろ」「人間ではない。地獄の悪魔ども答えろと言っているのだ。なぜ黙ってうつむいているのだ」お前らが人間の尊厳を冒涜し迫害をしている事実をこの目で見、体験し知った。この真実から事実から目をそらすことは人間として許されない。知っていて知らない振りをして素通りすることはお前らと同じ悪魔、畜生になることである。俺は人間として生きたい。そのためにお前たちと徹底的に対決し闘う。絶対に許しはしない。

殺人鬼ども

昨年三宮静江さんが亡くなった。「空港が憎い」と遺書を残し抗議して自ら命を絶った三宮文男君の母親である。裏山の産土神社の境内の椎の木にロープで首を括って縊死していた三宮文男君を木から降ろして仲間とともに抱きかかえて連れ帰った。息子の死を見た一瞬「ギャー」と悲鳴を上げて母親の静江さんは昏倒し意識を失った。人殺し、お前たちは人間を殺したのだ。駒井野の強制代執行の時に、砦の杭に鎖で体を縛り付けていた婦人行動隊にワイヤーロープをかけて、ブルドーザーで引き抜いていった。農民が立ち木に上っているのを切り倒していった。チェンソーを始動させ、鳶口を振るって「殺すぞ」と襲い掛かってきた。逮捕者８００人、重傷者42人、北原鉱治事務局長の娘さん（高校生）はガソリンをかぶって抗議の自殺をしようとした。三里塚長原の宮本由美子さんは「今日は死んで帰ります」、1日の闘いが終わり家に帰って「死なずに帰ってきて申し訳ありませんでした」と両親に頭を下げた。由美子さんは小学校6年生であった。手記に残している。

駒井野砦では椿おっかさんは娘（絹子さん、当時小学校3年生）をしっかりと胸に抱きしめて全身機動隊の高圧放水を浴びて「そんなに空港を作りたいならこの親娘を殺してつくれ」と叫んだ。松の大木に何人も人が登って空港反対を叫んでいるのに根元から木を切り倒し、山に地下道を掘って闘えば、落盤して何人もの農民が死んでもかまわないと大型土木機械で掘り返し整地した。

敷地内部の強制測量では反対同盟の竜崎和子さんのお腹に子供がいるのに機動隊は蹴り上げ暴行し、横堀では鉄塔に登って反対を叫んでいる人に真冬深夜まで放水し凍死させせようとした。空港反対を天皇に直訴したのは菅沢老人行動隊長だが、千葉県庁広場に稲藁を高く積んで10人の老人決死隊が白装束に身を固め焼身自殺の抗議行動を実行せんとした。自分の田畑、家屋敷を守り幸せに生きるため闘っているのだ。「死ぬことは絶対にならぬ」。全身全霊をかけて説得し計画を中止させた。「老先短い命、後に残る家族を守るために死なせてくれ」と懇願する菅沢一利さんの目から涙が溢れ落ちた。空港問題が起きなければ孫の子守をして静かに日々を送っていたものを、国家権力はここまで三里塚の農民を追い込んでいったのである。

東山薫君は機動隊にガス銃で射殺された。原勲君は刑務所から出てきて拘禁症で自ら命を絶った。新山幸男君は全身火傷で死んでいった。大木よねさんは代執行を受けて財産を奪われ命を奪われ死んでいった。

殺人鬼ども、人殺しども、人間の命と空港のどっちが大切か答えてみろ。人間の命より大切なものはこの世に存在しないのだ。岩山の秋葉君は空港問題で悩んで電車に飛び込んで自殺を図り、その後上野の地下道で生活している。相続問題、補償金の配分を巡って争いがおき新築した家に放火して自殺を図った農民。移転したが補償金を博打で使い果たし家屋敷まで失いホームレスになった農民。移転したが悩んで自殺した女性、空港問題で離婚した女性などその数は無数に上る。お前たちは補償金を払ったのだから責任はないといっているが、悲劇の原因を作ったのはすべてお前たちである。人間の価値のすべては労働の汗の中より生まれる。その基礎たる田畑を暴力と紙幣、金で奪い尽くして廃村にした。この暴挙を断じて許さない。

侵略の軍隊

今井栄文・空港（株）は「今までのやり方は、国があるいは空港（株）が、公に決めてこれでお願いします。これでお願いしますというのが多かったと思います」と言った。今井、この言葉を撤回し謝罪しろ。問答無用の空港の位置決定、弾圧、暴力、陰謀、強制収用、殺人を強行してきたのではないか。一度だってお願いしますと言ったことはない。

１９３７年７月７日、関東軍は中国北京郊外盧溝橋で発砲、日中戦争開始。

１９４１年12月８日、日本軍は真珠湾を奇襲攻撃、太平洋戦争に突入。

１９６６年、佐藤内閣は突如三里塚に空港建設を決定。千葉県は代執行を中止すると言って代執行を強行。空港（株）の黒野は東峰神社の御神木を盗伐。２５００メートルの滑走路建設は住民の合意によるものを無視して強行。30万回増便も一方的に実施した。夜間飛行制限緩和も24時間稼働を目指して実現しようとしている。お前たちが三里塚でやったことは、戦前の軍部、ファシストと全く同じことだ。お前たちはファシストであり軍部独裁者であり、民主主義を蹂躙しすべてを強奪した侵略軍なのだ。三里塚シンポで政府は農民に謝罪した。村山総理も謝罪した。黒野も謝罪した。千葉県も謝罪した。いくら謝罪してもお前たちに殺された人の命は戻ってこない。コンクリートの下になった田畑と自然、すべてを奪われ村を追われ運命を変えることを余儀なくされた多くの人々とその生活は戻ってこない。

そこに座っているファシストども、自らの命をもって償え。空港機能拡大の10年計画、30年計画を提案してくるとは何事か。即座に撤回せよ。

空港の軍事利用

航空局「空港には民間と軍事の区別はありません」と、なぜ日米安保条約における地位協定の説明をしないのだ。安保法案が国会で成立した。運輸、医療、空港の特定公共機関も軍事的に利用することができるようになったと、この重大なことを説明しないのだ。戦前、東に旭海軍航空基地があり、南に栗山の陸軍飛行場、北に八街陸軍飛行場があった。私は、三方、飛行場に囲まれて育った。敗戦時、毎日アメリカ艦載機の攻撃を見てきた。軍事的に利用される空港の建設は絶対に反対である。政府は沖縄で辺野古、オスプレイの軍事基地建設に、三里塚空港建設の手段と同じ方法で強行している。三里塚では、「非国民、日本人ではない。日本から出て行け」「お前らを殺しても空港はつくる」と迫害し、沖縄では「土人」と呼び弾圧し、逮捕者が出ている。三里塚でとってきた強行手段を辺野古、高江ヘリパッド基地建設でおこなっている。基地反対集会で翁長沖縄県知事は「政府は沖縄の人を日本人とは思っていない」と発言している。「夜間飛行制限緩和」「1000ヘクタールの用地拡張」「2000戸の立ち退き」「広大な騒音地獄の発生」、そして待っているのは政府の強行と弾圧であろう。沖縄の人々の運命は、また我々の運命でもある。一心共同体である。

歴史に学べ

中国の故事に「その国を滅ぼさんとするならば、その国の歴史を滅ぼすことである」という有名な格言がある。成田空港建設の50年の歴史は、陰謀と弾圧、強奪、人殺しの歴史である。この悲劇の責任はすべてお前たちにある。なぜこの事実、真実を語らないのか。お前たちが犯した国家犯罪としての空港建設は取り返しのつかないものである。国家と資本の正体とは強権による国民支配である。「力こそ正義」これがお前たちの立場であろう。今から2000年前の荘子の言葉「人民を統治支配するには小魚を煮るようにしなければならない」。あまりいじくると小魚が崩れる。あまり圧力をかけると騒ぎ出すというわけである。

「説明会は４者協のお許しをいただいた」「親切丁寧に説明を尽くす」「急いで結論は出さない」。強権で農民を殺すことも真綿で首を絞めて殺すのも殺すことには変わりはない。俺たちは決してお前たちの自由にはならない。お前たちの前にひざまずく奴隷にはならない。人間としての叫びと行動を命の限り発揮していく決意である。

ハイエナども

ハイエナどもとは４者協に参加している小泉一成成田市長、相川芝山町長、佐藤横芝光町長、菅澤多古町長のことである。交付金に群がって犠牲になり、住民を空港建設の生贄にしているのである。彼らは交付金の増額を要求して国交省航空局、空港（株）に空港機能拡大説明会を許したのである。町政の発展、町民の利益を口にしながら空港建設の司祭者となり町民を生贄にしているのである。佐藤（総理）の下僕になり下がった友納千葉県知事、藤倉武男成田市長、寺内元助芝山町長の犯した過失を彼らは再び犯しているのである。町民を犠牲にして交付金を増額してもらっても、道路、箱物の建設では騒音被害はなくならない。騒音被害我慢料の金額が増額されても騒音の被害は深刻化していくだけである。防音工事で騒音は少し低くなるが、騒音の被害は生活を脅かすことが分かった。金では騒音被害は防げないのである。減便以外に解決の方法がないのである。霞が関の政治家どもは、地方の時代、住民自治、地方分権、地方創生等と担当大臣まで新たに作った。だが地方の衰退は目に余るものがある。高度成長経済政策時は人間、土地、水を奪い尽くし戦略的工業拠点を造成した。過疎、集落放棄、田畑の耕作放棄、その後の政治経済のグローバル化は社会に格差、差別、貧困の固定化を作り出した。空港周辺の村々を見るがよい。廃墟となり騒音地獄が発生し、空港だけが栄えて地域が滅ぶ状態である。空港機能拡大は生活破壊、環境破壊、格差と差別、貧困を拡大し固定化していくであろう。我々の戦いの課題は多岐にわたる。

豊かな自然そして破壊

断っておくが私は自然崇拝の牧歌主義者ではない。大地崇拝の国家主義者でもない。正倉院に16通の戸籍《へふだ》、養老５年（７２１年）が存在する。千葉県関係は３通が残されていた。下総国葛飾郡大嶋郷（現千葉市寒川付近）、下総国倉麻郡意布《おふ》郷（現千葉県我孫子市付近）、下総国釬托郡少幡郷（現香取市木内郷付近）、これは氏族社会の名残りをもつ戸籍簿である。そこには売り買いされた奴隷の名前が記されている。東大寺の奴隷小足（おたり）は逃亡7年、捕縛されて東大寺に連れ戻され奴隷で生涯を終わる。香取神宮にも神奴、奴隷が多数いたことが記録されている。

また天平2年（750年）安房国義倉帳の記載を見ると99％の人民が飢餓状態である。当時、千葉県は安房、上総、下総の3国で人口は30万であった。山上憶良が詠んだ「貧窮問答歌」は鬼哭啾啾《きこくしゅうしゅう》の世界である。縄文、弥生、古代土地制度、荘園制度、そして自立してきた農民を年貢対象者にした太閤検地、徳川300年の基礎を支えた徳川検地、明治近代国家の基礎をなした地租改正、産業革命とともに確立してきた寄生地主制度、戦後の農地改革と自作農の創設の歴史、偽籍、逃亡、愁訴、越訴、一揆、そして社会主義思想と結びついた近代農民運動の歴史が、その美しい自然の中に刻まれている。万葉集の憶良の「貧窮問答歌」、「慶安御触書」の世界にみる農民は「手足のついた農具であり」「農は国の基なり」の農は過酷な年貢を取り立てられた「農」である。階級的身分は農奴、隷農である。

佐倉惣五郎、傑茂左衛門、多田嘉助等の義民の名前が瞬時に頭の中をよぎる。新潟県木崎村の小作争議、闘争資金を作るために女性たちは手焼き煎餅をつくり背中に背負って近隣の村々を歩き回った。その姿が私には三里塚婦人行動隊の姿と重なるのである。木崎村の同盟休校と三里塚少年行動隊の同盟休校の姿が重なってくる。三里塚に天明2年の墓碑名がある。人間が人間の死体の肉を食って生き伸びた天明の大飢饉。東北では100万人が餓死した。

戦後の食糧危機、農民が飢え死にした強権発動。そして地球70億の人口の半分の人々が飢餓に苦しんでいる。飢餓で苦しんでいる人々の多くが農産物を作っている農民である。その現実から目をそらせ、耕作放棄の出るほど国内農業を衰退させ外国農産物を買いあさって飽食に明け暮れている。このような理不尽なことが長く続くわけはない。

成田空港が建設された北総台地は分水嶺である。北は根木名川、大須賀川が台地の湧水を集めて利根川に注ぐ。南は新川、栗山川、高谷川、作田川が九十九里平野を潤して海に入る。私の集落は高谷川と栗山川の合流する三角州に広がる広い水田のところに存在する。高谷川の水源は空港敷地にされた多古町丹波山が最上流である。

少し流れを下って三里塚木の根谷津、小川源さんの所有する水田が水源である。源さんの炭焼窯があったところが現在は管制塔の下になっている。水田にはタニシがいてオタマジャクシがいて、蛍がいてトンボがいて、湧水を手で掬い取って飲んだものである。この源さんの谷津田の湧水は横堀に出てさらに辺田集落の田圃に流れて高谷川の細い流れに合流する。もう一つの水源は芝山町朝倉の秋葉哲さんの水田のところの湧水である。谷平野を通って稲葉に出て高谷川に入る。

この高谷川の水源地帯がすべて空港の敷地にされてコンクリートで埋められてしまったのである。高谷川は空港反対闘争地域、一鍬田《ひとくわだ》、東、中郷、坂志岡、稲葉、浅川、加茂、小原子《おばらし》、白枡、飯櫃《いびつ》、山田、高谷、山中、殿辺田《とのべた》等の集落の間を縫って流れ、横芝光町谷台地先で堰き止められる。谷台《やつだい》、牛熊、木戸台、寺方、そして私の集落牛尾、隣村の船越の水田を潤す。この地域の人々は高谷川の水流、水資源の恩恵を受けて稲作をつくってきたのである。高谷川はこの地域の人にとっては、インダス、ガンジス、ナイル、黄河なのである。高谷川は我々の文明の発祥の地なのである。高谷川によって我々は育てられてきたのである。それが空港建設で破壊され今度の機能拡大第三滑走路の建設計画、1000ヘクタールの用地の確保によって、高谷川は中流域加茂集落地先まで埋め立てられるのである。現在は空港関連事業成田用水によって利根川地先新川機場から送水されている。高谷川の自然水と利根川の水を反復して利用しているが、高谷川の重要性に変わりはない。

ちなみに10アール当たり水稲栽培にどのくらいの水量が使われるかというと、18メートル×54メートルの面積に高さ2メートルの水が使われている。10アール当たり3000円の水代を払って米を生産している。

高谷川と栗山川の合流地点の川岸に屋号問屋さんがある。九十九里浜で鰯漁の最盛期の時に、干鰯を積んだ30石船が栗山川を遡ってきて問屋さんの倉庫に接岸する。干鰯はこの近郷の田畑の貴重な肥料である。干鰯の荷を下ろした30石船は、生産された多古米を集積して栗山川を下り九十九里浜に出て銚子の海から利根川を遡り、関宿の運河から江戸川に入る。多古米は江戸の人々の食を支え、江戸前寿司の原料となっていった。

現在東京駅北口に多古米の大きな看板がでている。この多古米生産の中心が私の集落である。私の隣村志摩集落台地に縄文、弥生、平安の集落跡の複合遺跡が大規模な形で存在している。多古町は全国一の丸木舟の出土を誇っている。採取経済も盛んであったことを示している。また多古高校隣の居合、五十嵐さん宅の所有地からマンモスの等身大の牙が出土している。日本が大陸とつながっていたことを証明している。空港建設はこれらの遺跡を破壊し、日本民族の精神、文化、生産を破壊し尽くしているのである。

イギリスの産業革命は羊が人間を食い殺した。日本の産業革命は絹糸が女工を食い殺した。足尾銅山では銅が人間を食い殺し谷中村を廃墟にした。水俣では水銀が人間を食い殺した。福島では原発が人間を食い殺した。沖縄では基地が人間を食い殺している。三里塚では空港が人間を食い殺しているのである。

過去の歴史に学ぶことは大切なことである。どんな困難に巡り合おうとも未来を見つめて生きなければならない。過去と未来をつなぐ現在の一瞬にすべてを尽くして戦うことはより重要である。過去と未来を決して断絶させてはならない。権力と資本の傲慢を絶対に許しはしない。

＊この文章は、「成田空港機能拡大説明会」（２０１６年11月6日10時、場所：牛尾集落共同利用館、主催：牛尾区長勝又康夫、参加者：牛尾区住民、説明者：国土交通省、千葉県、空港株式会社、多古町長、多古町企画課長）での当局の説明に対して、反論として書いたものである。

立ち退きを迫られた牛尾村

（一）　空港反対闘争における農業経営の変化

戦前と変わらぬ風景

空港建設反対闘争を展開している北総畑作台地の基幹作物は麦・落花生・甘藷（澱粉）であった。私が空港反対闘争で富里大堀の日本社会党現地闘争本部に常駐したのは今から55年前であった。畑は一面の麦秋であった。麦の刈り取り、甘藷の植え付け、落花生の播種と農民は朝星夜星の労働であった。農機具は鎌・鍬・万能が唯一の農具であった。空港反対闘争で社会党は援農隊を組織した。これが反対同盟の農民から大歓迎を受けた。援農は反対闘争の中で画期的なものであった。それは労働力の不足を補ったからである。農産物の販売は農協を通して行なわれたが、落花生や甘藷芋の売買には、仲買人もいた。

農地改革で地主小作の階級関係は解消されて自作農らになったが、風景としては戦前と変わりはなかった。

農業生産の飛躍的発展

朝鮮戦争の軍需物資の生産で日本独占資本は復活を終了して、農村に、肥料、農薬、ビニール、耕耘機、小型貨物自動車を送りこんできた。流通過程で農産物と農業生産資材の新しい収奪の体制を強化した。いわゆる機械貧乏の到来である。この経営の危機に農民が対処したのは反収を上げて収入をあげることであった。全国いたる所に青年によって農業技術研究会が組織されていった。八街・富里にも農業技術研究会が組織され、保温折衷苗代、西瓜の露地栽培、里芋、落花生のビニールを利用してのマルチ栽培と、いままでの農法と違う技術革命が青年の手によって起こされたのである。戦後自作農経営の担い手としての青年が現われたのである。富里村で最初に西瓜の栽培を始めたのは中沢集落の篠原正男君である。干瓢に西瓜の苗を接木して電熱で苗を育てビニールトンネルで栽培するものであった。里芋、落花生にビニールを利用するマルチ栽培を最初に始めたのは富里村二区の山下藤一郎君、彼は印旛郡市農業技術発表大会で最優秀賞を獲得した。経営に新しく登場した彼らは、麦秋の北総台地の畑をみるみるうちに換金作物に経営を変化させていったのである。農業技術研究会の青年らによって野菜・西瓜出荷組合が組織されていった。

畜産も軒先飼いから多頭飼育へ、酪農組合、養豚組合、養鶏組合も組織されていった。これまでの農協傘下―農家組合とは全く違った組織の誕生であった。この生産の力が遺憾なく発揮されたのが農業技術研究会の空港建設反対青年行動隊の結成であった。千葉県庁占拠闘争、千葉県庁包囲耕耘機デモ等である。

三里塚に空港位置決定

１９６６年６月22日。佐藤内閣は突如空港建設の位置を三里塚に決定した。富里と三里塚、芝山は道路１本隔てて隣接している。八街、富里と三里塚、芝山地区は経営の立地条件にかなりの違いがあった。八街の地名は大地の果てたところという意味である。富里は全国2番目に広い村であり千葉県の匝瑳《そうさ》郡市より広い面積を持っている。平坦であること、1戸当たりの経営面積が広いこと、農地が家の周辺に集積されていること、機械化に適していることである。富里、八街は畑作では北海道、岩手北上盆地、九州桜島畑作地帯に次ぐ日本有数の立地条件を持っていた。三里塚・芝山地区をみると駒井野地区、白枡地区は谷津田の水田である。岩山・菱田地区は畑と谷津田を兼ね備えている。三里塚畑作地帯は戦後の開拓農家が多い。桜台、木の根、宮下、古込、天浪、東峰など戦後の農地改革で解放面積は1ヘクタールと制限された。天神峰とか十余三とか明治開拓には岩沢茂、越川源など大きい経営面積を持った農民もいたが少数であった。天浪、桜台の農民によって第一次地権者会条件派が組織されたのだが兼業農家が多かった。芝山地区は丸朝野菜出荷専門農協が誕生し全国市場に農産物を出荷し、その活動は日本農業賞を受けるまでに発展した。農協傘下の丸菱出荷組合の活動も飛躍的に伸びていった。富里、八街においては農業技術革新は青年たちによって行われ普及したが、芝山地区は経営の全戸に西瓜、大根、里芋、ニンジン、牛蒡等の作物が導入された。戦後開拓が中心の三里塚地区では、落花生、麦、甘藷の粗放経営がおおかったが、政府の農業基本法農政下、シルクコンビナート計画で桑が植え付けられたが、空港建設で計画中止になった。換金作物の栽培は、それからであった。三里塚の地区の駒井野、芝山地区の白枡地域の水田経営者に出稼ぎ者が多くなり空港反対闘争から離れていった。

新しい農法・新しい経営組織

1970年代日本の経済は深刻な状況に陥った。近代化・効率化に代表される高度経済成長政策が完全に行き詰まった。農業路線も従来の在り方、体質に関しての根本的な反省が出てきた。それが農業見直し論である。この議論は多岐にわたっており様々な論点で、日本農業の国際的位置づけ、農業技術・経営の在り方・農業と地域・環境のかかわり合い方に関してこれまでの路線を根本的に批判し、180度転換を説くものであった。それは単なる農業問題の領域をはるかに超えて社会・文化・生活など全般にかかわるもので、全人間的な視点から物質至上主義から人間中心への転換を叫ぶものであった。

農業見直し論は大別すれば次の4点である。第1は日本農業の国際的位置づけに関する議論であり、国際分業論から食糧自給論への転換についてである。第2は農業生産に関する技術、農法、経営の在り方を巡っての議論である。第3は農産物の需要、食糧消費の在り方、食構造の問題である。第4に農業と地域のかかわり方の問題である。新しいコミュニティ論、環境保全の問題である。従来の通説、あり方を打ち破る深刻な問題提起であった。それは日本社会の深刻な危機の反映でもあった。

空港反対同盟の中に新しい生産様式、有機農法の会が生まれた。島（宮下）、小川（木の根）堀越（東峰）、柳川（宿）石井（東峰）の青年たちのグループであった。生産活動の特徴は①空港反対闘争の強化②無農薬栽培③科学肥料否定の土壌造り④生産者と消費者の直接の結びつきが経営の方針であった。特に島、小川、石井等は経営の全面共同化を実現した。

私は昭和30年代自作農経営の全面共同化について2つの経験をしている。千葉県八日市場市飯高城下酪農協同組合（石井義明）、睦沢村酪農協同組合（米倉文直）、私の同志が実践した経営の全面共同化である。自作農個別経営はそれぞれ耕作面積が違う。家族労働力も違う。出資する耕作面積も違うし、飼育している乳牛の頭数も違う。利益を出資配分にするか、共同経営内部で労働力を消化するのだが、家族によって労働力の人数が違う。利益を働いた日数を基準にすれば出資が少なくても、労賃としての収入は増大する。出資配分にするか、労働配分にするか。自作農個別経営の共同化はこの基本矛盾を克服して、個別経営の利益をはるかに上回る利益収益を上げなければならない。共同化を実現したが個別経営のほうがそれぞれ利益が上がって共同化は解散した。反対同盟の青年たちの農法の会の共同化もこの基本矛盾を克服できず、また元の個別経営に戻った。経営の共同化は昭和30年代後半に山形県庄内稲作地帯で税金対策で多くの法人組織が生まれた。農業機械の共同化、農作業の共同化など部分的な共同化であった。

三里塚でもう1つの生産組織が誕生した。三里塚物産である。三里塚物産（佐山、平野）は反対同盟強化のために生まれた企業である。農民の生産したラッキョウを買い取り加工し全国に販売する。農民を賃労働に組織するものであった。企業が農産物を直接買い取り加工販売し、農民を賃労働者として雇用する。これは戦後自作農経営とは全く違う異質のものである。三里塚物産が空港闘争強化の立場に立っているから矛盾は表面化しないが、この企業が空港建設賛成会社であって農民の生産したものを買い取りその加工に農民を賃労働者として雇用する、しかも農産物の契約栽培から、農民の農地の借地に乗り出して来たら、自作農経営は一気に崩壊する。家族ぐるみ、地域ぐるみの反対同盟という大衆組織は崩壊する。

コンビニ大手ローソンは大企業である、国内はもちろん世界的に商業活動を展開している。このローソンが富里に大農場を誕生させた。農地の借地、全面的な設備投資、作付・生産、加工、自己店舗での販売と一貫体系を確立した。農地を借地に出した農民は賃労働者として雇用され労賃と地代によって生活するようになった。大資本の農業支配であり戦後自作農の完全崩壊である。このような大小の企業による農業への参入支配は全国で無数発生している。

最後にもう1つだけ問題を提起しておこう。空港（株）は騒音立ち退き区域に膨大な農地を所有している。大企業であるとともに農地を保有する地主でもある。企業は農地法によって農地は所有できないことになっているが、農地法の特別事項があって農地を買収し保有できることになっている。空港（株）の保有している農地を借地にして農民が生産活動を行っている。○○農園・○○農業法人、個人が生産活動を行っている。大企業から農地を借り受けての農民の生産活動である。これも戦後自作農経営とは全く違う生産活動である。戦後自作農の基本的性格は、農業経営者であり土地所有者であり生産的労働者の三位一体の性格を有しているが、経営と農民層の分化分解のなかで、どのような独立した人格を形成してゆくか重大な関心事項である。

（二）空港機能拡大、立ち退きを迫られた牛尾村

村の位置　騒音直下

千葉県北総台地三里塚空港2700メートル滑走路の南突端、東峰集落島村昭治君の家から直線にして10キロメートルの位置に私の家と集落がある。航空機の爆音が屋根棟の上で炸裂する騒音地獄の中での生活である。私の集落は100戸、騒音地区第一種立ち退き区域と第二種の区域に分断されている。

立ち退きの強制

国土省、空港（株）は「700ヘクタール用地拡大・新滑走路の建設・70万回発着」の空港機能拡大計画を立て私の集落に立ち退きを迫ってきた。さらに私の集落から3キロメートル、横芝光町新井・宝米、傍示戸の集落まで立ち退き区域になり、総武本線東京—銚子間横芝駅周辺まで騒音区域になる。空港機能が拡大されれば南側は太平洋九十九里浜まで膨大な騒

音地獄が生まれることになる。

集落の名前の発祥

私の住んでいる集落の名前は多古町大字牛尾である。今から４００年程前千葉一族の牛尾能登守胤仲が村はずれの台地に山城砦を築き、館を作りこの地域を支配したことにより、牛尾村となった。それまでは私の集落の名前は俣田《つきた》村であった。水田の尽きたる地域という意味である。私の家から20キロメートルのところが太平洋九十九里浜である。この九十九里稲作平野が北にせりあがって私の集落で尽きる。

私の家の裏山から北総畑作台地の丘陵地帯になっており空港反対闘争を続けている芝山町である。私の集落の地域は、木の根の小川源さん、一鍬田の木村喜重さん、朝倉の秋葉哲さんの水田を源流とする高谷川と、北東から北総台地の水を集積して流れる栗山川が私の集落の落合地点で合流する。高谷川と栗山川の広大な三角州、デルタに肥沃な水田が拓けたところである。この落合の合流地点に屋号問屋さん（勝又貫行）の家がある。生産された米を集積して30石船で栗山川を下り、九十九里浜に出て銚子港から利根川を遡り関宿の運河から江戸川に入って、江戸の人たちの台所を豊かにし江戸前寿司の原料となっていった。地味豊かなところで生産された私の集落の米、この地域で生産された米は他の地域、地方の米より60キロ当たり３０００円ないし５０００円高値で販売されている。又、九十九里浜は鰯の捕獲で有名なところであった。江戸で米を売り還り船に干鰯を積んできた。金肥の無い時代、干鰯は水田の重要な肥料であった。また、紀州、大阪から大船団が九十九里浜にやってきて干鰯を生産し帰船した。

干鰯は近畿地方の綿の栽培の肥料にしたのである。九十九里浜、太平洋沿岸一帯に紀州、大阪の人が住みつき白浜、勝浦、布良等の集落をつくっていった。

立地条件の良い水田

空港関連事業成田用水土地改良組合は、組合員２８００人、面積３０００ヘクタールであるが、空港周辺地域の水田は畑の丘陵地帯に食い込んでいる谷津田が多い。私の集落の水田は平地、２度にわたる土地改良区画整理によって乾田となり、冬季には水田は畑状態になり作業能率に優れた立地条件をもっている。戸数１０２戸の内、成田用水組合員は92人であるが、1戸当たりの水田耕作面積は１２０アールである。

大混乱

見知らぬ人がやってきて俺の田圃に施肥してしまった。間違って苗を植えられてしまった。稲を刈り取られ持って行かれてしまった。考えられない事件がつぎから次に発生した。みどり園芸、山口有機農法、藤田、寺田、木川、石川、行方農園、農業法人組合、笹本新井地区ライスセンターなど他町村の生産者による耕作が行われてきたのである。私の集落の成田用水組合員は92人である。70人が20年前に完全に離農している。30人が休日百姓である。1人が10ヘクタールの借地による請負耕作をしている。離農した人たちの水田を他町村の耕作者が借り受けて大規模経営を展開しているのである。寺田農園は借地による請負耕作30ヘクタールである。

各階層の動向

借地請負耕作における規模拡大耕作者は作業場の新築または改築、トラクターは30馬力以上、田植機は5条・6条、コンバインは50馬力以上、乾燥機は40石基、籾摺機は時間30俵、刈り取り乾燥は調整1回1ヘクタールの処理能力の農機具を装備している。稲作による大型一貫機械体系を装備している。経営に園芸組合、農業生産組合と名前を付けているが、家族労働力の範囲で労働者を雇用していない。昭和30年基準にすると10アールあたりの労働時間は１４０時間であったが、現在は70時間から50時間に減少している。１００時間前後、近代化して機械を装備して労働時間を減少させているのである。これらの規模拡大の耕作者は米の販路を独自に開拓している。大型スーパー、道の駅、酒造会社との酒米の契約、精米は餅加工会社との契約、インターネットで個人販売もしている。この大規模経営農家も、離農者から水田を借りて経営しているのであるから、離農者が立ち退きを受け入れ農地を空港株式会社に売り渡せば経営は一気に崩壊する運命にある。

兼業休日経営

機械の装備から見るとトラクター25―30馬力、田植機４―５条、コンバインは40馬力以下、乾燥機30石１基、籾摺機４インチと装備は中型である。作業場も改築していない。親が使っていたものを引き継いだ形になっている。この階層も農協に米は売っていない。縁故米の形をとって販売している。農協の60キロ米買い上げ価格１万３０００円に対して、個人販売は１万６０００円から１万８０００円で取引している。個人の場合は飯米として買い求めているので価格を高く引き取っている。

この階層の耕作、水田管理だが職場の都合に合わせて生産管理がされている。田楽に見られるように田植えは村の共同作業。昭和30年代までは総植えの伝達が村の責任者から出た。それは水の管理、水門堰の管理を村の用水組合が管理していたからである。成田用水事業で区画、揚水が完備されて、揚水機場にはコンピュータボックスが設置されており、職員がオペレータとなって管理している。水資源開発二法の成立、成田用水事業によって農民が水を治める時代はとっくに終わってしまっている。水は金なり、工業用水と都市上水道に使われているのである。

土地持ち労働者

成田用水組合員92人も完全離農者70人。この人たち、家族は村に経済的基盤はない。村、集落はベッドタウンに過ぎない。この家族はいろいろな職場で働いているので実態がつかめない。朝出て、夕方職場から帰ってくるので１年に１度や２度顔を見るだけである。水田は所有しているが請負耕作に出しているので郷普請と言われる農道の補修、水路の補修などの作業には参加してこない。村落の行事にはあまり出席しない。水田10アール請負耕作に出すと地代が現物米60キロ１俵が入ってくる。価格は１万５０００―１万８０００円くらいである。そこから成田用水賦課金、農業共済掛け金、固定資産税、農家組合費等を支払うと手元に金は残らない。地代として上がってくる米は飯米と兄弟親戚の縁故米で消費されている。親の年金と自己の給料で水田管理の経費は支払われている。現在10アール当たりの全国平均生産費は１万３５００円である。経済的に見れば水田は今や貧乏神なのである。農民意識の根底は田畑は財産、資産の意識が強く生産手段とは考えない。先祖が親が残してくれた財産との考えが強い。集落の水田売買価格の歴史を見ると高度経済成長期、土地投機の時に10アールあたり３００万円で売買したのが一番高値であった。次に国際ゴルフ場が買い上げたのが２５０万円、１００万円前後に下落して、現在は10アール当たり30万円で売買されている。これでは水田は資産の価値がない。耕作することもできず売ることもできない状態である。

東京―三里塚空港―土浦までの圏央道の土地買収が始まった時は１０アール当たり８００万円の買収価格である。そして空港機能拡大、新滑走路の建設、立ち退きの計画が出た。土地が資産として生きる時が到来したと期待しているのである。村は、集落はベッドタウンなのであるからどこに住んでも同じことである。集落の土地に水田に生きてきた命の刻みはなにもない。生まれ故郷かもしれないが、先祖伝来の土地の意識は希薄で、ないようなものである。成田用水組合員92人、１人の農業後継者も存在しないのである。農業崩壊の決定的要因である。

集落の風俗習慣

村落共同体は家族経営を基礎としているのであるが、その風俗習慣は冠婚葬祭に現われる。この移り替わりをみてみよう。結婚式は昭和30年代までは自宅で行われ親族、隣近所の人たちの参列のもとに行われていた。花嫁の村の産土神参詣は村人が沿道にならんで「おめでとう」と声をかけたものである。今は空港周辺のホテルで行われている。参列者も職場の友達、大学、高校の同窓生、祝辞も職場の上司、恩師、アトラクションも職場や学校の友人がにぎやかに祝ってくれる。村の古老が「めでたいものは大耕地」の古謡で始まる結婚式の出番はない。安産を祈願する嫁さんたちの観音講も消滅した。

葬儀は各家で執り行われていた。各家には契約と称する葬式執行責任者と葬式組が徳川時代より決まっていて、とりおこなわれていた。現在は斎場で行われ職員がすべてを取り仕切っている。老人の念仏講の組織も消滅し葬式組内もなくなってきた。村落共同体での葬儀は消滅したのである。

さて祭りだが、私の集落の産土神の祭神は素戔嗚の命である。この地方は出雲族の支配地であった。祭りは出雲神話の国造りの物語である。稲わらで頭八つの大蛇を作り長さ10メートル、11人の若者が笛太鼓の囃し方に鼓舞されて村落中を蛇行する。無形民俗文化財の指定を受けている。大蛇は祭りの当日神社に出発する朝に目に墨が入れられる、臥竜点晴である。早く目を入れると夜中に大蛇が暴れだすという伝説があるからである。農耕民族の稲わらが持つ加工技術の粋を結集して大蛇は作られる。生産に対する深い祈り、豊作の喜び、大蛇づくりにかけた稲作農民の誇りがある。稲作農耕民族が持っていた稲わらの文化の全てが滅ぼされた。生産に対して誇りも深い祈りもない。大蛇はもう作れない。祭りは滅びる運命を待っている。祭りは大同2年からの歴史を持っている。空港建設で立ち退きになれは集落は解体し祭りは消滅する。

大師講、念仏講が消滅して老人倶楽部が生まれて、ゲートボール・グランドゴルフがやられている。多古町、郡、県で大会が開かれるようになった。カラオケ会も生まれた。多古町カラオケ連合会、民謡、詩吟、舞踊、ダンスなどの愛好会も連合組織として発表会を行っている。多古町福祉協議会によってボランティアが組織されて独居老人に対しての弁当配りや訪問活動が行われている。又、シルバー作業員が行政によって組織されていろいろな作業活動を行っている。私の集落に24時間営業のコンビニができた。村の畑はすべて荒れ放題、コンビニやスーパーで野菜や食料品を買い求め宅配で食料品を買い求めている家も出てきた。外食産業に対して伝統的な食文化を農民は持っている。その加工品は道の駅に組織されて販売されている。村落共同体の中に存在していた様々な自発的な組織は消滅して、新たに生まれた組織はすべて企業と行政配下になって大衆文化翼賛体制ができたような気がしてならない。

孤独死・自殺、空き家、廃校

孤独死……村の椎名勇さんは私の父と同級生である。私は勇叔父さんに「ツトム・ツトム」と可愛がられた。勇さんは歯科技工士になって村で開業したが東京に出た。その勇さんが孤独死して民生委員に遺骨を抱かれて村の共同墓地に帰ってきた。勇さん夫婦には子供がなく老人所帯になり妻が認知症になり、病死した夫をまだ眠っていると思い込んで死体と1週間も添い寝していたというのである。訪問した民生委員に発見された。妻も死後10日経って民生委員に発見されて遺骨が村の共同墓地に帰ってきた。都市における老人の孤独死が問題になっていたが、私の生活のなかで起きてきた。人間の尊厳や誇りが守られて死ぬことができる世の中ではないのである。

自殺……盛夏、水田は蒼海と変じた。その夕方、広い水田の真ん中に炎が上がった。消防車、救急車、警察の車両が駆けつけた。若い青年男女が車の中にガソリンを撒き焼身自殺したのである。その若い青年とは村の船越孝弘君であった。彼の家は村地主であって農地改革で小作地を失ったが、まだ2町歩も耕作する土地を所有していた。ゴルフ場が進出してきて所有していた山林が買収され高額な土地代金が入り、彼は遊人になり博打、競輪、競馬、オートと一獲千金を追いかける生活に堕落したのであった。家屋敷、水田もすべて売り払って無一文になって自殺しに村に帰ってきたのである。一緒に焼身自殺を遂げた女性は東南アジアの人であった。彼女は「赤ちゃんが、赤ちゃんが」と叫んで水田の稲の中を転げまわって絶命したという。赤ちゃんも犠牲になったと警察と救急隊が探したが見つけることはできなかった。彼女は妊娠5カ月であった。日本の男どもの東南アジア・キーセン観光は世界的非難を浴びた。日本に働きにきている東南アジアの女性を売春、性的奴隷にしている。私はたくさんその事実を見聞きしている。人間の生命の根源に対して蹂躪冒涜は断じて許されるものではない。

孤独死……私のところに村の民生委員が訪ねてきた。柑の加瀬一幸さん宅が異変だというのである。真夏であるのにガラス戸は閉まり、カーテンも閉まり、昼でも電灯はつけている、声をかけても返事もない。もう10日もそんな状態だというのである。台所と風呂場に入る裏戸には鍵がかかっていなかった。声をかけても返事がない。座敷に入っても人の気配がない。台所の冷蔵庫の前にゆくと弟の和正君が真裸で大の字になって死んでいた。身体は紫に目は腐りかけていて目と耳からウジ虫が出ていた。兄の一幸君は奥の部屋のベッドから転げ落ちて絶命していた。110番、多古警察、多古町福祉課への緊急連絡。鑑識によって道路、屋敷が閉鎖された。私は死体発見第一人者で立会人となり半日も警察の事情聴取を受けた。弟和正君は重度の身体障害者であった。兄弟は身体障害者年金での生活であった。兄の一幸君が病死して、弟の和正君は餓死したとのことであった。

農村共同体の人間関係と言えば珍しいもの、初ものの食べ物は「お裾分け」といって隣同士で分け合って食べてきた。10時・3時のお茶時は呼び合って飲んだものである。今はみんな村の外に働きに出て村はベッドタウン、村に残った老人は家の中から外に出ない。村の実情がわからない実態になっている。地域共同体は内実において崩壊しているのである。その結果、こんな悲劇がおきたのである。

孤独死……私は青年時代多古町陸上部に所属していて5000、1万メートル、駅伝の選手であった。千葉県の選手権大会にも出場している。三里塚闘争を続けている私は特別に体を鍛え、健康管理に注意を払っている。現在も朝・夕5キロのジョギングを続けて闘争に備えている。農道を走るのだがコースを変えて田圃を1枚1枚見て走る。各戸の水田の管理状況をみて村の人たちの生活を理解しようと努めているのである。朝は夜明けとともにジョギングに出る。農道に貨物軽自動車が止まっていてラジオが鳴っていた。田圃は誰の所有であるかすぐわかるので中川光治君の田圃である。朝仕事して会社に出るのであろうと、田圃の中に目を移すと30間先に光治が倒れているではないか。駆け付けるとすでに絶命していた。施肥の作業中に倒れたので背中の散布機から肥料が首筋から頭にかかっていた。絶命するときに苦しみもがいたとみえて口の中に田の泥が入っていて、手で泥をかきむしっていた。１１０番、多古警察・多古消防署に緊急連絡、農道が閉鎖され鑑識によって現状確認がされた。村は大騒ぎになった。検視の結果は病死であった。光治君は私が発見した前の夕方会社から帰ってきて暗くなるまで施肥をしていたのである。そこで倒れたので誰も気が付かず発見されず、一晩田圃の中で死んでいたのである。家族は父ひとりであったが高齢で福祉施設に入居中であった。息子の死は父親に知らせないで済ませた。その父親も続いて亡くなった。東京にいるひとりの弟が相続したが10アール当たり30万円で1町4反歩を売り払った。多古町の農家の人が買い求めた。畑は荒れ家は空き家になったままである。

空き家……１０２戸の集落の中で空き家は8戸に増えてきた、60歳以上で結婚に恵まれず独居生活を送っている人は11人いる。超老人社会で各戸に1人の病人がいる。或る者は福祉施設に入居し、自宅で介護を受けている人もいる。医療介護の人も多い、自宅、通院、入院の患者もいる。高齢化病人社会である。私は高齢者70歳以上を招待して「お楽しみ交流の会」を組織して20年になる。現在１００戸の集落で90人の招待者がいる。

廃校……私の小学校は牛尾地区と船越地区を合わせて５００戸、多古町第三小学校であった。入学する子供も毎年1人・2人になり、1年に入学する子どもが1人もいない事態になった。とうとう廃校になってしまった。私は「牛尾の子、多古町の子・みんなの子」のクリスマス会、お楽しみ会を開いてきたが、子供が集落からいなくなって会は中止となった。子らは我々の希望であり未来である。その子供の姿が無くなり廃校となった。

空港機能拡大計画……「７００ヘクタールの用地拡大・第三滑走路の建設・50万回の増便」は、農業生産の衰退、集落の過疎化、それを一気に解体し空港機能を拡大しようというわけである。農民に深刻な犠牲をあたえての空港機能拡大計画である。

(三) 論争・農業農民問題

北総畑作台地の農民の空港建設反対闘争は55年余におよぶ。新たに「700ヘクタールの用地拡大、新滑走路の建設・50万回の増便」の空港機能拡大計画が政府と航空資本から提案されて、闘争はさらに50年・100年の永遠の闘争課題として浮かび上がってきた。これまでの空港建設反対闘争は豊富な経験を我々に与えてくれた。

農業経営の変遷についてデッサンを試みてきたが、これまた豊富で重大な課題を我々に提供している。戦後農地改革で創設された自作農経営が、極限に達するほど変化していることは誰しも認めることである。企業の農業への参入、請負耕作によって大規模経営化した農民、農地を貸し付けて離農し労働者になった者。この現象形態をいかに理解するか。何が問題になっているか。空港建設反対闘争のエネルギーをもとめ、ひいては日本農民運動の道筋、労農共闘・同盟の道筋を建設してゆかねばならない。

農業農民問題について次のような論争と議論が展開されている。大型小農(大内力)、小企業農業(梶井功)、資本型上層農(伊藤喜雄)、企業的小農経営(御園喜博)、企業的家族経営(吉田六順)、高次の段階の新中農層(綿谷赴夫)。それぞれ論点角度の違いはあるが注目すべき内容を持っている。問題はその成立の根拠、展開の方向、経済的、社会的な性格付け等、豊富な実証分析が必要である。特に請負耕作に農地をだし完全離農下農民を「土地持ち労働者」(梶井功)と規定している。これらの下層農は貧農という把握より「土地持ち労働者」として把握すべきだといっている。

この階層は「農村労働者、貧農」と呼べるであろうか。農民運動の一翼を担い労農同盟の一員とは考えられない(酒井淳一)。確かにこの層は所有する農地を貸出し、農地を資産として考え空港用地に、圏央道の用地に売ろうとしている。反動的な動きが顕著である。この層から農地を借り受けて経営を規模拡大した農民は、この層が農地を売却すれば一気に経営は崩壊する。

三里塚空港反対闘争においては、自作農の経営区基盤がしっかりしていた。だから家族ぐるみ地域ぐるみ、親同盟、老人行動隊、婦人行動隊、青年行動隊、三里塚高校生連絡協議会、少年行動隊が組織された。農民の各層の分化、分解が極限状態に進化した現在闘争の主体の組織はどう図ればよいのか、困難は続いている。

成田空港第三滑走路建設反対の署名にご協力ください

第３滑走路が建設されると、年間50万回の発着、24時間飛行制限なし、牛尾集落は全戸騒音立ち退き、移転区域になります。移転するのか、騒音地獄の中で永遠に暮らすかの選択に迫られます。第三滑走路建設反対の署名にご協力ください。

注　この署名簿は、国土交通省・千葉県知事、成田空港株式会社・多古町長。多古町騒音対策協議会に提出するものです。ご家族全員が署名してください。署名簿を他の目的に利用することはありません。

２０１６年１月

多古町牛尾３２７番地　加瀬勉

新年の決意表明　２０１６年元旦

成田空港第三滑走路の建設に絶対反対を表明する

(1)　成田空港株式会社は年間50万回の発着を目指して、第三滑走路の建設を進めている。牛尾集落は飛行直下騒音地獄となる。私は第３滑走路の建設には絶対反対である。

(2)　成田空港は、現在、朝６時から夜11時の飛行制限を受けている。第三滑走路の建設にともなって、24時間稼動空港を国と空港（株）は目論んでいる。50万回24時間稼動の騒音地獄の中で生活を強いられることには反対である。

(3)　牛尾集落は超高齢化老人社会である。１戸１名の病人が生活している。ある者は通院し、ある者は入院し、ある者は介護施設に、多くの者が自宅で介護の受けて養療生活を送っている。この人たちにとって絶対必要なものは静かな生活環境である。これらの人々を騒音地獄のなかに突き落とす権利はだれにもない。第三滑走路の建設に反対することは自らの命を守ることである。日本国憲法は誰しもが「健康で平和で文化的な生活を営む権利を有する」（第25条）闘病生活を送っているこれらの人々を騒音地獄に突き落とす第３滑走路の建設は重大な人権侵害である。

(4)　空港関連事業、農業振興対策として実施された成田用水土地改良事業牛尾集落の成田用水組合員戸数は92戸である。その7割の人が完全に離農し、賦課金の納入に苦しんでいる。空港関連農業振興対策は完全に破産している。

(5)　騒音対策の防音工事に対する助成金の基準は、家族構成、家族の人数割りになっている。住居の建坪、面積を基準にはしていない。牛尾集落は独居者も多く、家族数も平均すると3・3人くらいである。防音工事の助成金では工事費が不足していて百万円単位で個人が負担をしている。騒音の被害を受けさらに重い経済負担をしている。被害者がなぜ経済負担をしなければならないのか。

(6)　牛尾集落に於いても両親と同じ敷地内に住む後継者の2世帯住宅が多くなった。この場合、防音工事の対象にはならない。また新築し移住してきても防音工事の補助は受けられない。騒音区域には住んではならない。これが国や空港（株）の施策の基本である。牛尾集落は騒音地獄のなかで衰退するばかりである。牛尾集落の将来を阻害する政策を許してはならない。

(7)　空港関連事業に集落排水事業がある。旧東条地区の加入者は49％である。半数に満たない。それは宅地内工事に莫大な経済負担がかかっているからである。多古町役場の資料によると宅地内工事に個人が負担した最高額は２６０万円である。最低が30万円である。平均すると個人が60万円から70万円負担しているのである。

結語

騒音地獄を地域に起こし、住民に加害を与えている空港株式会社が経済的に黒字の利益を上げ、騒音の被害に苦しむ住民が重い経済負担に苦しんでいる。空港は地域住民を犠牲にし住民の生き血を吸い取っている鬼でしかない。私は自らの生活と命は自らが守る。第三滑走路の建設を絶対に許さない。

＊この署名とチラシは、２０１6年1月に牛尾集落にまいたものである。

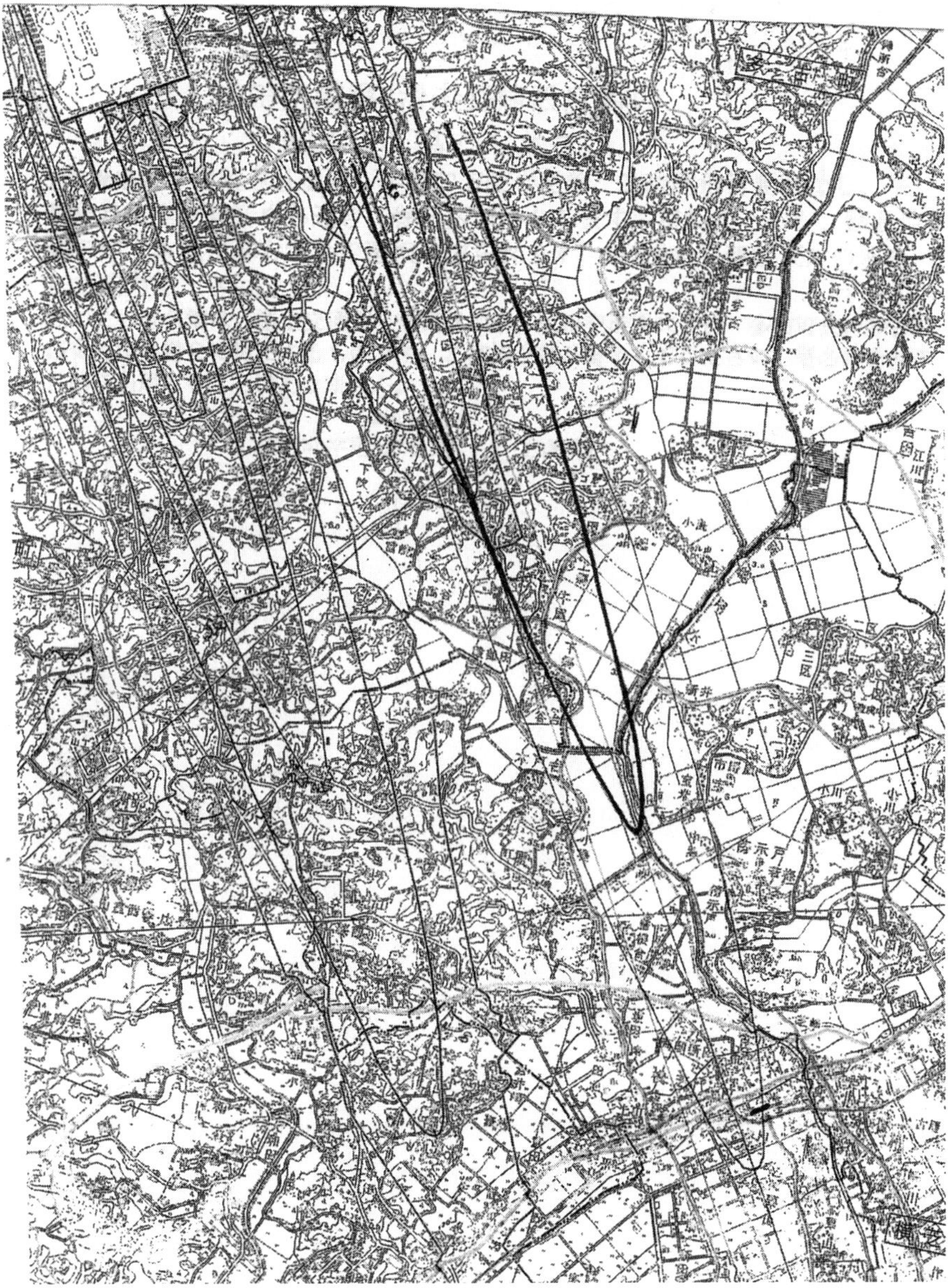

空港は拡張すべきではない。第三滑走路は建設すべきではない

４者協（国土交通省・千葉県・空港周辺9市町村、成田・芝山、多古騒音対策協議会）多古町航空機騒音対策協議会会長加瀬芳広（多古町間倉）に提出された多古町第三地区（騒音直下なる地域）の住民代表の文書

２０１５年11月27日

(1) 千葉県北総台地畑作農業は、北海道、岩手北上盆地、九州桜島畑作農業地帯につぐ、日本を代表する畑作農業地帯である。これ以上空港を拡張して優良農地を改廃すべきではない。

(2) 日本は世界一の食糧輸入国である。食糧自給率も50％を割る現状である。食糧の南北問題は深刻さを増し、地球70億人の半数が食糧不足で飢餓に苦しんでいる。日本の食の安全保障の観点からも優良農地を確保し自給率を高めるべきである。

(3) 地球温暖化問題に見られるように、環境問題は人類の生存に深刻な問題を投げかけている。第三滑走路の建設はさらに騒音の被害を拡大し、自然環境を破壊し地域住民に深刻な騒音被害をもたらすものである。

(4) 日本国憲法は、誰でもが等しく健康で文化的生活を送る権利を保障している。騒音被害は、この権利を著しく阻害し人権を侵害するものである。

(5) 北総台地は分水嶺であり、水源地帯である。北は利根水郷稲作地帯であり、南は九十九里平野稲作地帯である。これらの農業地帯は根木名川、大須賀川、高谷川、多古橋川の自然水に依拠して農業経営を行っている。この分水嶺、水源地帯に空港を建設し、都市化することは、成田水脈と自然水の環境を汚濁する危険がある。

(6) 「成田第三滑走路実現をめざす有志の会」名をかりて、あたかも地域住民が、空港の拡張、第三滑走路の建設を望ん

でいるように見せかけているが、実は国土交通省、成田空港（株）、成田市長と空港関連自治体首長らの主導による、地域住民無視の第3滑走路建設の陰謀である。強権による空港建設が失敗したから、今度は毒饅頭を食べろといっているだけである。

空港関連事業

特騒法に基づく、地域振興政策は騒音対策、成田用水土地改良事業、集落排水事業である。

①騒音対策の家屋防音工事は、家族構成、人数割りによって補助率が決定されている。防音工事は住居の建坪、面積によっておこなわれていない。地域における1戸当たりの家族構成は3・3人である。30坪、40坪の家に1人暮らし、2人暮しが多い。個人が高額な工事を負担している。騒音被害を受けている被害者がさらに工事費を負担しているのである。騒音補助率を家族構成ではなく住居の建坪、面積に対しておこなうように改めるべきである。

②騒音区域の線引きについて、Aランク、Bランク、騒音区域内、区域外線引きによって区切られているが、隣同士でありながらA、B内外に線引きで区分されて騒音補助がおこなわれている。騒音被害は線引きに関係なく発生している。線引きに関係なく被害の実態に合わせて補助をおこなうべきである。

③昭和60年度以降、騒音区域に住居を新築した場合防音工事助成の対象にはならない。農家の場合も2世帯住宅がおおくなり、両親と同じ敷地内に後継者が住居を新築し住宅ローンを組んでいる。この場合は防音工事の補助の対象にはならない。昭和60年度以降の制限は撤廃すべきである。

成田用水土地改良事業

①成田用水土地改良事業は空港周辺、騒音地帯の農業振興政策として農家3000戸、3000ヘクタールを対象に用水事業、区画整理事業が実施され、全国一の高い補助率だった。現状は、6割から7割の農民が完全離農している。水田耕作の場合、離農者は作業全面委託、または所有する農地を請け負い耕作に出している。離農者が受け取る地代は10アール当り、米1俵60キロ、金額にして1万2000円である。この地代から成田用水賦課金、固定資産税水稲共済掛け金、

ヘリ防除費、農家組合費、集落運営費を差し引くと赤字になる。さらに地代は要らないから耕作してくれ、また耕作放棄の農民も出ている。地代をとらず、耕作放棄をして成田用水賦課金を支払っている離農者も出てきた。成田用水土地改良賦課金は農民にとって過酷な負担になっている。個々の農民に対する賦課金軽減措置を講ずるべきである。

集落排水事業（生活雑排水処理事業）

集落排水事業の対象地域の加入者は49％である。50％に満たない。この数字の意味するものは、集落排水工事に対する宅地内工事の個人の負担が大きいからである。多古地区における個人負担は最高が２６０万円、最低が30万円である。平均すると50万から60万円の負担をしている。便槽設置に町からの助成金が支払われている。これを壊しての新しい排水設備の設置、災害におけるライフラインの崩壊、停電時における機能停止に対する対策も皆無である。

結語

航空機騒音の被害を受けながら、防音工事における個人負担、成田用水土地改良事業の賦課金、集落排水事業における宅地内工事の負担と空港建設によって地域住民は重い経済負担を背負っている。騒音加害者が経済的利益を受け、騒音被害者が重い経済負担を支出している現状は許されるものではない。これらの問題を置き去りにして空港は機能を拡張すべきではない。第三滑走路は建設すべきではない。

空港関連成田用水事業反対

孤立

孤立していることはいいことだ。悲観する必要はない。なまじ大勢の中で自分の弱さややる気のなさを隠し怠けているより孤立していたほうがよい。自分の本当の姿がわかるし、敵の軍門にひれ伏すのか、突破して新しい世界をつくるのか選択がはっきりするから、孤立はあらゆる点でいいことがある。

米の生産調整

土地改良を実施する場合作付面積の25％を植え付けてはならない。植え付けた場合は政府米として買い付けない。ペナルティをかける。生産の中に外国語が入ってきた。農民は有史以来1粒でも多く収穫しようと、また権力に多く収穫しろと責め折檻されてきた歴史である。それが、米を収穫すると罰則をかけると脅してきたのである。これは農民には納得できないことである。それを政府は強制してきたのである。空港公団、千葉県、多古町産業課は成田用水土地改良事業を実施する説明会に生産調整のことは一言も口には出さなかった。

牧草アメリカン

私の村成田用水東部工区の面積は250町歩、組合員200人である。250町歩を一期、二期、三期と分けて通年施工で工事は実施された。一期工事の施工の時に二期、三期の施工区域にアメリカンの牧草を播種した。組合員総出の作業であった。休耕田にして生産調整の補助金をもらうより牧草をつくって補助金をもらったほうが高率であるからである。残念ながら牧草アメリカンは1本も生えなかった。でも補助金は各組合員の口座に振り込まれた。

多古町の成田用水事業に国の監査が突然入ることになった。各組合員の牧草播種面積―収量―酪農組合に対する売り渡し―組合員に対する代金の支払いの帳簿、多古町役場は職員総動員で偽の帳簿を作成したのである。国の監査委員が現場に来て個々の組合員に面接し実情を把握するかもしれない。役場産業課は夜明けに組合員を集めて問答の訓練をしたのであった。町ぐるみ、土地改良組合の国を相手にした補助金の詐欺である。生産調整の政策を暴露し私は町長、成田用水役員を辞任に追い込めると政治判断をした。千葉県議会農林水産委員会、衆参国会農林水産委員会で追及するように社会党千葉県本部に連絡した。詐欺であろうがなかろうが、農民に補助金が入り懐が肥えたのだからいい、暴露する必要はない、という意見。私は暴露すれば町長、成田用水幹部の刑事事件になると思った。空港関連の事業だから国が隠蔽してしまったのである。結果として我々もそれに手を貸すこととなった。渥美半島の杉浦明平の台風騒動記、台風の夜に校舎の柱を切って崩壊させ補助金をせしめた事件のものがたりである。それに似た事件がおきたのである。

70万円横領事件

成田用水土地改良区にはゴルフ場とか企業から開発負担金が入ってくる。それは生活雑排水、雨水等が最終処理として成田用水区域の排水施設に入ってくるからである。東部工区は国際空港ゴルフ倶楽部から70万円の開発資金が入ってきた。この資金が使途不明になってしまったのである。ゴルフ倶楽部担当者は東部工区換地委員長に渡した。本人は受け取っていないと否定する問題に発展した。私は真相を解明すべく調査に乗り出した。工区役員は換地委員長に手錠をかけてはならない、問題が明るみに出れば刑事事件になると、私に責任ある言葉や資料の提出を拒んだ。工区会計が金を受け取ったと主張する換地委員長を殴打する事件に発展した。工区組合員は私に土地改良区役員に就任して不正をただすように要請してきた。私は成田用水土地改良区総代に立候補した。

総代会発言

私が総代に立候補したときに、土地改良役員と職員は私が所属する東部工区組織に介入、立候補断念の工作をした。これは、組合員の権利義務平等を定めた土地改良法に違反している。この責任を追及した。

第2点は、理事長水野清が衆議院議員に立候補したときに成田用水土地改良区の職員がポスター、経歴書、チラシを配布して歩いた。土地改良区は政治団体ではない。自民党などの特定政党を支持すべきではない。職員が自民党の候補者の運動を行うべきではない。この2点を指摘して中止させた。

次年度総代会発言

優等生のような発言態度はおもしろくない。少し喧嘩を振っかけてやろうと思った。ひな壇には来賓の成田市長、多古町長、県会議員、千葉県北総開発局長、水資源利根下流事務所長、空港関係市町村産業課長の面々が並んでいる。「水野理事長、おまえやめろ、辞任せよ」と発言した。思わぬ発言に会場はどよめいた。「土地改良法は、賦課金および改良区の資金は他の目的に使ってはならないと定めているのに、あなたは13工区から陣中見舞いとして金を受け取っている。これは土地改良法違反である、だから理事長を辞任せよと言っている」「この陣中見舞いの金は選挙法に基づいて自治省に届けていない。これは選挙法違反である。だから辞任せよ」と言っているのである。

水野理事長答弁「その金はすぐに返金しました」

加瀬「銀行振り込みか、伝票を開示せよ。各工区に返金したというが私の所属する東部工区には返金していない。返金したなら領収書を受け取っているはずである。返金した証拠の書類をあきらかにせよ。各工区に本人が返金してあるいたのか、改良区職員が返金にあるいたのか答弁せよ」

議事は中断、会場騒然。議長事務当局と打ち合わせ。

議長「議事進行します。本年度予算案の提案をもとめます」

私は議長に詰め寄り抗議し、再質問を要求するが拒否される。

水野理事長は赤面、怒りの形相、私を睨みつけている。全国14県の土地改良区は賦課金で自民党に党費を納めていた。自民党は公認の条件として党員の拡大を義務づけている。土地改良区の役員、組合員をまるごと党員にして党費を組合に負担させていたのである。この基盤を突き崩さない限り社会の変革はない。

ゼネコン

東部工区は250町歩の区画整理、揚水事業をゼネコン各社が請け負っている。完工式典の顕彰碑の建立、組合員に対する記念品贈呈、役員に対する慰労会費等は、顕彰碑だけは土地改良区予算から、あとはゼネコンからの寄付で賄われている。各社請負金額に対してそれに比例して寄付の金額を決めているのである。このゼネコンからの資金は特別会計で表に現われない金である。役員は2次会、3次会と夜明けまで飲み歩いていた。この関係も自民党の強固な基盤のひとつである。

成田用水東部工区長に就任

1つは工区の不正防止のため、2点目は組合員の80％が離農して組合が崩壊したため、3点目は役員が老齢化して生産現場と関係なく年金生活をしているためである。次年度の役員選出もせずに「加瀬君たのむ」といって一切の会議を開かないのである。組織の崩壊である。組織が崩壊して困るのは組合員。揚水の管理をしなければ水稲の植え付けはできない。多古、横芝光、芝山の各町村に区域は広がっている。その組織を再建し運営するのは私しかいない。私は組織をきちんと再建し生産に支障のないようにしたのである。

成田用水土地改良区理事に就任した。初めての事務所訪問である。「会議室はどちらですか」と尋ねると「加瀬さんの子分が放火して事務所を焼き払った。焼け残った建物があちらにあります」と案内された。

第1回理事会、2500メートルの滑走路北側延長問題が出た。延長用地には成田用水パイプライン本管が敷設してある。その撤去である。私は反対した。2500メートル滑走路延長促進決議を理事会で決議して補助金を多く取ると芝山工区の石井守（加茂）から提案があった。「議決してみろ」理事会をひっくり返してやると抗議、これは取り止めさせた。理事の力関係は20対1である。理事会終了後、成田市内の料亭で懇親会である。各理事、来賓は談笑し酒を酌み交わしている。私には誰ひとりとして酒を注いでくれる理事もない。話しかけてくる理事もない。完全な孤立である。立場が違うので孤立は当たり前のこと。孤立は自分の主体とやるべきことが鮮明にわかるからいいことである。美味しい酒を飲み、コンパニオンが来て、帰りはタクシー券が配られた。役員は特権階級である。三里塚育ちの私には全く場違いの座敷であった。

谷台揚水機場の不正

東部工区２５０町歩の面積に対して。谷台揚水機場、それに牛尾反復機場、木戸台反復機場で揚水している。水稲栽培は３００坪の面積に高さ2メートルの用水を必要とする。用水経費は３００坪で年間３０００円である。

谷台揚水機場には大型のコンピュータボックスが5機ある。ところが牛尾、木戸台反復機場を自動稼働させるボックスには完工以来スイッチを入れたことがないというのである。工区長の権限で説明をうけ現場を調査したらボックスと反復機場をつなぐケーブルを敷設していないのである。２つの反復機場は手動操作をしていたのである。大規模な不正工事である。この施設は千葉県が行ったものである。

成田用水土地改良区理事長　水野清様

①谷台揚水場、牛尾、木戸台反復機場の施工責任者
②揚水機場の設計書の提出
③工事価格の総額
④請負建設業者の氏名
⑤施工月日
⑥完工検査立会人氏名

東部工区長　加瀬勉

資料の開示提出を求めた。早速、料亭に招かれた。私の友人平山利男氏が待っていた。これを公開されると土地改良区がつぶれてしまう。公開しないでくれと懇願してきた。断固拒否してその場を去った。水野理事長は資料の提出を拒んだ。「過激派加瀬さんの子分に事務所を焼かれたときに燃えてしまった」「千葉県耕地課から取り寄せてくれ。請負建設業者から取り寄せてくれ」と要求したが自分の首を絞める資料を出すはずはない。社会党の国会議員、県会議員に調査権を発動して取り寄せてもらいたいのだが、社会党とは離党絶縁になっているので頼むルートがない。新左翼は資料１つ取り寄せるこ

とができない無能な団体である。

1400万円横領

芝山町畑総土地改良区大×××工区長1400万円横領。成田用水土地改良区は13工区・面積3000ヘクタール。組合員3000人である。その1つの工区が芝山町畑総土地改良区である。毎年地域の土地改良区に上部組織の成田用水土地改良区から会計監査が行われる。まず職員による事前監査である。組合員選挙で選出された会計監査3人が監査にあたる。会計出納簿、出金入金伝票領収書の証拠書類、貯金通帳、定期証書の監査が行われる。各工区の総会もあって会計報告もなされる。金銭を動かす場合、会計は工区長、副工区長の許可を必要とする。会計法に基づいて財政管理をしているので間違いを起こすことはない。では1400万円の定期解約横領事件がなぜ起きたのか。大椰工区長が会計から印鑑を借りたが、会計はその印鑑をどんな目的で使うか確認しなかった。会計監査の時に定期証書の提示がなかったので監査委員が提示を求めたが、家に保管してあると答えた。その言葉を信用して定期証書の確認をしなかったのである。会計監査委員に重大な落度があったのである。

①会計監査担当職員と会計監査委員に

- 監査委員に対して定期証書の提示をなぜ求めて確認しなかったのか。
- 職員による事前監査になぜ定期証書の提示を求め確認しなかったのか。

②大椰工区長に対して

- 印鑑の使用目的について会計に伝えたのか。
- 農協で1400万円定期を解約したことは事実か。
- 1400万円を解約した目的はなにか。
- なぜ自宅金庫に1400万円を保管したのか。
- 1400万円が盗難にあったというが事実か。
- 盗難届を警察に出したか、その内容について。

・会計監査委員になぜ説明しなかったのか。

③水野理事長にたいして

・芝山畑総工区に１４００万円の使途不明金があるにもかかわらず13工区会計報告、財産管理に問題なしとして年次総会に議案を提出し可決させた。総括責任者としての水野理事長の責任は重大である。真相を解明しその責任を明確にせよ。

問題の処理について

１４００万円の定期は解約され横領されていた。盗難として警察は認めなかった。横領されているにもかかわらず問題なしと総会で可決されていて、１４００万円の横領を認めたことになっている。横領した本人を刑事事件として告訴して裁判にかけても１４００万円は返金されないし裁判経費も掛かる。財産評価をしたがすでに担保物件になっていてそれを解除し差し押さえて競売にかけても１４００万円の価値はない。責任の所在について芝山畑総土地改区の事件損出の問題である、土地改良区の問題ではない。成田用水土地改良区の監査委員に責任がある。改良区それ自体が経済的損失を受けたわけではない。取れないなら刑務所にぶち込めという意見もあったが、刑務所に入れても問題の解決にはならない。責任はうやむやに終った。大椰１４００万円横領については私が東部工区長退任してからのことである。一組合員として追及に立ち上がったのだが、権限が弱く追及できなかった。成田用水土地改良区副理事長平山利雄（多古）、13工区長会会長瓜生義孝（多古）、総代会議長佐久間静（多古）が重要ポストを握った。

理事会で水野理事長は「加瀬さんこの決め方でいいですか」と私に必ず言葉をかけた。職員も東部工区揚水機場の整備に全力を挙げてくれた。千葉県の事業監査で最優秀の折り紙が付けられた。組織の重要ポストをにぎったが、理事長水野に代わる人材を育てることができなかった。だから、追及も半端なものに終わり、運動として問題解決のため取り組めなかった、組織の民主的改革には至らなかった。最後の理事会そして記念撮影、水野理事長が「好敵手加瀬去るか。寂しいな」俺がいなくなって安心しているのでないか。おれは水野理事長を信用していない。文化人水野葉舟（理事長の父）を尊敬し信用している。葉舟は三里塚をバルビゾン派になぞって移り住んできたのである。第１回の懇親会は全くの孤独であったが「加瀬君土地改良区に残れ」とみんなが声をかけてくれた。土地改良の組織は自作農家族経営農家を基礎として地域的には村落共同体の集合体として組織は構成されている。何千年、何百年一緒に生活してきた仲である。「追及する」「責任を取れ」の処理の仕方はなじまないのである。問題をあいまいに処理してゆくのが家族主義的共同体の在り方である。この共同体のあいまいさの上に戦争の責任を取らない国家的総懺悔が存在する。土地改良組織も、大企業も家族主義的同族の伝統的意識が強く根底にある。その祭司が天皇である。

空港関連事業、成田用水事業に反対するなら、農民に対して工作して土地改良区の組織を結成させなければよい。力及ばず結成されたら組織の主導権を握らなければならない。組織の中に同志を増やさなくてはならない。北と南の解放戦線部隊がサイゴンに突入、解放したときに行政のあらゆる機関は共産党員と解放戦線支持者に握られていた。中国人民解放軍が北京に入場したときには、水道、電気、文化財を守ったのは市民、労働者、共産党員であった。あらゆる場所に我々の同志を配置しなければならない。これを抜きにして、成田用水施設を破壊すれば、農民は自分で納めた金で作ったものを破壊されたと敵対してくる。農民を敵方に追いやってしまう。三里塚の田圃の小さな流れの泥をあげて自前の農業、自前の暗渠土地改良と満足しているようでは問題にならない。農民が自前で土地改良、畑地灌漑、利根川からの揚水、パイプライン工事ができる力を持っていたなら自民党政府の横暴は許してはおかない。有史以来の歴史の中で現在の自作農土地地所有の農民が一番性格がおとなしい。

第2部

反対同盟の人々

空港建設反対に立ち上がった女たち

文ちゃんの握り飯

私が空港建設反対のために、富里村大堀日本社会党現地闘争本部に常駐したのは富里が建設地の候補に上がった1963年のことである。闘争本部は大堀集落の産土神の神社の境内にあった建物である。畳4枚の広さで、神社を掃除するバケツ、草取りの鎌、箒、鍬などが置いてあった小屋であった。その土間に、ベニヤ板を敷き、茣蓙《ござ》を敷き寝泊りする生活が始まった。もちろん、電気、水道、トイレはない。雨露を凌ぐだけである。食事は石油ストーブの上に鍋をかけインスタントラーメンを食べコッペパンが3度の食事であった。富里中学校隣の食堂に行くには2キロの道のりがあった。闘争本部の隣は青年行動隊榊原幹夫さんの家である。その幹夫さんの妻が榊原文子さんである。文子さんは私の生家「多古町牛尾」の隣の娘さんである。私が初めて闘争本部で一夜を明かしたその朝、湯気の立つ味噌汁、真っ白な握り飯2個と漬物をお膳に載せて持ってきた。

「文ちゃん、毎日は食事を運ぶことはできまい、嫁さんでもあるし家族の目もある。腹が減ったら俺がご馳走に行く、二度と食事を持ってこないように」と私は言ったが、文さんは「隣の家の勉さんが来てはおそまつはできない」と言った。家族経営の農村にあって田畑の重労働、育児、洗濯、食事の家事労働、姑をはじめ家族への気配りと農村の底の底で生きている嫁さんの苦労を、私は母の育ちを見て知っているから食事を運んでくれることを断った。

闘争とはすべてを創り出すこと

生活に使う水は山の裾から湧き出る沢に汲みにゆく。風呂、洗濯は池や川の流れで間に合わせた。武州部落の人たちが牛蒡田の共同墓地に「祖先墳墓の土地を守ろう」と横断幕を掲げて反対同盟を組織した。その墓地から急須、茶碗をとってきて私は茶器をそろえた。夜具の布団は双葉開墾の佐藤茂夫くんが貸してくれた。ある日、富里村の古川和子さんと名乗る18歳の娘さんが座布団を持ってきてくれた。窓のカーテンは富里高松の篠原高子さんが作って持ってきてくれた。空港が作られれば村はなくなる。村に住む若い私たちの将来もなくなってしまうと2人は相談して座布団とカーテンを持ってきてくれたのである。

何々がないから闘争ができないではない。人を作り、生活をつくり、個々で生きてゆくためのものを創り出してそれが闘争なのだと私は自覚したのであった。

土下座して謝罪

「トイレがなくては困るだろう」と双葉開墾の武藤大工さんが闘争本部の脇にトイレを囲いでつくってくれた。もちろん、区長の宮沢明さんの承諾をキチンと取ってのことである。ある日突然大堀部落の念仏講の人たち15人に猛烈な抗議を受けた。「この神社は村の産土神だ。その場所に便所を作るとは何事か」というわけである。1人の女性が「夫は、ここの神社で武運悠久を祈願し、村のみんなに送られて戦地に発った。そして戦死して白木の箱に入って帰ってきた。この神社で葬式をした。この神聖な場所に便所を作るとは何事か」、その女性の眼から夫を奪われた無念と悲しみの涙か、私への怒りとなって爆発した。戦争で夫を奪われた日本の女の悲しみである。「郷に行けば郷に従え」「大衆の感情を尊重しなければならない」は観念として知っていただけであった。私は土下座して心から謝罪し、便所を取り壊すことを約束した。また富里の野山をトイレに使わせてもらえばいいとおもった。

その後、「得体のしれない、どこの馬の骨だか知らない人間が住んでいて、不安で物騒でしょうがなかった。空港に反対して村を救ってくれるためにきてくれたのか。ありがたいことだ。これで安心した。便所はそのままでいい」と許してくれた。反対同盟が組織されたといっても戸主1人の集会、陳情への参加で老人まで闘争は広がっていなかった。

一粒の麦地に落ちなん明治社会主義

ひとりの反対同盟の農民が、17、8歳の娘さんをつれて闘争本部にやってきた。「社会党の宣伝車に乗せて空港反対の活動をさせてやってくれ、ビラ撒きでもなんでもつかってやってくれ」ときたのである。サークル活動や、社会党の選挙などやると「共産かぶれ、赤かぶれ」といわれて嫁の貰い手がないといわれた時代である。こんな農村の風潮のある中で娘を使ってくれとは驚いた。ところが、その娘さんが私に「加瀬先生」といったので2度びっくりした。「富里で青年団と青年学級生合同で青年研修センターで講習会を開いたことがあります。千葉県青年団協議会講師の加瀬さんがきてくれて『農村青年の学習と実践活動』の講演をされました。私はその講習会に参加していて加瀬先生のお話を聴いたのです」。彼女の名前は篠原正子さんといった。篠原さんの家は明治期、篠原学館の私塾を開き小作農民の教育に尽力した。この篠原学館に明治社会主義、平民社社会主義伝道の小田頼三、大西光次郎、堺利彦がきて社会主義講話と非戦論の講話をしたのである。この篠原学館に社会主義者を案内してきたのは八街の梅沢菊次郎であった。彼は大学を出て新聞記者をして平民社に出入りしていたのである。

富里、八街、酒々井、山武空港建設反対同盟委員長は梅沢清（八街町住野）さんの叔父、梅沢菊次郎である。18歳の篠原正子さんと梅沢会長のなかに明治社会主義の伝統が生きていたことを知って私は鳥肌が立つほど感動した。ひとりでは運動はできない。みんなと力を合わせなければできない。だが運動はひとりからはじまる、人民の歴史は前進しているのである。

農民組合結成と離縁状

篠原学館で社会主義講話を聴いた八街町住野の小作人青年、鈴木豊、池田滝治、林貞一、細谷重徳ら15人は「青年自治会」を結成した。地主の支配に屈せず自由奔放に活動することを目的とした。そしてこの青年自治会が母胎となって「八街町農民組合」を結成することになった。鈴木豊さんは女房を呼んで、「明日農民組合の看板を家の出入り口に立てる。おそらく地主大鐘に叩き出されるであろう。苦労して働いているお前を不幸にはできない。生家の酒々井に帰って俺よりよい男と所帯を持って幸せになってくれ」と離縁状を差し出した。畑はもちろん屋敷の土地も地主大鐘のものである。鈴木さんにはひとかけらの土地もないのである。現に隣の溝口さん家族は、年貢が払えなかったために住家の雨戸に5寸釘を打たれ出入りできないようにされて、家族はみんな庭に叩き出され、一家が離散したのを見ているからである。社会主義思想と結びついた近代農民運動組織「八街農民組合」の看板が立った。

1924年のことである。離縁状の決意の中から千葉県最初の農民組合は誕生したのであった。

地主大鐘は驚いたが、鈴木さん一家に危害は加えなかった。鈴木さんの女房も酒々井から帰ってきた。離縁状は越訴を企て処刑された佐倉惣吾郎の影響を受けたものであった。

地主大鐘の奥方落涙す

結成された農民組合は地主大鐘に対して年貢値下げの小作争議を起こした。この争議は大正時代に発生し、太平洋戦争時も続けられ、戦後農地改革の解放によって闘争は終止符がうたれる大争議であった。大鐘の家の周りを竹槍をかついでデモ行進し、宅地内に乱入し繋いであった猛犬の首を日本刀で切り落とし、竹槍に刺してデモ行進して地主の家の座敷のど真ん中に投げ込む激しい闘争であった。座敷の隅の屏風の陰で大鐘の女房はおびえて泣き伏した。新聞に「大鐘の奥方落涙する」と大見出しで載ったのである。この闘争は県下の小作農民を奮い立たせた。一方小作人、農民組合の女たちはどうしたのか。連日激しい闘争を繰り返している男たちに、弁当の炊き出しをおこない、自らも「女房団」を組織してデモ隊に加わり、独自の闘争として「神社お百度参り」のデモを敢行したのであった。野田醤油大争議にも女房団が組織され活躍した。京都城南小作争議にも女房団が活躍した。新潟県木崎争議でも小作人の女たちは手焼きせんべいを作り、籠に背負って村々を売って歩き闘争資金をつくっていった。

一本の空港反対の襷

千葉県庁への陳情である。空港反対の襷をかけてバスで行くことになった。大堀の集落反対同盟も襷が作られて1戸1戸に配られた。でも斉藤春吉さんの家には配られなかった。なぜかと尋ねると村付き合いもまともにやらない家だから、日頃何事も連絡しないとのことであった。私は襷を1本作って斉藤さんの家を訪ねた。私が行くと女の人が驚いて出てきた。明日集落の人全員が空港反対を千葉県知事に申し入れに行く、この襷をかけて参加して欲しいとお願いした。

「おめえさんが神社の境内の小屋に住んでいる人かい」「そうです」「よく私の家にきてくれた、ありがとうよ」「よそ者のあんたに恥を話してもしょうがないことだが、俺の夫は博打、競輪、競馬の賭け事に夢中になり畑も売って貧乏になった。

息子は多古高等学校に行っていたが月謝が払えなくなり退学ということになり、多古の山で首つり自殺して死んでしまった。こんなことがあって村の者は俺の家と付き合わなくなってしまった。村の人が悪いのではない。身からでた錆だ。人を責めることはない。うれしいよ。よく俺の家に来てくれた。明日は参加します」と富里で初めて心を打ち明けてくれたのが斉藤さんであった。つぎの朝、斉藤さんを迎えにいった。斉藤さんの顔を見るとよく来てくれたとみんな喜んでくれた。差別があっては闘争にはならない。

空港建設反対大陳情団

八街、富里空港反対同盟は政府、運輸省に500人余の大陳情団を送った。「空港が建設されれば、村はなくなる。この重大な闘争に、女が出てくるとは何事か。一家を代表する戸主旦那が出て来い。熱意がないから女を出してくるのだ」という意見もあった。しかし、冠婚葬祭、病気など男が闘争に参加できないこともある。女世帯の家もある。男が闘争に参加できないときもある。闘争に参加するのだが、女の人は少数で肩身が狭く、おびえるように小さくなっていた。小さい声で、蚊の鳴くような声で、私に「トイレ」に案内していってくれというのであった。私はいつもトイレの案内役をつとめたのであった。

空港建設反対の血書

空港反対同盟が800人の空港反対の血書を佐藤栄作総理に出したのは1964年12月23日のことである。富里八街空港反対同盟の副委員長は相川隆さん(立沢)である。彼は軍隊が好きで好きでたまらないのである。親が老いたので仕方なく帰ってきた。相川さんは闘争本部を尋ねてきて「作戦要務令」を出して直立不動の姿勢で「敵は進撃しつつあるにもかかわらず、我が方いまだ準備完了せず」と読み上げて、「加瀬さんどうしたらよいでしょうか」と尋ねるのであった。デモの指揮にあたっても「謹んで指揮を執らせていただきます」といってから号令をかける。全軍の指揮を執るのである。その相川さんが、井戸端で清水を浴び身を清め、座敷に上がって、日本刀で指を切り血を盃にとって、白布に「空港絶対反対」と血書をしたため友納千葉県知事に提出した。このことは一瞬の内に反対同盟の農民に広まった。我々も血書を運輸省に出そうということになったが、日本刀で指を切るのは痛い、どうしようかということになった。看護婦をやっている娘はいないか、八街、富里、酒々井、山武の連合反対同盟員の看護婦に号令がかけられた。千葉県で最初に無産医療組合を作り小作人に薬を飲み栄養を取る運動を起こした八街町武田病院長の協力もあって看護婦20人が富里役場会議室に集まった。注射器で血液をとりそれを皿に受けて空港反対の血書が揮毫されたのである。女性の空港反対闘争への参加である。出来上がった血書８００枚を運輸省に持っていった。空港反対の文字は黒くなっていた。運輸省職員が気味悪がって恐るおそる受け取った。

富里七栄小学校決起集会

八ッ場ダム反対闘争

八街・富里の空港反対闘争の勝利は加瀬完（参議院副議長）先生の活躍がなかったら闘争は勝利しなかったであろう。「俺は富里の田中正造になるのだ」と決心したのであった。その加瀬先生に社会党群馬県連から「八ッ場ダム反対闘争のために富里闘争の経験を八ッ場ダム反対長野原旅館組合に教えてやってほしい」と要請があった。加瀬先生から「加瀬君、君も同行してくれ」と依頼があった。群馬県連猪上オルグが待機していてくれた。猪上君は基地反対妙義闘争でただ一人現地の恩賀の集落に常駐した人である。その夜、かれは恩賀の基地闘争の体験を話してくれた。老人たちが白の死装束に身を包み、６尺の柄のついた山刈鎌を持って妙義山山道に構えた。防衛施設庁の職員が山に入る日である。職員が来た。鎌を振り上げて山に入るなら切り殺すと構えた。老人の婦人たちは「おれ達を殺してゆけ、三途の川を渡るのに喉が渇いていていてはしょうがない。死後の水を飲ませてくれ」と言って職員の腰にさがっている水筒にしがみついて離さなかった。そして防衛庁の職員を撃退したのであった。こんなこともあった。防衛施設庁の役人がきて、家族のいる炬燵のところに札束を置いた。その札束に夫の手が伸びようとした時に「父ちゃん、その金取ったら山に住めなくなってしまう、取らないで」と、夫の手にしがみついて泣き叫んだ。夫は札束の手を離した。「加瀬さん、老人と婦人を組織しなければ闘争は勝てない。男は金と名誉に弱いから」と言葉を結んだ。組織する決心はあるがどのような闘争の機会に組織するチャンスがおとずれるのだろうか。皆目検討がつかなかった。

千葉県庁乱入・逮捕、泣き崩れる女たち

千葉市弁天町公園で空港反対千葉県民集会が開かれた。デモ隊は公園から千葉地裁前に出て県庁横、千葉中央署前から寒川踏み切りを通って千葉県庁前羽衣公園で流れ解散。私は千葉県労連の大型の宣伝車のマイクを握り締めて「空港反対」を叫んでいた。県庁横にさしかかるやいなや、私は千葉県庁の建物吹き抜けの正面玄関に宣伝車をつけて、「千葉県知事友納の馬鹿野郎、出て来い」と叫んだ。宣伝車の後のデモ隊の先頭は、青年行動隊隊長吉田総一郎、増田茂、村田秀雄、秋元重四郎、栗原恒司等の青年行動隊らが、県庁の正面玄関のガラス戸を旗ざおで叩き割って突入した。2階正面の千葉県旗、日の丸を叩き落として空港絶対反対の蓆《むしろ》旗を掲げた。翌朝、各新聞は「八街、富里の農民暴徒化」、トップニュース、トップ見出しで県庁乱入を伝えた。1日おいて夜明けの3時富里に電撃が走った。県庁乱入事件で、青年行動隊細野不二男(武州)、増田弘（流）、同盟員加藤良作（人形台）が、千葉中央署に逮捕された。私はすぐに社会党千葉県本部に釈放要求行動をおこなうよう連絡。誰の指示もなく、梅沢清委員長、久保忠三副委員長を先頭に雲霞のごとく千葉中央署に押しかけた。富里、八街に男はいなくなった。

婦人たちが武州公民館に集まっていた。逮捕された細野君の妻は泣きくずれ、増田弘君、加藤良作さんの女房も泣いていた。顔面蒼白であった。泣いている。泣き崩れる3人の背中をさすり、みんな共にもらい泣きしていた。

闘争に立ち上がった女たち

泣いていた女たちも少し落ち着いてきた。そして夫が逮捕された時の状況を語りはじめた。

「おはよう、おはようと玄関を叩く音、開けたら刑事が入ってきた」「牛乳配達か新聞配達かと思ったら刑事が入ってきた」「子供が寝ている前で手錠をかけないでくれと言ったがかけた」「朝ご飯できている。食べてから行ったら、と言ったら、差し入れ弁当にしろと手錠をかけた」「寒いから下着を着ていったら、着るものは差し入れにしろといって手錠をかけた」「寝起きだから小便をしたいといったらパトカーのなかに押し込んだ」、逮捕されたときの様子が次第にわかってきた。朝飯炊きに早く起きる女は一番先に刑事と顔が合う。刑事が来たと叫び近所の反対同盟に知らせる。火事だ、泥棒だと庭に飛び出し、鍋やバケツを叩いてみんなを呼び集める。女の機転がなければならない。私は、「婦人行動隊を作ってはどうか」と語りかけた。「村の男がみんな釈放要求に出かけている。村が火事になったらどうしようか」、女だけで村を守ることなど考えてもみなかった。「全村の消防倉庫を開いてポンプをすぐ出動できるようにすればよい。火事場に女がポンプを引いてゆき、老人の男たちがエンジンを始動させればよい。心配することはない」と私はその体制をとらせた。

千葉の釈放要求を戦っている男たちから、弁当の握り飯を至急届けてほしいと連絡が入った。何人いるのか、皆目見当が付かない。米を何枡炊けばよいかわからない。私は、米１升は15個の握り飯、集落の戸数だけ炊けと指示した。釈放要求は夜を徹して行なわれ、昼飯、夕食、つぎの朝の飯と次々から次にと握り飯弁当が届けられた。いまの季節は、干瓢にスイカの苗を接木して電熱の床でビニールハウス内で育てる。男が居ないと管理できない。私は「育苗管理パトロール隊10人を直ちに村に返すように連絡した。２名１組にしてパトロール隊を編成して巡回し管理に当たった。これでは主体的に生産管理を担うことはできない。作付け計画、施肥、育苗、販売、財政管理の家族経営の中で女性は単なる労働力しか役割はない。これでは主体的に生産管理を担うことはできない。自作経営を基礎とした家族制度。ここまで反対同盟がこれを解決するほど組織の民主化ができるのであろうか。自作経営を基礎とした家族制度。ここまで反対同盟を民主化することができるのであろうか。

県警本部謝罪、３人の釈放を勝ち取る

誤認逮捕である。逮捕された加藤良作さんは県庁内に入っていなかったのである。一転して県警本部は謝罪し３人を釈放したのであった。３人釈放の連絡が入って村の全域に釈放のニュースが伝えられた。千葉、桜木町、酒々井、八街、富里と釈放された３人を先頭に村中の男たちが歓喜に満ちて還ってきた。沿道にはすべての人が出迎えた。戦地から帰ってきた兵

士を凱旋将軍を迎えるように、日の丸を振って、釈放要求ご苦労様と最敬礼する老婆、富里中学校体育館で釈放要求勝利報告会を開くことになった。会場は人で溢れた。反対同盟の男たちが口々に「腹が減っては戦はできぬ、握り飯うまかった」「おっかあたちの握り飯を食べたから勇気がわいた、頑張られた」「おっかあたちの作った握り飯の美味は一生忘れない」と村を守りぬいて握り飯を届けたおっかあ達を口々に褒め称えた。大声、笑い声、日本の男どもは女性を褒めるのは下手である。その男どもが女性を大声でほめている。こんなに男に褒められた女は日本にいるだろうか。こんなに女を褒めた男が日本にいるのだろうか。戦いぬいた男どもをみつめる誇らしげな女の眼、村を守りぬいた女を見つめる男の優しい笑い。人間は戦のなかで心豊かになっていくのである。

空港反対母子大会

「鉄は熱いときに打て」私は婦人行動隊の結成を呼びかけて各集落の婦人達に積極的に働きかけた。婦人行動隊を結成することにはみんな賛成であった。だが、姑に子守をさせて婦人の集まりには参加できないということであった。子供を連れて婦人集会に参加すればよいではないか。姑と家族に気兼ねせず集会に参加できる日は何時かと聞いて歩いた。3月3日の雛祭りの日は休みであるから参加できるとのことであった。1966年3月3日、空港反対母子大会が富里中学校体育館で開かれた。大勢の女性が参加し子供の笑い声、泣き声、雛祭りのように派手やかな賑わいであった。婦人行動隊長は八街の林よしさん、副隊長には富里の江原マサ子さんが就任した。各集落ごとに婦人行動隊長が決定された。林よし婦人行動隊長の就任挨拶。「私達は、日頃、顔に紅白粉を付けて婦人会の制服を着て他人のような顔をして会議や、PTAに出席していた。富里、八街はいまや戦場となった。ドラムカンが鳴ったら田や畑どこにいても駆けつけて国や県の奴らを追い払い撃退しなくてはならない。野良着こそ我々の戦闘服である。どこに行こうが野良着に身を包みいつでも戦場にかけつけられるように心構えを作っておこう。ここに集まっているこの子たちの将来のために村を守りぬくために先頭に立って戦おう、立とう」林よし婦人行動隊長の決意表明を聞いて感激して鳥肌がたった。熱い涙が溢れては落ち、溢れては落ちた。

祥子さんが嫁にきた

１９６５年11月19日、富里に空港建設を内定。霞が関の合同庁舎の運輸省に数知れぬほど陳情、要請、抗議に行った。運輸省官僚はそのたびに、「富里、八街に建設が決定されたわけではないので、造るなといわれてもお答えできません」、抗議行動が弱いと見るやつけこんで、内定は決定と同じである」と威圧する。栃内航空局長は「空港があるところは栄えています」と発言した。激怒した抗議団が「羽田では騒音で苦しんでいる」と詰め寄ると「私は羽田には行ったことはありません」と答えた。航空局長が羽田空港は知らないと答え、農民を馬鹿にしているのである。「空港がそんなによいものなら見に行くから教えてくれ」「八丈島の空港がよいでしょう」と答える始末である。「私たちは国会の先生方の決定によって動いているのです。空港建設を促進している先生方を選んだのはあなた達です。空港建設に反対ならそんな先生方を選ばなければよいでしょう。選んだあなた方にすべての責任があるのです」。これが運輸省官僚の答弁であった。富里、八街の村々にドラムカンの警鐘がたてられて、富里村武州の公民館前には竹矢来がつくられた。竹槍の先は赤く血染めになっている。あの大鐘小作争議のときに、大鐘の宅地内に乱入し日本刀で猛犬の首を切り落とし竹槍に刺してデモ行進をし、そのイヌの首を座敷に投げ込んだ経験を思い出しての血染めの竹矢来である。

騒然とした中に八日市場市飯高から祥子さんがお嫁にきた。相手は青年行動隊の中心的活動家、私の生涯の同志となる増田茂君と結婚したのである。「空港が建設されれば追い出される。村はなくなる。どうなるか解らない不安なところへよく決心してお嫁に来てくれた」。祥子さんはみんなに祝福された。祥子さんは「若いのだからデモの先頭を勤めてくれ」といわれて先頭に立つ。ワッショイ、ワッショイと大声を力の限り出す。村で生まれたもの、よそから嫁いできたもの、嫁と姑、そんなものはデモの世界のなかにはない。闘争の中に上下はない。祥子さんはいい時に結婚したものである。

千葉県友納知事の藤見の宴

千葉市長洲町の知事公舎の庭には見事な藤の木がある。花が盛りの時に藤見の園遊会が知事主催で開かれる。歴代の知事の慣例である。知事主催の藤見の園遊会に久保忠三富里空港反対同盟会長、江原マサ子婦人行動隊長が出席。新聞千葉版に大きく掲載された。反対同盟に衝撃が走った。この問題でさっそく集会が富里青年研修センターで開かれた。厳しい批判、怒号。演壇で江原マサ子さんと久保忠三さんが泣き出した。敵の誘いに乗るな、敵の切り崩しがわからなかったのか。批判は激しかったが役員は辞めろと発言する者はいなかった。泣いて謝っているのだから、反省しているのだから許してやれ、役員を辞任すれば友納知事は喜ぶ、組織を分裂させてはならぬ。これからいろいろな過ちを繰り返し、失敗もするだろう。敵の陰謀切り崩しも多くなる、それを克服するのが運動なのである。失敗の経験を薬にして病を治す。批判は中傷、誹謗ではない。批判は二度と失敗を繰り返さないように、相手を励ますことである。おのれの中にある個人的な野心、欲望、金銭、出世、どれだけ克服することができるのであろうか。マサ子さんの涙と泣き声に自分の心を映し出してみるのであった。

富里の子守唄

社会党の佐々木更三委員長が富里に来て「佐藤内閣打倒国際空港建設反対」の集会を開くことになった。富里の能筆家は人形台の加藤惣之助さんである。私は横断幕の揮毫の依頼に加藤さんを訪ねた。加藤さんは子守をしていて、もう何年も筆をもったことはない、子守をしているので書くことはできないということであった。私が子守をするから、書いてほしいとお願いした。筆をもって闘争に空港反対に参加する。天と地の広さのなかに、希望と絶望の広さの中に人間は無限の可能性を秘めいろいろな能力を各人は持っている。運動とは闘争とはその無限の可能性を発揮することである。私が子守をしている間に見事な空港絶対反対の幟ができあがった。集会参加者は「いつ見ても加藤さんの文字は見事だ」と褒めちぎった。私が子守をしているのをみて、畑から帰ってきた嫁さんの登紀子さんは驚いた。青年行動隊の大里八郎君夫婦にも、立川信行、深雪さんにも子供が生まれた。畑の隅に、自動車の中に寝かせての畑の仕事である。私は度々子守をしてやる。温かい子供の体温が私の身体に伝わってくる。子の命と私の命が温かく一緒になる。この子らの未来のために頑張らねばならない、そんな思いを強くする。生殖と生産は同一であると人類が最初に発見した偉大なる思想。それをどれだけ闘争のなかで発展させることができるのであろうか。闘争は無限の可能性を秘めて存在する。

1杯のお茶の美味しさ

自作農、家族経営にあっては、先祖伝来の土地は戸主の名義である。農産物の収益の実権も戸主が握っている。集落の決め事、社会的関係の出来事について、一家を代表して戸主が取り仕切る。生産のなかにいても女性は単なる労働力でしかない。底辺で働く女性の実態はなかなか表面に現われてこない。人が尋ねてゆくと戸主が対応に出る。女性はお茶を出して引き下がる。だが空港問題になると女性も話に加わってくる。共通の話題、共通の世界を持つことができる。このときにご馳走になるお茶は特別に美味しい。

反戦平和婦人全国集会

東京三宅坂社会党文化会館で日本婦人会議主催の婦人全国集会が開かれた。八街、富里空港反対婦人行動隊もバス1台に乗車して参加した。初めての全国集会への参加である。女優の望月優子さんも参加していた。帰りのバスのなかで、行動隊長の林よしさんが「私たちは日頃、チョイナチョイナの歌を唄ってきたが、これからは団結ガンバローを唄って闘おう。加瀬さん、団結ガンバロウーを教えてください」と頼まれた。私は青年団時代に歌声運動に参加し、千駄ヶ谷体育館での祭典にも参加していた。そして、三池、安保闘争を闘かった。空港闘争のなかで歌声運動の経験が役立つとは思いもよらなかった。

チョイナチョイナの唄

（女性）

股の間に線香三本立てて
親爺これ見ろ蒸気船
チョイナチョイナ

（男性）

チョイナチョイナでためたる金は
みんな貴方の臍の下よ
チョイナチョイナ

ガンバロウー!!

ガンバロウ
突き上げる空に
くろがねの男の
こぶしがある
もえあがる女の
こぶしがある
闘いはここから
闘いは今から
オウ!!

青年行動隊増田茂君の魁《さきがけ》の花《はな》

春夏秋冬又花月。国家権力の空港建設の暴政に抗すること43年。浦安、木更津、八街、富里、そして三里塚へ、戦塵にまみれ、闘争につぐ闘争の明け暮れの歳月。そこに道があるから歩いてきたのではない。振り返ってみたら43年の半生の闘争の足跡がついてきただけである。

老麒は厩に伏すも
志は千里に在り
烈士晩年
壮心已まず

「乱世の姦雄」曹操の手になる「歩出夏門行」の一節である。

私は幸いに身病むことなく、いまだ三里塚の戦いの最中にある。

私が富里村大堀の社会党千葉県本部闘争本部に常駐したのは1966年のことである。大堀集落産土神社の庭の隅にある9尺2間の掘っ立小屋、破れ板張りを私の友人の小川藤男くんが建設業を営んでいたので修復してくれた。電気もなければ、水道もない、便所もない。谷地田の沢の流れで顔と体をあらい洗濯もする、湧き水で喉を潤す、土間に畳1枚を敷き、布団は双葉の佐藤繁夫くんが、カーテンは高松入の篠原高子ちゃんと二区の古川和子ちゃんが用意してくれた。、武藤大工さんが便所を作ってくれた。成田のガラクタ市でストーブを武州の増田茂君が煮炊きする釜といっしょに買ってきてくれた。丼と茶碗は大堀の宮沢明君が持ってきてくれた。電気、水道の文明の利器がないから生活できないのではない。何がないから生活できないではない。創りだしていくことが生活であり闘いなのだ。ここで生きていくことが自体が戦いなのであった。睡眠不足、過労、偏食から栄養失調へ、栄養失調になると気力、根気がなくなり思考も鈍化する。いくら鼓舞しても体の芯から気迫も気力も出ないのである。健康なときの弾むような体の調子が消え失せてしまうのである。生産と食は生命の源である。私をそこまで駆り立てたのは、中国革命であり、ベトナム人民の民族独立祖国解放戦争であった。

社会党の衆参国会議員、県議団、県本部執行委員等は、反対同盟の集会で現地闘争本部を設置したと大言壮語の演説を振りかざしているが、私は社会党現地闘争本部オルグだが組織から1銭の活動費も援助も受けてはいない。闘争本部の修理代も私が支払った。三里塚へ転戦しても同じであった。受け取っていないどころか闘争収拾か、継続かの路線対立で私は首を切られたのである。だが社会党は歴史の中で消えたのだが私は現地で生き延びて現在なお戦いを堅持している。

富里武州集落の増田茂君が畑の隅に梅の種を蒔き育てること5年、小指くらいの元木に接木紅千鳥と八重枝垂れを畑の隅に植えておいたからと闘争本部に来た。生家には持ち帰れないからと告げると、育てておくからと言って彼は帰って行った。私は、富里、八街から三里塚へ転戦して梅の木を育ててもらっていることはとっくに忘れていた。そして25年の歳月が過ぎた。茂くんから2本の梅の木が大きくなったがどうするかと連絡が入った。どうするかといっても三里塚で戦っているのでどうしようもない。そのまま育てておいてくれと彼にたのんだ。

父が死に、母も身罷った。私は生家に帰ってきた。私の庭に紅千鳥の紅梅と八重枝垂れの2本の梅の木が成木となって見事な花を咲かせていた。私は三里塚の戦いに参加していたので、茂くんが畑から持ってきて私の庭に植えておいてくれたのである。紅千鳥は寒風の中、まだ誰も春の季節の到来を知らないときにつぼみを膨らませ、一輪二輪と花を咲かせる。大寒の中に凛と咲く紅千鳥、次第にほの紅《くれない》に庭中が染まって命の燃える色となる。八重枝垂れは総身を花で覆いつくす。真夜中しんしんとして生あるものがすべて凍てつく夜、下弦の月に照らし出される姿は荘厳としか言いようがない。魁の花のみが持つ命の美しさである。村のみんなが観梅に訪れ写真を撮りに来る。

ある年大雨が降り富里の低い畑は小沼と化した。村議会議員であり、農業委員であった茂くんは、寝食を忘れ災害復旧のために活動したのであった。過酷な活動が原因で心筋梗塞に倒れアッという間に此の世を去っていった。三里塚で戦っていた私は彼の死を5年も過ぎてから知ったのである。茂くんと妻の祥子さんの間には2人のお子さんがいる。二男に私の名前を取って「勉」と命名してくれた。名誉なことだ。責任は重い。茂・祥子さん夫婦と巡り合い八街・富里の農民の人たちと共に戦塵にまみれ生きることができてよかったと心から思う。人間には2つの故郷がある。祖先墳墓の土地があり、父母がいて竹馬の友もいる故郷、もうひとつの故郷、思想的に自立し生きてゆく闘いの力を獲得したところ、私にとってその故郷が富里なのであった

畑と畑の間に細長い牛蒡のような田圃、この牛蒡ッ田の集落の共同墓地に茂くんは眠っている。この牛蒡ッ田の共同墓地の墓石に「空港絶対反対・農地死守」と横断幕をかかげて真っ先に空港反対に決起したのが、茂くんを先頭とする武州集落の人たちであった。茂くんは反対同盟の結成、青年行動隊の結成。千葉県庁乱入抗議闘争、県庁包囲耕耘機デモ等、いつも彼は闘争の先頭に立って活躍した。彼は若い命のすべてを農民のために尽くして魁として、此の世を去っていったのである。巡る歳月のなかで富里村は町となり市となったが、茂くんが黙って育て、黙って私の庭に植えておいてくれた紅千鳥の紅梅と八重枝垂は歳を重ねるごとに見事な花をつけている。こうして今年も茂くんが会いに来てくれた。花は黙して語らないけれど、深い沈黙は饒舌に増して雄弁に茂くんの生涯と闘争の歴史を物語ってくれている。

「雁の便りの故事」ではないが、漢の武帝に使えた蘇武でさえ「節」を守った。「墨子岐路を見て哭す、一歩にして千里を誤るを悲しむ」とある。ごくわずかなことでも誤れば、差は千里となる。最初は小さな誤りでも最後は大きな結果を招く。残された晩年の一歩に心せねばならない。

空港反対を闘った女たち

自分を恥じるおんな

婦人行動隊の立原正代さんは富里村二重堀の人である。私が尋ねていくと「髪に油気がなくてぼさぼさ恥ずかしいよ」と言った。朝星夜星、毎日真っ黒になって働いていて鬢付け油ひとつ買うお金もない。この家に嫁に来て3年経つ。盆、彼岸

に、先祖の墓参りに生家に戻る。その時に姑から小遣いが出る。菓子、せんべい1袋の手土産代とバス代である。帰りは両親に手土産代とバス代をもらい、母が隠れて当分の間の小遣いをくれる。兄嫁に気兼ねして表立ってはくれることができないのである。こんなこともあった。親にもらった小遣いを夫に煙草銭にくれと取り上げられたこともあった。洗濯石鹸も生家から買ってもらったこともあった。先祖伝来の田畑を守る。自作農家族経営、外から見た目は、家族揃って協力し合って働いている。和やかで温かそうに見える。零細な家族経営は家族それぞれが労賃を受け取る自立した働き手を認める余裕がないのである。

私は1960年代香取郡1市10カ町村青年団6000人の理事、事務局長、団長を務めたことがあり、その時に地域婦人会、女性教師の会と協力し合って、農村婦人の生活実態調査を実施したことがある。昭和35年嫁さんの小遣いは最低1年間500円最高1万5000円であった。それから農村の実態は変わってはいないのである。「おれ達嫁は牛馬ではない」「小遣いをくれろ」「夫よ生理用品買う金を用意しろ」と誰憚ることなく言い合えるそんな反対同盟になることを私は夢みているのである。

我が子を捨てたおんな

三里塚御料牧場は現在の富里村双葉、御料、両国の集落の地域まで広がっていた。双葉と御料は戦後中国東北部、旧満州からの引揚者によって拓かれた。婦人行動隊鈴木菊枝さんも満州開拓団からの引揚げ者であった。「加瀬さんは中国に行ったそうですね。私の子供を捜してもらえないでしょうか」といった。「愛国の花嫁」という国の呼びかけに応募して満州に渡って開拓団の男の人と結婚した。日本が敗れて開拓団は満州に置き去りにされた。中国の人に子供を預かってもらったとは耳障りのいい言葉だが、母親の身になれば、わが子を中国に捨ててきたということだ。生活が落ち着けば落ち着くほど、子を捨てた罪が身に重くのしかかってくる。この罪からは一生逃れられない。

日本にいても地主の奉公人になる以外働く場所がなかった。日本にいても、やっかい者、目障りものであった。「愛国の花嫁」、言葉はよいが実はやっかい者を満州に捨てたのだ。日本を追い出され、捨てられて難民になって、飢えを凌いで荒地を拓き、ほっと一息ついたら空港を造るから出て行け、考えてみると俺の一生は日本に捨てられた難民生活であった。もう難民になるのはこりごりである。難民になるものか。空港建設には力の限り反対する。

富里中学校決起集会

大甕のなかに入ってきた娘

富里村大堀坂間伝吾さんの家に大きな甕がある。水を張ったその甕に子供が落ちると溺れるほど大きい甕なのである。明治の御維新は慶応2年のこと。坂間さんの家は江戸赤坂の酒問屋の御用商人であった。維新によって幕府が倒れ御用商人は失業した。失業し浮浪、無産の徒が東京に溢れた。暴動、叛乱を防止するために明治政府はこの無産浮浪の徒を捕縛して下総の牧野の開墾に当たらせた。坂間さんの先祖は、赤坂から大八車にこの大甕を積んで、その甕のなかに娘を入れてこの高野牧（富里村）にたどり着いたのであった。御用商人のときは手代も多く使っており、なに不自由なく暮らしていたが、失業して賄もなくなり乞食同然の姿で富里にたどりついた。江戸赤坂から茫茫たる原野の富里へ。奈落の底、絶望の闇に突き落とされた。開墾は過酷を極めた。飢え迫る中での強制労働。大甕の中に入ってきた娘(坂間千代)は両親の苦労をいやというほどみつめていた。「俺が入ってきた大甕はこの家の家宝だ大切にしろ」と言い「親の名前を忘れることがあってもこのことだけは忘れるな」と家族に言いつづけてきた。「政府とその手先による開墾農民に対する暴行、猛威は毎日のごとく。自分の利益のために他人の耕地を奪い、山林を奪い、宅地を奪い、作物まで奪い、村の土地まで奪い、抗議するものなら鞭を打ち、暴行を加え、警察官吏を呼んで捕縛し、暴行は数限りなし」。この話は、親から子へ孫に、明治、大正、昭和へと、家訓として伝えられてきた。こうして先祖が切り拓いてきた土地、どんな困難が待ち受けていようとも守らねばならない。

村落共同体の葬儀

冠婚葬祭の行事は村落共同体のなかでもっとも重要な行事である。共同体と親戚縁者の人間関係が凝縮して浮かび上がってくる。空港賛成派日吉倉の秋吉四郎が死んだ。花輪は友納武人千葉県知事、空港建設推進協議会内田広男の花輪が並んだ。葬儀手伝人は10戸とか15戸とか決まっていて、そのなかに契約人といって葬式を仕切る最高責任者がいる。最高責任者は働き手に仕事の分担を指示する。会計帳場の担当、死亡診断書、僧侶の手配と戒名、火葬場の手配、墓の掃除、忌中の料理の手配等々。働き人も葬式を仕切る最高責任者もみんな空港建設反対派である。これまで反対同盟は、空港賛成の秋吉に対して、家の門前に宣伝車をつけて、政府と県の手先と糾弾してきた。秋吉の女房貞が涙を流し泣きながら「どうか夫の葬式だけはやってください」と頼んでも反対派は承知しなかった。「空港賛成派だが死んだものに罪はない」では「友納千葉県知事と空港建設推進内田の花輪を空港反対派がかつげるか」と、反対同盟も2つの意見に分かれた。空港反対派は「友納知事と内田に棺を担いでもらえ」と通告した。葬式をやってくれないのは「村八分だ。人権蹂躙だ」の批判が出た。そこで反対派が通告したのは、友納と内田の花輪は取り外せ、葬儀が終わったら反対同盟婦人行動隊に入ること、この条件を秋元の女房は承知した。空港反対、賛成を巡って従来の共同体とは違う人間関係が生まれてくる。

婦人行動隊不買運動を決議する

富里、八街の商店の店先に「空港反対」小旗が一斉に並んだ。婦人行動隊が空港建設に賛成する店からは、日用品、衣類、雑貨は買わないことを取り決めたからである。八街、富里の商店は、地元の生産、生活、日頃の付き合いのなかで育ってきた。いまのように大手の資本が突然出てきたのではない。空港が建設されれば人口も増えて、いろいろな職種が必要となってくる。購買も増えて大型の店舗になれるかもしれない。そんな雰囲気が町の中に漂っていた。その空気を一掃したのが婦人行動隊の不買運動であった。

三里塚芝山連合空港反対同盟委員長　戸村一作

「加瀬さん、お酒飲みましょうよ」「真昼からお酒ですか」というわけで千代の屋食堂の縁側の座布団に坐って、ビール1本ご馳走になる。

「戸村さんは、晩酌やるんですか」「いや、日常は酒一滴も飲まないですよ」「そうですか」「実は、私は酒を飲むと女癖が悪く、すぐに女に手を出してしまうのですよ。酒は好きですが自重しているのです」「そんなに女癖が悪いのですか」

戸村さんはキリスト教者であり、牧師でもある。戸村さんが「神から人間への復活」と思える衝動にかられる。「私は、今の女房に恋をしましてね、北海道まで後を追っていったんです。北海道で長く生活しました」。戸村さんの奥さんは北海道小樽高女の出身、奥さんが赤い毛布をかぶって馬橇に乗っている絵がある。新婚当時の物であろう。「小樽運河を保存する会」の皆さんも三里塚闘争に参加し、私も何度か交流に出かけていったりしている。小樽には、甘粕大尉に虐殺された小林多喜二のデスマスクが保存されている。「多喜二や、もう一度返事をして」と我が子の死体に泣きすがった多喜二の母の声が聞こえる。

戸村さんの横隣、三里塚十字路に「魚佐」の魚屋と寿司屋がある。「加瀬さんと話しているとおちつくんですよ」と酒をご馳走になる。「北原さん（事務局長）は哲学がないから駄目です」「哲学がないと駄目なら、反対同盟の農民はみんな駄目だということになりますね」と言葉を返す。戸村さんが言っている哲学がないと駄目ということは、反対同盟幹部、反対同盟指導者としての資質を言っているのであろう。

戸村さんはキリスト教者であり、牧師でもあり、自宅を三里塚教会として開放している。思想家であり、二科会に属し彫金、絵画をやり、そして、三里塚闘争物語の小説も書く芸術家である。成田旧制中学で笹川臨風、中山義秀、赤い鳥の鈴木三重吉、中野好夫等の教鞭の下に学んだ。戸村さんが酒を少し飲んで唄う「君恋し」は大正ロマンを彷彿させる。三里塚は日本のバルビゾンと水野葉舟等芸術家が移り住んで活躍した風土を伺い知ることができる。

戸村さんに反対同盟委員長就任をお願いにあがったのは、小川明治（木の根）、石橋政次（天神峰）、辻正雄（大清水）、鈴木竜介（古米）、米津達郎（天浪）、小川国彦（社会党県会議員）、篠原茂（社会党成田市議）、山田信夫（衆議院議員小川三男秘書）、それに私であった。

戸村さんは、「私は一キリスト教者として行動します。それでよかったら委員長を引き受けましょう」と言った。私は戸村さんと会うのはこれが2度目である。空港反対で富里農業研究会を母体に私は青年行動隊を組織して、千葉県庁包囲耕耘機デモ、千葉県知事抗議千葉県庁乱入闘争をおこなった。その時の、青年行動隊隊長は吉田総一郎君であった。彼はクリスチャンであった。この闘争で、青年行動隊の増田弘（武州）、細野不二雄（武州）、加藤良作（人形台）が逮捕された。クリスチャンであった吉田青年行動隊長がキリスト教者と教会に支援を要請した。その時、戸村さんは、教会に対して、逮捕された青年を見殺しにはできないと要請文を発した。富里教会はこれを無視したが。戸村さんは両国の富里診療所で空港反対キリスト教者の集会を開いた。戸村さんと空港闘争のかかわりはこのときからである。戸村さんは、このとき2つの文章を出している。

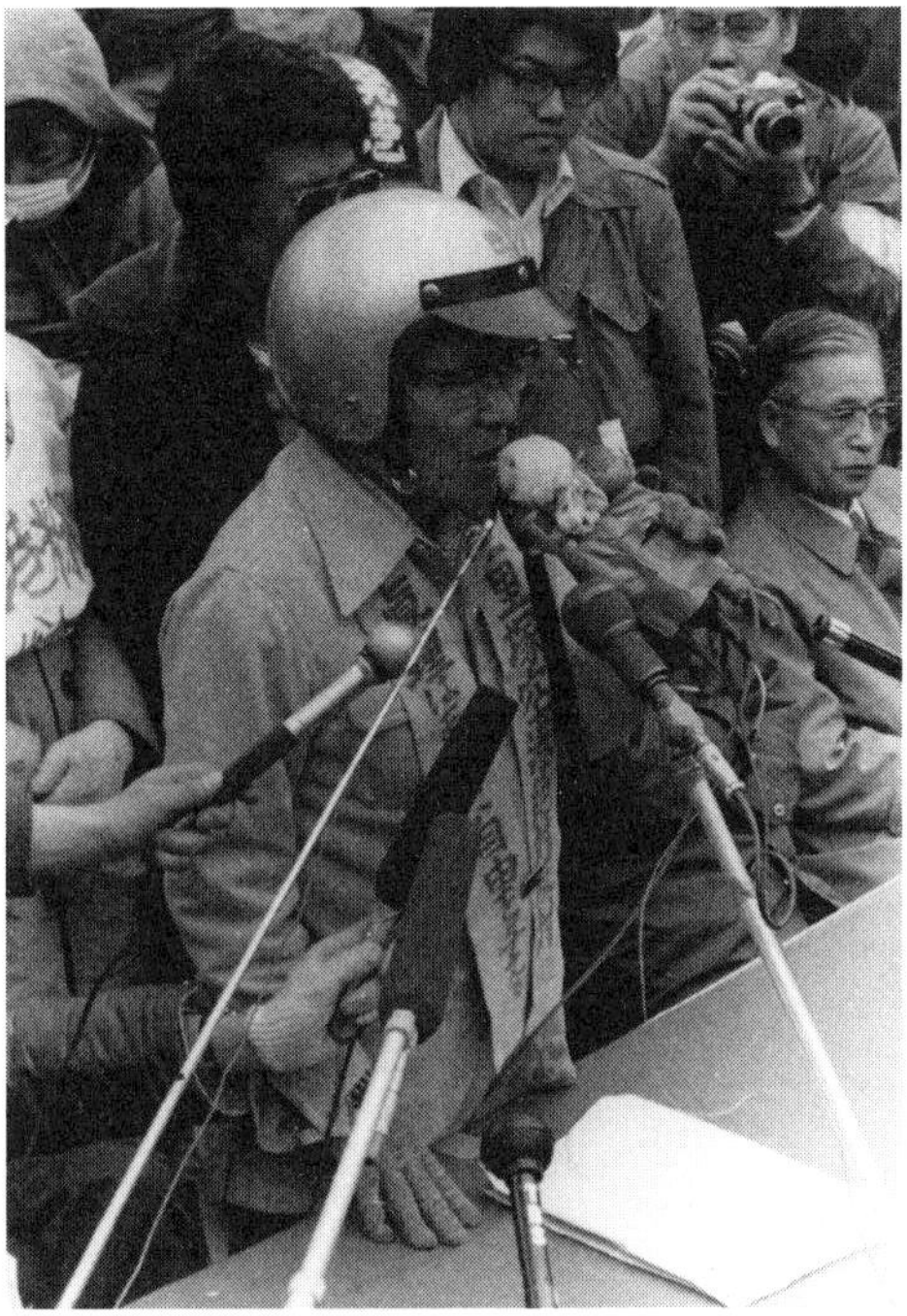
戸村一作委員長

空港設置反対派農民3人の不当逮捕に想う。キリスト者空港設置反対連盟戸村一作。

「圧政は民主国家の大敵である。為政者は人民の公僕という民主政治の鉄則に心砕かねばならない」「農民を焦燥と不安より即時解放して平穏な営農生活への復権をはかってやることこそ政治の要路である者の急務ではないか」集会の決議文は千葉県警にたいして「農民の不当逮捕は人権を無視するものであります。……略……被疑者、家族にたいして充分な慰謝をもって謝罪すべきであります」。

「戸村さんは体制内の一キリスト者に過ぎなかった。これが戸村さんの立場であった。

反対同盟の農民は「戸村委員長は別格だ。戸村委員長は金で騙されないから安心だ」と口々にいう。その時の、空港問題の政治情勢と闘争について、聖書の一節を紹介しながら説法をする。農民は必要なことだけ聴いて、あとは耳の中を素通りさせている。戸村委員長は、アダムとイブの原罪論の立場で、銀13枚でキリストを権力に売り渡したユダの行為をもって条件派になっていく農民を糾弾する。空港公団の懐柔工作のなかで疑心暗鬼になっている農民の心がすっきりする。戸村さんは、反対同盟組織の強化の工作はやらない。反対同盟幹部会、実行役員会の開催準備もしない。他の役員が準備して、戸村委員長に報告して開催される。その集まりで、説法をして、具体的な戦い方は他の役員が決める。戸村委員長はあくまでキリスト教者の立場を貫いていくのである。反対同盟の組織運営についてはほどんと口や手を出さない。珍しい委員長である。戸村委員長は誠実な人である。農村共同体の生活の中にあっては、物事の黒白はつけない。共に住んでいる人に黒白をつけて追い込まない。出る釘は打たれる。郷に入れば郷に従う。没個性を要求される。

空港公団が成田市役所内に空港公団分室を設置した。ローマの神殿に屯する悪徳商人をキリストは鞭を持って打ったといわれている。キリストの体現者として信仰一筋に生きてきた戸村委員長は、権力者の手先、公団分室に屯し、反対する農民を切り崩す、悪徳商人を鞭で打たねばならない。成田市役所攻防に戸村委員長は先頭に立ち、機動隊の暴行、乱打を受けて頭に重症を負う。吹き出す頭からの血にヒーと苦痛の余り悲鳴をもらした。意識も朦朧として戦意を失った。なぜ、あの時、最後の力を振り絞って犯罪者を逮捕し突き出す気力がなかったのかと痛烈に自己批判する。キリストは十字架にかかって血を流しても悲鳴や呻き声を上げなかった。では、キリストの真理の具現者である自分は自分の血を見て驚いた。信仰の深さを自認してきた戸村委員長の自尊心は崩れた。戸村委員長は自己批判を誠実に行って、キリスト者としての自己の再建にかかるのである。機動隊の警棒の乱打は戸村委員長を覚醒させたのであった。あの全学連の血に塗られた角材こそは、キリストの十字架であると言わしめたのである。国家権力の迫害に耐えて、血を流し実力で抵抗する農民のなかに、戸村委員長はキリストを見たのである。闘いを共にする中で大衆に学び自己を変革していったのである。

突如として政府の三里塚への空港位置の決定、10・10（１９６７年）外郭測量の強行、空港公団成田分室の設置、成田市役所抗議の攻防の３日間。政府、機動隊の権力むき出しの弾圧。成田市役所の抗議闘争においては、機動隊の暴行を受け血だるまになって倒れた学生をかばおうとして戸村委員長は暴行を受け重傷を負ったのである。この機動隊の暴行は、神から戸村さんへの試練の贈り物であり、このことによって戸村さんは体制内キリスト者から反体制派キリスト者へと覚醒していったのである。

「わたくしは、なんという惨めな人間なのであろうか。この死の体から、わたしを救ってくれるだろうか」（ロマ人への手紙七・二四）

「だれが、キリストの愛から、私を離させるのか。艱難か、苦難か、迫害か飢えか、裸か、危難か、剣か」ロマ人への手紙八・三五）

「天国は激しく襲われている。そして激しく襲う者たちが、それを奪っている」「パウロのいう『悪霊の支配する』もろもろの支配と権威と闇の主権者」と戦わねばならない。

三里塚闘争は、佐世保エンタープライズ入港阻止、沖縄祖国復帰運動、王子野戦病院反対、砂川基地拡張反対、忍草母の会入会地奪還闘争、ベトナム反戦、平和運動と一つに帰す空港反対の農民運動であり、安保打破の闘争に向けて前進する日本にかつてない一大反権力闘争である、と戸村委員長は述べている。

戸村委員長は国家について次のように述べている。「支配者階級は国家という名において、その権力を掌中に握らんとして、裁判所、検察庁、監獄、警察署、機動隊、自衛隊などありとあらゆる反人民的な組織暴力を総合して、反体制的人民の運動を弾圧し、これを圧殺せんとするものである」。富里闘争において宣言した戸村さんの文章。民主国家である、為政者は公僕である、人権侵害を犯した警察は謝罪し慰謝を充分に行うべきである、とはまったく違う国家観を示している。

資料

２月16日早朝、空港設置反対派農民３人を富里村自宅において逮捕した千葉県警察庁の処置は、空港設置に抗議する民意を圧殺し、人権を無視するものであります。

不当、誤認の事実が明らかになったうえには、当局は公器を通じてこの過ちを広く県民に謝するとともに、被疑者並びにその家族にたいしては充分な慰謝をもって謝罪すべきであります。右、要求することを決議します。

昭和41年2月21日

キリスト者空港設置反対連盟

代表　戸村　一作

小川明治反対同盟副委員長

小川明治さんは反対同盟副委員長で木の根に住んでいる。生まれは、芝山町菱田辺田集落の屋号ハンゼム（小川剛正）の生まれである。菱田小学校卒業生の同級会が、私が間借りしている千代の屋食堂で開かれた。小川明治さんは同級会幹事であり責任者であった。小川明治さんの同窓生は辺田の竜崎米吉をはじめとする各集落の重鎮であり、反対同盟の幹部に多くの人が就いて戦っていた。座敷の宴会のざわめきが静かになった。みんな帰ったのであろう。その時、小川明治さんが私の部屋を尋ねてきた。「少し胃が痛いので休ませてくれ」ということであった。さあ遠慮なくどうぞというわけで布団を敷いて休んでもらった。夕方、小川明治さんは「加瀬さん、申し訳ないが一晩泊めていただけないでしょうか」と言った。「どうぞ」「どうぞ」というわけで私は小川明治さんと一晩寝る事となった。「加瀬さん、こんな静かな所に寝たのは何年ぶりだろう。昼夜ひっきりなしで空港建設の工事が２４時間やられ、どかんどかんと音がしてねむれない」と言った。空港工事は小川明治さんの屋敷、垣根のところまで迫ってきていた。闘争に決起し、集会で反対の気勢を挙げる、それは連帯が生まれ、孤独感から解放される。だが、畑を耕し麦を播き芋を植え、畑の草を取り、肥料やって育て収穫する毎日は家族、自分ひとりである。自分の家の周りに工事が進む、その重圧は言語に尽くせない。猛烈な圧力であるし、真綿で首を絞められ殺されていくような苦しみである。いっそのこと田畑、家屋敷を公団に売ってこの苦しみから逃れたいと毎日思うほどである。気を取り直し、気力を振り絞ってなに糞と奮い立たせる毎日でもある。日に日に自分の気力を奮い立たせるもの、何かを発見せねば生きてはゆけない。空港建設敷地内に住む同盟員は、この地獄の苦しみと戦って生きている。静かなところで部屋で生活している自分が責められる。小川明治さんは私の部屋に2晩泊まった。私は何度も医者を呼びましょうかと小川明治さんに言った。疲れると胃が痛くなるのは私の持病で、重曹を飲めばなおりますといって医者にかかる事を断っていた。だが、胃はまだ痛みがとれないようであった。

私がオルグから帰り部屋に入ると布団がキチンと畳まれていて、小川明治さんはキチンと正座していた。そして、首から紐でぶら下げていた蝦蟇口、財布から３０００円取り出してこれ少ないけれど部屋代ですと差し出した。この千代の屋は明治さんの親戚の家だし、私も世話になっている。宿代を取るくらいなら泊まらせない。お互いに、苦楽をともにして反対闘争をしている仲ではないか。そうですかとお金は財布に入れた。息子の直克に連絡するから少し待ってくださいといって、千代の屋の店に電話を借りにいった。迎えに来たのは息子の直克と妹の恵子であった。私は、直克に帰るとき、三里塚の医者に立ち寄って診察してもらってから必ず帰るように言い渡した。親父は医者にはかからない。頑固で人のいうことは聞かないからと直克がいうから俺が付き添ってゆくといった。無理にでも医者に見てもらってから家に帰るからと直克が言ったから私は安堵した。

小川明治さんは戦前海軍の軍人であり、駆逐艦松風に乗艦して北海道稚内に停泊していた。海軍に入隊した北原鉱治19歳は松風に乗艦を命じられた。将校、上官であった小川明治さんに酒、煙草の接待をうけている。小川明治さんは私が上官でもあるように敬礼してキチンと頭を下げ私にお礼を言って家に帰っていった。その深夜、胃が痛くなり成田日赤に緊急入院、そして死亡したのである。小川明治さんは胃が痛かったのではない。持病は心臓が悪かったのである。心筋梗塞症で亡くなったのである。あの時、三里塚で医者に見てもらい強心剤の注射を打ってもらえば死なずにすんだものを、小川明治さんとの別れには大きな悔いが残った。無念の一言に尽きる。小川明治さんは、天浪の共同墓地に埋葬された。天浪の戦後開拓は、沖縄開拓とも呼ばれ、沖縄戦とその後の米軍の土地強奪のために、難民となり天浪に開拓に入ったのである。この地区は400メートル滑走路の建設予定地でいち早く条件派になったところである。反対同盟は小川明治さんの墓を死守すべく墓地要塞を作った。だが、死体を闘争の戦術に使われてはたまらないと家族は移転を申し出た。

小川明治さんの棺は市販のものではない。反対同盟青年行動隊の大工石毛博道君が作ったものである。火葬にしようとしたが、窯の中に入らないのである。急遽市販の棺を買ってきて入れ換えた。海軍の帽子、海軍将校の外套は腐敗せずに、小川明治さんは白骨となっていた。死体を暴く事は人間を尊厳に冒涜する行為に他ならない。国家権力は死体を暴く事を強要したのである。各集落にはかならず共同墓地が存在する。墓はあばかれ、また、移転廃墟となった村に墓だけは残っている。三里塚で多くの人が死んでゆき、見送った。そのお別れの言葉に「安らかにお眠りください」と結ぶ。だが、三里塚に死んでいった人が安らぐ場所はない。それは、地上でも地下でも空の上でもである。

富里闘争のときに私は反対同盟とともに千葉県庁にガラスを叩き割って乱入する抗議行動を展開した。友納千葉県知事は空港建設問題静観を打ち出した。千葉県知事の静観とは陰謀の時間を稼ぐためだと私は思った。それは、下総御料牧場と千葉県所有の竹林の敷地が富里、八街の農民に代替地として用意されていた。八街から富里、そして三里塚に空港建設の位置がずれこんでくる、富里と三里塚は道路1本の境界からなっている。私は、富里大堀団結小屋を出て木の根の小川明治さんを尋ねた。川津場から三里塚バス停に出て御料牧場を横切り裏の放牧場に出て林道を歩き、裏山から小川明治さんの家にたどり着いた。私は小川明治さんとは何の面識もない。私は、日本戦後開拓史を読んでいて、戦後三里塚開拓組合の活動のなかで小川明治さんの名前を知ったのである。明治さんは、家の前の畑で落花生を播いていた。私が名乗りをしたが作業の手は休めなかった。三里塚に空港がきそうだというやいなや、日本で天皇陛下の財産に恐れ多くも手をかけるものはいないと烈火の如く私を怒鳴りつけた。私は、農作業を手伝った。宝物を見せるからと私を家に小川明治さんは連れていった。菊のご紋のついた恩賜の煙草である。海軍の戦歴を長々と誇らしげに聴かせてくれた。小川明治さんの庭に1本の桃の木が植えてあった。これは、戦後開拓20周年祈念行事のときに高松宮妃がお手植えになったものだと教えてくれた。

小川明治さんは能筆家である。小川明治さんは太字、奥さんは細字である。2人は書道の取り持つ縁で結婚したのである。戸村委員長の首にかかっている「真理はあなたを自由にする」は小川明治さんの筆である。1万5000本の立木の共有化の下げ札も小川明治さんの筆である。
話を元に戻すが、仏壇から、戒名を書いた紙を取り出して見せた。「闘魂必成正剣破邪木ノ根居士」これが俺の戒名だと説明してくれた。小川明治さんの顔色が変わった。戦後の農地改革の革命期に御料牧場の全面開放を要求して、この戒名をつくって生死をかけて戦った、と説明してくれた。天皇陛下万歳と御料牧場全面開放、私は戦後自作農の性格を小川明治さんの姿の中に見て取った。

＊　千葉県下総御料牧場は総面積1444町3反6畝にたいして、財産税物納農地925町3反6畝を全面的に農地解放の対象とした。終戦と同時に地元農民の激しい抵抗があって千葉県知事は東京地方帝室林野局長にたいして、「下総御料牧場一部使用開拓計画承認申請の件」(昭和21年1月30日)が出された(「千葉県開拓史」)。

「共産主義の政治拠点を覆すには土地耕作者の境遇改善が最大の専決要件であったことを了知していた」「かかる農業上の根本的改革の誘因は、一方において農民の境遇を改善し、日本の農業をして共産主義に反発させることを目的とした米国の占領政策であった」(マッカーサー)。

「農地改革法起草者が国内の政治事情を安定させて、共産主義が国内に政治拠点を確保するのを阻止する必要性を痛感した関係上、改革の政治に及ぼす影響が関心の的であった。幸いにしてこの結果は最も楽観的な予想すら裏切らなかった」「かつ広汎な自作農の創設を成就した日本の農村はほとんど共産主義の浸透を許さぬ金城湯池と化した。新自作農は共産主義の経済理論政治理論に反対する陣営を著しく強化した。日本の農地改革が共産主義の信条を覆したにとどまらず新しい土地制所有制度によって穏健で安定した農村社会の確立に寄与する諸勢力を強化したと断定した」(W・I・ラデジンスキー)。

それは、農地改革後の日本農民運動の敗北の姿でもあった。日も暮れて富里団結小屋に帰れなくなったので木の根公民館に一夜泊らせてくれとお願いしたら、公共物に俺一人の判断で、得体の知れないよそ者を泊らせるわけにはゆかないと断られたが、何とか承知していただいた。埃のたまった桟敷、冷たい囲炉裏の灰、新聞紙を敷いてごろ寝した。薄ら寒いのでなかなか寝付けない。敗れたガラス窓から漏れる月の光、夜露に濡れて光る桑の葉、俺の運命はどうなるのかとしみじみ思った。しかし、富里、八街の農民何千は空港反対で決起した。道路1本境の三里塚の農民が決起できないことはない。これは私の確信であった。昭和41年7月4日三里塚に空港建設決定。三里塚農民、小川明治さんの頭に衝撃波、落雷が落ちた。反対同盟を結成すべく、私は社会党幹部とともに戸村一作さんに委員長をお願いすべくお伺いした。石橋政次、そして小川明治さんもこの席にいた。再び小川明治さんと再会することとなった。長い空港反対の戦歴の中で小川明治さんの土地（木の根ペンション、詳しい経緯は後述）を私は相続する事になったのである。

開拓組合長、小川明治

「静観」という陰謀

八街・富里連合空港反対同盟による、千葉県庁占拠闘争、青年行動隊による県庁包囲耕耘機デモの激しい抗議行動によって友納千葉県知事は「静観」（１９６６年）を表明した。私は、彼らを追い込んだという気持ちより、彼らが引き下がるはずはない、必ず次の手を打ってくるであろうと警戒心を強めていた。富里村社会党現地闘争本部に斉藤勝行君が飛び込んできた。彼は社会党千葉支部党員であり、社会主義青年同盟千葉地本の役員であり、電通労組の組合員であった。彼の職業は電話の内線工事が仕事であった。成田市役所の内線工事に行っているが、市役所内は物凄い緊張が漂い、電話内線工事をしている部屋は、立ち入り禁止で、千葉県庁との直通電話が引かれた。「成田に空港が作られるのではないか」との報告を受けた。空港建設は最初は八街の旧陸軍飛行場が検討され、市街地にあまりにも接近しているということで富里村が検討され位置の内定となった経過がある。富里に空港が建設された場合、住民は、三里塚御料牧場と千葉県所有の竹林に移転させる計画が作成されていて、三里塚地区の地上物件は運輸省と千葉県空港問題対策室で詳細に調べられていた。私は直感的に空港は三里塚に行くと思った。

小川家の悲劇

小川家は辺田集落の地主青柳の小作人であった。小川明治さん、小川源さん、小川七郎木の根3兄弟の母親は「村でおれの家が一番貧乏であった」と言っている。青柳家から小作地を借りているが生計が立たない。長男和一さんは妻子供を連れて７３１部隊の軍属として中国平房に働くことになった。小川家の地主青柳は７３１部隊の石井四郎軍医中将の直接の親族で青柳の次男は平房人体実験施設の責任者であった。その関係で７３１部隊の軍属で働くことになったのである。弟源さんの妻は７３１部隊の関係の病院で働いていて、青柳家の紹介で源さんと結婚することになったのである。

小川明治さんの兄和一さんは現地招集、南方戦線へ、家族は昭和16年に中国平房より帰国。昭和20年8月15日、日本太平洋戦争で敗北。和一さんは帰国してきたがＭＰに逮捕され横浜の軍事裁判で死刑の判決、東京巣鴨プリズンで刑死。この和一さんの長男が反対同盟員小川剛正（辺田）さんである。小川明治さんは海軍軍人、函館で終戦。海軍軍人の常宿の娘得子さんと結婚。辺田の生家から木の根の開拓に入ったが子供を産んだが育てられず、妻の得子さんの生家（函館の旅館業）に育ててもらうことになった。開拓の辛苦の生活は親子の離別となった。三男の源さんは傷痍軍人であった。中国の戦線で右足に砲弾を受けて、まだ破片が足に残っている。寒いと痛くて我慢ができないと言っていた。その身体の痛さをこらえての木の根の開拓であった。

戦前収穫の4割から最高7割の小作料。寄生地主制度下においては小作人は半失業どころか難民であった。７３１部隊で働き家族を養い、生家の母に送金。現地召集、南方戦線、復員してきて巣鴨プリズンで刑死。小川明治さんの開拓は子供との離別、源さんの傷痍軍人と開拓、小川家の戦前戦後の悲劇は舌筆に尽くしがたい。戦後育ちの私には、この歴史の、生活の悲劇の重さに押し潰されそうでしばし言葉を失う。組織工作者としての主体は立ちようがなかった。ただ事実の前に誠実な態度でいようと心がけてきた。

小川明治さんの怒り

共産党員立花広助（富里村会議員）が天神峰闘争本部の集落集会で「内田寛一行動隊長、石橋政次副委員長、瀬利誠副委

員長らは、すでに公団と移転交渉が成立して富里に代換地をとっている。これはわが党の本部の確かな調査である」と発言。大問題が発生した。もちろん3人は事実無根と全面的に否定した。言葉で否定してもそれだけでは反対同盟員は納得しない。敷地内部の地権者の土地の登記実態を反対同盟の方針として調べることになった。事務局は法務局から土地の権利書の写しを取り寄せた。さらに内田、石橋、瀬利については富里役場農業委員会、税務課に出向き、3人が土地を取得したか調査をした。事実無根。共産党の陰謀であった。怒り心頭に発した反対同盟は共産党と共闘拒否の声明を発した。権力とおなじことを共産党がやるとは夢にも思わなかった。

さらに、大きな問題が発生した。小川明治さんの畑はすべて、成田信金、遠山農協の担保に入ってて、何百万円の融資を受けていたのである。この実態が反対同盟に知れることとなった。「よくも俺に恥をかかせたな」と小川明治さんは烈火のごとく怒って反対同盟脱退を宣言した。そして小川明治さんは、共産党の組織する奉賛会に入会し活動を展開することになった。共産党野坂参三議長との会談は赤旗日曜版で大々的に報じられた。岩山奉賛会、岩山反対同盟、木の根反対同盟を統一して委員長は小川明治の共産党系反対同盟を結成すると岩山反対同盟の斉藤、麻生が私に申し入れてきた。反対同盟は組織分裂の重大な危機に立たされることになった。

私は、10・10外郭測量阻止闘争から実力闘争は1回もやらず、内田、瀬利、石橋の幹部が富里に代換地を求めたとの陰謀まで事細かに説明して、半日を費やして説得して分裂を食い止めた。木の根の反対同盟団結小屋には民青同盟員が常駐していた。私は意を決して小川明治さん宅にオルグに入った。まず生産、経営の点検、農業生産資材は千代田農協から、飯米等の生活物資は、反対同盟の援助を得て助けた。この明治さんに対する協力は反対同盟組織内部でも知られないように手配した。小川さん家族の自尊心を傷つけるからである。まず、木の根の反対同盟団結小屋を共産党から奪還した。小川明治さんは反対同盟副委員長として戻ってきた。反対同盟組織工作の歴史のなかでの困難な問題のひとつであった。

相続問題起きる

小川明治さん逝去。開拓の辛苦で子供を育てられず妻の得子さんの生家で成長し、義務教育、大学、サッポロビール本社営業海外部長勤務の長男から500万円の相続分の請求がきた。育ててもらったお礼に、叔父夫婦に養育費を渡したいとのことであった。私は、小川明治さんの財産相続と成田信金、遠山農協の借財の整理を依頼された。そのなかで、小川明治さんの弟小川源さん、息子の直克くんに、木の根字拓美、面積１０６０アール（木の根ペンションの土地、一坪共有地の土地）を小川明治副委員長と小川源副委員長の遺産として意志と土地を引き継ぐことになったのである。

木内武反対同盟副委員長の生涯

三里塚三日戦争（１９７０年９月30日〜10月２日、三里塚・第三次強制測量阻止闘争、通称「三日戦争」、製作：小川プロダクション）、日本解放戦線・三里塚（製作：小川プロダクション）に描かれた闘いは、いわゆる反対同盟の農民の屋敷、及び畑の測量に対する阻止闘争である。測量阻止の闘争を展開するに当たって反対同盟は次のような方針を確認した。

（一）あらゆる手段を使って阻止する。どんな武器を使用してもかまわない。ただし自分が責任を取ること。

（二）ひとりで１０００人の敵を相手にして戦うこと。

（三）自分の集落、畑を守ること。

この三原則で敵を迎撃することとなった。天神峰は天神峰が、東峰は東峰反対同盟が、木の根は木の根反対同盟と辺田反対同盟が、岩山は岩山の反対同盟が守る、千代田農協反対同盟闘争本部は、千代田、宿の反対同盟が守ることになった。反対同盟は分散して自分の集落と畑を守ることとなったのである。

私は戸村委員長とともに千代田農協闘争本部に対する立ち入り測量を阻止することとなった。はたしてどの地点より公団測量隊と機動隊は現われるのであろうか。来た。闘争本部のある千代田農協をめがけてきたのである。千代田農協前の桜台には婦人行動隊の小川ゆりさんの畑と宮野稔反対同盟事務局次長の畑がある。戸村委員長と私は闘争本部を出てその畑の立ち入りに猛然と抗議した。機動隊に守られた公団測量隊は畑の隅に杭を打ち始めた。私はその杭めがけて猛然と飛び掛った。私の阻止行動にあって測量隊は畑の奥の境界付近に杭を打ち始めた。杭を取り囲んでいる測量隊の股ぐらのあいだに頭からすべりこんで左手で杭の頭を掴んだ。そこにカケヤが振り下ろされた。痛くはなかったが骨が折れる鈍い音がした。私は大声で「手がくだけた」と叫んで痛いふりをして畑を2度ばかり転げまわった。首に巻いていた手ぬぐいで負傷した左手をぐるぐる巻きにした。軍手からはかすかに血が滲んでいた。「農民重症」「三里塚怪我人でる」報道陣が盛んにカメラのシャッターをきった。機動隊の指揮者が「農民確保」、隊員に指示した。戸村委員長が「身柄はひきわたせない」と猛然と抗議。私は逮捕されずに済んだ。私と戸村委員長の阻止行動で公団測量隊と機動隊は引き上げていった。

午前中は測量中止。午後、国道51号線から十余三に入り天神峰の団結街道に侵入してきた。石毛常吉さんと石橋政次さんのおばあさんが鉈を持って機動隊と公団測量隊に立ち向かって、測量の巻尺のテープをたたっ切った。この天神峰の阻止闘争に木内武反対同盟副委員長も参加していた。彼は多古町中央病院に入院していたが「三里塚で農民重症」のテレビ報道をみて病院から無断で脱出したのであった。みんなが「死んでしまうからやめろ」といっても「ここで死ねば本望だ」といって戦い抜いた。患者がいなくなった病院は大騒動、警察から消防団を出動させて捜索する準備がとられた。木内武副委員長は始末書をとられ謝罪して再入院を許された。

測量隊と機動隊は天神峰団結街道から東峰部落に入ってきた。測量隊が杭を打とうとするとその地点めがけて反対同盟の農民は殺到した。肉弾戦である。梅沢寛一逮捕、石井恒二、光江、恵子逮捕、石井武さんの子供3人が逮捕された。東峰でも杭を打つことは許さなかった。

激戦の一夜が明けた。木の根では小川明治副委員長の家に通ずる道路をバリケードで封鎖した。木の根の測量阻止には菱田地区の反対同盟が参加していた。東峰と同じく杭を打とうとするとその地点の大地にみんなして身を伏せた。そのとき機動隊員が婦人行動隊の竜崎和子さんの身体を蹴ったのである。和子さんは妊娠4カ月であった。「子供が腹にいる女を足蹴りするとは何事か」生命を脅かされた婦人行動隊は男にはない怒りを爆発させた。

小川源さんが全身に糞を浴び、糞人間になって測量隊と機動隊と取っ組み合いを展開した。測量隊と機動隊は源さんの糞人間の抗議に逃げ惑っていた。少年行動隊はコンドームに入れた糞爆弾を投げつけて奮戦した。

闘い３日目は岩山大袋、大鉄塔が立っている畑地帯である。畑に入る農道に山から樹木を切り出してきて山積みにしてそれにふんだんに糞をかけた。かけた糞はドラムカンで70本、１００本分ともいわれていた。機動隊は放水車を先頭に進んできた。樹木の糞バリケードに放水し、バリケードの後で阻止線を張る反対同盟に放水した。そして反対派は完全に機動隊に包囲されてしまった。勝ち誇ったように10人あまりの公団測量隊が旗を先頭に畑の奥に突き進んだ。そのときに山に潜んでいた青年行動隊と支援団体の竹やり部隊が横から公団測量隊を急襲分断した。5、6人の測量隊は機動隊の方に逃げた。3人はさらに畑の奥に逃げ込んだ。逃げる1人の太ももに鈍い音を立てて竹やりの穂先が刺さった。もう1人の測量隊の股ぐらに竹やりが入った。睾丸の袋が真っ二つに裂けた。もう1人は畑の中に叩きのめされた。竹槍の竹がばらばらになるほど叩き伏せられた。叩き伏せられた測量隊員は大の字なって畑に横たわった。それをまたいで心臓の上に垂直に竹槍を立てた。「俺、人は殺せないや」と言って青年行動隊の内寺金吾（仮名）は測量隊の側を離れた。千葉県警のヘリコプター「香取」が上空を旋回して倒れた測量隊員を運んでいった。

三里塚の土地は農民のものといっても、自分の所有権のない田畑を守って戦うときは一段と戦闘性は低くなる。移転農民の土地で戦うときも力が発揮できない。だが自分が所有している土地を守るためには命を懸ける。政府、公団、機動隊、測量隊は不法のものであるし侵入者である。思う存分戦うことができた。逆に機動隊と測量隊は迫力がなかった。この測量阻止闘争には支援団体はなかなか戦う力が出せなかった。畑の作物を踏み荒らしてはならないし、投石をしたら畑が石ころだらけになり農機具がつかえなくなる。火炎瓶は柔らかい畑の中では爆発しない、農民といっしょに肉弾戦をやれば全員逮捕になる。立ち入り測量阻止闘争はそれぞれの地区で、また農民が独創的な個性ある闘争を展開した。

ところが、思わぬところで反対同盟は犠牲者を出してしまったのである。反対同盟木内武副委員長（白枡）を亡くしたのである。木内さんは大腸癌を患っていて手術をして人口肛門であった。無理をすると癒着したり、手入れを怠ると化膿菌が入ったり、熱が出たりするのである。病気が何だい、癌が怖くて生きていられるか、酒は飲むし真っ黒になって働くし剛毅なものであった。人柄もあっけらかんで明るく武さん，武さんと呼ばれて親しまれていた。人柄もよく、千代田学区を代表しての反対同盟副委員長に就任したのであった。体調をくずし多古中央病院に入院、治療中であった。三里塚測量阻止で反対同盟農民怪我の報道がテレビで流れると、病院をこっそり抜け出して天神峰の闘争現場にかけつけたのであった。患者がいなくなった病院は大騒ぎ。職員を動員して院内の捜索、病院の建物周辺の探索、でも武さんを発見する事はできなかった。警察への届出、捜索の広報が流され町は大騒ぎになった。そんな事件になっている事は知らず、武さんは天神峰東峰で戦い続けていた。始末書を取られ強制退院。二度と木内武副委員長の姿を見ることはなかった。彼は死んだのである。

木内武さん、御料牧場焼き討ち計画

御料牧場の焼き討ち?

武さんは蚊取り線香に火をつけて全部燃え尽きるまで何時間、半分なら、3分の1なら何時間、火の燃え尽きるところにマッチの軸とガソリンを湿した真綿をおき、蚊取り線香発火装置の実験を繰り返していた。そして御料牧場の厩舎の2階干草のなかに発火装置を仕掛ける。天皇陛下の馬など焼き殺してしまえと本気になって私に提案してきた。私は同意しなかった。反対同盟で議論して納得できることを行動の原則にしていたからこの原則を守ってほしい。反対同盟は結成したばかりであり弾圧、逮捕に組織が維持できない。大きい厩が火事になれば三里塚の町並みがあぶない。これで納得してもらった。

非合法の活動は反対同盟組織としてはできないことである。すぐにばれてしまう。私は、其処で反対同盟のゲリラ戦非合法活動について考えてみた。夜、御料牧場の大木に5寸釘を打つ、各集落5人1組にして毎晩打ち続ける。それは、大木が製材されるとき、帯ノコギリが破損してしまうことを目的とした。三里塚の越川材木屋が製材したのだがノコギリが破損し、製材にしたものが用途をなさないで困ったとのことであった。馬小屋と天皇の馬は焼き殺さなかったけれど老人行動隊の木の切り倒し阻止、青年行動隊の御料牧場閉所式乱入、そして老人行動隊の天皇直訴と闘争は組まれていった。建設用地の地盤調査のためにボーリングがやられた。その阻止行動とともに闇夜を縫って機械の燃料タンクに大量の砂糖を投入した。砂糖がガソリンに溶けてエンジンに焼きついてリングを破損し、または機械の燃料ポンプ系統に砂糖が入って始動が不可能になると反対同盟の整備士に聞いたのですぐに実行に移した。武さんの御料牧場焼き討ち計画、蚊取り線香の発火装置の実験は形を変えて闘争の中で生きていった。

白枡反対同盟は武さんを中心に石橋副委員長の母屋の新築にはよく手伝いに馳せ参じてくれた。剛毅で明るくて酒が無類に好きな武さんも病には勝てず死んで行った。今頃、加瀬の奴度胸くたばりがと笑っていることであろう。

岩山大鉄塔の敷地は一坪共有地であり武さんの名義となっている。それを相続した息子、青年行動隊であった木内順が2700万円で空港（株）に売り飛ばしたことが新聞で報道された。この恥知らずめがと不肖の息子を武さんは烈火のごとく怒っていることであろう。

反対同盟副委員長石橋政次さんの生涯

子のために哭く母

「俺の家の息子は、畜生ではない」「俺の息子は獣ではない」石橋政次副委員長の母は歯軋りして涙を流して悔しがる。もうすぐ石橋さんのおばあちゃんは90歳になる。いつまでたっても、この悲しみは忘れない。忘れようとしても忘れることができない。死ぬまで忘れない。死んでも忘れない。日本の女の母の悲しみである。尋常高等科を卒業して松崎（現成田市）の豪農兼造り酒屋に奉公に出た。奉公人の休みは、盆と正月の2回である。そしてこの2回の休みに奉公人が生家に帰る時は、新品の着物を作って着せて返すのが習わしであった。奉公して地主の奥さんに作ってもらった着物をきて石橋さんは初めての帰郷であった。もちろん木綿の着物である。ところがその着物の裏地が高粱糠をいれた古袋であった。朝鮮、中国を植民地にしていた日本には高粱糠が牛馬の飼料として日本に入ってきていた。石橋さんのお婆ちゃんは「1年に1度の旦那と奥さんの仕着せだ。どんな安くてもいい、虱が通り抜けるような薄い裏地であってもいい、新品の裏地を使って欲しかった。よくも俺の息子を獣、畜生扱いをしたな」と歯軋りして哭くのである。13歳で芝山町吹入の地主鈴木家に子守奉公に出た私の母、そしてその子の安否を心配して3度の食事も喉が通らなかったという祖母、この日本の母の歴史に想いを寄せ、その涙に対して親孝行を尽さねばならない。日本の母に対する人民の子ら、私たちの義務である。石橋さんの奉公した松崎は高台成田の下の田圃の中の集落である。牛車に酒樽を積んで成田の商店街に運ぶ、ある年に、登り坂で酒樽が車から落ちて田圃に転げ落ちた。運悪く樽の栓がぬけて酒が流れてしまった。酒が少なくなった分、田圃の流れの水を入れた。酒の味が薄い、酒がまずく水くさい、店主から奉公先に連絡が入った。石橋さんは、奉公先の酒屋の旦那に怪我のするほど殴られて店を逃げ出してきたのである。

腹が減ったら草を食い田圃の水を飲んで歩きつづけた

私の家から九十九里浜に向かって10キロメートル東に向かって行くと橋場というところがある。北総の台地の水を集めた栗山川に大きな橋が架かっていて、そこから集落の名前がつけられていた。そこに椎名家という大きな地主があった。秋の収穫期になると責め道具、拷問道具が家の前で虫干しされる。小作料を払わない者に対する脅し、威嚇、見せしめのためである。石橋さんはこの地主椎名家に奉公することになった。石橋さんが奉公した椎名家は東陽村橋場（現光横芝町）は、上れば松尾から野菊の墓の伊藤左千夫の生家のある成東、そして八街、佐倉、千葉である。下れば八日市場、旭、銚子と今の総武本線の銚子街道についているところである。石橋さんが奉公している松尾町八田に金毘羅神社がある。金毘羅（コンピーラ）とはインドの言葉で鰐という意味である。鰐は海で働く人々の守護神である。有名なのは四国の金毘羅宮である。九十九里浜で働く人々の守護神である。この神社から10キロメートル下が九十九里浜である。

10月10日の祭り縁日には近在の人だかりで神社は埋め尽くされた。私の家から5キロメートル行ったところが金毘羅神社である。祭りの日には私の家の下から祭りに行く人で長蛇の列であった。芝居小屋がかかる。空き地にサーカスの小屋がかかる。バナナの叩き売り威勢の良い掛け声、境内から拝殿に行くまで押すな押すなでなかなかたどり着けない。迷い子が出るほどのにぎわいであった。この日ばかりは近在の村々は休みとなりもちろん奉公人も休みである。石橋さんも金毘羅様の祭りに出かけたのであった。大切な小遣いでバナナを1本生まれてはじめて買って食べた。そのことを同じ奉公人の女中頭に自慢して話した。女中頭は旦那にそのことを告げたのである。石橋さんは、「奉公人がバナナを食うとはなんだ。贅沢なことはするな」とさんざん叱られた。

その次の朝、石橋さんは、飯焚きにおきてきた女中頭を牛の飼い葉桶をかき回す棒で殴りつけた。そうして地主の家を逃げ出した。逃げ出したはよいが、天神峰に帰る道がわからない。八日市場に行けばよい。八日市場―吉田―多古―千代田―三里塚―成田へ軽便鉄道が走っている。その線路の上を歩けば三里塚にたどりつける。まず8キロ歩いて八日市場駅に向かい、其処から線路伝いに三里塚に向かって歩き続けた。そして、千代田村東部落（現芝山町東反対同盟小川むつさんの集落）までたどり着いて、そこで空腹のために倒れた。スカンポの草をかじって腹ごしらえをして田圃のなかの小さな流れで水を飲んで、線路の横のくさむらにしばらく寝て、気力を振り絞って三里塚駅にたどりついた。そこから天神峰まではまだかなりある。泥と埃にまみれ夜になってようやく家にたどりついた。

驚いた母親がまず飯をくわせてくれ、あの風呂の温かさは忘れたことはないと石橋副委員長は話してくれた。人間には、忘れていいことと忘れてはならないことがある。石橋さんが空腹で倒れ、草を齧り田の水を飲んだところはその時と同じ風景である。昔と変わらない。この場所も空港建設反対の戦場である。私は、時々この場所に立つ時がある。石橋さんの心情を想って歯軋りして涙するときがある。私の父も母も、祖父母もみんな百姓の奉公人を経験している。私は、奉公人一家、小作人の家族に育てられて大きくなったのである。私の家族も石橋さん家族のように苦労したに違いないと思っている。寄生地主制度下4割から7割の地代を小作料として支払いながら農奴として働き育ててくれた親達が少しでも楽に生活できるようにつとめるのは、百姓の子、人民の子としてやらなければならぬことである。

地主とは何者か

私の家は芝山町打越の地主鈴木権兵衛の小作人であった。私の集落に多くの田圃を所有していた。私の祖父は権兵衛が所有する集落の差配を任されていた。田植え、秋の取り入れ、年貢の取り立てが中心で、20人から30人の季節雇用の人達が私の家に集まり食事をして権兵衛の稼ぎ賃取りをしていた。権兵衛は奉公人と労働力の季節雇用の家族経営の地主であった。権兵衛は、この地方の鎮守松尾八田の金毘羅神社に願をかけた。大きな地主にしてください。願いがかなったら毎年米2俵を献上します。誓いとして私は今日から鰹節を食べませんと願掛けして守銭奴と言われながら地主、高利貸にのし上がったひとである。私の家にくるときは、袴を履き、正装して奉公人が引く牛車の上に畳を乗せ、その上に座布団を敷いて坐ってやってくる。いつも、懐には護身用のピストルを持っていた。私は、その権兵衛の姿を幼い時なんどもみている。一度、父と年貢米を牛車に乗せて権兵衛の家の蔵に行ったことがある。

私の母は13歳の時に権兵衛の家に子守奉公に出て、22歳で父と結婚するまで奉公人として働いていた。暮の小作人の年貢米の納期のときの話をよく聞かせてくれた。この日は、小作人が年貢を持ってくると、黄色紙1等米はこの蔵に、赤紙の2等米はこの蔵にと第一番頭が指図して入れていた。年貢米の蔵入れが終ると、小作人に徳利に酒1本と刺身が1皿でた。この日は、横芝町の魚屋「魚久」が料理番にたのまれていた。年貢を払うことのできない農民も沢山いた。小作人がかしこまって権兵衛に「旦那さん今年は年貢が払えません。田圃でお願いします」と言うと、権兵衛は「それでは沖の田圃の5俵付けとか浅間下の3俵付けをもらいましょう」とどんどん小作地を増やしていった。1反歩6俵くらい米が取れて3俵は小作地の年貢に取られてしまった。３００俵ぐらい年貢は上がってきたとおもう。面積にして小作地は10町歩の地主であった。

私の集落のはずれに高谷川が流れていて与兵衛橋がかかっている。今はコンクリートの橋になっている。隣村小堤の地主伊藤与兵衛が木造橋のときに谷台、新井、牛尾、船越、殿辺田などの集落の小作人から年貢を上げて通る時、橋が弱っていては危ないので修理し造り換えていたので、橋に与兵衛の名前が残っている。武射郡小堤村伊藤与兵衛、勘兵衛兄弟は村役人、村長を勤める身でありながら、地券改正の際、質地の証拠書類を抹殺し、役場の帳簿を陰匿し質地の証拠を抹殺して土地を取り上げた。香取、匝瑳、武射三郡２００人の農民が裁判に訴えるも、証拠書類無しで2回も敗訴している。20村の村役人が証言したが認められなかった。これは、千葉県でも悪質な例だが、北総台地の牧々の開墾地を開墾会社幹部が横領している。このような地主の事例は多発していたのである。

私の村地主は吉川才三郎と勝又茂である。吉川は郡会議員から県会議員になった。吉川が隣村の地主鈴木十郎兵衛の娘との婚儀が行われる日、村外れから吉川宅まで篝火がたかれ、村人総出で迎えた。その村人にご祝儀のお金が配られ、翌日は紅白の餅と酒が１０２戸の村の家々に配られた。県議会に出席するときは総武本線横芝駅まで人力車で行った。駅までは６キロあるが道の修理が各集落総出で行われた。年貢米は３００俵といわれていた。勝又茂右衛門には３００俵の年貢が上がってきた。茂右衛門の息子茂は村長であり、村の産土神の白幡神社の神主で毎朝祝詞をあげ大鼓を打っていた。この夜明けの大鼓で村中の者は起きていた。村の決まりごとは「旦那様のいうとおりで結構でございます」と全ての実権を握っていた。私の村では６月の田植えのころになるともう家族が食べる米が無かったといわれている。青田売りといって植えた田圃を抵当にして地主から米を借りて食うのである。年貢米のほかに借りた米を利子分を含めて払うのである。八街大鐘争議地主代表調停人菅澤重矩（地主・貴族院議員・多古町）は小作人に尋ねる。

第１、小作争議を長く続けているが八街だけが土地ではない。北海道か満州に行く気はないか。第２に、トウモロコシからも米と同じタンパクがとれる。主食をトウモロコシにする気はないか。第３に、今停車場を歩くと小作人と地主の着ている着物が同じになってきている。贅沢とは思わないか。第４に、農民組合を解散する気はないか。ひどいでしょう。小作人を人間と思わない地主の態度です。全面的に拒否しました。大鐘争議小作人代表　鈴木豊（八街）

日本最大の地主は山形県酒田市の本間家である。１６１９町歩、小作人は３０００人。

全国では50町以上の地主が３４００人、10町歩―50町歩の地主が４万６０００人、５町歩―10町歩11万１０００人、３町歩―５町歩の地主が22万１０００人、１町歩から３町歩の地主が90万５０００人いた。農家戸数は５５４万戸、貸付地１町歩以上を持つ地主20万９０００人、耕地の９割以上を所有する農家は１５２万人、自小作の農家は２２１万人、小作農家は１５７万３０００人の階級構成であった。

農家自小作人別堆移表（郡別・明治22―44年）

郡	年代	自作	自小作	小作	その他	計
山武	21	４７７４	７５０９	４８４２		１７２０６
	44	４２８０	６３１７	４３２１	３４１	１５２５６
香取	21	６２４８	８３４１	５０１０		１９５９９
	44	４７０５	７６６１	５６２４	４４３	１８１３５

石橋家の農業の展開

徳川幕府を倒した明治維新政府は江戸の治安を維持するために、佐倉、小金七牧の開墾に着手した。廃藩置県によって下級武士、御用商人それに連なる人々が職を失い無産浮浪の徒が溢れた。混乱、暴動、騒乱を恐れた維新政府は、上総、下総の台地に広がる牧々にこれらの無産浮浪の徒を移住させ開墾させる政策をたてたのである。三井八郎左衛門高平を中心とする江戸の豪商達に出資させ開墾会社を作らせたのである。移住した住民は総計で7000人、初富、二和、三咲、豊四季、五香、六実、七栄、九美上、十倉、十余一、十余二、十余三の村々が作られた。「開墾会社の幹部の開墾住民に対する暴行は筆舌に尽くし難きものであった」、火とてなく、小屋のなかに藁を敷き寝て起きれば開墾の奴隷の生活であった。開墾住民の騒乱、暴動、一揆、争議は明治、大正、昭和24年の農地改革まで続いた。

下総の国牧々開墾大意

一、右開墾に志し、自ら金穀を負い来るものは、富民の部にいれ、其人相応の地所割りし、開墾為致独立農夫たらしめるべき事。

一、衣食住はもちろん、農具の用意無き者は力民の部にいれ万事世話いたし、一両年の功を積み、農業を励み、篤実なる者は身分相応の地面を与え、耕作為致可。

石橋さん生家は小泉村（現成田市）である。力《りき》民ではなく金穀《きんこく》を背負って牧の開拓に入ったものである。牧々の近郷近在の潰れ百姓、分家できない二、三男が鍬を持ち種を持ち開墾に入ったのである。石橋家の祖父もそのひとりとして小泉村から開墾に入ったのである。開墾に入った石橋家の祖父の詳細な生活はわからない。どんな暮らし向きであったのだろうか。明治末期の石橋さんの両親のことはかなりわかる。7反歩の畑地の開墾地をもち父親が、落花生、麦俵、材木運搬など馬車を引き日銭を稼ぎ、自給自足の生活をする。

大正に入って、取香集落の地主藤崎の小作地5反歩（地代麦1俵）を借り受ける。日銭稼ぎの馬車による運送が続いた。特に水田1反歩を飯米確保のために買い求めている。石橋政次さんが兵役に着いたのは25歳の時、群馬県沼田の砲兵連隊に入営する。松井石根司令官配下の部隊として上海に上陸、南京攻略のために砲兵先鋒隊として出陣。三里塚反対同盟訪中団が上海に到着し、上海新世界前の道路をみて「俺が上陸した時はサトウキビの皮が一尺積もっていた」と語っていた。また、小川喜重さんも南京大橋の守備兵であった。石橋さん、小川さんは南京大虐殺のときの戦争に参加していたのである。また731部隊石井四郎軍医中将（芝山町加茂）は、長春の平房を離れて南京に着任、細菌戦を展開している。小川、石橋、石井は南京大虐殺の戦闘に加わっているのである。このことを、石橋さん、小川さんに尋ねると「みんなはやったがおれはやらない」と語っていた。「軍の命令は朕（天皇）の命令である」命令を断ることはできなかったと思う。石橋さんは太平洋戦争には参加はしていない。

石橋家と農地改革

石橋さんには5反歩の地主藤崎忠嗣の小作地がある。なぜ全面解放の要求をしなかったのか。その権利はあったはずである。石橋さんは、藤崎には世話になってきたから、解放してくれとはとても言えなかった。藤崎も今までどおり作っていればよいとのことであった。その時の遠山村（現成田市）の農地委員会は次のとおりである。構成は小作5、地主3、自作2の比率であった。

第一期委員……藤崎忠嗣・高仲新三郎・成毛幸通・金杉真多田広・菅沢忠一・本田正巳
竜崎昭・神崎喜太郎・斉藤義秀
第二期委員……藤崎忠嗣・高仲三郎竜崎和・斉藤義秀・加藤菊栄・栗田操松・神崎弁太郎
岩館巌・中塚春雄・多田慶治郎

農地委員会の小作代表と地主代表の話し合いによる解放地決定だが地主の発言が強く影響している。戦後の石橋さんの農業経営の基幹作物は、澱粉用薩摩芋、麦、落花生であった。それに、作業小屋軒先を利用しての豚の飼育であった。その頃澱粉粕が豚の飼料になり、養豚はかなりの収入になった。これが、昭和30年代（1955）の石橋家の農業経営のすがたであった。昭和30年農業基本法国会が開かれ可決。この法案の特徴は、戦後自作農経営を一単位3町歩に再編して、経営も協業化、集団化するというものであった。工業の高度成長に必要な労働力、土地、水を工業資本が収奪するためであった。パイロット事業として全国で始めて、水田は成田市久住、畑作の養蚕団地は成田市三里塚で行なわれることになった。農業経営の生体実験である。三里塚地区の畑は全ての作物に変わって桑が植えつけられた。皇族出席のお手植え桑が三里塚宮下公民館前に植えられて、花火が上がる盛大な植樹祭であった。青年たちは先進地長野に往き研修を受け、石橋さんの家の前には、シルクコンビナートの建築資材の鉄骨が運び込まれた。いよいよ、桑も生育して年が明ければ稼動である。１９６６年4月三里塚国際空港位置決定の政府の断が下された。突如、頭の上に落雷、衝撃波が落下したのである。

石橋さん、反対同盟副委員長に就任

日本の高度経済成長政策は暴力的性格を強く持っていた。その国の農業就労人口が30％になるまでの産業革命を世界で始めて達成したイギリスで90年くらいの年月がかかっている。フランスでも60年はかかっている。日本は10年足らずで農業就業人口を激変させている。婆ちゃん、爺ちゃん、母ちゃん農業を作り出し、昔軍隊今出稼ぎ社会を農村に作り出した。山村、山間部では多くの村が放棄されていった。千葉県も世界戦略基地として京葉コンビナート地帯が造成されたが、工場敷地の無償提供、固定資産税10年免除、工業用水取水権の無償提供の企業誘致条例が県議会で可決され政策は展開されていった。新東京国際空港建設案は産業計画会議（松永安左衛門）が立案したものである。東京湾に羽田空港の倍の大きさの東京国際空港を建設する。群馬県沼田市を湖底に沈めて沼田ダムを建設する。尾瀬沼湿地帯の下にトンネルを掘って水を抜き、関東の工業上水道にする、というものだった。利潤を追求するために日本を破壊せんとするものであった。空港が建設されんとする、八街、富里、三里塚は、桜島、北上盆地、北海道に次ぐ日本有数の畑作農業地帯で、東京とその都市近郊の台所を支えていたが、この最も優秀な農業地帯を空港のコンクリートで固めてしまおうというのである。彼ら支配階級には農産物は工業製品の見返りで買えば足りるという思想でしかなかった。70億の地球人口、その半分が餓えているのが現状なのに、そんなことはお構いなしである。そこに人間の歴史があり、生活し、生産に汗水流して働き生活している事を、土地は農民の分身であり、其処に何千年の文化、精神が存在している事など全く無視した暴力的な空港建設の決定であった。

その暴力的空港建設の政府の決定に石橋さんはどう立ち向かって行ったのだろうか。１９６６年6月22日、空港建設が三里塚に決定。１９６６年6月28日、三里塚反対同盟結成。石橋さんと小川明治（木の根）さんが戸村一作さんを尋ねて委員長就任を要請、戸村さんが快諾して戸村委員長、小川明治、石橋政次副委員長で反対同盟は戦いを開始することになった。

石橋さんの農業経営を見てみよう。経営の力こそ反対闘争の力そのものである。麦、落花生、薩摩芋の従来の基幹作物に軒先飼いの豚の肥育販売で暮らしをしていた。そこにシルクコンビナートの中止となり桑を引き抜いて、スイカ、大根、人参、白菜と換金作物が導入されて市場持込みの売買が展開された。石橋さんは、豚の軒先飼いから多頭飼育に転換し、しかも黒牛の飼育を経営に導入した。これが的中して石橋さんの農業経営は飛躍的に発展をしていった。換金作物と畜産導入で経営を成功させたのである。三里塚遠山農協は空港賛成なので、石橋さんは空港闘争本部のおかれている千代田農協（芝山）の取引となり、その売り上げは一番にのし上がってきた。このような生産の動きで、石橋さんの隣の小川嘉吉さんも経営を発展させた。麦、落花生、薩摩芋の基幹作物に小川さんは栗畑を持っていた。成田名物の栗羊羹の材料としての販売である。小川さんはショウガを畑の基幹作物に転換し、しかも、葉しょうがの瓶詰の販売に乗り出した。ショウガ種保管空調付き倉庫も建設した。シルクコンビナートの中止、桑の引き抜きの打撃をうまく三里塚の農民は克服して生産を発展させた。空港反対同盟の力は、丸菱野菜出荷組合、丸朝野菜専門農協の売り上げの伸びに比例して闘いは発展していった。

石橋さんの苦悩

石橋さんの娘さん（長女）は横堀の秋葉新宅に嫁いで来ていた。横堀熱田一行動隊長の家とは道を挟んで真向かいの家である。この秋葉新宅は、辺田の反対同盟秋葉清治、青年行動隊秋葉清晴くんの分家だった。反対同盟に参加してすぐに条件派に転向した。親は反対同盟副委員長、本家は辺田反対同盟の戦闘的な同盟員、隣は熱田一行動隊の家、石橋さんの娘さんは進退極まって、何度も天神峰の生家に泣いて帰り、石橋さんも言葉に詰まっていた。こんなことが繰り返されている時に、石橋さんの娘さんは離婚するほかないと泣いて実家に帰ってきた。「石橋さん、嫁ぎ先の秋葉新宅の家族が移転を決めたというなら、娘さんもその方針に沿って移転していったらいいと思う。離婚する必要はない」と私の意見を述べた。「加瀬兄ちゃん、それでいいのか」「残念だがしかたがない。娘の分まで石橋さんが頑張ればそれでよいではないか」、反対同盟が始めて経験する親子の親族の断絶だった。小川源さんの息子さんも警察官である。小川むつ婦人行動隊の叔父も警察の幹部だ。私が宿を借りている出山隆正さんの弟は千葉県警の総務部長で、機動隊が三里塚に出動する経費捻出の担当官である。私は芝山町新田に親戚があるが、県警警察隊長、剣道7段、千葉県国体選手剣道監督である。

空港地域担当警備成東署長は熱田一行動隊長と戦友の仲である。これらの人々とは断絶していった。暴力組織の尖兵と石橋さんの娘さんの処理を同じにするわけにはいかない。裏切り者、脱落者、敵の回し者で全てを処理していくわけにはいかない。条件派とて被害者なのである。

石橋副委員長母屋新築

石橋さんの家は天神峰で一番小さく古いものだった。石橋さんは天神峰のみんなと同じような母屋を建てる事が悲願であった。1度目は計画して材料は取ったが資金が続かなく、材木は風呂場付き台所になった。次に計画したがこれも資金が続かなくその材木は、多頭飼育の豚小屋と牛小屋になってしまった。

3度の正直、今度は成功させる。空港建設反対の意志を政府の奴等に見せてやると決意も堅いものであった。事業認定区域だから永久建築物は法律ではできない。許可されるものは消防施設、防火貯水槽など非常のものだけである。事業認定で強制収用がやれるものならやってみろ、法律を無視しているのは政府ではないか。

私は、反対同盟の山林所有者、小川総一郎、萱澤一利、秋葉哲さんに協力を特別に要請した。柴山町で一番大きい山林地主は手島幸一（東大出、後に町長）だが、3人はそれに続いて山林の所有者である。駒井野砦、トンネルのなかの崩れを止める丸太材は3人の山からみんな切り出したものである。秋葉、萱澤、小川さん3人は悦んで「好きなだけ木を切れ」と言ってくれた。天神峰の石毛常吉さんが山に入って木を切り倒し、材料を取り始めた。古屋の解体作業、整地、基礎の作業は白桝反対同盟の木内武さんが反対同盟員を総動員して仕上げていった。大工は木の根反対同盟の高橋大工である。祝上棟のときには社会党の国会議員、砂川の宮岡さんなど多くの人がお祝いに参加してくれた。悲願10年石橋さんの母屋が天神峰に新築された。石橋さんのこの行為は反対同盟に限りない勇気を与えた。屋根瓦、壁土は粘土に藁を刻んで入れて足で練り上げて使うが、私は、足の皮が粘土ですりむけて血が滲むほど踏み込んだ。

石橋さんを食いつぶす支援

石橋さんの家で御飯をご馳走になったときがある。黄色い御飯だった。私は、炊き込みご飯だとおもって食べたが、変なにおいがする、黄変米だった。米は貴重なものである。農民はこのように食べるのである。雨が降った。田畑の仕事ができない。今日の仕事は楽であった。1食うどんにする。粉団子にして食事をすませる。こうして毎日工夫して飯米を食い伸ばしていく。昨年より10日延ばした、つぎの年は1カ月延ばした。3カ月、5カ月と何年も何年も掛けて飯米を残していく。だから、古い年の米は黄変米になったのである。米がうまい、まずいが基準ではない。飯米が家族が1年食べるだけあるかないかである。何年も掛けて貯めてきた米を支援の人たちは食べ、石橋さんの米を食い尽くしてしまった。私は、反対同盟をこっそりまわって援助をたのみ石橋さんに米を送り届けた。

風呂焚きの薪は、高さ90センチ長さ7メートル（7坪）の薪の蓄えがあれば7～8人の家族で間に合う。子供、年寄りが先に入って、家族の最後は火の始末して嫁さんが床に付く。短時間で次から次に入る。湯が冷たくなるとまた燃やさねばならない。石橋さんの庭には闘争本部があって、反対同盟の会議に参加して12時ごろ風呂に入って、オルグから帰ってきて朝明けまで風呂に入っている。困ったものだ。一晩中風呂に入っている。薪がなくなってしまった。これも私の仕事、どこの家に薪になる材木があるか知っているから石橋さんの支援を頼む。茄子は大体15本作れば足りる。漬けて煮て、焼いて食べても足りる。沢庵、白菜もどのくらい漬ければ足りるのか、大根の本数、白菜の株数がきまっていて用意するが、これも支援に食い尽くされてなくなってしまった。婦人行動隊を動員して、石橋さんに漬物を樽で送り届けた。

農民の風俗習慣を尊重しなければならない。中郷の小川清さんが怪我をして入院し、私が代わって1年間稲の管理の責任を持つことになった。小川さんからお礼に立派な洋箪笥が届けられた。私の場合はたとえ1時間の援農であっても反対同盟団結のための農業農民調査の観点で仕事をする。単なる労働力としては入らない。小川さんの1年間の農業労働はたくさんの事を知る事ができた。大切な学習活動と実践をさせてもらった。私からお礼を言いたいくらいであった。私は小川さんの贈りものの受け取りを断わった。今度闘争があったら、握り飯20個でも30個でもいい、カンパしてやってくれ、飯を食べずに闘っている人もいる。逮捕された人に1枚の下着、2枚の下着をカンパしてやってくれ、俺にはそれが嬉しい。小川さんがやればかならず反対同盟の人たちも見習ってやるにちがいない。どんな小さい自発性であっても個人の利益にしてはならない。反対同盟の利益にしなければならない。

衣食住自分のことは自分で解決しなくてはならない。反対同盟に依存してはならない。

共産党謀略事件と石橋さん

政府や空港公団が敵であるばかりではない。敵が味方になったり、味方が敵になったり複雑極まりないのが闘争であり闘いである。空港闘争に生涯をかけた木の根の小川源さんは公団に田畑家屋敷を測量させて、買収価格を出させて交渉したが、移転価格が安くて交渉が決裂して反対闘争に加わってきた。北原事務局長も最初は空港に賛成する郡司建設（三里塚）と行動を共にしていたが、空港反対を貫いている。三里塚地区反対同盟は火曜集会、金曜集会、土曜集会と各集落が毎週集会を開いて闘争を堅持していた。天神峰には集会所がなく、集会は各家もちまわりであった。石橋さんは屋敷内の作業場を改造して天神峰集落の集会所として提供した。この集会所の敷地と建物は、社会党代議士小川三男（成田）さんに登記された。天神峰集落の集会には各部落の反対同盟員が参加して交流励まし、闘争を確かめ合う場所になっている。もちろん、支援団体、常駐する学生も出席する。この会議に元富里空港反対同盟員、共産党富里村会議員立花広介が出ていた。立花は私の親友だった。私が三里塚闘争に参加している間に、民青同盟から共産党員になっていた。立花は「わが党上層部の確かな調査で、社会党の石橋副委員長、内田行動隊長、瀬利誠副委員長は、秘密裏に公団と交渉しすでに富里に代替地をとっている」と発言。

この発言により、反対同盟は大騒動になった。内田、瀬利、石橋の3人は反対同盟に身の潔白を証明しなくてはならなくなった。反対同盟のもとに真相解明対策委員会が開かれ、3人の移転先といわれる富里村に調査に出かけた。登記所で3人の土地所有証本を取り寄せたが、新しい土地所有はなかった。富里役場に行き石橋、瀬利、内田の土地が農業委員会の審査にかかっているか、固定資産税をかけてあるのか、移転先の代替地の買収のための、公団の土地取得の手続きは、登記所を経て富里役場の資産登録にされているのか、徹底的に調査をしたが、そんなものは何もなかった。共産党が党利党略といっても、権力と同じ陰謀を組むとは夢にも思わなかった。反対同盟の実力闘争には共闘できないとしても共産党とは人民内部の矛盾として処理しなければならないのだが、反対同盟分裂工作、権力と公団と同じレベルで破壊工作するとはまったく予想外のことであった。私は、社会党空港反対現地闘争委員会（委員長小川三男）の緊急開催を千葉県本部に要請した。内田、瀬利、石橋ほか、反対同盟社会党員、芝山、成田の市町議会議員、空港反対県民会議、社会党衆参国会議員、県会議員、実川清之委員長をはじめとする千葉県本部執行委員会が参加して、千葉交通労働会館（成田市）で開催し「共産党は反対同盟分裂の敵対行動に着手した。岩山地区パゴダ（仏塔）奉賛会と木の根小川明治副委員長を中心に共産党傘下の第二反対同盟づくりに乗り出した」と私は主張した。

この私の主張は、受け入れられて「反対同盟は共産党との共闘を拒否すべきである」との提案を社会党現地闘争委員会は申し入れることに決定した。私は、戸村委員長、柳川茂副委員長、岩沢吉井、秋葉哲、宮野稔等社会党員でない幹部の人たちに集まってもらい、社会党現地闘争委員会の決定を伝えて了承をうけた。私は、「共産党と反対同盟共闘の声明」草案を起草して反対同盟に提出した。１９６７年12月15日共産党との共闘拒否が決定した。私は、私と社会党現地闘争委員会の政治判断は正しかったと確信している。

現地を逃げ出した共産党

10・10外郭測量阻止実力闘争から始まって、共産党は反対同盟との共同行動を一つもとっていない。まして全学連と反対同盟の共闘が成立して以来、全学連、過激派は権力の手先であると評価して反対闘争に敵対してきた。

今回の、共産党の反対同盟分裂工作の背景には次のような問題があった。反対同盟は同盟員の掌握と対策の必要性から、空港建設敷地内同盟員の土地の移動の状況を把握するために土地登記謄本を取り寄せていた。もちろん、同盟員の了解のもとでである。反対同盟副委員長小川明治さんの土地は、成田信金と遠山農協の借財の担保に入っていた。それが反対同盟事務局と幹部の知ることとなり「よくも俺に恥をかかせたな」と小川さんは烈火の如く怒ることとなり、反対同盟を離脱、共産党の空港反対パゴダ（仏塔）建設の先頭に立って活動するようになった。野坂議長と小川明治副委員長の会談が赤旗日曜判に大きく写真入りで報道されたりしていた。一方岩山台宿の反対同盟の行動隊長麻生偵一は奉賛会の責任者になって活動し、岩山台宿は共産党の影響下になっていた。なぜそうなったのかというと、戦前共産党員として農民組合で活動した人が大勢いて、その基盤の上に奉賛会が組織された。岩山の反対同盟の重鎮は内田寛一行動隊長でも岩沢吉井幹部でもない。麻生禎一、斉藤正雄、麻生秀吉など奉賛会、共産党支持者だった。３人が私を尋ねて千代田農協の闘争本部にやってきた。「共産党との共闘拒否声明を撤回しなければ反対同盟を岩山集落は脱退する」との申し入れであった。

共産党は「石橋、内田、瀬利は移転するのだ」と陰謀を行なった。その共産党を信用するのか。反対闘争にわが身を犠牲にし共産党は闘っていないのではないか。経過の事実を一つ一つみればわかるのではないか。3人との議論は火花を散らし半日続いた。反対同盟からは脱退しないと約束が成立した。厳しいしんどい説得工作だった。

岩山の大袋、大鉄塔が建設された場所である。4000メートル滑走路の南先端だ。ここに測量隊が入って反対同盟が戦いを繰り広げた。翌朝、麻生秀吉、麻生禎一、斉藤正雄が逮捕された。麻生禎一行動隊長、奉賛会会長の家に奉賛会を組織した日蓮宗日本山妙法寺佐藤行通が宿泊していた。麻生が逮捕されるのを目の前にして彼は逃げてしまった。彼は『日本中が私の戦場』という本を書いている。日本中を逃げ回っているのだろうか。このことはたちまち現地の噂になり、このことがあって奉賛会は壊滅した。戦いの中で我々の正しさは立証され共産党路線は敗北した。共産党はパゴダを権力に売り渡して移転していき三里塚闘争から姿を消していった。まだ問題は残っている。奉賛会支持の小川明治さんのことと、木の根団結小屋に民青同盟員が常駐していた。私は木の根集落の工作に入った。そこにも、難しい問題が山積していた。

鹿島灘イカ釣り船

木の根の小川源さん、天神峰の石橋政次さん、辺田の秋葉清治さんの3人はよく鹿島灘にイカ釣りにでかける。釣果があがったときは呼ばれてご馳走になる。辺田の秋葉さん宅で釣ってきたイカを刺身にし、てんぷらにして、3人の飲み会が始まり、私もその席に招待された。3人は親戚同士なのである。源さんが「兄の小川明治の遺産相続で北海道の長男から500万円の要求がでた。家を継いでる弟直克に500万円の金がない。石橋さん、直克の土地を買ってくれ、公団には売るわけにはいかない」と話を切り出した。石橋さんは、直克君の土地を買い求める気持ちを示した。石橋さんに譲渡する土地は、木の根から横堀集落に行く道についている急斜面の土地で、私も農作業を手伝ったことのある畑だった。今は畑でなく荒れている。急斜面でトラクター耕運ができないからである。しかも、空港建設敷地外だった。石橋さんが木の根の土地を購入すれば、直克君の相続問題が解決し、木の根と天神峰の運命共同体ができると思ったのだが実現しなかった。直克君が、田畑の権利書を北原事務局長のところに持参して行き、これで500万円を反対同盟は作って欲しいと申し入れてきた。幹部会が開かれたが申し入れについては対策は取れないと結論が出された。私は、秋葉哲、岩沢吉井、石井武、宮野稔、石橋政次らに集まってもらって「千代田農協より、連帯保証で500万円の金を借りてほしい。直克君の土地、畑を担保に取ってほしい」と提案したが、そこまでは同盟幹部としてはできないとのことだった。

反対同盟内部に発生した不動産屋

反対同盟で万策尽きたので直克君は空港公団と接触を始め、移転先の実地検分に公団の車で走り回り始めた。聞けば、公団職員と賭けマージャンを毎夜の如く直克君はしているとのことだった。呼びつけて真意をただすと、気持ちのやり場がなくて、いらいらしていて気持ちが安定しない毎日、気分転換に手を出してしまったとのことだった。みんな本気で心配しているのに賭けマージャンとはなにごとかと私は厳しく叱りつけた。思いがけない事がおこった。秋葉清治（辺田）と岩沢康男（牧野、農業委員）らと不動産屋が絡み付いて、直克君の移転先を見に行っている事態が発生したのだ。直克君は移転を決断した。そして秋葉清治、岩沢康男の不動産グループと対決する決意を示した。秋葉さんは最も戦闘的な反対同盟員だった。毛沢東ＭＬ派、京浜安保共闘などの拠点となっていた。反対同盟内部で批判する人はいなかった。私は「門前の敵（政府公団）後門の狼（秋葉岩沢）を退治しなくてはならない」というビラを作って、秋葉さんの家から辺田部落、中谷津、東宿、中郷に新聞配達の如く配布して歩いた。どうなるのか、水を打ったように反対同盟は静かになり、私と秋葉の対決をみまもっていた。反応はおもわぬところから出た。青年行動隊秋葉義光君が「よくも、俺の親戚の伯父秋葉を狼よばわりしたな」と殴り込みをかけてきた。その時、私は直克くん対策のために小川明治、小川源さんの生家ハンゼム、小川剛正宅に泊まっていた。そこに義光君が来た。「よそ者のお前が、よくも俺の親戚の秋葉を狼呼ばわりしたな」、彼は、皮のバンドをズボンからはずして私に殴りかかってきた。何回も打たれた。顔も切れた。剛正君夫婦も止めに入った。痛みの中でおのれのオルグ能力のなさを反省した。死んでも反対同盟員には手を出さない、と覚悟を決めていた。

秋葉清治本人から会いたいと連絡が入った。小川剛正夫婦が「秋葉は暴力団との付き合いもある。行けば殺されるかもしれない、行くな」と必死で止めた。

声を上げて泣く後門の狼

秋葉宅にいくと清治さんは私の顔をみるなり、声を出して泣き出した。これには緊張していた私もびっくりした。まさか泣くとは想いもよらなかったのである。

「勉、お前はおれの家の家族のように来て、だれもいなくても寝ていたり、飯を食ったり、自由にしていた。ビラをまいて狼呼ばわりする前になぜ一言注意してくれなかったのだ。直克はおれの家と親戚だ。公団や不動産屋に食い物にされては困る、1銭でもよいから高く売ってやろうと思った。親切心からやったのだ。集落というものはたとえ親が強盗、殺人した人でも、村八分せず付き合っている。それを狼などとビラをまいて、俺は村を歩けなくなる。なぜ俺を助けてくれなかったのだ」と言った。

この言葉の真意は、自分が直克の移転をめぐって一儲けしようと企んだのである。秋葉さんは、商売人で金になる事なら何でも手を出している。私は秋葉さんの家に家族のように出入りしているのは事実である。秋葉さんの女房は多古町大穴の菅澤稔宅が生家、稔君とは青年団活動を共にしてきた仲間、ハンゼム小川剛正の祖母、木の根3兄弟、明治さん、源さん、七郎さんの母親の生家でもある。反対同盟のなかで特に秋葉さんとは私は親密な関係であった。注意しなかったのは私の落ち度、始めから敵対矛盾としてビラをまいて攻撃したのは行き過ぎであった。でも彼は、言葉の注意批判で止めたかどうか疑問は残る。

秋葉さんは「勉、もっと大事なことを教えてやる。実川さん（社会党県本部委員長、千代田農協組合長）が、石橋（副委員長）瀬利（副委員長）を横堀小川喜重宅に集めて闘争中止、移転交渉に入るように2回にわたって相談をしている」という。これは聞き捨てならない。それこそ、放置しておけば反対同盟は崩壊する重大なことである。共産党の裏切りどころではない。三里塚闘争もこれで終わりか。社会党と私の闘争が待っていた。

地獄に仏

この日、この時のことは忘れた事はない。

石橋さんから電話が入った。「直克君にやる500万円の金、俺が出すからすぐきてくれ」とのことであった。自転車で悪路の竹林の中道を走り、団結街道にたどり着いて石橋さんの家に着いた。応接間机の上に定期証書が並べられていた。石橋さんは「加瀬兄ちゃんにはいろいろ世話になった。おかげで家も新築でき世間並みになり、少しは貯金することもできた。

恩返しはできないが５００万円貸すから直克くんにやってくれ。婆様も朝から夕方までよく働いてくれている、息子武司、三男、おとがよく働いてくれている。それぞれに定期つくってやらないと張り合いがなくなってしまう。この金は貸すことができない。ここにある2通の定期は解約しても家族は文句はない。俺と女房の定期である。無利子、担保なし、返済期限なし、この５００万円もって行くように」

私は、貧苦、貧乏な石橋さんの家が裕福になったことが何よりも嬉しかった。たった一言「借りて行く」と言った。もちろん借用証文も書かない。受取書も書かない、信用貸しである。石橋さんが千代田農協金融課長木内とみさんに電話して解約の手続きを石橋さんと2人でとって、木の根直克に５００万円の現金を届けた。このことが契機で、私は小川直克くんの財産相続の処理にあたることになった。そして、小川明治副委員長、小川源副委員長の遺産として木の根の土地（共有地、プール、ペンション）を譲渡されることになった。

このような経過のなかで、譲渡された木の根の土地を一坪共有地運動に提供したら不動産運動だと、反対同盟員を軍事組織なるものを使って脅迫し、暴力を振るい、私の全国オルグの先々で大衆的に党員、支持者を押しかけ、現地団結会館に私を拉致し、本を出版し、一坪共有地運動は土地売買運動であると非難する党派の行為を絶対に私は許さない。

実川社会党千葉県本部委員長との対決

戸村委員長を団長として私が秘書長として、反対同盟が訪中したのが1971年、第1回北京飯店での団会議で「社会党実川委員長が私と瀬利副委員長を集めて条件闘争に転換するように勧めた」と、石橋さんがその内容を克明に話した。

問題の背景と事実はこうだ。小学校の防音工事を請け負っている出山建設が倒産したのである。その出山建設に、千代田農協（組合長実川清之、専務小川総一郎）は８００万の金を融資したのである。この融資については金融委員会にかけ、企業の評価、返済能力、担保物件の評価など審査しなくてはならない。実川組合長、小川専務は金融委員会にかけず、保証人の承諾もなく印鑑をつくり書類を作成して金を引き出したのである。それは、背任に当たると県警本部は捜査に乗り出す寸前となった。実川、小川逮捕か？　それとも条件派への転向か権力に迫られることになった。出山建設は地元企業である。社長出山正男の妻は中郷山室茂反対同盟員の妹である。社長出山正男の父親清照は社会党支部長で町会議員であった。私の宿泊している出山隆正さんは清照の弟である。

ハンゼム、コヤバ、木の根3兄弟、水車、千歳屋、田中の屋号を持つこれらの人々はみんな親戚である。農協の専務小川総一郎も地主の出身、菱田地区に大きい影響力をもっている。組合長実川清之も山田集落の地主の出身、日大中退、日農本部書記、共産党員、治安維持法違反在監獄延べ7年。地元千代田村村長、社会党県会議員、衆議院議員、千代田農協組合長、千葉県農協中央会会長、全日本農民組合財務委員長、千葉県農民組合会長、千葉県社会党県本部委員長とこの経歴の示す力と影響の上に芝山地区反対同盟は組織されたのである

実川後援会、実川私党といっても、社会党支部党員は80人いる。実川、小川のこの2人が条件派に転落したのである。反対同盟解体の危機である。

社会党空港反対千葉県民共闘会議の席で、実川委員長が瀬利、石橋両副委員長に条件闘争への転換工作した事実と千代田農協不正融資問題の真意を実川委員長に尋ねた。彼は閻魔の如く顔を真っ赤にして「この馬鹿野郎」と私を怒鳴った。私は「その馬鹿野郎の言葉を熨斗《のし》つけて返してやる。生れ故郷に2度と帰れないようにしてやる」と言ってのけた。これが、社会党関係会議の最後の出席であった。4、5日経って社会党千葉県本部書記長と党中央本部赤松康稔がきた。「県本部に引き揚げろ。このままでは実川逮捕になる」と、2人は私を県本部の車に押し込めて拉致しようとした。庭で乱闘となった。私は断固県本部に戻る事を拒否した。その後、県本部から何の連絡もなく、給料はこなくなった。県本部書記、県本部オルグから解任の手紙も来ない。もちろん、社会党は消滅していったのである。社会党は死んで、私はこうしていまだに生きてたたかい続けている。

実川は条件派に転落し、千代田農協闘争本部使用禁止。天神峰闘争本部に移転、専務の小川総一郎は成田用水実施の先頭になって反対同盟を切り崩し、成田用水土地改良組合を組織していった。

芝山地区反対同盟は、農協組合員大会から出発し、農協の理事が反対同盟幹部に、婦人行動隊は農協婦人部から成り立っていた。社会党支部党員80人を抱える支部長の実川さんが条件派になったとは信じがたい、農協の不正金融問題はどうするか、知らない間に保証人にされた人は家屋敷が競売になると家族は泣き、山と土地を売って金を作る、小川専務は可哀相だ、財産をなくしてしまう。悪いのは出山建設だが親戚が多くてまともに批判はできない。倒産に同情的である。実川、小川に

同情してかばう空気が全面に出てきた。路線闘争の主体がなくなってしまったのである。

土地を売って小川専務が融資の金を農協に返済するので、公団、不動産屋が、堂々と活動するようになった。あの秋葉清治もそのひとりであった。わかりやすく言ってしまえば小作人派連合（実川）、地主派連合（小川）の反対同盟に、新興勢力の新左翼諸党派は惨敗を喫っしたのである。新左翼諸党派は大衆を組織した経験がないのである。人が作った組織に押しかけて行って代理戦争をしているだけである。

私が見聞したことだが「東峰の利根川さんの家の援農で麦と雑草の区別がつかない、雑草と作物の区別がつかない。それが日本の農業大学の学生と支援だった」。これでは大衆は組織できない。

石橋さん副委員長辞任

管制塔占拠闘争は三里塚闘争ばかりでなく、日本人民の闘争の快挙だった。権力の心臓部に一撃加えて動揺させたすばらしい闘争であったと私は思っている。戦術面の激しさは、多くの政治分野の局面をつくりだした。日本財界と私の会談、総評富塚との会談、これは反対同盟の了解の下に私がとった行動である。

しかし、反対同盟の了解もなく、ばらばらに行動をとることがたくさん現われた。戸村委員長と千葉日報紙上対談、事務局島寛征らの加藤紘一会談と解決三原則の密約、吉田巌千葉県企画部長と石井英祐事務局員との交渉。福田総理後援会長との会談、石橋副委員長、内田行動隊長、島寛征事務局次長と松岡秀夫との交渉などが代表的なものだった。反対同盟として意志決定するのではなく、個人の思惑と党派の思惑でバラバラに動きまわっていた。とどのつまり、敵を利して反対同盟組織内に不信感を残した。

移転するかしないかは反対同盟の力を超えたところに存在している。反対同盟が個人の財産と家族の生活、将来の設計を示すだけの具体的な責任能力はない。それほど同盟員の生活は重たいものである。石橋さんは、松岡秀夫との交渉に参加したとして、内田寛一行動隊長、島寛征事務局次長等は反対同盟から役員解任、謹慎処分を受けた。石橋、内田は二度と反対同盟の戦列に加わる事はなかった。

石橋さんは、娘おとと東峰の梅沢さんの息子との結婚が決まり、次男三男は芝山町川津場の牧野家に婿養子に、息子武司の結婚も勧めている。親として子供たちの将来は決めておいてやりたい。俺の耕作している田畑の半分の面積は地主藤崎のものである。公団は、小作地を含めて代替地を用意すると言ってきている。藤崎は小作契約の更新を拒否してきて、土地の明け渡しを要求してきている。藤崎の要求に応ずれば百姓するだけの代替地はとれない。どうしても農業は続けたい。

石橋さん移転の決定的条件は、地主藤崎の小作再契約を拒否することであった。

農地改革での不徹底はここでも決定的な意味をもった。農地制度の改革は大正９（１９２０）年の小作制度調査委員会からはじまる。

石黒忠篤、小平権一、松村謙三農相、大和田啓気、東畑精一、和田博雄、小倉武一、ＧＨＱ経済顧問ラデジンスキー、ギルマーチン等の名前が頭に浮かぶ。

農林省は第一次農地改革案を作成した。①地主の保有地の限度5町歩とする。②小作料は金納とする。③農地委員会は選挙によって選出する。④地主の土地取り上げは農地委員会の承認を必要とする。この一次案はＧＨＱの同意を取り付けることはできなかった。それは、地主の保有地が5町歩は多すぎるということであった。第二次農地改革の基本をなす法律は、自作農創設特別措置法、農地調整法改正法である。（昭和21年10月11日）法案の骨子は①政府が地主から農地を買収し政府が小作人に売り渡す。②小作地の保有、不在地主の小作地は全て買収する。③在村地主が保有している小作地は北海道4町歩、都道府県1町歩とする。④地主が自作地と小作地あわせて3町歩以上になった小作地は買収できる。⑤買収価格は水田平均６６１円とする。畑は２３４円５６銭とする。⑥農地委員会の構成比は小作５・地主３・自作２とする。

国が買収した小作地は２００万ヘクタール、売り渡し98・5％、小作地面積２３２万ヘクタール、総耕地面積の46・３％から55万ヘクタール10・８％になった。黒豆1升の価格で水田1反歩買うことができたのである。

日本の農地改革の評価について①農民が農地改革を熱望していた。②諸外国にくらべて日本人の知識水準が高かった。③日本資本主義の発展にとって小作制度は桎梏になっていた。④農民運動の高まりが改革を促進させた。⑤大正9年から農地制度の改革が必要だという機運が政府にあったこと。⑦農地改革を支持する世論が大きかったこと。⑧ＧＨＱの力が占領政策として大きかったこと。

これが、日本の農地改革に対する一般的な評価である。「話し合い」「有償」「小作地の残存」「山林または優良牧場は解放しない」。各国の農地改革は農民が革命に参加して地主を打倒して、地主の所有地を全面的に解放する。農地改革解放は民主主義革命の基本であった。占領政策として行われた、日本の農地改革はきわめて特異なものであった。小作地、山林地主の土地の徹底的解放のソ連提案は対日理事会で否決された。日本の農地改革が徹底して行われれば、御料牧場、末広農場、三里塚に存在する多くの牧場は農地に生まれ変わっていたであろう。戦後開拓農民の面積１町歩の保有限度は拡大され、石橋さんの小作地も解放されて自作地になっていたに違いない。三里塚空港の建設面積は１０５０ヘクタール。うち御料牧場の４００ヘクタールと千葉県竹林２００ヘクタールが農地改革で解放されていれば空港建設は阻止できたと思う。農地改革の不徹底は内外情勢の力の諸関係の結果だが残念でたまらない。

石橋さんは、空港反対なのだが、反対できない、と初めて本心を明かした。農民はみんな二足の草鞋を履いて生きている。石橋さんばかりではない。子供たちの結婚資金に５００万円返済してほしいとのことだった。５００万円は石橋家の汗と涙の労働の結晶である。付加価値や不労所得で得たものではない。石橋家の命がこもっている。それを忘れてはならない。

木の根の直克のところに催促にいっても５００万円の金はない。私は生家に金策のために15年ぶりに帰った。父母は老いて出稼ぎ生活、トラクターなど農機具は１台もない。運転できないからである。１町５反歩百姓はみんな請け負い作業に出していた。住家は８畳の間だけ雨漏りがせず、後の部屋は雨漏りで使い物にならなかった。作業小屋に引っ越すと父母は言っていた。その両親に水田を担保に５００万円、農協から借り出す事を持ちかけた。父は、「お前がやりたいならそれでいい」といってくれた。親に孝行を尽くしたいと想いつつ運動して親に死ぬほどの心配をかけ、また、５００万円の借金を背負わせてしまった。でも石橋さんとの信義は守らねばならない。

石橋さんありがとうございました。「加瀬あんちゃん、催促して申し訳ない」、気の毒そうに言っていた。

石橋さんとの涙の別れ

石橋さんが脳梗塞で倒れた。見舞いに行くと半身が少し麻痺して口がゆがんでいた。「加瀬兄ちゃん、移転することに決めたから、申し訳ない」と大粒の涙が石橋さんの髭面を流れ落ちた。「石橋さん、力足らずで苦労かけて申し訳ありませんでした。何よりも身体を大切に」、手を握り合って２人は涙を流すだけだった。「俺、移転しても百姓はやるから」これが石橋さんとの最後の別れだった。

この言葉に救われた。石橋さん家族は空港に賛成して天神峰を出て行ったのではない。脱落者、裏切り者と私は呼ぶ事はできない。「石橋さんご苦労かけました。お婆ちゃん、おっかさんほんとうに世話になりました」。私にはこの言葉以外出てこない。

私は石橋さんの葬儀には出席していない。息子の武司君は心労でうつ病になってしまった。このように石橋家を追い込んだのは国家権力ではないか。

石橋家と対決

石橋家の屋敷にある三里塚反対同盟の闘争本部の建物は、石橋さんが自ら闘争を勝利させるために提供したものである。そして社会党現地闘争対策委員会長小川三男（成田市・衆議院議員）の名義で登記したものだ。小川さん死亡。妻の小川純子さんが相続。小川純子さん死亡。長女小川ルミ子さんが相続放棄し、反対同盟北原事務局長名義に登記。その結果、天神峰闘争本部は党派が常駐して管理する事態になった。

一方、酒々井町に移転した石橋家では、おばあちゃんが死亡。石橋政次さんが脳梗塞再発死亡、長男武司君は移転問題と新生活の心労で精神的な病となる。

石橋さんが亡くなって8年の歳月が経った。そこに目をつけた空港（株）は武司くんの代理人となって闘争本部の明け渡し裁判を起こしてきた。闘争本部建設の経過を知っている者は、反対闘争の中で私ひとりだけになった。名義人の北原事務局長も知らない。千葉地裁の法廷の証人台に立ち、石橋家と対決して明け渡しを拒否した。そして敗訴。闘争本部は強制執行で破壊された。このようなことは横堀でも発生した。横堀にある反対同盟闘争本部は小野良夫の父親がすすんで一坪共有地に提供した。ところが40年の闘争の歳月を経て、共有者は柳川秀夫君ひとりになってしまった。空港（株）は小野良夫の代理人となって土地明け渡しの裁判を起こした。そして敗訴。強制執行が行なわれ、建物と土地を破壊した。石橋武司さんと反対同盟、小野良夫さんと反対同盟の対立抗争のかたちを作り上げ、強制執行をかけてきているのである。一坪共有地の共有者が少なくなると金銭買収ができると、不当な最高裁判例を盾にして土地を強奪してきている。

三里塚空港建設問題で政府は三里塚シンポで謝罪し、公団、空港（株）も謝罪した。頭を下げた。謝罪の文章も書いた。でも、強制執行で破壊は続いている。爆弾を砂糖でくるんで世論をごまかし、おたふく面の裏は鬼面、人間獣心、これが権力の正体であり本質である。

働いて働き続けて水田の土を作り上げ、トラクター・コンバインなど農機具はすべて揃えて、10アール当たりコシヒカリの収量10俵、ふさおとめ11俵の収穫を上げるまでに技術を習得した。５００万円の農協の借財も返済した。雨漏りの家は解体して、殖産住宅に勤務している同級生が千葉弁天町から古家屋を見つけてくれて、村人総出で移築してくれた。老いた父母の介護を続け医者にも見せて、介護の知識も身につけた。人並みにあの世に両親を送った。同志を求めて横の連帯を求めて生きてきたが、いろいろな問題の解決はどのつまり縦の血の流れ、血縁共同体？　の力で解決している。

神鬼も畏れた岩沢吉井

加瀬勉の田圃に反対同盟の赤旗翻る

岩沢吉井（岩山台宿）さんの女房は、私の父と同級生であり、私の生家の隣家の生まれである。こんな関係で私は岩沢さんご家族に大変お世話になった。岩沢さんの家族は私の家の内情をよく知っていた。「反対同盟はもう大丈夫だから牛尾の生家に戻れ、両親も老いて働けなくなっている」と助言してくれていた。富里に常駐して三里塚に転戦、３年間１度も家に帰っていない。芝山の山に登れば私の家の村は見える。だが私は家に帰ったことがない。反対闘争のことで多古に行き生家の前の道を車で通っても立ち寄ったことはない。住居は雨漏りがして、村中の者に助けられて老の身に鞭打って百姓と出稼ぎで生活している。祖父母父母兄弟の家族血縁の血の論理の中で生きるのか、そうではなく全国の同志との活動に力点をおいて生きていくのか。縦の血の論理と全国の同志との横の論理の十字路に立って私は苦闘している。社会運動に身を投ずれば必ず私生活は厳しい試練に立たされ報復を受ける。辛いけれど人間としての苦悩であり断固としてこの苦悩から逃れるわけにはゆかない。私は人間でありたい。人間として生きてゆきたい。

私は知らなかった。岩沢吉井さんが反対同盟の幹部に働きかけて私の家の田植えに援農隊を組織して派遣したのである。岩沢吉井、秋葉哲、内田寛一、宮野稔、菅沢専二、熱田一、小川清一、石橋政次、石毛常吉、岩沢茂、石井武　木内武、小川源、出山千代、小川やす、長谷川たけ、小川むつ、郡司とめさん等である。私は恐縮し父母も村の者も驚いた。反対同盟旗が私の家の田圃に翻ったのである。

神鬼も畏れた岩沢吉井さんの抗議行動

大橋武夫運輸大臣が出てきた。町会議員の三浦五郎さんが口火を切った。「芝山町の町会の末席を汚す三浦という者です。町民を代表する私の立場としては」まずい。まずい。反対同盟の抗議なのに、町会議員、町の代表のような口ぶり、町会議員の品格、品性のそぶり。私は「空港建設を止めろと叫んで」、目の前にあった机の上の灰皿を大橋運輸大臣の目の前の床に叩きつけた。その時に岩沢さんの身体が宙に飛んだ。机を飛び越えたのである。大臣の前に行き口いっぱいに、唾と痰を口に含ませて大橋運輸大臣の顔に「カッ、ポー」とかけたのである。見事命中。両脇にいた官僚が大臣の顔をハンカチーフで一生懸命拭いていた。大橋運輸大臣は大臣室に逃げ込んだ。天神峰の小川嘉吉さんの妻と岩沢吉井さんが大臣室の扉に体当たりした。これが反対同盟と政府との最後の場面であった。後は、問答無用、実力闘争の展開である。鬼も神も仏も恐れをなす行動をするものが必ず闘争の中では出てくる。

三里塚に天狗が現われた

10・10外郭測量阻止闘争。駒井野と三里塚桜台に2本の杭が打たれた。反対同盟の農民の頭に串刺し、測量杭が打たれたのである。翌朝、反対同盟闘争本部のある千代田農協2階に、柳川茂副委員長、岩沢吉井、柳川秀夫、秋葉義光、寺内金一

岩沢吉井さん

らが集まって来た。みんな悔しさを噛み締めて、窓を開いて、測量杭を打たれた桜台の一点を睨んでいた。みんな無言である。岩沢吉井さんが「杭を引き抜こう」と叫んだ。同時に柳川副委員長が「よしやろう」と叫んだ。そのときには加瀬、柳川、秋葉、寺内は2階階段を飛び降り桜台に突進していた。4人は桜の大木の根本にガードマン3人が杭を守っていた。1人には防寒具をガードマンに飛び掛った。1人は逃げた。1人は拉致した。杭は簡単に引き抜けた。見事な反撃であった。引き抜いた杭はどこにやったのか？　われらの闘争記念として空港反対大明神として大切に保管してある。

岩沢吉井、反対同盟の分裂を阻止する

岩沢さんの集落岩山台宿は4000メートル滑走路の南先端に位置する。反対闘争地域の集落で岩山台宿は最大の集落である。反対同盟員の数も一番多い。そこが共産党とパゴダ奉賛会の拠点となったのである。内田寛一行動隊長、岩沢吉井反対同盟幹部も部落内では少数派で孤立している。ではなぜ岩山台宿部落に共産党の拠点ができたのか。大正の末期に八街に県下初の農民組合ができた。続いて県下の2番目に千代田村（現芝山町）に農民組合が組織されて小作争議が行なわれた。八街農民組合は労農党、社会党の指導の下に、千代

田村の農民組合は共産党の指導の下に組織された。組織された千代田村の農民組合の中心的活動家、メンバーがこの台宿集落の斉藤正雄、木村武雄、内田一郎、麻生作治、麻生秀吉、岩沢弥、内田格らであった。反対同盟が結成されて、顧問弁護団の組織化について、戦前共産党の指導下で小作争議をたたかったこれらの人々は共産党系弁護士の自由法曹団に依頼すべきだと主張した。このように戦前の歴史があって岩山台宿集落が共産党とパゴダ奉賛会の拠点になったのである。共産党が岩山反対同盟とパゴダ奉賛会、木の根反対同盟小川明治副委員長に働きかけて、共産党第二反対同盟を組織する工作に出た。私は、岩沢吉井さん宅に住居を移し、岩沢さんの助言と指導を受けて共産党の反対同盟分裂を阻止すべく工作を続けた。共産党の反対同盟分裂工作が成功していたら、その後の反対同盟の闘争もかなり変質していたと思う。反対同盟の分裂を阻止できたのも岩沢さんの力のたまものであった。

反対同盟副委員長瀬利誠の移転

瀬利誠副委員長宅に火災発生。住居、作業場、養豚場全焼。反対同盟プレハブ宿舎建設、100万円火災見舞いカンパ。私は、失火でなく権力による放火であると認識している。当時の闘争状況はそれほど緊迫していた。瀬利移転決意。問題は横堀団結小屋（大鉄塔）の土地が瀬利の所有地であった。これは瀬利さんが自発的に提供したものである。当然瀬利移転についてはこの土地を政治的付加価値をつけて瀬利に公団は譲渡してくれと迫るに違いない。「反対同盟で買い取ろう。火災のときも反対同盟は100万円カンパしてある。瀬利に文句は言わせない」と私費30万円を投じてあの横堀大鉄塔の団結小屋の土地を買収したのであった。横堀団結小屋の土地は岩沢吉井さんの遺産なのである。

開港阻止決戦新山幸男同志死す

マンホールから出撃して管制塔を占拠、赤旗が翻った。一方の部隊は改造トラックの装甲車を先頭に第8ゲートから管制塔に向かって進撃、三井、亀井の警視庁警備本部を粉砕。開港阻止決戦は我々の完全勝利に終わった。この戦闘で山形大生新山幸男同志は全身火傷。成田日赤病院から千葉県鶴舞病院に入院。毎日午後2時に意識が10分間も回復するとのこと、その新山君から「加瀬さんにどうしても会いたい」との連絡が入った。全身焼けただれ、輸血しても毛細血管からの出血、全

新山幸男同志の追悼式での小川源さん

身に巻いた包帯から血が滲み、シーツが血に染まっている。毎日3回シーツを取り替えているとのこと。

新山君の意識が戻った「加瀬さん、元気になって三里塚に戻って闘おう」手を握ったら新山君が笑った。そして彼は又深い昏睡状態に陥った。新山君の呼吸が止まった。心臓が停止した。新山君は三里塚に日本人民に命を捧げてその生涯を終わった。

新山君の遺体に付き添って岩沢吉井さんが秋田の新山君の生家に向かった。葬儀を済ませて帰ってきた。「岩沢の爺さん、辛い思いをさせてすまない」と頭を下げたら無言で私の手を握り締めた。言葉を失って2人で哭きあった。

横堀大要塞闘争

横堀大要塞の外壁のコンクリートは、厚さが2メートル。立て籠もったのは内田寛一行動隊隊長、北原事務局長、熱田副行動隊長、秋葉哲

第9ゲートに突入した山形大生新山幸男君

救援対策部長、石井英祐反対同盟事務局員、石井武反対同盟幹部、長谷川たけ婦人行動隊長、小川むつ婦人行動隊副隊長らの反対同盟幹部と支援、要塞鉄塔に支援共闘の代表が立て籠もった。

公団破壊部隊、機動隊は大型クレーンに投石、火炎瓶よけの特殊防護ネットを取り付けた特殊車、それに高圧放水部隊。午後から戦闘が続いて闘争は深夜に及んだ。

鉄塔の上の同志たちの火炎瓶、投石も尽きた。容赦ない放水。筑波颪の寒風、霜が降り氷の張る厳寒。このままでは鉄塔の上で同志が凍死する。鉄塔から「同志をおろせ」、反対同盟の決断が下った。党派の代表は「このまま降伏するわけにはゆかない。わが党の同志は三里塚に命をささげてもらう」と主張。猶予はできない。岩沢吉井さんが怒った。「三里塚闘争は人を死なせるためにたたかっているのではない。生きるためにたたかっているのだ。逮捕されることは降伏ではない。獄中闘争もできる。釈放されれば又三里塚で戦える。死んでしまえば戦えなくなる。党員の命を同志たちの命を何故大切にできないのか。俺が鉄塔に登り彼らを救出してくる」、全身を震わせて怒った。

老人行動隊天皇直訴

岩沢吉井さんと私は老人決死隊の顧問、相談役であった。これは菅沢老人行動隊長の特別の指名である。直訴の朝、菅沢隊長の奥座敷のテーブルを菅沢、岩沢、加瀬で囲んだ。テーブルの上には天皇直訴文の巻紙を包んだ紫の袱紗、3人の前には別れの水杯。水を打ったような静けさ、3人の微動だもしない深い決意、ためらいもない、高ぶりもない、3人は静かに盃の水を飲んだ。天皇直訴への出発である。岩沢さんは身体が小さいが全身にみなぎる闘志、断固たる決断、人と時を見る機敏な動作と判断、頭の回転の速さは抜群であった。

岩山台宿部落全員移転

反対同盟分裂工作に失敗した共産党は仏塔パゴダを権力に売り渡して三里塚闘争から全面的に撤退した。奉賛会員は印旛沼開拓地に移転して行った。残るは岩沢吉井さん家族1戸となった。そして戦いの歳月が過ぎた。岩沢家の移転が決まった。移転によって集落共同体が崩壊した。4000メートル滑走路延長のある集落の農作道が荒れ放題、車はおろか人も歩けない。水田の水路は泥で埋もれて利用できなくなった。田畑の管理ができなくなった。移転せざるをえない。岩沢吉井さんが相談に来た。息子夫婦は移転させて農業は続けさせる。「俺は連れ合いと最後まで岩山の生家に残る」。岩沢吉井さん老夫婦の新たなる戦いが始まった。そして、富里立沢福祉センターに入所、空港闘争に捧げたその生涯は終わった。岩山の共同墓地に静かに我々の戦いを2人は見守っている。

三里塚木の根の源さん

冬の陽だまり

山裾の冬の陽だまりの中に薄紫の炭焼き窯の煙がスーッと立ち昇って消えていった。源さんの炭焼き窯の窯止めの日である。窯の火加減をみる覗き穴に適当な石を載せてそれに土をおおいかぶせて源さんは満足した顔だった。広い九十九里平野の丘地帯から北総台地の丘陵地帯の山や畑の間の谷津田が木の根で尽きる。その谷津田の尽きた頭のくぬぎ林の裾に源さんの炭焼き窯はある。北総台地は平坦な畑作地帯だが分水嶺である。木の根は水源で、この水源は横堀の谷津田から辺田の谷津田に出て高谷川の流れに注ぐ、高谷川は栗山川に合流して九十九里木戸浜の海に入る。

「加瀬さん、俺は最後には家屋敷、田地、田畑の権利書を持って反対同盟に行き、これで俺の家族が百姓して生活できるようにしてくださいと頼む。反対同盟は困ると思う。そんな能力はないのだから。かならず自分で判断してくれと言うに決まっている」「わかった安心した。そこまで徹底的に戦ってくれるのだな」と私は言った。

農民が浮き足立って公団の餌食になっていくときに、源さんは空港公団に家屋敷、田畑を測量させて移転価格が折り合わないと、反対同盟に帰って来た男である。

横堀で挨拶する小川源さん

「政府だ、相手にとって不足はない。一生一代をかけて金をふんだくってやる」朗らかに笑いこけた。

「女房と家族をほうっておいて三里塚の旭日屋で女道楽をして、そして財産を残したのは源さんばかり、お手並み拝見とゆくか」「それをいわれると赤面のいたり」とまた屈たくない笑いが響いた。

天浪共同墓地が移転したが「その墓に水子、流産した子供が3人埋葬されていると補償金を取ったが、本当は流産していなかったのではないか。源さんの女房は流産なんかしていないといっている」「鍬かついでいって、土盛りして墓3つ作って水子が埋まっていると公団から金ふんだくってやった。たいした金額ではない。政府にとっては屁のようなもんだ」

源さんの話には暗さがない。頭の後ろにももう一つ眼がついているほど機敏に源さんは頭を回転させる。この源さんの憎めないしたたかさは、どのように生まれてきたのであろうか。

源さんは浮き足だって目先でおぼれることはない。俺にはとても太刀打ちできないが。源さんとは一生一代の勝負をかけるときがかならず来る、と思った。

「加瀬さん、俺の脚みてくれ、まだ砲弾の破片が入ったままだ。今でも天候が悪いと痛む。痛む足を引きずって復員してきて木の根に入植した。2度と政府の野郎どもにはだまされない」。

小春日和のような冬の陽だまり、静かに立ち上る炭焼き窯の紫の煙、静かに時間は流れた。今まで三里塚にこんな静かな時間があるとは思わなかった。

商売上手な源さん

三里塚で反対同盟の全国集会が開かれると、源さんはジュースの出店を開いた。また支援団体相手に仕出弁当を売り出した。その売り上げ金の一部を反対同盟の闘争資金にカンパした。正月用の餅の全国販売も始めた。三里塚支援団体から早々と注文をとり、それにあわせて餅米の栽培をし不足分を買い集めた。正月用の餅の販売は１５０万円にのぼったときがあった。餅つき1週間で１５０万円の売り上げだから相当のものである。三里塚は山芋の自然薯の産地である。源さんは暇があると山や沢に出かけていって芋を掘る。ビニールハウスの中に山砂で保管床をつくって貯蔵しておくのである。そしてそれを料亭や八百屋に売り出すのである。

源さんはよく天神峰の石橋政次さん、辺田の秋葉清治さんと茨城の鹿島にイカ釣りに出かける。源さんの冷凍庫には釣ってきたイカがいっぱい冷凍されている。そのほかにタニシ、ザリガニなども沢山保管されている、孟宗の筍の塩漬けも1年中食べる量は漬け込んである。椎茸、独活《うど》、たらの芽、ぜんまい、蕨、芹、食べられるものは大切に保存されている。自然相手の徹底した自給自足の生活である。種まで食い尽くした戦後開拓、開墾したからすぐに作物が稔るわけではない。田畑は50年も１００年もかけて丹精してようやく畑になる。開墾して3年は麦、落花生、サツマイモもろくに稔らなかったと思う。まず自分が生きるために生きていくために食う分を確保する。切り詰めるだけ切り詰めて、少しでも現金収入を図ってゆく。生きるか死ぬかぎりぎりに切り詰める生活の中で、自然の恵みに依存する自給自足の生活と、売れるものは何でも現金にするという、自給と現金を求めての源さんの商売は戦後開拓の艱難辛苦の中で身につけたものである。源さんの商売、金儲けは相手をごまかすなどのいやみがない。艱難辛苦地獄を生きてきた人間の肝の据わり方が源さんにあり、その根性、肝っ玉の据わり方が自信となっていて、人間的明るさがそこから出てくる。人の世の地獄で色々な人間を見てきたに違いない。源さんの頭の回転の速さと、人を見抜く眼は抜群である。なによりも源さんは人に対する思いやりがある。

あれは俺の兄貴だ、源さんパリで叫ぶ

源さんは芝山町辺田部落の屋号ハンゼム（小川剛正宅）の生まれである。男の兄弟は一男が和一、二男明治、三男源、四男が七郎である。一男の和一を除いて3人がそろって木の根に戦後開拓で入植した。空港反対闘争を戦う木の根の小川3兄弟である。1971年三里塚反対同盟は戸村委員長を団長に中国を訪問した。私は源さんに中国を訪問するように要請した。それには空港反対闘争のほかにもう一つ特別な訳があった。源さんの兄和一は石井四郎軍医中将の731部隊の軍属として参戦していて現地召集。戦後引き揚げてきたが、自宅で米軍の憲兵に逮捕されて東京巣鴨プリズンに拘束され戦犯として処刑されている。また、源さんの女房は石井中将の生家のある芝山町加茂部落の出身で石井中将関係の病院で働いていた。

石井中将の本家は「カネカ」と呼ばれていて近郷近在に知れ渡っていた。生糸相場で蓄財して「金貸し」「高利貸」をやっていたのでその言葉がなまって「カネカ」と呼ばれるようになったのである。カネカは相場で失敗、農地解放で田畑が解放されて今は何も残っていない。731部隊の石井四郎の生家は最近まであって親類の者が管理していた。私は空港反対と731部隊の2つの理由で源さんの中国訪問を進めたのであった。源さんは訪中を一旦承諾したが断ってきた。このようないきさつがあって、フランス・ラルザック軍事基地反対闘争世界平和集会への参加を、私は源さんに要請したのである。源さんは団長で参加することを快諾した。

羽田から一番安い飛行機に乗った。台湾に降りて給油して、フィリピン、スリランカ、ドバイそしてフランスのオルリー空港で世界警察刑事機構の警察の出迎えを受けたのである。我々の行動は警察の監視下に置かれることとなった。給油し飛び立つと必ず食事が出た。源さんと秋葉哲さんは食事が出るたびにこれは珍しい、これはうまいとぺろりと食べて、赤ワインがいい、今度は白ワインをくださいと何度もおかわりをするのでスチュワーデスに断られていた。石井武さんは食べ物に好き嫌いが多く、私が心配するほど食べない。「源さんと哲さんの先祖は豚ではないか、よく腹に入るな」と武さんにからかわれていた。

パリ郊外を出ると麦畑である、続いてヒマワリ畑、その次が葡萄畑と続く、少しずつ高度が高くなってゆくにしたがって作物が違ってくる。源さんは「さすが世界一の食糧自給国だ。開発や減反で荒れている日本の田畑と違う」と車窓から移り変わる作物をみて感心していた。ピレネー山脈の麓に広がるラルザックの大地は広大である。50キロ行かねば食糧品店がな

い。最低４００頭の羊がいないと生活できないそうである。そのために広い草原が必要である。隣の家は10キロ先である。大地は広いが大小の石がごろごろしていてそのあいだに羊が食べる草が生えている。源さんをはじめ代表団は「三里塚の土はいいな」と改めて三里塚を見直していた。フラン政府はＮＡＴＯの軍事基地を作ろうとして「石ころだらけの不毛の土地ではないか、基地以外に利用価値がない」と計画を進めてきた中で、基地建設反対運動に参加する人々は、ラルザックに「ブラキエールの羊小屋」を建設した。農業には適さない不毛の地で羊を飼い、チーズを作り「どうだ、きちんと生活できるではないか」と政府を納得させようとした。石を積み上げて「カテドラル」とおおきな共同作業所も建設した。そしてラルザック大学を開校した。大学は三里塚の農民をはじめ世界平和集会に参加した人々の宿舎になっていた。

政府の基地拡張用地買収に対して、ラルザックの農民は農地共同購入組織を設立。フランス全土からカンパと自己資金を基金にして１１０９ヘクタールの土地を買い上げたのである。この買い上げた土地を25年間の耕作権で農民同士で分割する土地所有形態を生み出して行った。農民たちはさらに農業振興会を作り、共同の羊小屋を建設し道路を整備し、農民の農具の設備投資に援助し、確実に自主耕作を拡大していった。この自主耕作の農民自身が取得した土地は、ラルザックの全耕地面積の３分の１に当たる５０００ヘクタールに上った。政府が基地拡張に必要だとした面積は１万３７００ヘクタールであったが、農民から買収した土地は５６００ヘクタール止まりであった。

この運動は政府の基地拡張の野望を打ち砕いたのであるが、ラルザックの土地の買収作業を進める軍隊の事務所に乱入して土地台帳を奪ったり、幹線道路の橋を封鎖してラルザックに入るのを阻止したり、パリまでトラクターデモ行進を行い、列車の線路の上をデモ行進したり、羊も人間同様ラルザックで生きる権利があると、裁判闘争では羊を法廷内に乱入させるなどの激しい反対闘争も行った。フランス全土にラルザック委員会を組織したのであった。エコロジー活動家､兵役拒否者､軍事予算分国税納入拒否者、原発反対運動者、平和運動活動家など多彩な人たちがラルザック委員会に参加していった。

１９６０年国会は安保条約と農業基本法と日本人民の運命を左右する２つの法案を人民の反対の中で可決した。戦後農地改革で生まれた自作農を再編して労働力と土地と水を収奪して工業政策を推し進めるために農業構造政策を推し進めることとなった。世界に、ドイツ農業基本法、フランスの農業基本法と２つがあったが日本政府は、フランス農業基本法を政策の手本とした。池田内閣の政策ブレーンに池本喜三夫新農政研究所があって、それが池本構想としてフランス農業基本法を日本の農業政策に取入れ、千葉県成田市三里塚の戦後開拓農民と千葉県の竹林の土地を開放して共同経営パイロット農場の農業政策を実施しようとした。立地条件として交通の便が悪いと、成田市豊住の農業構造改善事業となった。三里塚に於いては養蚕のシルクコンビナートが実施されることになった。農林省直轄事業としてその推進を担当したのは千葉県農地農林部の吉田巌であった。彼は4Hクラブの担当でもあり、その会員の「銀の鈴」石井英祐をはじめとする、芝山町の会員の人間関係を頼って反対同盟切り崩しに奔走するのである。

フランス農業基本法のなかに土地銀行制度がある。離農していく農民の土地を政府資金で買い取り、その買い取った農地を農民に貸し付ける制度である。ラルザックの基地反対闘争では基地に反対する人が農地を手放さんとする農民の土地を買い取り、耕作を続ける農民に25年間貸し付ける闘いをしたのである。貸付期間25年とは農業実労働25年を一世代とする考えに基づくものである。戦後沖縄より開拓に入った天浪地区の農民が、空港問題が発生したとき1ヘクタールを家屋敷含めて70万円で売りに出した。私は、芝山反対同盟役員の連帯保証で70万円を農協からの融資を受けて買い取ろうと提案したが、70万円の大金を借りる決断が反対同盟にはできなかったのである。

映画館での叫び

独立プロの映画「鹿島パラダイス」がパリの映画館で上映された。住友に土地を買収されていく鹿島の住民、紅白の幕、神主の祝詞、住友の社長の鍬入れの着工式、樽酒の振るまい、手土産を両手にかかえて恵比寿顔の農民、突如9000人の機動隊を向こうに回して戦う三里塚の農民と支援団体、投石は日本晴れの空を暗くするほど飛び、火炎瓶の攻撃で燃えるブルドーザー、砦に鎖で身体を巻きつけて農地を死守する農民、空港建設反対が戦われている北総畑作大地の下は利根川、その利根川の向こうが鹿島灘である。利根川1本を隔てた地域で2つの世界が描きだされた。三里塚第一次強制代執行阻止闘争である。この闘争中に反対同盟小川明治副委員長は亡くなったのであるが、その葬儀の場が映し出された。羽織袴の正装で兄貴明治さんの位牌を持って葬儀の先頭に立つのは源さん。棺の上には小川明治副委員長が愛用していた「空港絶対反対」の黒のヘルメット。

席に座っていた源さんが、突如立って指をさして「兄貴だ」と大きな声で叫んだ。映画館のなかで暫しどよめきが走った。

上映後、主催者から映画に出ている三里塚反対同盟の農民が来ていると源さんが紹介されて闘争報告がなされた。思わぬ事態に館内は熱気が走って大喝采であった。我々も驚いたが、源さんも驚いて無意識のうちに「兄貴だ」と叫んでしまったと言っていた。パリからフランクフルトの空港拡張阻止闘争に参加。大木の上に小屋をつくりそこに住み着いて、生活者として闘い続けている住民、正に三里塚の農民と同じである。

木の根畑地灌漑

私は木の根に住んで牛の肥育をやる決心であった。源さんが「加瀬さんの土地を木の根で使わしてくれ」と申し出てきた。北総農業地帯は、両総用水、東総用水、成田用水計画と3大用水計画で畑地の灌漑、水田の排水と給水がなされている。火山灰土の北総畑作地帯は毎年旱魃に悩まされ作物に被害が出て農民はひどい損害を受けていた。木の根は事業認定区域であるし永久建築物は建設することはできない、農業政策などあらゆる行政措置からはずされている。木の根に畑地灌漑施設をつくることはできない。実力自力で灌漑施設を木の根で作りたいから私の土地を利用したいとの提案であった。私は大賛成であった。木の根の大風車、貯水槽、張り巡らされた灌漑施設と空港反対闘争の拠点となり、畑地灌漑により生産を飛躍的に発展させることができた。大阪の田中機械労組は工場を自主管理しつつ大規模な争議を行っていた。

木の根の風車とプール

この田中機械の労働者は総力を挙げて木の根の畑地灌漑施設に対する援助をしたのである。私が取得した木の根の土地は、木の根の農民、反対同盟、三里塚闘争をともに戦う全国人民の共有財産になっていったのである。

一坪土地共有化運動

三里塚闘争は親子4世代にわたる長期の闘争である。青年行動隊も40、50歳になりその子供も結婚して子供が生まれている。老人行動隊の人々はすべて戦い半ばにしてこの世を去った。青年行動隊の子供たちが、その子供が結婚して生まれた子供たちが、はたして三里塚のこの条件のなかで農業を引き継ぐだろうか。とても引き継ぐとはおもえない。三里塚で農業を引き継ぐものが生まれなければ反対同盟は自然に消滅する。三里塚闘争は農業の価値の再発見としてたたかわれてきたのであるし、そのたたかいのなかで農業後継者を作るべく努力をしてきた。しかし農業価値の創造発展のために生涯を賭けることは口でいうほど甘いものではない。毎年全国で3万ヘクタールの優良農地が耕作放棄されて荒れ果てている。農業後継者は毎年1000人を割る始末である。私の集落でも92戸の農家農地のうち、60戸は離農した。残る30戸は70歳以上の高齢の人たちで経営を維持している。これは三里塚にも当てはまる。木の根の源さんの孫達、直克君の子供たち、七郎さんの子供たちを幼稚園から小学校、中学校、そして高校へ、子供から大人へ、学業の選択、職業の選択を事細かに観察していると、将来農業後継者にならないことがよくわかる。農業後継者がなくなることは公団に土地を売り渡すことであり、反対同盟組織がなくなるときである。理論としては資本主義社会の農民階層分化分解の法則だが、三里塚で国家権力の強制的離農の条件の中で、農民の分化分解が特殊性をそなえてどのようにここの農民に現われてくるのか。それに対する闘争の方針と組織対策をどうするのか。

私の木の根の土地は畑地灌漑によって反対同盟及び全国化した。その全国化した私の土地をさらに強化するためにどうしたらよいか。私は、自分の土地を全国共有化運動に提供することを反対同盟に申し出たのである。小川明治さん、源さん、直克君の空港反対の意志を全国的に共有してもらいたかったのである。

ところが、木の根の土地共有化運動は「土地売買の不動産屋運動」と組織の総力を挙げて妨害し、運動を進めている人たちに実力をもって傷害をあたえ、地下組織を使って反対同盟員を脅迫する党派が出てきた。私も神奈川県や石川県に空港反対を訴えに行ったときに彼等の妨害を受けた。反対同盟北原事務局長は出版した本の中で「共有化運動」を土地売買運動と非難している。何も知らない東京の政治指導部、評論家たちもくだらない文章を書いて一坪全国共有化運動を誹謗中傷している。こんな連中に三里塚反対闘争と日本人民の未来を何で託すことができよう。

現在、一坪土地共有者は、島村、萩原、石井の東峰の農民のほかに、空港敷地内に土地を取得しているものは約１１００人あまり、木の根の私の土地の８５０人の土地共有者がいて、１００あまりが脱落して公団に土地を売却している。思想や行動としての主体、力のほかに空港建設敷地に土地所有権、居住権などの物質的条件が存在しなければ空騒ぎになる。一坪共有地は現に横風滑走路の建設を阻止している。源さんも亡くなり、その息子一彰君も亡くなった。直克君も病気である。七郎さんも老齢と後継者がいなくなり移転した。だが、木の根には源さん、明治さん、直克くん、七郎さんの意志は共有地の中に残っている。

源さんの最敬礼

源さんがガンに侵され千葉稲毛病院に入院した。私が見舞いに行くと源さんは大層喜んでベッドから起き上がり着ていた浴衣を脱いで裸になった。身体の半分を切った手術の傷跡を指差して、「こんなに切られたが俺はこのとおり元気だ。死んでたまるか。加瀬さん、三里塚でまた戦おう」と言った。その気迫、気骨、気丈さに胸を打たれた。白髪、あばら骨が1本1本浮き出ている。老木が風雨に晒されてなお芯が琥珀のように輝いているように見えた。人生という戦場を満身創痍になりながら生き抜いてきた古武士のような源さんであった。

私が帰ろうとするとベッドから降りて「俺の親と兄貴（明治）が大変お世話になりました。加瀬さんに受けた恩義は一生わすれません」と深々と頭を下げた。突然のことで私はうろたえて「世話になったのはこちらです」と言葉を返した。源さんは俺をエレベーターのところまで送ってきてスイッチを押してくれて、「今日はありがとうございました」と私に最敬礼をした。源さんが入院している病室の窓をしばらく駐車場から眺めていると源さんが私の乗ってきた自動車のところに来て、ドアを開いて「どうぞ、ありがとうございました。加瀬さんには兄貴が本当にお世話になりました」また私に最敬礼をした。私は恐縮して車に乗った。

「加瀬さん三里塚にかえるから」、私を見送る源さんの張りのある声が響きわたった。これが、私と源さんの最後の別れとなった。

明治さんは狭心症の発作で成田日赤病院で亡くなった。「私が看病していたときに医者にみせれば」と深い悔いが残っている。そのことと小川明治さんの畑を買い取って借財を整理したこと。これが源さんがいう「兄貴がおせわに」なりましたの中身である。私は木の根対策のために、木の根3兄弟である明治さん、源さん、七郎さんの生家である辺田の小川剛正さん宅に2年以上泊まって働いていた。源さんの母親は元気で99歳であった。芝山町の老人クラブの人にタスキを縫ってやると毎日針目を通して作っていた。私は、源さんの母親と曾孫の下総高校1年の哲夫と3人で部屋をともにしていた。源さんの母親は１００歳になったある日、風邪を引いたと10時ごろ炬燵に起きてきた。嫁さんのおたけさんに抱かれて御飯を食べているときにスーッと眠るように息絶えたのである。大往生であった。青柳家の小作人として村一番の貧乏といわれて命を刻んで働き子供を育て上げ、みな軍人に、女手一つで生活を守り抜いて生きた日本の女の強さを私は源さんの母親の中に見る。この苦労してきた日本の母にできる限りの誠意を尽くさねばならない。それは若い私達がやらなければならないことである。

小川源さんの生家ハンゼム

屋号ハンゼム

九十九里平野の広い田圃が次第に狭まってきて谷津谷になり北総台地の畑作丘陵地帯に食い込む。高谷川沿いの水田も狭くなり、芝山町菱田辺田部落の入り谷津田になると千枚田のように段々と上り詰める。その頂上が空港反対闘争を展開している木の根集落である。谷津田の最後の一枚の田圃は木の根の小川源さんの所有の田圃である。木の根集落は北総台地の南側に位置し源さんの田圃が湧き水の分水嶺で九十九里浜に注いでいる。北側の大地の水は利根川に流れている。北総台地は分水嶺になっているが広い畑作大地なのである。谷津田の最後の田圃の上は畑である。その土手に源さんは炭焼き窯を作って冬いっぱい副業の炭を焼いている。もう窯止めである。炭窯から立ち上る煙は紫になり、青い空の色と変わりなくなってきた。のぞき穴から窯の中を覗きこんで「よし」「大丈夫だ」「これでよし」と確信に満ちた声が源さんの口から発せられる。炭窯の真っ赤な口は幾つかの石で塞がれて、その上に土がかけられて窯止めの作業は終わった。源さんの体から安堵の気持ちが漂う。炭窯の前は暖かい。畑の土手で北風もない。

「源さん、彼女は元気だから安心して」

「すまないなー、婆様（母親）が加瀬さんに世話になるとは思わなかった。よろしく頼みます」と神妙な言葉使いになる。源さん、明治さん、七郎さんの木の根3兄弟は、芝山町菱田辺田集落屋号ハンゼム（小川剛正、たけ）の生まれである。木の根に対する共産党の分裂工作、辺田部落に発生した不動産グループと公団癒着、明治さんの相続問題の対策のために源さんの生家ハンゼムに宿泊してもう1年になる。私は、源さんの母親お菊婆様と曾孫哲夫と3人で部屋を共にしているのである。木の根3兄弟の母親お菊婆様は当年98歳である。１０００本のタスキを縫い上げて芝山町老人クラブにやるのだと毎日作り上げている。眼鏡いらずで針の穴に糸をとおす。婦人行動隊で元気者のたけさんがお菊婆様の１００歳のお祝いをやるのだと今から騒ぎ始めている。

お菊婆様のはなし

お菊婆様は多古町大穴部落穴沢稔君の家の生まれである。稔君とは青年団時代からの同志の間柄である。だからお菊婆様の生れた家にはよく泊まりに行ったものである。稔君の姉が嫁ぎ先から子供を連れて生家に帰って来ることがある。私は時々見かけたことがある。この稔君の姉の嫁ぎ先が辺田集落の秋葉清治である。子供は、後の青年行動隊秋葉清春である。だから私はお菊婆様のことはよく知っているのである。

「婆様、なんでハンゼムに嫁にきたのだ」

「青柳さんの家に奉公に来たのは15歳の時だった。絣の野良着に赤タスキ、男によく言い寄られたものだ。奉公人だから、長屋門に寝泊りした。夜になるとハンゼムの若い衆がきて、篠竹の細い棒で格子戸のところからおれが寝ている布団をつつく、おれはそっと出ていった。そのうちに、俺の腹がふくらんできてしまった。だから嫁にいったとゆうわけだ」。

お菊婆様の話は、万葉の相聞歌のような雰囲気が漂う。98歳、元気で艶っぽい、心の芯に女の魂が燃えている。埋もれ火の温もりである。

「子供の和一も明治も、源も七郎もみんな兵隊に行った。長男和一は家族を連れて満州に働きにいった。亭主が病気になった。働き手の男がいなくなった。辛い毎日だった。青柳さんから田圃を借りていたので年貢の米を背負っていったときは体がつぶれるとおもった」お菊婆様の顔のしわがびくりと動きゆがんでくる。年月を経た遙か昔のことであるが、お菊様にとっては昨日の出来事のようであった。忘れようにも忘れられない人生の出来事である。空港建設は土地を奪い生活を奪う。この人間の土に刻んできた文化、精神までを破壊し尽くしてしまうのである。運輸大臣や千葉県知事の、そんなに農業やりたければ北海道に行け、戦前は中国に30万人の開拓団が送られた。それと同じ思想である。一つの会社が潰れてもまた他の会社に勤められますよ、外で農業やればいいでしょう。山や荒地をブルドーザーで整地した畑の代替地ができた。土地と農地は違う。縄文から弥生から今日まで5000年、6000年と大地の上に刻んできた農民すべての歴史を抹殺しているのが国家権力なのである。お菊婆様の顔の皺の深さこそ人間の歴史なのである。

寄生地主の成立

水のみ百姓とは年貢対象にならない下層農民のことである。名主所有の田畑の一部を借りて水のみ百姓が耕す。これを分付け百姓といった。農業生産の発展とともにこの分付け百姓が増大し自立してくる。これを年貢対象者にしたのが太閤検地と刀狩である。地主の成立過程もいろいろあり複雑である。元青年行動隊芝山町長相川勝重の家は、隠遁地主である。相川家は武士で小田原北條の家来であったが、北條が破れ、家臣一行を引き連れてこの地に逃れてきて新田を開いて農民になった。多古の並木新田も並木一七軒党といって隠遁武士の新田開発がなされたとのことである。

北総牧を開墾した農民の土地を地租改正地券発行の時に不正を働き1000町歩の巨大地主になったのが八街の西村郡

司、大鐘得三郎、富里の末広農場（岩崎久弥所有）である。

高利貸地主も多い、金を貸し利を取り田畑を買い取っていく。農業生産が発展し自給経済から剰余の商品化、酒屋、味噌屋、醤油屋、麹屋をやりつつ田畑を拡大していった地主もいる。繭の売り買い、相場に手を出した地主もいる。お菊婆様の奉公した地主青柳は高利貸をやりながら田畑を拡大していった。３町歩の地主だから自作農の上、最下層の地主である。２町歩は家で耕作し、１町歩は小作に出している。奉公人はお菊婆様がひとりであった。男の奉公人はいない。農作業が遅れると、小作人を1年に何日か日雇いを頼む。いわゆる手作経営地主である。小作地代年貢の依存率は小さい。

寄生地主制度が成立したのは明治30年（１８９７）から40年代だといわれている。

明治36年（１９０３）農家戸数５３５万戸、大正2年（１９１３）５４４万戸、大正8年（１９１９）５４８万戸、農地面積を上記の年代にあわせると５２６万６７０４町歩、５７９万３８０８町歩、６０７万１８８９町歩と微増しているが、基本的な変化は見られない。問題の自小作の割合だが、自作地55％↓45・５％、約半分が小作人に転落している。地代年貢は収穫量の53・５％↓40％となっている。小作争議の発生件数は大正6年（１９１７）55件、大正7年（１９１８）２５５件、大正8年（１９１９）３２６件と激増している。

私は、山形県の日本一の巨大地主、本間家の周りを見学したことがある。本間と名が入った屋根瓦が目に焼きついている。小作人５０００人、ＧＨＱ農地改革時の解放である。新潟県水原野市島徳次郎、伊藤文吉等は１０００町歩の地主であった。新潟県笹神村の福島潟干拓地は、日本の最後の農地改革で解放された地主個人の所有地であった。この闘争に私は参加した。地主は年貢を取り立てるばかりではない。農村支配に強力な政治力を持っていた。

私の隣村騒動を紹介することにしよう。

「武射郡小堤村にて富有の聞こえある伊藤彦兵衛、勘兵衛兄弟は、村長を勤める身でありながら、地券改正の際、質取主の地券好機に乗じ、地券の証拠類、役場の帳簿を隠匿し、農民の辺地の要求に応じないために、これに激怒した香取、匝瑳、武射三郡、20ヶ村に２００名、出訴に及ぶ。２度の敗訴にさらに団結して代言人岡本忠さんに依頼することとなった」（明治４年（１８８１）「千葉県広報」）

20カ村の村役人から証言を取ることができずに2度の敗訴とあるから、伊藤兄弟がこの近郷において如何に圧倒的な勢力を持っていたかが伺い知れる。このような事例は大小村々に存在していたことは事実である。

千葉県における農地改革以前の小作地面積は、8万1521・2町歩であった。総耕地面積の47％であった。改革によって、6万3709・6町歩、それに管理換地を加えて6万8701・6町歩の小作地を開放した。残存小作地は8％となって、農村における地主小作の階級対立は消滅した。お菊婆様の千代田村は中国から帰国してきた実川清之が村長になり千葉県下で始めて共産党員の村長が誕生した。戦前農民運動で活躍していた石井大作、堀越晃、三浦五郎らの共産党員も地主小川総一郎、手島幸一、青柳芳郎の小作地解放のためにたたかった。お菊婆様の息子達、小川明治、小川源、小川七郎も復員してきて下総御料牧場の全面解放をめざしてたたかった。特に明治さんは木の根開拓組合長になって「闘魂必成正剣破邪木ノ根居士」の戒名をつくり決死のおもいでたたかっていた。農地改革はお菊婆様の50歳の頃の出来事である。お菊婆さんは地主青柳芳郎の奉公人であった。また小作人であった。身分的には半農奴、隷農であった。過酷な労働、安い年季奉公、年貢の5割の収奪、搾取、人権に対する支配を地主青柳はして来たのである。でも、お菊婆さんはこのように語る。

「青柳さんには世話になった」「親の代わりに育ててもらった」「子供が腹にできて所帯を持つときに3反歩の小作地を貸してくれた」「そのために一家はこれまで生活することができた」「戦争が終わった時小作地もおれの家のものにしてくれた」「世間並みの百姓になれたのも青柳さんのおかげだ」「青柳さんはおれの家の恩人、親戚以上の世話になった人だ」「恩人である」。地主小作の支配収奪の関係を親と子の恩義の関係におき換えて説明する。地主小作の階級対立関係の問題意識は全くない。地主に年貢を納める関係は農地改革でかなり消滅したが、意識と人間関係は残存して、地主小作人は親子関係、世話をした、世話になったとの関係になっている。お菊婆様の隣集落中郷の元地主小川総一郎家は、田植え、稲刈りは昔の小作人、奉公人30人がみんな集まって農作業を毎年おこなっている。空港闘争が始まってからも続けられていた。昔世話になったから恩を返しているのである。2・1ストの中止があり、「天皇米よこせ」の世田谷のデモがあり、全国で500万の農民が組合を組織して小作地と山林、国有地の全面解放をめざして戦った、日本人民の農地改革の戦いをまったく記憶していない。お菊婆様は村騒動と見ていたかもしれないが農地改革闘争には参加していない。参加していなければ歳を経るごとに記憶は消えて行く。闘争に参加していれば生涯記憶に残る。また語り伝えて行くこともできる。三里塚闘争に参加することが如何に大切か理解できるであろう。

お菊婆様の息子和一さんは７３１部隊の軍属として家族を連れて満州に渡って、現地召集、南方転戦、復員、ＧＨＱの憲兵隊に連行、Ｂ級戦犯として横浜軍事法廷で死刑判決、巣鴨プリズンで刑死。源さんも太平洋戦争に召集、右足に負傷、いまだに足に鉛の破片が入っている。明治さんは海軍将校、七郎さんも戦地に、お菊婆様の男の子供はみんな天皇陛下に兵士として滅私ご奉公をした。お菊婆様は小作人として女手一つで働き通してきた。これは戦前の日本人民の等しい運命であった。小作農民は日本帝国主義の優秀な人的資源であった。丸山真男さんの言葉を借りれば「日本ファシズム、天皇制ファシズムの特徴は、農本主義と家族主義と大アジア主義であった」と説く。地主のために地面を舐め、泥水をすすってきたお菊婆様。それなのに「地主様は命の恩人だ」の言葉は、人民の母、人民の子の関係において魂に突き刺さる悲しい言葉であった。百姓は生かさず殺さず「油のようにしぼればしぼるほど出る」、これが権力の本音だが「農は国の基なり」「農本立国」の思想であらゆる賛美をおくられてきた。農本主義の思想の農本なるところは「本を重んじ末をおさえるということ、是、聖人の法也。本とは農也。末とは工商也という言葉にあらわされている。明らかに農業の、商工に対する対立を前提にしている。農民が土地にへばりつき、農耕社会が存在する限り農耕社会の最高の祭祀者である天皇制はなくならない」、これも農本立国の思想の一つである。

右翼はよく主張する。農本主義の家父長的な家族労働経営を理想とする勤労的小農への執着。これを解体せんとする資本主義経済にたいする反発。零細な土地所有にたいする必要なまでの執着、家族制度の秩序に制約された隷属性、零細経営に制約された利己性、排他性、閉鎖性、政治性の欠如。これは農本主義に基づく保守性以外の何者でもない。しかし現代の農民は農本主義、封建制の遺制に縛られている閉鎖性の農民であろうか。私はこれにはいささか異議がある。社会的意識はいうまでもなく社会的存在に規定される。私は、一番の貧しい家庭に生まれ、零細な経営に縛られて家族がやっと生きてきた。農本主義の保守性の中で育ってきた。20世紀は民族民主革命、国家解放独立の時代であった。私が学んだ多古町社会科学研究会は中国革命の影響を受けて組織された。私は１９６４年に、全日農青年対策部代表として中国を訪問した。そして、ベトナム南部解放戦線中国駐在部の代表と会談した。深夜北京飯店の宿舎を１人出て人民広場の「人民英雄之碑」に敬意を表した。金もない、社会的地位もない、運動の実績もないこの私が何故ここにいるのか不思議でならなかった。そのときである。一瞬ひらめいた「おれがここにいるということは、おれと同じような人々、名も無き人民が世界の歴史の舞台で活躍する時代がきたのだ」。私は自分の存在をそのように自覚した。歴史の舞台に躍り出るような活動の場をつくろう、と決心したのである。

農本主義で囲まれて育つ私を世界性に自覚させてくれたのは、世界史としての民族民主革命の影響であった。富里から三里塚へ続く空港反対闘争は私の予言どおりに発展していった。農民は農本主義という閉鎖性、利己的、排他性の保守性を破り国家と独占資本と徹底的に戦い、日本中をかけめぐり、中国を始めアジアの国々へ、フランス、ドイツ、パレスチナへと活動の場を広げ、三里塚闘争ニュース英語版を世界に発信した。また三里塚は全国から世界からたくさんの人が戦いに交流にやってきた。日常の生産農産物の販売についても国際価格を見届ける農民である。現代の農民が農本主義思想の範疇に留まっているとはとても思われない。国家権力が減反をはじめ、巨大開発で農産物を外国から買ってくればいいと言い出している。「農は国の基」などとはいってはいない。我々が、農本主義に閉じこもっている時代ではないのである。

天皇制か、軍閥か農民闘争の思想か

空港建設反対地域の三里塚、芝山地域は非常に政治的に特異なところである。近代国家成立と共に絶対主義天皇制の元に下総御料牧場がつくられ、天皇・皇族の食するものはすべてここで生産され作られた。牧場には天皇の乗馬白雪が放牧されていて皇太子などが乗馬の遊びに来ていた。天皇家の人々が三里塚に来る時は村挙げて道路の補修をして学童と村民は日の丸の小旗で出迎えお見送りした。農場の草取り作業は地域の農民の勤労奉仕。遠山村（三里塚）の小学校講堂は学習院から下賜された講堂、戦後宮下開拓組合90余人は宮内省職員。戦後開拓20周年記念には高松宮植樹があり、１９６０年代の農業構造改善のシルクコンビナートの計画には高松宮の桑の植樹と花火が打ち上げられた。日常的に皇室と深い関係をもっている。また、空港反対闘争地域の千代田村（現芝山町）加茂集落は７３１部隊石井四郎軍医中将の出身地である。７３１部隊が加茂部隊と呼ばれているように、軍人、軍属、人体実験施設を建設した職工建設組合は加茂集落と多古町島集落の人で構成されている。千代田村の小作人の多くは軍属として石井中将を頼って満州（中国）に渡っている。石井中将が帰村するときは、学童をはじめ村民こぞって日の丸の小旗を打ち振って迎えている。昭和32年（１９５７）には千代田村宿の産土神社に戦没者の忠魂碑が建立された。「忠魂」の文字は石井四郎医学博士である。建設委員は、千代田村の名士、地域、集落の役員で構成され記念碑に氏名が刻されている。千代田村住民にとっては石井四郎軍医中将は偉人なのである。

大正末期、八街村住野に社会主義の思想の影響を受けた県下初めての農民組合が結成された。続いて、石井大作、堀越晃らによって千代田村に農民組合が結成された。そして組合員によって小作争議が展開されていった。戦後、共産党の実川清之（千代田村山田）が千代田村の村長に当選、千葉県で始めての共産党員の村長が誕生した。地主の隠し田の摘発、強権供出反対、農地改革の徹底を要求して戦った。その後、実川は社会党代議士に成り、地元千代田農協の組合長から千葉県農協中央会会長、千葉県農民組合連合会会長、全日農民組合連合会財務委員長を経て空港建設反対闘争の組織をつくっている。天皇制の思想に、石井の軍閥の思想に、農民闘争の思想に、どの階層、どの階級が依拠して社会改革を目論むか、これは日本人民の前途にとって重大なことである。私は、この歴史的使命をはっきりと自覚して空港反対闘争を続けている。

日本の農地改革

フランスの農業農民問題には強い関心を私は持っていた。１９６５年日本政府は国会で農業基本法を制定し、戦後農地改革で創設された自作農経営の再編に乗り出したからである。この農業基本法はフランス農業基本法の思想と政策を取り入れたのであった。農業基本法に則った構造改善事業の実験として成田市豊住の構造改善事業、三里塚のシルクコンビナートとして実施されていたからである。そして反対同盟もフランスを訪問した。フランスでは、土地制度はかつて古い形態の賦役や各種徴収金の負担があった。国王、貴族、教会の所領がブルボン王朝の時代を通じて１７８９年の大革命まで存続していた。ブルジョア革命は絶対主義権力を打倒すると同時に、一切の封建的土地所有を廃止した。１７８９年に「フランスの土地は、その全範囲にわたり、そこに住むひとびとと同様自由である」と農村法典は宣言した。１７９３年―９４年あらゆる領主的貢納は廃止された。これにともなって共同地の分割及び国有地の売却が行なわれた。封建制は徹底的に廃止された。

私は反対同盟代表団とともに中国を訪問した。前後して３回中国を訪問して、「人民公社の生産活動について」の長文の報告書を出している。中国革命は農民革命といわれている。広州農民講習所の訪問、毛沢東の湖南省も訪れている。多古町社会科学研究会で毛沢東の「中国革命と中国共産党」の学習もしている。「封建的支配階級である地主、貴族、皇帝が土地の最大部分を握り、農民はほんの少し、あるいは全然もたなかった。……」。武力で封建支配権力を打ち倒し、民主主義革命から社会主義大革命と発展させていった。封建的土地所有を解体し、農民に配分し貧農委員会を通じて集団化していった。ロシア、イギリス、フランス、中国、ベトナム、北朝鮮まで土地改革は革命、武力で封建支配勢力を打ち倒し土地改革を実施している。このように世界史の封建的土地所有の解体は、上部構造が解体され、そこで樹立した権力によって土地改革が実地される。どの勢力によって封建的土地所有が解体されるかは民主主義革命の根本問題である。

農地改革を如何に理解するかは戦後の日本農業を理解することについての基本問題である。戦前からの講座派、労農派の論争があって両者の論点は対極をなすものであった。農地改革で完全に半封建的地主的土地所有は解体されたという論点と、一方の論点は農地改革は半封建的地主的土地所有の解体はなかったばかりか、改革それ自体が半封建的地主的土地所有を再編するものであった、とする。

土地所有構造の変化

昭和20年8月1日　自作農36・5%、自作兼小作16・9%、小作26・6%

昭和25年2月1日　自作農61・9%、自作兼小作25・7%、小作5・1%

昭和20年11月に72万町歩あった不在地主の土地は農地改革で解放されて消滅した。在村地主の所有地は148・5万町歩から60万町歩に開放されて減少した。

アメリカの占領政策としての日本農地改革。

①連合国でイギリス案、ソ連案についての討議はあったが、アメリカ軍の占領政策として農地改革は実施された。

②日本の地主的土地所有を解体して小作農民を解放しなければ、軍国主義は復活する

③国内の労農の革命情勢を如何に鎮定するか農地改革は急務である。

④地主勢力を温存するために完全に解体するのではなく、地主の保有地を3町歩とする。

⑤地主小作両者の代表によって農地委員会を設置して話し合いで解放地を決める。

⑥解放地無料没収でなく有料とする。

日本資本主義にとって半封建的地主的土地所有制度は桎梏となっていた。支配層も土地改革の推進について強い意志を

持っていた。それが第一次農地改革案であった。第二次農地改革案が上記の占領政策として実施されたのである。農地改革の不徹底は三里塚の農民の運命を変えていくことになった。

軍需産業の崩壊、数百万人の完全失業。戦前米の生産量は900万トン、昭和20年は450万トンに激変した。全国500万人が農民組合に参加した。革命的状況である。

世田谷の住民がデモをして二重橋を渡って宮城に入った。そして冷蔵庫を開けた。ヒラメの刺身、貝の酢の物等の献立、目のくらむような光り輝く残飯が捨ててあった。「天皇よ、国民が餓えているのにこの贅沢は何事か」と一同怒った。

三里塚では復員者、戦争罹災者、沖縄戦争罹災者、外地引揚者等は小川明治を先頭に天皇家の財産である下総御料牧場に、国の許可なく、大木を切り倒し、潅木をなぎ払って開墾の鍬を入れた。職業軍人海軍将校、天皇崇拝者の小川明治さんが「闘魂必成正剣破邪木ノ根居士」の隠号をつくって決死の覚悟で天皇の財産に鍬を入れたのである。人民が天皇の土地に無断で鍬を入れたのである。

戦争の悲劇を、母子ともに飢えた世田谷の母が米よこせデモの声をあげたように、天皇の土地に無断で鍬を入れた三里塚人民の力を、私は片時も忘れたことはない。伊井弥四郎の「一歩後退、二歩前進」2・1スト中止の涙の声、それは日本人民の涙の声である。忘れてはならない。忘れてなるものか。世田谷のあの母の声を忘れてはならない。忘れてたまるか。私もその母の子等である。天皇の土地に鍬を入れた三里塚の人民の勝鬨の声、忘れてはならぬ。忘れてたまるか。それが人民に学ぶことだと私はおもっている。

緊急開拓事業の実施

昭和20年（1945）、11月9日「緊急開拓事業」が閣議で決定した。「大規模な開墾、土地改良事業によって食料の自給をはかり、離職せる工員、軍人、引き揚げ者、戦争罹災者の帰農を促進する」ことが趣旨であった。国内85万町歩、北海道7万町歩、海面干拓2万4000町歩。国内80万戸の入植、北海道20万戸の入植。米麦にして1万4000石、海面干拓地米200万石、麦34万石の生産計画が目標であった。天皇家の財産下総御料牧場の面積は1444町3反6畝、内大蔵省に物納移管面積925町歩、宮内省職員の宮下開拓組合に121町歩が払い下げられた。緊急開拓事業での開墾面積は大蔵省に移管された925町歩であった。これが開墾地として開放されることになった。400町歩の面積が下総御料牧場として旧来どおり残ることとなった。この残地が、空港建設敷地となって三里塚、北総台地の農民の運命を変えることになったのである。

農地改革の不徹底

①下総御料牧場の400町歩が開放されずに残った。空港敷地になった。

②三里塚の千葉県林が解放されず残り空港敷地と代替地になった。

③社台牧場外多数の牧場が解放されなかった。代替換地になった。

④岩崎財閥所有末広農場が農民に解放されず代替地になった。

⑤戦後開拓農民は1戸1町歩零細経営のため自立できない農家が多かった。

⑦自作農になったが小作地が残っており、地主は耕作者に無断で公団に小作地を売った。

特に地主藤崎と市東さん、地主藤崎と石橋副委員長、地主森田と熱田副行動隊長など多くの人に問題が発生した。

三里塚の戦後開拓村

源さんが「加瀬さん、珍しい物があるからお茶をのもう。御飯たべてゆけ」、よく声をかけてもらってご馳走になった。芹、蓬餅、野蒜の酢の物、つくしの煮付け、山独活、山椒の葉、孟宗、破竹、寒竹の竹の子、椎茸をはじめいろいろな茸、田螺、ザリガニ、どじょう、鮒、鯉の甘露煮、鰻、鯰、アケビ、山葡萄、とにかく毒ではないものは季節季節に山野から採ってくる。山芋はビニールハウスの隅にきれいな砂場を作って保管してある。量が溜まると八百屋、料理屋に売りに行くのである。健康のために自然食を食べている、断じてそうではない。幼い育ちの時の飢え、戦後開拓農民の飢餓地獄、生き延びるために口に入るものはみんな食べて飢えを凌ぎ開墾の重労働に耐えて生きてきた。そうしなければ生き抜くことはできなかったからである。それが生き方として、生活態度として身について習慣になってしまったのである。源さんは自然のものは根こそぎ取らない。来年取ろう。これは3年かかると手を触れない。源さんは自然の恵みだとか、恩恵だとか一言も口に出したことはない。源さんの食の安全は「薬草か、毒草か」「食べられるのか、食べられないのか」の選択基準である。この基準は飢死かそれとも生き延びるかの選択であった。こうして三里塚の開拓村はつくられていった。輸入食糧の飽食の上に「これがいい」「これが悪い」「食の安全だ」「健康食品だ」と選択している。戦後と現代の違いといわずに源さんと我々の「食の選択の価値基準」について考える必要があると思う。

有史以来、牧野であったので三里塚の御料牧場は巨木が繁っていた、１０００年を経たものが多かった。それを人力で１本１本切り倒し、大きな根を掘って畑にしていった。だから木の根開拓と小川明治さんが命名した。「筑波の嶺に皆集りて酒を飲み謡い踊り」と常陸風土記に見る。この筑波の神を奉じて木の根集落の産土神とした。

御料牧場９２７町歩の開放面積に次のような新しい村が誕生した。駒ノ頭35戸、古込10戸、下総61戸、天浪第一11戸、三里塚第一35戸、木の根第一25戸、桜台2戸、木の根第四11戸、葉山43戸、球陽26戸、双葉11戸、宮下96戸、両国92、戸総栄36戸、十倉37戸、東17戸、千代田村16戸合計５４８戸。

戦後自作農経営

反対同盟が結成されている地域は、三里塚と芝山、戦後開拓と明治開拓の古村。組織は、戸村委員長を先頭に幹部会、実行役員会、各集落反対同盟、老人行動隊、婦人行動隊、青年行動隊、空港反対高校生協議会、少年行動隊。家族ぐるみ、地域ぐるみで闘っている。そのとおりである。反対同盟はどのような人たちか。農民である。どのような農民か。自分所有の田畑を持ち、家族で経営している。他を支配も搾取もしていない家族労働である。地主制度の下では、小作農民は半農奴、もしくは隷農であった。自作農経営にあっては勤労農民の性格を持っている。小作と自作、半農奴と勤労農民の歴史的階級的性格の違いをどう理解すればいいのか。自作農の土地所有の実態はどうなっているのか、作目の体系は、機械体系は、販売流通は、労働力の実態は、あるいは、農民の社会的地位はどうなっているのか。即ち自作農の実態についての理解である。反対同盟とは自作農の集まりである。

私が三里塚に来たときは、作目は、麦、落花生、薩摩芋が中心であった。それが換金作物の野菜へ大きく変化してきた。耕耘も鍬、万能から小型耕耘機、トラクター、麦刈りも鎌からバインダーへ、芋掘りも落花生も万能から機械掘になった。また、機械化は一部兼業化への進化でもあった。販売も農協から市場への持ち込み、さらに個人販売と変わってきた。現象的には、開拓農家経営の停滞、兼業の増大、芝山地区の丸朝野菜専門農協に見られる経営の発展、駒井野、千代田地区の水田経営に見られる兼業化の進化、ライスセンター、請負耕作の拡大、農家各階層間の違いはかなりはっきりしている。

少し例をあげよう。1970年の石油ショックによるスイカ農家への影響は、露地栽培であったが、現状維持。牛蒡、人参に作目転換、営農近代化資金による施設型ビニール栽培とに分化したスイカの栽培は1カ月も早くなった。そして営農資金という名の借金経営である。水田経営も、生産調整、出稼ぎ、農作業の一部請負、ライスセンターによる全面請負、兼業から離農へ。

もう少し自作農の経営実態をみてみよう。駒井野清宮力は「土地を売ったら百姓はおしめえだ」と映画にもなった。しかし、零細な経営に援農の過剰労働力が入った。私は、水田経営と畑の飼料栽培、豚の肥育をすすめた。援農隊は農業技術を習得して清宮家の指導なくして農業経営をできるまでになった。清宮力の息子は指図するばかりで作業はしなくなった。さらに完全に援農隊に経営をまかせられるようになった。清宮力の息子はトラックの運転手となって働き出した。離農である。過剰労働力は清宮の息子を離農させてしまったのである。空港公団のよき働き口への就職、結婚相手の紹介、生活資金の貸付、完全離農。公団への土地の売却。空港敷地内部の農民に対する援農の労働力の投下は、公団の土地耕作へ発展した。自分の所有地より公団の土地の耕作面積のほうが多く、収入も多い農家も現われた。援農隊の奪い合いも現われた。党派は勢力拡大のチャンスと援農隊を送り込んできた。団結小屋で公団の土地で米40俵も収穫する党派も出てきた。各地区の反対同盟に、公団の土地を耕し闘争資金を作るよう私は指示した。敷地内部の農民の経営についての労働力の投下は公団の土地奪還へと発展していったのである。農民の階層分化分解の実態の把握、これなくしては反対同盟組織の団結も運営も成り立たない。私は少し農民闘争史を学習してきた。たとえば、木崎争議のときの同盟休校と三里塚の同盟休校は全く違う。木崎争議では婦人たちは手焼きのせんべいを作って近在に売って歩き闘争資金をつくった。三里塚は婦人行動隊を組織して闘った。八街大鐘争議では女房団は神社へのお百度参りのデモであった。三里塚婦人行動隊は実力で闘った。歴史的条件も、時代も場所も、闘争に参加している農民の体験と意識もそれぞれ異なる。参考にならないといっても過言ではない。事実、実態を科学的に調査分析してそこから闘争を組み立てるほうが無難である。正しいと思う。

天皇陛下万歳

富里八街反対同盟青年行動隊が千葉県庁に突入。千葉県知事は静観の声明をだした。その時、千葉支部の社会主義青年同盟所属の斉藤君か、富里の闘争本部にきた。成田市役所からの帰りだ。成田市役所が異常なほど緊迫している。成田市役所―千葉県庁直通電話を引いている。電話工事の部屋は職員立ち入り禁止、側にも寄れないほど警戒している。空港が成田に行くのではないか」と言った。国会議員団、千葉県議団社会党千葉県本部に調査を頼んだがそんな気配はないとのことであった。

私は三里塚に空港は行くと思った。八街陸軍飛行場跡地から富里へ、富里農民の移転先が下総御料牧場と千葉県の竹林であって、三里塚の地籍は空港対策室と運輸省が把握していたからである。バスで富里から成田駅へ。成田駅からバスで三里塚下車、御料牧場の厩舎の前をとおり、裏手の牧場に出た。天皇と皇太子殿下が乗馬する牧場である。牧場の柵に沿って北に向かって細い林道を歩く。しばらく行くと赤松の山にはいる。その山道の下に家が見えてきた。木の根集落である。赤松の林の土手の獣道を下ると木の根一軒の家にたどり着いた。一人の老人が畑仕事をしていた。「木の根開拓組合長の小川明治さんを尋ねてきました」。「おれだ」と言ったのでほっとした。「三里塚の御料牧場に空港がきそうですけれど」「日本で天皇陛下の財産に手をつけるものはいない」明治さんは私を怒鳴りつけた。気まずい空気が流れてしばらく沈黙がつづいた。私は黙って畑仕事を手伝った。多古のものであること、富里で空港反対活動をしていること、明治さんは牛の肥育をしていて私の集落の畜産商佐藤竹次郎と取引をしている。少し、安心してくれたようであった。宝物を見せるから来いというので自宅に案内してもらった。庭に私の身の丈の2倍くらいの桃の木があって三里塚開拓20周年記念に高松宮妃が植樹してくれたそうである。誇らしげな説明であった。明治さんは奥の部屋から海軍の軍服と恩賜の煙草の箱をもってきた。天皇陛下から下賜されたものだという。真っ白な四角いケースの真中に天皇家の菊のご紋、煙草1本1本に菊の御紋。大切に保管されていて新品のようであった。

下総御料牧場のある三里塚は天皇家と深いつながりを持っている。学習院講堂を払い下げてもらったり、1962年には農業構造改善事業（シルクコンビナート）の指定をうけて、高松宮を呼んで、十余三の前橋新吉さんがお祝いの花火を揚げ、三里塚宮下公民館の庭に高松宮に桑の木の植樹をしてもらっている。また落花生とか山芋も宮家に届けている。日常的に皇室と繋がっているのである。御料牧場の開墾の話になった。日本の農地改革が成立したのは昭和24（1949）年、御料牧場の開墾の許可が下りたのが24年8月。我慢しきれずに、御料牧場の開墾を実力でやってのけた。「闘魂必成田正剣破邪木ノ根居士」許可なく無断で天皇陛下の土地を開墾するのだから殺されてもいいと思って戒名を作って闘った。共産党の新津辰三先生、芝山の農民組合の三浦五郎、石井大作、堀越晃が闘争に参加してくれた。大きい木の根を掘り起こして畑をつくった。木の根の名前はおれがつけた」と明治さんは言った。天皇陛下万歳と開墾地実力解放の2つの世界観が誇らしげに語られた。人民と権力との戦の姿である。私は救われたような気持ちになった。もう夕方になった。成田までバスがあるが、成田から富里までのバスはない。公民館に泊めていただきたいとお願いしたら、公共物に得体の知れないよそ者を泊めることはできないと言った。そこに一人の老人が来た。明治さんの隣の者らしかった。

「兄貴、俺たちのこと心配して来てくれた。それで帰れないと困っているのだから一晩泊めてやれ」と言ってくれた。あとでわかるがこの老人こそ小川源さんであった。

公民館は、明治さんの牛小屋の裏にあった。破れたガラス、埃のたまった座敷、冷たい竈の白い灰、雨露を凌げればいいと思った。座布団を借りて寝た。底冷えするので新聞紙を足と身体にかけて寝た。破れガラスを通して光る月の光、これから俺の運命はどうなるのかなあ。占っても占いきれるものではない。なるようになるしかない。開き直ったら少しは気持ちが楽になった。天皇陛下万歳と人民の闘争、明治さんの中にあるはっきりとした2つの世界観。日本の農民運動は何故農地改革後崩壊してしまったのか。それを再建するのが俺の仕事ではないかと自分を励まし続けた。公民館をきれいに掃除して明治さんに桜台の寺田忠、古米の大竹金さん、鈴木武、佐藤進らの家の在り処をきいて木の根を立ち去った。これらの人は私の集落から三里塚の開拓に入った人たちである。大竹金三さんは私の父の同級生であった。

天浪の三叉路の雑貨屋でパン1個買って朝飯にして、天浪から三里塚小学校の前に出た。これが私の三里塚の一夜であった。何故、木の根開拓組合長の小川明治さんを尋ねたのか。「千葉県開拓史」、「日本開拓史」を読んでいてそれで知っていたからである。もちろん小川明治さんには面識はなかった。

戸村一作さんに反対同盟委員長就任をお願いに行った。小川国彦、山田信男、篠原茂、浅野惣兵、田中徳次郎、石橋政次、辻正男、の社会党の人たちに小川明治さんが加わっていた。私との再会に喜んでくれて、盛んに非礼を私にわびていた。

小川源さんと私の約束

「戸村委員長の前の料亭朝日屋で酒飲んで愛人と寝て、家にいる女房をさんざん泣かせて、女道楽して田畑を増やしたのは、天下広しといえども源さんばかりだ」

「加瀬さん、女房孝行しているからあんまりいじめないでくれよ」

「若いときのことだから勘弁してやるか。ところで、空港公団に測量させて、財産の見積りをさせて、安すぎると反対同盟に戻ってきたのは源さんただひとり、たいがい、公団の餌食にされてしまっている。源さんりっぱなもんだよ」

「1反歩150万、家屋敷全部売っても2000万少しぐらいのものだ。1反歩150万で公団に売って代替地1反歩70万で買い取る。母屋、作業場など価値はない。移転して赤字になる。そんなばかなことがあるか。俺は最後まで戦うことにしたよ」

「俺が移転する時は、土地の権利書を反対同盟幹部会に持参していって、これで百姓できるようにしてくれ、家族が生活できるようにしてくれとたのみに行くよ。反対同盟にとっては困るとおもうよ。自由にしてください。と反対同盟は言うにきまっている」

「源さん、権利書を反対同盟に持ってくるまで戦うのだな。安心した。これから、源さんには何も言わない。信用しているから」

「かならず約束する」

源さんは、反対同盟に権利書を持ってこなかった。闘って戦い抜いて死んでいった。

共産党の反対同盟分裂工作

石橋副委員長、内田寛一行動隊長、瀬利誠副委員長等は富里に移転すると、共産党員立花広助が発言。反対同盟は空港建設敷地内部の同盟員の土地所有状況を調べることになった。土地の登記簿を取り寄せた。小川明治さんの土地は、成田信金と遠山農協に担保に入っていた。「よくも俺に恥をかかせたな」と小川明治さんは烈火のごとく怒って反対同盟と絶縁した。取り寄せた登記簿を明治さんの庭で焼いて謝罪したが許してくれなかった。明治さんは岩山のパゴダ奉賛会と行動するようになった。野坂参三との写真が赤旗に大きく掲載された。共産党は小川明治を委員長として岩山反対同盟と木の根反対同盟で共産党系の反対同盟組織化にのりだしてきた。木の根の反対同盟団結小屋には共産党員、民青が常駐していた。私は、反対同盟団結小屋の明け渡しを要求した。反対同盟に返せと、しかし、共産党常駐を受け入れたのは木の根反対同盟である。木の根反対同盟の了解がなくてはならない。私は、小川明治さんの家に援農に入った。生産資材がまったく足りない。肥料、マルチのビニール、落花生の種もない、里芋の種もない、それに毎日食べる米も不足していた。私は千代田農協の協力を得て、破れ袋の肥料、マルチビニールの少し破れたもの、落花生、里芋は反対同盟からの秘密のカンパ。米は極秘で小川総一郎宅からのカンパ、生産資材を送り届けて、生産を整えた。明治さんは態度をやわらげてくれた。そして源さんの決断によって共産党の反対同盟団結小屋の引渡しをして、共産党の反対同盟分裂工作を凌いだのである。

小川明治副委員長死す

芝山町菱田小学校とは菅澤老人行動隊長の隣にある学校である。管制塔を占拠して赤旗を翻したあの日、大部隊がここに結集して横堀労農合宿所に進撃した。明治さんはこの小学校の卒業生で、同窓会幹事であった。何十年ぶりに同窓会が千代の屋食堂で開かれた。千代の食堂の女将は私の叔母にあたり、夫の隆正さんの妹愛子さんは私の川崎の叔父に嫁いでいる。そんな関係で、離れの家の6畳に私は間借りしているのである。

「加瀬さん、少し胃が痛むので収まるまで寝かせてください」と小川明治さんが尋ねてきた。それは、午後3時ごろのことであった。布団を出して寝ていただいたら「こんな静かなところに寝たのは何年ぶりだろうか」と明治さんは言った。

明治さんの家の垣根のところまで工事は迫ってきて、24時間昼夜別なく工事はやられ木の根には夜はないのである。工事用の灯と騒音で激しい状態なのである。静かなところで寝ている自分に罪悪感をおぼえた。敷地内部の人たちは処刑台、ギロチン台の上で毎日暮らしているのである。

「医者を呼びましょうか」

「胃が痛むのは持病ですから、静かにしていれば治ります」

「加瀬さん、静かなところでもう少し寝かせてください」

「ああいいです、何日でもとまっていってください。家族には私が連絡しておきますから」と、別に看病したわけではなく、食事も千代の屋の女将がはこんでくれていた。３日目、明治さんは布団をキチンと畳んで私が部屋に入ると正座していた。首から紐で提げた財布から３０００円出してこれ宿代ですと私に差し出した。

「明治さん、みずくさいまねするな、金を取るくらいなら泊めない」

「そうですか。申し訳ありませんね」

明治さんは律儀な人で、真面目で堅物で通っていた。

「直克と恵子に迎えに来るように連絡しておきます」

二人が迎えに来たのは夕方の5時ごろであった。「帰るとき三里塚の医者に立ち寄って診てもらってから帰るように」と、「親爺、頑固だから人の話はきかない」と直克は言った。それならば「俺が医者に連れて行ってやる」「かならず医者に診てもらってから帰る」と直克はいった。

「加瀬さんまた泊まりにきていいでしょうか」

「ああいいとも、いつでもまっているから来てくれ」

こうして三人は車で帰っていった。その夜11時に、明治さんは日赤に搬送された。そのときには心肺停止であった。胃が痛かったのではない。持病とは心筋梗塞であったのである。無念、悔いが残る。反対同盟朝倉野戦病院には看護婦もいた。成田日赤病院には三里塚闘争を支持する吉岡さんはじめ医師団もいたのである。私の手抜かりでおもわぬ事態を防げなかったのである。

小川明治さんの生家は芝山町辺田小川剛正、たけさんの家である。反対同盟事務局の石井英祐君が葬儀の責任者である。小川明治さんは、天浪共同墓地、反対同盟コンクリート要塞のなかに葬られたのである。

天浪共同墓地の移転

天浪共同墓地は４０００メートル滑走路計画のど真中にある。この天浪集落は沖縄戦災者が入植したところで一番先に条件派になったところである。三里塚婦人行動隊大竹はなが墓地売り渡しを決めた。第一次代執行駒井野砦では杭に鎖で身体を巻きつけて闘った。はなはいつも戦いの先頭になって闘ってきた。それが、天浪の墓地移転を決断し、条件派に転落したのである。反対同盟は裏切り者とみんな怒った。

大竹はなの夫金三は私の村の生まれであり、私の父と同級生であった。はなと結婚して、石井軍医中将傘下の731部隊の軍属となって渡満したのである。戦後帰国してきて三里塚の古込開拓に入植したのである。金三とはなが農業に従事して息子は、山の木を伐採する「木びき」になったのである。鋸1丁から立派な馬と馬車を買い求め運搬を始めた。三里塚越川製材所の運搬人となったのである。さらに、中型のトラックを購入、70万円の融資を受けて製材所を完備した。そのときである、三里塚に空港が決定したのは。一般家庭電力は電気事業法に従って供給される。ところが動力用電力は事業認定区域では工事ができない。製材工場は完備したが電力が入らないので稼動しない。大竹一家は反対闘争の中で国に徹底的に怒りをぶつけた。

三里塚全地域で畑に桑が植え付けられて、共同経営でシルクコンビナートが構造改善事業として実地され、青年たちも長野で研修を終了して帰宅してきた。建築資材も天神峰の敷地に搬入されてきた。いよいよ稼動である。ところが空港決定で事業は中止である。畑で育った桑は抜いて捨てなければならない。そして他の作物に転換しなければならない。麦、落花生、薩摩芋づくりの大竹家には野菜づくりの技術は存在しない。そして、農業を支えてきた大竹金三の胃がんである。労働力を失った。製材工場を完備したが稼動できない息子のところには銀行からの督促である。

大竹一家は追い詰められていったのである。そして移転となった。生産計画が農家にあってこそ援農は活用でき、生きるのである。大竹一家にはそれができないのである。銀行から借りた70万円の金策には私なりに努力し反対同盟幹部にも相談したがついに対策はできなかった。反対同盟に新しい生産共同体の必要性と、できれば人民銀行の設立がどうしても必要と思った。

明治さんの妻得子さん

戸村委員長は「真理はあなたを自由にする」のタスキを首に掛けて終始闘争の先頭に立って闘った。この字は小川明治さんの揮毫である。小川明治さんは立木運動の札1500枚も書いた。達筆家であった。妻得子さんは細文字の能筆家である。2人は書道を通して理解しあって結婚したと聞いている。得子さんが立て膝して巻紙に書く文字は万葉の女流歌人を垣間見るようである。

得子さんの主張はこうだ。「夫の死体を機動隊、反対同盟、支援で奪い合うことだけはやめていただきたい。死んだ夫を闘争の道具にしてほしくない」「静かなところで眠らせてやりたい」。「墓地は土地収用法にかからない。そのまま墓地に埋葬しておいてほしい」といっても、公団に掘り出されると思っているのである。直克さん、源さん、七郎さん、生家の小川剛さんと家族、親戚会議を開いても納得してもらえなかった。墓地の問題は人間の良心の問題であり、なかなか立ち入ることのできない問題であった。私は、故人に対して静かにお眠りくださいとご冥福を祈った。だが三里塚では死体を掘り起こされている。静かに眠ることなどできない。

ならば、三里塚に死者の地獄の軍団反対同盟をつくり、生ける我々反対同盟と連合して戦うことが必要である。無念の想いを残して死んでいった人たちの意思をどう引き継ぐか問われたのである。

源さん政府を騙す

「加瀬さんだから、ほんとうのことを話す。俺の女房は2度も流産していない。大竹はな、兄貴(明治)の墓地の移転が決まったので、大急ぎで墓地を2つ作った、女房が流産したようにしたのだ。政府を騙したのだからいいだろう。大竹はなと兄貴の女房得子にばらされてしまう」。「源さん、墓が2つあると公団は信じているのだろう。そのまま置いてくれないか。墓は強制収用はできない。4000メートル滑走路の建設現場には源さんの墓しかないのだから」。源さんは、墓地移転費を受け取った。これで、4000メートル滑走路を阻止するものはなにも存在しなくなった。自分の言葉、行動が全体の運命を決める。その時に同盟の立場、人民の立場に立てるかどうか。そこで人間の真価が問われるのである。源さんを説得できなかった。自分の力のなさの惨めさが身に沁みた。このような騙し方は私には賛成できない。

三里塚反対同盟、秋葉哲救援対策部長

まず、私と秋葉哲さんの人間関係から説明しよう。秋葉さんの母親は芝山町殿辺田鈴木家（屋号柳鍛冶屋）から朝倉の秋葉家に嫁いで来たものである。私の曽祖母つぎは秋葉さんの母親の生家柳鍛冶屋の分家、屋号柳から私の家に嫁いできた。まだから、親戚同士なのである。秋葉哲さんの妻きくさんは、私の村の生まれである、私の叔父の加瀬桂と同級生である。またきくさんの兄弟の末弟木川次郎君は私と同級生である。そんな人間関係もあって加瀬兄ちゃん、加瀬兄ちゃんと呼んで家族の一員として協力していただき可愛がって頂いた。秋葉さんは戦前から上層自作農である。地主意識でもなく小作人意識でもない。人の善い小旦那風の温厚な人柄である。小作地を少し持っていたが、農地改革時解放にあった。その小作争議の先頭に立っていたのがいま反対同盟の実川清之、三浦五郎等である。

彼らに対しては絶対に信用していないし、心は許していない。彼らとは肌にあわない、相性が悪いと言っていた。でも、心に思っていても人の面前でそれを持ち出して口論したりはしない。でも小作地を開放されたことは我慢がならないといっていた。先祖伝来の田畑を取られたのだから忘れる事はできないといっていた。

秋葉哲さんが反対同盟救隊部長になったのはこんないきさつからである。秋葉さんが陸軍の補充兵として兵役の義務に着き訓練を受けたのは衛生兵としてであった。それにもう1つの理由は、秋葉さんは、手島幸一、小川総一郎らと共に芝山町では3本の指に入る山林の所有者である。天神峰の石橋政次副委員長が母屋を新築するときに、秋葉さん、小川総一郎、菅澤一利らの反対同盟員に材木を拠出してもらった。代執行阻止の駒井野の砦を築いた丸太はみんな秋葉さんの山から伐採してきたものである。1年に20アールの柱木の山を切って売買していくと、25年目には最初に切った山の杉は又柱木として売り出すまでに成長している。秋葉さんは山林経営をしていると表現する。秋葉さんの母屋の裏山には樹齢何百年の杉の大木が何本もある。秋葉さんの説明では、この1本の杉の大木で、30坪の家の内装、造作は足りるそうである。私が冗談に、一番大きい杉の木１本、金目のものを売ってくれ、反対同盟の闘争資金にすると言ったら、秋葉さんは、それだけは勘弁してくれ、おれの家の先祖伝来の木だから、母屋より大切にしている。俺の家が貧乏で潰れそうになったら売ると真顔で言っていた。山の手入れは先代の父親の手ほどきを受けて秋葉さんは熱心であった。間伐と枝切りの山仕事の最中に、木から落ちて腰を強打し、それ以後重労働、野良仕事はできなくなってしまったのである。

10・10外郭測量阻止闘争で機動隊の暴行を受けた反対同盟は、負傷した者の手当てをする救護班を作る事になった。衛生兵の経験と、腰を強打して無理な仕事ができない秋葉さんに、救対部長を頼む事になったのである。空港公団は成田市役所に公団分室を設置した。成田市役所攻防が行われたのであるが、その時１５００円の赤チンキ、オキシドール、包帯を軍隊の布の鞄にいれて、秋葉さんは出動した。これが最初の救対活動であった。

三里塚空港反対同盟の闘争基本路線は、生死を賭けた実力抵抗路線

空港絶対反対である。闘争を展開すればかならず、権力の暴力、弾圧を受けた。時には何十人、いや何百人の負傷者や逮捕者が出たこともあった。戸村委員長は、三里塚で出なかったものは戦車と大砲だけだと演説し、菅澤老人行動隊長は、機動隊を恐れずに戦おう、千葉県の警察の留置場を一杯にしようとこれまた意気軒昂であった。現場での負傷者の手当、逮捕者への差し入れ、激励宣伝活動、弁護士の手配、起訴と最高裁判所までやり抜く裁判闘争。不当弾圧救援資金の調達、秋葉さんは反対同盟救援対策部長としてそれを統括して不眠不休で活動した。反対同盟と共に戦う医師団、看護婦の協力を得て三里塚野戦病院を朝倉に秋葉さんは設立した。三里塚闘争を戦う仲間同士から反対同盟の哲ちゃん、救対の秋葉さんとみんなから呼ばれ親しまれた。秋葉さんは温厚な人柄であった。

秋葉さんは美食家である。本当に美味そうにものを食べる。食べる事が至福で、恵比寿顔で美味そうに食べる。中国を訪問した時、中日友好協会（孫平化会長）の歓迎晩餐会、王暁雲アジア局長の昼食会などでは、北京ダックなど高級料理が出された。中国側の乾杯、そして政治的な挨拶。秋葉さんは、世界一の料理をご馳走になってその宴席で堅苦しい政治の話は、せっかくの料理がまずくなるから、中国側に政治の話はしないように申し入れてくれと秘書長の私に注文をつけてきた。私は、中国は政治の国だからそれは駄目であると秋葉さんに納得してもらった。湖南省長沙の毛沢東の生家を訪れ、革命委員

秋葉哲さんの葬儀

会の主催の晩餐会が賓館で開かれた。革命委員会主席が、ここは毛沢東主席の生家のあるところです、自分の家にいるつもりでくつろいでくださいと挨拶した。石橋政次副委員長、小川総一郎団員は、マオタイ酒を飲んで腰を抜かし、みんなで2人を担いで宿舎に戻った。

秋葉さんは、客人としての礼儀があり、接待を受け、ただの酒を飲むには節度がある。それが大人というものであると、心地よさそうに酒に酔うていた。秋葉さんは酒は好きである。己の節度と立場をわきまえているとてもいい酒飲みであった。西安に入って小川喜重さんが食事を取らなくなった。体調を崩したらしい。心配してどうしたかと尋ねると何でもないと返事をする。その時、秋葉さんが俺のせいだといった。秋葉さんと小川さんは2人同じ部屋である。秋葉さんの鼾がものすごく小川さんは不眠症になったのである。早速秋葉さんを1人部屋にしたが、真夜中に秋葉さんの部屋の廊下に立つと猛烈な鼾が聴こえた。

反対同盟幹部は全国を飛び歩いて空港反対を訴えた。各党派の政治集会、住民組織の集まりに参加した。秋葉さんは、あの党派はよい宿を取ってくれるし、地酒も美味い、料理も盛り沢山で食べきれない。講演料、交通費3万—5万出してくれる。美食家の秋葉さんは何の疑いもなくけれんみなく話を始めた。私は烈火の如く秋葉さんを叱りつけた。自分達の闘争を訴えに行き、高級料亭で党の接待を受け、帰りに講演料をもらってくる。実費の負担を頂いて、仲間の家や同士の家に泊まらせていただく、私を接待し講演料をくれるなら、獄中闘争を続けている仲間にカンパしてくださいとなぜ言わぬのだ。堕落した役員は闘争に害を与える。それがわからないならば反対同盟役員を辞めろと厳しく批判した。この党派のやり方は公団が反対同盟を切り崩す手口とまったく同じである。このような党派の反対同盟取り込みを私は絶対許さない。反対同盟の自主自立とは、まず国家に対する自立、次に党派、統一戦線に対する自立、そして反対同盟組織内の民主主義による自立、自発性である。多くの反対同盟幹部はこの党派の取り囲みに直面した。

秋葉哲さん

さすがは救援対策部長の秋葉さんだ。秋葉さんはキチンと反省しけじめをつけた。4000メートル直下に秋葉さんの家はある。屋根棟すれすれにジェット機が発着する。朝倉では秋葉さん1人になりみんな移転してしまった。秋葉さんは騒音地獄のなかで何十年も戦い抜いた。そんなある日、秋葉さんが私を訪ねてきた。老齢で車の免許を返上する。そして内密にしていたが、誰にも話さなかった持病があり悪化して医者も治療の仕様がないと言われた。加瀬兄ちゃんに申し訳ないが岩山の自分の畑に移転する。家族の生活のめどをつけてそして死んでゆきたい。加瀬さんには世話になった。俺が死んだ後家族の事をたのむ、と言われた。秋葉さん長い間無理を頼んで苦労をかけました。俺が頑張れたのも秋葉さんの支えがあったからです。感謝しています。私は中国の高名な書道家啓功先生の筆なる白髪三千丈（李白）の作品を秋葉さんに送呈した。移転して新築した家が完成したら床の間にこれを飾ってくださいと手渡した。秋葉さんは私に救援対策収支明細綴りの大荷物を置いて行った。全国カンパ者の氏名と金額、反対同盟からの入金、収支の明細の記録がキチンと綴られていた。一字一字誠実な秋葉さんの人柄が文字ににじみでている。そして秋葉さんは死んでいったのである。

反対同盟旗、生家に翻る

三里塚や芝山の山の上に登れば、私の生家の屋根棟が見えそうである。でも、八街から富里そして三里塚へ何年も生家に帰ったことはない。秋葉哲救援対策部長の妻きくさんは、私の叔父岩沢桂と同級生である。きくさんの生家は多古町船越で私の同級生木川次郎君は甥に当たる。反対同盟幹部の岩沢吉井さんの妻は私の父と同級生で私の集落の出身である。岩沢吉井さんの長女初子さんは私の集落の加瀬貞夫さんに嫁いで来ている。婦人行動隊長小川むつさんの夫小川弥さんの剣道の師は私の父である。こんな関係で私の生家の暮らし向きは私よりよく知っている。私の父が千葉川崎製鉄に出稼ぎに出て足の骨を折る事故を起こし川鉄病院に入院したことがあった。私は父の枕元に30分いて三里塚に帰ってきたが、5月の田植えに秋葉哲さん、岩沢吉井さん、小川むつさん、長谷川たけさん、石井武さん、石橋政次さん、宮野稔さん、小川清さん、小川源さん、木内武さん、菅澤専二さん、柳川初枝さん等総勢20人が私の家の田植えをしてくれた。反対同盟の赤旗が私の田圃に翻り祭りのような賑わいで村人がびっくりしていた。父の怪我もなおり、反対同盟のみんなに植えてもらった苗も順調に育っていつものような作柄であったと父からの便りが三里塚にあった。

「出稼ぎの父のいるらしあのあたり高炉赤々夜空を焦がす」

親を思う子の心は溶鉱炉の炎よりも熱いと詠んだのである。土屋文明選秀歌に入選した。私の父は明治37年の生れである。農業は牛馬で耕してきた。コンバイン、トラクターには乗れない。農作業は全てひとにやってもらっている。農業の収入はまったくない。夫婦で出稼ぎをして生活している。貧乏して屋根が壊れ雨漏りが酷く座敷8畳の間だけが雨漏りがしない。見るに見かねて殖産住宅（株）に勤めている私の同級生が千葉市弁天町で解体する古家をみつけてくれて、村のものが総出で移築してくれた。私は生家に帰っているが、三里塚現地より厳しい生活を送っている。親が世話になった村のみんなに恩を返さねばならない。

三里塚天狗騒動、柳川茂反対同盟副委員長

柳川茂反対同盟副委員長の名前を知る人は少ないかもしれない。反対同盟柳川秀夫くんの父親である。10・10外郭測量阻止闘争後まもなく他界した。

10・10外郭測量阻止闘争を昨夜来から戦い抜いて、早朝に千代田農協反対同盟闘争本部に、柳川さん、続いて岩山の岩沢吉井さん、青年行動隊の柳川秀夫君、義光くんがやってきた。誰ひとり口を聞く者はなかった。2階の窓から測量杭を打たれた桜台の一点を凝視していた。「よし、引き抜こう」と柳川副委員長が声を発した時には、柳川君、義光君と私は2階階段を駆け下り疾風の如く、まっしぐらに杭打ち地点に向かっていた。桜台の桜の大木の根元にガードマンが3人座っていた。3人は驚いて牧場の中に逃げ込んだが、飛び掛かって引き倒し、地面に叩き倒した。国家と警視庁が威信をかけて打った外郭測量杭を引き抜いて、意気揚々と闘争本部に引き揚げた。これが、世にいう「三里塚天狗騒動記」の真相である。天狗の親分は柳川反対同盟副委員長であった。

「引き抜いた杭はどうしたって」、三里塚天狗堂に戦利品として奉納してある。

柳川反対同盟副委員長は、戦前海軍の兵士であった。空母赤城の手旗信号兵としてミッドウェー海戦に出撃、米軍の艦載機の猛爆をうけて空母赤城は轟沈、油の海面を漂う事3日、ようやく僚艦に救助されたのである。空母赤城にもうひとりの通信兵が乗艦していた。勝又肇兄ちゃんである。

私の集落の生まれである。横須賀海兵団の志願を受けて14歳でミッドウェー海戦に出撃して、赤城の最後を大本営に無電を打ちつつ艦とともに運命をともにした。14歳で３０００の将兵とともに海の藻屑となったのである。肇兄ちゃんの墓は、村の東光寺にある、小さい御影石の墓石である。「歿年行年何歳」と母親は刻ませなかった。あまりにも幼い息子の死であり、「肇が可哀相だ」と母親は刻むことを許さなかった。私や仲間を魚とりに、カブトムシをとりに、川遊びに連れて行ってく

れた肇兄ちゃんは14歳で戦死、日本で一番若い兵隊であった。我々が日常において生をむさぼる事など許されやしないのである。

柳川副委員長は戦争の地獄から帰還してきた。生と死のなかで鍛えあげてきた精神の強さは我々戦後派には推し量る事はできない。子息の秀夫くんは芯が強く父親譲りである。柳川君は芯の強さをなかなか表に出さない。でも父親の茂さんはちがう。情感を表に出し、実直な芯の硬さを表に出して行動する人であった。

柳川さんの家にぼろぼろになった豚小屋があった。「壊して燃やしたら」と私が言ったら、柳川さんは「爺様（父親）の生きている間は壊す事はできない」と言った。柳川さんの祖父は多古町東台柳川啓司くんの家が生家である。

明治政府の富国強兵・殖産振興政策のときに、取香牧の南端のこの地に開墾に入ったのである。明治政府は東京の治安を維持するために、府下窮民、無産浮浪の徒７０００人を北総台地の牧々に開墾移住させた。さらに、牧々の周辺の村々の窮民に対しても開墾を許可した。「金穀を持ち、農具を持ち開墾するものを富民と称す」で入植させたのである。雑木を切り、組み立て、萱で覆い縄文、弥生人のような拝み小屋に住み、飢えと戦いながら一鍬、一鍬入れて山林を拓いてきたのである。腹いっぱい食べられるようになりたい。柱のある家に住みたい。それが希望であり夢であったのである。そしてとうとう柱のある家を建てる事ができた。さらに歳を経て母屋を新築したのである。最初建てた柱のある家は作業場になった。さらに、作業場を新築して、最初に建てた家は牛小屋になった。耕耘機が入り牛がいなくなった。そして牛小屋は豚小屋になった。その豚もいなくなった。ぼろぼろになった最初の建てた家。でも壊す事はできない。それは、親が飢えと開墾の重労働の中、命がけで建てた初めての柱のある家であったからである。このぼろぼろになった小屋こそ柳川家の歴史であり、爺様の希望と夢であり、生きた証なのである。たとえ子供といえども壊す権利はない。それが人間の情であり親子の絆なのである。

空港建設はその人間の心をそれに連なる全てを破壊し尽くしていく。

柳川家には立派な黐《もち》の木の垣根が廻っている。柳川の御爺ちゃんに聞いたのだが、山から指ほどのものを取ってきて畑の隅に植え、作物と同じように育て、少し大きくなったら垣根として移植したのだという。今年２本、次の年３本と何年も何年もかけて垣根をつくり、家と畑を強い北風から守ってきた。

家の周りには杉、松、檜は植えるものではない。火を呼び込むから、生木でもこれらの樹木は燃える、だが、黐の木は火を跳ね返して燃えない。こうして柳川家の立派な垣根が出来上がったのだが、黐の木の根元に柊の木が植えてある。泥棒、野良犬、猫などが侵入してこないようにである。柳川の御爺ちゃんは、畑を作る、生活をつくる、人間が生きて行くことの根本の理念を私に体験として教えてくれた。現在の資本主義は徹底的に市民を労働者を消費者にしていっている。「知的生産」のあくなき収奪である。知的生産を強権によって破壊し続ける三里塚空港の建設を許してはならない。

石井武さんを偲ぶ

「泥土放光」

「泥土放光」の墓碑銘を私たちに残して、反対同盟代表の石井武さんが耳下癌のために２００３年7月8日行年70歳でこの世を去った。

この世に悟りなるものがもしあるとすれば、それは一つの覚悟を持って生きることであろう。この覚悟とは死をも恐れない、何事が起きても動じない心、覚悟をもって生きる人生を貫くこと、これを「悟」というのであるかもしれない。

「医者のいうのに治療の方法がなく3カ月で死ぬと言われた。もう抗がん剤も服むのを止めた」と何の屈託もなく明るく話されると、激しい戸惑いを見せて絶句する。「自分が死ぬ」「死期が目の前に迫った」この人間の一生の命の重みをいとも簡単に語られると返す言葉に戸惑う。「俺はもう死ぬ」と蚕が絹糸を吐くような美しい透きとおった語感を私の心に響かせてくれるのである。美しい絹糸は毛虫の醜い身体から吐き出される。透明で明るく自分に迫った死期を語る石井さん、そのことによって緊張が深刻さが増すのではなく人の心に癒しと安堵を与える。美しい絹糸は毛虫の体の中から吐き出される。死期を語る石井さんのとてつもない明るさは絶望と希望、信頼と裏切りの膨大な世界に裏打ちされていて、それを克服し鍛

石井武さんの奥さん

えられた意志の中から一つの死生観として産まれてきたのであろう。石井さんと36年間空港反対闘争の苦楽を共にしてきたのであるが、私にはその世界を知る由もない。私は石井さんのもっとも尊く重い自己の死について、明るく美しい響きを放ち、自己の死を語ることによって人々の心を癒す、そんな言葉を持って人生を死にきることなど私にはとうてい出来やしない。動揺しうろたえ助け声を張り上げのた打ち回って醜態をさらけ出して死ぬことだろう。身を惜しむ、悲しいというより見事に生き切った、死に切った石井さんに嫉妬さえおきそうである。「泥土放光」、肉体は滅びても精神、思想は永久に生き続ける空港反対の石井さんの人生に、生涯に深い敬意を表する。

白昼夢を覚醒させた一言

今でも小川嘉吉（天神峰）さんの録音テープに残るあの千葉県三里塚竹林所長若月の言葉。草木1本にいたるまで国は移転補償金を出す。日本の土地はすべて国のもの、今みんなに貸しているだけのもの、国が取る気になればいつでも取れると農民を脅迫。土地が欲しければ欲しいだけやる。何十町歩でも欲しいだけただでやる。家はコンクリートのビルのような家が欲しいのか、2階建がよいか、平屋がよいか広さは要求どおりに作ってやる。頭の上を飛行機飛んでそれを1分とか2分見上げる、この時間を1年間集計しておいて農業疎外補償金を出す。鶏を移動するとその間卵の産む率が低下する、それに対しても補償する。

この若月の竹林事務所での説明会に三里塚地区の農民は地獄の罠に天国が来ると浮き足だったのである。この集まりの中で石井さんは「農民に断りもなく空港を決定した国の言うことなど信用できない」と反論した。石井さんのこの一言に説明会はざわめいたけれど、反対の声を出す者は1人もいなかった。三里塚の天神峰周辺の農民は竹林から竹を切り出しそれを売って若月と酒を飲んでいた飲み友達であったのである。

祝いの花火があがった

十余三集落の前橋新吉さん寄贈の花火が景気よく打ち上げられた。農業構造改善指定の養蚕団地化の為の桑の植樹の式典である。三里塚全地区が指定を受け畑に麦、サツマイモ、落花生等の作物に変わって一斉に桑の木が植えられた。鳥寛征宅前の宮下の公民館前に高松宮が桑の木の植樹をした。それを祝っての打ち上げ花火である。三里塚の農村青年は養蚕の飼育技術を習得すべく長野県に実地研修に赴いていた。天神峰の石橋政次さんの隣に養蚕協同飼育のための建設資材が搬入され研修に赴いていた青年も帰郷してきた。植樹した桑も3年経っていよいよシルクコンビナートの操業は目前になった。突如として天から降ってきた空港建設による中止の決定である。千葉県はさっそく補償交渉に乗り出してきた。当然この補償交渉は空港建設に伴う補償交渉であった。三里塚地区農民の多くは条件派に組織されることは必至の情勢となってきた。

「空港建設を我々農民を無視して決定し、シルクコンビナート計画で他の作物をつくるのを止めて桑を植えさせ、桑が育ったら今度は空港で引き抜け、息子を長野まで研修に行かせていた我々を馬鹿にするな、国と県は信用できない。すべて金銭で片が付くと農民を馬鹿にしていることは許せない。空港建設決定の白紙撤回、我々農民に政府は謝罪せよ」これが石井さんの当初の空港建設の態度であった。竹林事務所での説明会の発言、養蚕団地補償問題に対する石井さんの発言と態度は三里塚空港反対同盟組織化の基本路線となっていったのである。

石井武さん

強制測量立ち入り阻止闘争

強制測量立ち入り阻止闘争を、我々は三里塚三日戦争（１９７０年）と呼んでいる。いよいよ機動隊と公団測量隊が農民の田畑に宅地に立ち入ってくる。三里塚反対同盟は自分達の丹精こめた田畑に無断で立ち入ることを許さない。あらゆる方法手段を用いて個人が責任の持てる範囲で戦いを展開する。1人で10倍の敵、1人で1000人の敵を相手に戦う方針を決定した。反対同盟各人は自分の土地、自分の集落を守るために分散して戦闘配置についた。公団測量隊と機動隊はどこから侵入してくるのか。公団と機動隊は三里塚十字路から桜台の本道路を通って一挙に反対同盟本部のある芝山千代田農協に立入り測量をしようとした。反対同盟の拠点である本部を測量することにより反対同盟を砕かんとした。千代田学区の反対同盟が本部を守っていた。機動隊と公団測量隊は農協隣の小川ゆり反対同盟員の畑に杭打ちを開始しようとした。私と戸村委員長が農協から出て猛然と抗議を行なうと畑を対角線上に横切って奥に測量杭を打つ為に走り出した。初めて農民の畑に杭が打たれたと思った瞬間、測量隊の股の間にすべり込んで左手で杭の頭を握り締めた。そこに掛け矢が振り下ろされた。中指の骨がごりっと鈍い音をたてて砕けた。真っ白い軍手に血が噴き出した。農民重症と報道陣が囲む中で機動隊と公団測量隊は引き揚げていった。

午後機動隊と測量隊は国道51号線から十余三に入り天神峰団結街道に侵入してきた。自動車のタイヤに火を放ち気勢は上げるが、政治党派の部隊はやすやすと公団と機動隊の測量を許した。石毛常吉、石橋政次副委員長の80歳になるおばあちゃん達は鎌を振り上げ測量隊の巻尺、テープを断ち切った。機動隊と測量隊は東峰集落に入った。公団が坑を打とうとすると反対同盟は肉弾となってそれに突進した。自分の畑に立ち入ることは許さない。丹精こめた作物を荒らすことは許さない、所有権者として当然だ。石井武さんと家族の戦闘はすさまじいものがあった。石井武さんの娘さん光枝さんと恵子さんが逮捕された。梅沢勘一さんが続いて逮捕された。石井さんは自分の畑を守って逮捕されたことは名誉なことだ。俺の娘2人もよく戦ったし頑張った。東峰集落では測量がほとんどできなかった。肉弾戦の先頭になって戦った石井さんと東峰集落の同盟員の勝利は木の根、岩山の同盟員を奮い立たせた。東峰集落の闘いは木の根の人糞をかぶり戦う作戦を生み出し、木の根でも測量を阻止した。明けて次の日機動隊と測量隊は岩山の大袋地区に侵入してきた。樹木を伐採しそれを十重二十重に積み重ね人糞をたっぷりかけて、更にドラム缶に大量に人糞を用意して阻止線を張った。それに対して機動隊と測量隊は放水車と指揮官車を守るように侵入してきた。畑道は狭いので放水車と指揮官車がやっと通れる道幅なので自由には動けない。

放水車の水も補給ができなくて水は尽きる。農道を封鎖した樹木は簡単に取り除けない。機動隊と測量隊は畑に侵入し作物を踏みにじって阻止線を突破してきた。反対同盟の激しい抵抗が機動隊との間に繰り広げられた。測量隊が一列縦隊で畑の奥深くまで侵入してきた。反対同盟は機動隊を取り囲み大丈夫だと判断したのである。その時山に潜んでいた反対同盟竹槍部隊が一直線に測量隊に突入して測量隊の隊列を分断した。分断された測量隊は半分は機動隊の方に半分は更に畑の奥に逃げ込んだ。逃げる測量隊の太股に竹槍がズボリと刺さった。もう1人は股の間に竹槍が入って睾丸の袋が裂けた。もう1人は袋叩きにされて大の字に打ちのめされた。倒れた測量隊員の胸、心臓の上に垂直に竹槍が立てられた。「人は殺せない、殺しては駄目だ」にっこり笑って竹槍は収められた。「1人で10人、100人、1000人の敵を相手に」「自分が責任取れる範囲の抗議行動を全力で展開する」「自分達の畑を荒らす者は絶対に許さない」。強制測量立ち入り阻止闘争は政府公団、機動隊の惨敗に終わり反対同盟の勝利に終わった。強制測量立ち入り阻止闘争は別に戦術的なものがあったわけではない。個人個人が自分の責任において自分の畑を死守したのであるが、個人の優れた自発性のもとに大衆性、集団性が加わって自然に戦闘隊形が生まれてきた。その原型を作ったのが東峰集落であり石井武さんとその家族であった。

大木よね強制代執行、石井さんただ1人奮闘する（1971年9月20日）

その日、大木（小泉）よね宅強制代執行の現場責任者の川上紀一副知事は、記者会見で「大木よねさんに対する強制代執行は諸般情勢により中止する」と発表した。夕方、大木よねさんの家の下で戸村委員長の代執行阻止の決意演説があり反対同盟と各支援団体は散会した。その夜、大木よねさん宅には石井武さん、西君（長崎）、松本（北海道）、それと私だけになった。そこに天神峰の加藤さん(新宅)が印旛沼から取ってきた鯉を持ってきた。「鯉を食って精をつけて代執行を阻止しよう」と鯉こく、鯉のあらいを作ってくれた。代執行の緊張感も忘れて楽しい夜の食事であった。みんなそれぞれ帰っていった。大木よねさんと私が家に残った。明日は稲の脱穀作業である。早朝石井武さんも手伝いに来てくれて発動機、脱穀機の備えつけをしてくれた。この稲の脱穀作業は代執行に対抗するために石井さんと私が計画したものであった。

多くの支援、政治団体は、大木よね宅を三里塚闘争1番の砦にしようとした。私と石井さんは大木よね宅砦化に反対した。大木よねさんの家が代執行されるのでなく砦を壊す、大木よねさんが自らの為に戦うのでなく、党派の代理戦争の場に大木よねさん宅をする訳にはいかない。私は芝山農協から肥料を買い求めて、大木よね耕作の水田5畝を耕し本格的に栽培した。闘争においては生産を整えることが第一、生産と生活を武器にしないで砦にすることを戦術として扱うことは反対しなければならない。田を整え生産を整え、そして生活を整えた。垣根も井戸端も庭と土手の草も綺麗に取った。何よりも生産と生活を大事にするところから戦いは始まるのである。

大木よねさんがぼろ筵に収穫した少しの小豆を干して、石井さんが発動機を始動させた。ふっと前方の工事現場の高台を見ると機動隊、代執行職員、代執行作業者とユンボの重機が高台の坂を下りて侵入してくるではないか。「来たな」と石井さんとお互いに顔を見合わせにっこり笑って腹を決めた。よね婆さんを真ん中に入れて石井さんと私が「大丈夫、大丈夫」と声をかけて励まし続けた。代執行令書が入口のはるか遠い所で読み上げられた。私も石井さんも持っていた藁束を振り上げて激しく抵抗した。大木よね婆さんは機動隊の楯の水平打ちを口に受けて前歯を2本折られて倒された。私は倒れた大木よね婆さんの上に覆い被さって「婆さんしっかりしろ、だいじょうぶか」と声をかけた。口から血が噴き出していて白髪はみだれ、機動隊を睨み付けた婆さんの怨念の目にさすがの機動隊も立ちすくんだ。大本よね婆さんはまさに人間の世を呪う鬼の形相であった。石井さんも、私も、よね婆さんも機動隊に拉致されてその後どうなったかわからない。ドラム缶が連打され反対同盟と支援団体が駆けつけたときには代執行は終わっていたのである。

大木よね婆さんは「俺は反対同盟に義理を欠いた事はない。だが反対同盟は俺を屋根に登らせて梯子をはずした」と言った。この中にあって反対同盟では唯一人石井武さんが戦っただけであった。石井さん曰く「やらないと言ってやる、これが戦争の常識、敵の川上副知事の記者会見を信用した反対同盟の修行が足らないということ」。川上副知事はニッタンの深石社長に「私が知事に就任したらあらゆる便宜をはかります」の念書を書き6000万円の選挙資金を受け取り知事に就任した。いわゆる6000万円事件である。それが強制代執行の現場責任者なのだ。

大木よね婆さんの家は極貧で婆さんは7歳の時、地主のもとに子守り奉公に出てその後死ぬまで親や妹に会っていない。転々と流浪の生涯であった。日常生活といえば食うために東峰集落や近所の農家の畑仕事を手伝い、イナゴを食べ、芹を食べザリガニを食べ生きてきた。「風邪引いたらどうする」と尋ねたことがあった。「庭を這って井戸端にいって釣瓶から水をのみ、又庭を這ってきて寝る」。大木よね婆さんの日常性とは「風邪を引いても」死ぬ状況にあったのである。政治とは闘争とは大木よね婆さんが安心して生活できる条件をつくるために存在する。それでも国家権力は代執行をかけたのである。

戦塵にまみれて

駒井野地下道戦では泥だらけになって穴から出てきたり、砦では放水を浴びて全身濡れねずみになったり、横堀要塞では声を嗄らして叱咤激励して戦った。34年間闘いの現場に石井さんの姿が見えなかったときはなかった。闘争は極度の緊張の持続を必要とする。「心配ばかりしていたってしょうがないだろう。全力で戦ってみてその結果また考えればよい、なるようにしかならない。転んだら砂をつかんで起きればいい」と達観したように何の苦もなく明るく話す。石井さんが話すとホッとして心が和む。笑いのうちに闘争をやろうみたいな雰囲気が出てくるから不思議である。石井さんに対して一つだけ理解できることがある。石井さんは苦労人である。生活の中で白刃を何度も潜り抜けてきた。その都度腹を決め、腹をくくり試練を乗り越えて生きてきた。小さい決心、決意を積み重ねてきたことによって自然に試され訓練され、大きい問題に直面しても動じない自分になっていたのである。試練の積み重ねの中から滲み出る人間的明るさである。三里塚円卓会議やシンポについて「加瀬あんちゃん。少し若い者がやるのを黙って見守ってやろうや」と言っていた。「シンポが戦略となり話し合いですべてを解決する方向にいったのはまずかった」これが石井さんのシンポに対する評価であった。「闘争が盛んなときは三里塚、三里塚、石井さん、石井さんといっていたが、いまは知らぬが仏、世間は薄情なもの、いまはハガキ1枚、電話1本よこさない」と支援を批判していた。木の根の私の所有地に対して「加瀬あんちゃんに持ってもらって安心だ。よかった」との言葉も頂いている。

政府、公団は三里塚空港民営化、羽田空港国際便の増発などの矛盾の中で、シンポで合意した2500メートル滑走路の建設は住民の話し合いで解決するという合意を破って建設を進めてきた。ワールドカップ開催を利用して世論には暫定的な滑走路の供用だとアピールした。しかし、東峰集落の東峰神社のご神木を突如伐採し盗木したのである。「政府も我々に謝罪した。運輸大臣も現地に来て土下座して謝罪した。東峰集落の産土神《うぶすな》を破壊するとはなにごとか」石井さんの怒りは心頭に発した。「俺はもう2、3カ月で死ぬと医者に宣告されているが死ぬ訳には行かぬ」「闘争は俺を長生きさせてくれる。地獄の閻魔様が迎えにきても行く訳にはいかない」と私の所を訪ねてきた。東峰神社は私の集落の寺田増之助氏が東峰集落住民に土地ごと寄贈したものである。東峰という集落名も寺田増之助氏が名付けたものである。寺田氏のことを集落では「台湾巡査」と通称している。警視である。戦後引き揚げてきて農業会の組合長を村でやり、それを辞して三里塚に開拓に入っ

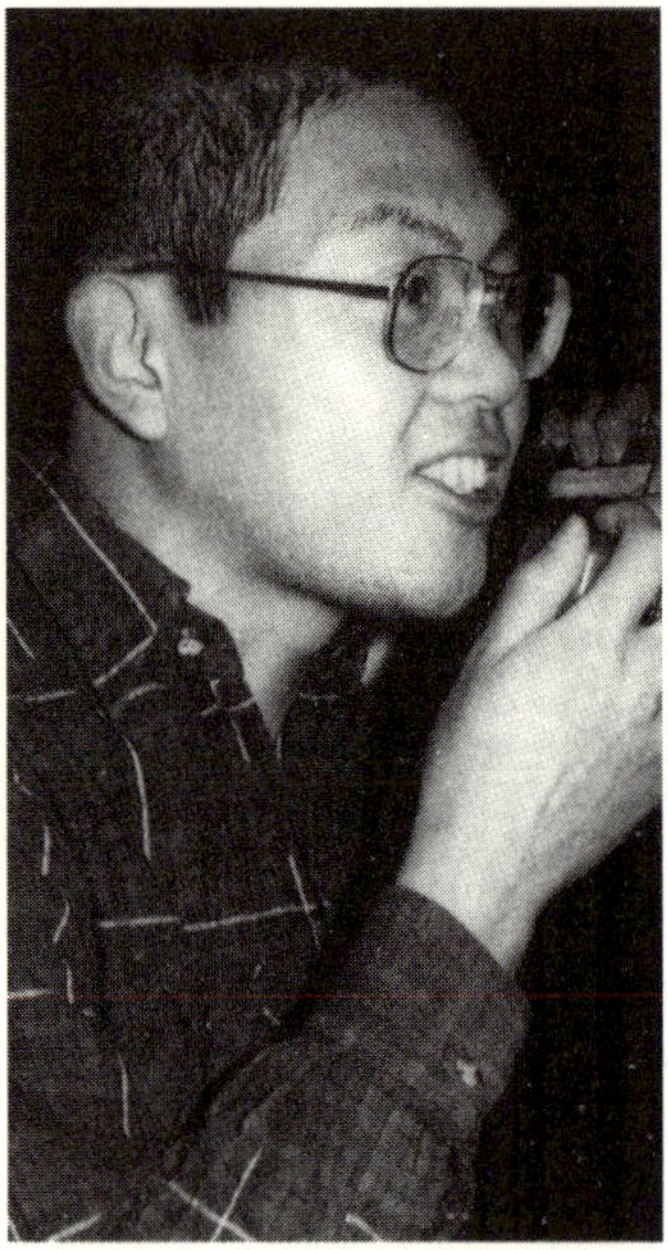
管制塔戦士原勲君

たのである。今は娘さんが後を継いでいる。新宅もある。私はお付き合いしていただいているので石井さんを連れて寺田さん宅に案内した。裁判の資料の収集のためであった。「謝りつつ既成事実をつくる」「謝罪しつつ神社を破壊する」政府の態度は何も変わってはいない。最後まで徹底的に戦ってやる。これが石井さんの口癖となっていった。

　石井さんが原稿草案を私の所に持ってきた。扇国土交通相に対する公開討論の申し入れ書であった。「天下に政府の非をさらけ出してやる」と意気込んでいた。この草稿が石井さんの絶筆となった。

「加瀬兄ちゃん、平和で何事もないということは幸せだと思っている人が大勢いる。何事もないということは、我々が政府と戦っていないということであり、飼い慣らされた犬が3度の食事にありつく為に飼い主に尻尾振る。これが何事もないということだ、政府に従順な飼い犬には決してならない」とも語ってくれた。石井さんが寝込み、家族の看病と介護ヘルパー、医師の回診が始まった。「闘争の執念が俺の寿命を延ばしてくれている。死ぬわけには行かない」とすこぶる元気そうであった。「1月までの命だ」と医者は診断した。足をさすり手を握ると力強かった。こちらからの言葉は理解できても返事を返す事ができなくなった。

　成田市八富成田斎場でしめやかに通夜と告別式が行われた。弔問者を代表して上坂喜美さん（三里塚空港闘争に連帯する会）と小川ルミ子さん（空港を作らせない女性の会代表）が石井さんの生前を讃え闘争継続の決意の弔辞を述べた。「石井さん安らかにお眠り下さい」。でも三里塚には政府・公団という墓掘人がいる。死体を暴き墓をコンクリートの下に窒息させようとして入る鬼どもが徘徊している。石井さんと三里塚の祖霊が安らかに眠られるよう頑張ろう。

　戸村一作委員長、柳川茂副委員長、小川明治副委員長、木内武副委員長、秋葉哲救対部長、菅沢一利老人行動隊長、大木よね婆さん、文男君、原君、東山君、新山君と、そうしてこの度の石井武代表と三里塚闘争に生涯を捧げた墓銘碑は数えきれない。「泥土放光」を汚す事なく放つ光の輝きの中で私も戦っていくことをお誓いしたい。

熱田一反対同盟（熱田派）代表

祖先伝来の土地を守る・家族ぐるみの闘争、その土地とは、家族とはどんな歴史的、社会的状況であったのか

熱田一行動副隊長は天皇家ゆかりのものか

２０１３年1月13日、三里塚反対同盟（熱田派）の新年の旗開きで、代表世話人柳川秀夫くんが、1月5日熱田行動隊長、熱田派代表であった熱田一さんの死亡を発表。翌朝、千葉版各紙は「反対同盟の象徴熱田一氏逝く」と大きく掲載した。

私は、長い間、熱田さんの屋号を「台塚《でづか》」と呼んでいた。熱田さんが住む香山新田、通称横堀集落は、古村辺田集落の裏山から続く台地にあり、菱田開墾とも呼ばれていた。辺田集落から山の坂道を登りつめると熱田さんの家と畑があり横堀集落40戸の集落が始まる。地形から一番高いところに熱田さんの家があるので屋号台塚になったと思っていた。熱田さんに屋号の事を尋ねると間違いだというのである。「台塚」でなく「内裏塚」でおれの先祖は天皇家ゆかりの者であるというのである。出身地は九十九里野手に先祖の墓「内裏塚」がある。それが熱田さんの墓地だという。天皇の妃が野手浜に流れ着き、そこで病で死亡。村人と従者は天皇の妃を手厚く葬った。その場所が「内裏塚」である。その生まれ故郷の「内裏塚」の名前を取って屋号を「内裏塚」とした。熱田さんはそれを固く信じているのである。私は、熱田さんの生家と内裏塚、村の共同墓地、菩提寺の過去帳を調査に行った。熱田さんの生家は存在していなかった。共同墓地に墓石もなかった。あったのは「内

裏塚」の祠が、村の産土神の参道に通ずる道にあった。30年前は田圃のなかにあったが土地改良工事で現在の場所に移転して祀ったとのことであった。

壬申の大友皇子と大海皇子

古代最大の内乱が壬申の乱である。大海人皇子（後天武天皇）の勝利となり、大友皇子（弘文天皇）は斬首された。大友皇子の妃は大海人皇子の妃であった額田王である。

この恋沙汰は壬申の乱の一因になったとさえいわれている。額田王には大海人の皇子との間の子供、十市皇女があった。皇子女には葛野皇子、与多王がいるが、だれが、東国九十九里浜に漂着したのであろうか。熱田さんの話では、「内裏塚」は内乱に敗れた大友皇子の妃が東国の房総の九十九里野手浜に漂着して、そこで病に倒れ病没した。村人は哀れんで手厚く葬った。それが「内裏塚」である。またそれが私の先祖の墓であると熱田さんは主張しているのである。

天智天皇即位（６６８）の宴の大広間で大海人皇子が突然長槍を抜いて板敷きを刺し貫いた。命は助けられたが出家して吉野へ。天智取り巻きの官民は「野に虎を放つようなものだ」といった。大海人皇子壬申6月22日吉野に挙兵。闘いは1カ月に及び「旗幟野を蔽いて埃塵天に連なり、鉦鼓の声数十里に聞こえ列怒乱れ発し、矢の下ること雨の如し」。先手、先手に廻る大海人軍、後手、後手に廻る大友軍、勝機、敗走は息つまる緊迫感。大津京は23日陥落。「時に乱離をへて、悉く灰燼に従う」。大友皇子は自殺、右大臣中臣金死刑、赤兄と巨勢人は流刑。十市皇女と幼い葛野王は難を逃れたとある。この十市皇女と一族が東国に逃れ、九十九里浜に漂着したのであろうか？　壬申の乱は、単に皇位を巡る争い、内乱であったのか。この乱の対立の本質は皇位を巡り、上級貴族対下級官人の対立ではなく、朝廷につらなる官人、貴族、豪族と生産者である公民層との対立にあった。この民衆の不満は地方豪族に吸収され、その豪族が大海人皇子側に味方したのである。皇位巡る抗争。「あかねさす紫野ゆき野守りはみずや君が袖ふる」額田王を巡る大友、大海の恋の鞘当が乱の原因になったとの理解は二次的なものである。

＊天智天皇の后妃と皇子女

名称	名	父の氏名	皇子	皇女

皇后	倭姫王	古人大兄皇子			
夫人	遠智娘	蘇我石川麻呂	健皇子	大田皇女	鸕野讃良皇女
夫人	姪娘	蘇我石川麻呂		御名部皇女	阿閇皇女
嬪	橘姫	安陪倉梯麻呂		飛鳥皇女	新田部皇女
嬪	常陸娘	蘇我赤兄		山辺皇女	
夫人	伊羅都売	道君氏	施基皇子		
采女	宅子娘	伊賀国造？	大友皇子		
宮人	色夫古娘	忍海小滝	川島皇子	大江皇女	泉皇女
宮人	黒媛娘	栗隅徳万		水主皇女	

九十九浜に漂着したのはだれであろうか。

熱田てるさんの生家の聞書き

熱田さんの女房てるさんは、廃絶した熱田家とは親戚の人である。同じ野手浜に暮らしている。尋ねると、熱田さんの先祖は大きな網元であって造り酒屋もやっていた。今はその屋敷も人の手にわたり、家が立ち並んでいて、熱田家の面影を残すものは何もない。

家が貧乏してから、熱田家の人は親戚の世話になっていたが、離散し、冠婚葬祭にも連絡のしようがなく、そのままになっているとのことであった。多古町に隣接する大堀（現匝瑳市）に衣知川家という素封家がある。多古の殿様松平家との関係を持つ家柄である。学校に通うのに人の土地を通らなくて済むという資産家であった。熱田家はこの衣知川家とは親戚であることは間違いなかった。この、衣知川家から志げこ子さん（現82歳）が私の親類加瀬寛の女房となっている。私は、熱田夫妻を加瀬家に案内したが、衣知川家と親戚であったことは間違いなかった。熱田さんの生家は網元地主の家であることは間違いなかった。それは幕末の頃のはなしであった。なぜ散財したのか、それは博打とのことであった。だが、大友の妃の血縁である証、また東国に逃れてきた従者である証は熱田さんにはない。わたくしは屋号が「内裏塚」といっているのは、寄らば大樹の陰の権威を熱田さんは主張しているにすぎないと思っている。

九十九里浜の村落の形成と網元地主

海辺の集落は、磯付村と浜付村とに分けられる。磯付とはもちろん海辺の村のことであり、浜付とは海辺から陸地にかかるところの集落のことである。通称は海者と陸者と呼ばれている。房総の初期の鰯漁業は地曳網漁法をもつ上方の漁師よって開かれたものである。「西海の海士悉く関東に集り、魚1匹、貝1つ逃さない地獄網にて盗り尽くす」とある。「摂津、和泉、紀伊、伊勢、尾張、三河、安房、上総、相模の九ヶ国の漁師、四艘張りの網をはり、悉く鰯を取りおさえ干鰯にして売り現金を国元に送り候」「和泉、紀伊、三河、安房、東上総五ヶ国の四艘張りの漁師五十六帳、乗り組み、二千七百人、五月より十月まで浜に納屋をかけて、一帳参両の運上金を治めていたり」、これは幕末の記録である。上方、とりわけ紀州の漁民が九十九里浜、江戸内湾に出稼ぎにきていることがわかる。私は、熱田さんの先祖は大友の妃の地縁、従者として九十九里野手浜に漂着したのでなく、上方の漁師として出稼ぎにきて定着したのでないかと推測している。

熱田さんと倭建命

熱田さんは、熱田神宮ゆかりの者だという。熱田神宮に参拝するときは宮司の特別な計らいで奥殿に上って参拝する事ができるのだといっている。

熱田神宮といえば倭建命である。古事記の末記に記載されているのだが実在の人物ではない。天皇が建命の武勇を賞賛して西方の熊襲（曾）の征定を命じた。倭建命は伊勢の大御神宮の姥の倭比売に御衣を頂き剣を懐にして、御室楽をしていた熊襲に女装して襲い掛かり刺し殺した。健命は帰路山の神、川の神をみな平定して大和に帰った。天皇は健命の武勇をおそれて再び東方十二道の荒ぶれる神々の征定を命じた。健命は倭比売から草那芸剣を賜り、尾張の国造の祖、美夜受比売と契りを交わして東国に向かった。健命は相模の焼津で国造の反撃に会い野火をかけられ、草那芸剣で草を払って難を逃れた。さらに、道を東にとって走水（東京湾浦賀水道）で暴風に会い、妻の橘比売を海神に捧げて怒りを鎮め「山川の荒ぶれる神々を平和にし」足柄、甲斐、科野を経て尾張に入って健命はかねて約束の美夜受比売と契りをかわして、草那芸剣を置いて旅立って、能煩野で身体弱まりそこで生涯を閉じた。健命は白鳥になって天に上った。千葉県内湾に木更津市がある。浦賀水道で暴風に合い妻橘比売が入水したのだが、比売の櫛が流れついて、それを見た健命は悲しくてその場を去ることができなかった。君去ることができなかった。木更津市の地名はここから命名されている。

この、倭健命の物語は実在でなく伝説である。倭朝廷が東国の先住民族を征服し、西の九州球磨川流域地方を治めていた球磨襲を征服した。武人英雄として画かれている。倭朝廷はこのような幾人もの武人の戦いを通して全国を征服していったことが伺い知れる。その象徴として健命は画かれている。物語に草那芸剣が出てくる。天皇の力を天下に示していることが背景にある。このことはきわめて重要なことがらである。一つの民族が原始的な呪術的支配から抜け出して古代的な権力国家へ発展する過度期の物語である。世界的には、ホメロスの「イリアス」「オデッセイ」の叙事詩、バビロンのギルガメシュの叙事詩が有名である。

千葉県は黒潮暖流と親潮寒流が沖合いでぶつかるところであり、黒潮暖流の北限である。黒潮暖流に乗って南方、西方の民族は、東方の国に勢力を伸ばしてきた。千葉県の文化の総称を黒潮文化と呼んでいる。熱田さんの祖は愛知の地方からこの黒潮暖流に乗って千葉県の九十九里浜にやってきた熱田一族であろう。故郷の産土神として熱田神宮に想いを馳せているのかもしれない。姓熱田は遙かなる故郷への想いで名付けたのかもしれない。香取、鹿島の農業祭神が大和朝廷の武人の神に置き換えられたように、伊勢神宮は瀬戸内の海の民の産土神であった。それを、大和朝廷勢力が乗っ取ったのである。熱田の神もその地方の氏神、農業祭神、産土神であったかもしれない。それが、大和朝廷の勢力が、支配がおよんで現在のような状態になったと思われる。農業関係の地名、熱田、誉田、保田は焼畑農業がやられていたことを示す地名である。いろいろな想いはあるが、熱田さんの祖は黒潮暖流に乗ってきた西方の民族であることだけは間違いない。

磯付村と浜付村の集落の形成

上方の漁師、紀州から静岡の漁師が大挙して九十九里浜の沖合いで鰯を水揚げし、1000人から2000人のひとが水揚げした鰯を砂浜で干鰯をつくり、俵に詰めて製品にして取引をする。九十九里浜は延長20里幅3・4町歩、面積2000町歩余の広さをもつ。その砂浜に納屋と呼ばれる建物がつくられる。今でいうならば工業団地みたいなものである。そこで働いている人たちが浜辺に住み着くようになっていき、磯付村ができる。浜付村の形成は、「九十九里浜の地曳網の起源は三百五十年前、紀州のひと西宮久助が南白亀浦に漂着して村長宅に奇遇して、本国熊野で使用していた網具をつくった」とある。「寛永二年、長柄郡一宮郷片岡源左衛門が三大力の漁船をつくり、藁網から麻網に改良した」(房総水産誌)。房総の漁民も積極的に西方の漁法を取り入れたことがわかる。浜付村の漁師は田畑1、2反歩を所有し、鰯漁に、干鰯の製造に浜に出て働いて生計をたてた。この人達が作った集落が浜付村である。科学肥料がない時代、干鰯は肥料として農業生産力の向上になくてはならないものであった。また、網元は運上金1年46両、180両、32両と張網の長さによって運上金を納めている。寛永9年には老中青山下野守が房総鰯網1340張、鰯網職14万8000両を貸し下げている。また、江戸の豪商も網元に投資をしている。干鰯が農業生産を上げるための産業、商業として発展してきたことを物語っている。私の家から九十九里浜までは20キロメートルある。水田の真中を栗山川が流れて九十九里浜に注いでいる。その川岸に屋号「問屋」さんの家がある。九十九里浜で生産された干鰯は俵に詰められて三十石船に荷積みされて、栗山川を遡って、問屋さんの船着場に付く。その干鰯は多古米の生産を高め、多古—加茂、三里塚—大清水—成田の街道によって運ばれ、北総台地の農業生産力を高めたのである。特に、多古米が集積されて船積みされて、九十九里浜から銚子沖にでて、利根川を遡り、関宿から江戸川に入って、江戸前寿司の飯になっていった。

磯付村、浜付村の階級構成

「南総東浪見村の大東碕り北総銚子港のまでのあいだに漁労で生活する者4万戸、網主300余家、網船300家」とある。網元とは豪農であり、高利貸であり質屋であり、名主であった。40人から50人の人を使っていた。豪農網元飯高家の文書によれば「譜代の家来の如く百姓四十人」を使っていたとある。安永2年20石、享和6年31石、天保3年45石、明治年53石と小作地からの地代の取立てが多くなっている。一つ松武左衛門家文書では文政3年14石、弘化3年14石、文久3年27石、慶応3年28石とこれも地代の徴収が増えている。豪農網元地主への発展を物語っている。片貝村土地明細書によれば、526軒、人数2700人、農業者51軒、農間漁業332軒、農間商140軒。尾垂村取調上書には1456件、農間商30%が農間商、70%が居酒屋である。干鰯場で働く人相手の居酒屋である。5反歩以下の百姓は栗生村91%、一つ松村73%、尾垂村

95％となっている。

浜での労働、浜商人と奉公人、地曳網主と奉公人、磯買付人、薪拾い、干鰯運搬人、駄賃稼人、それに浜地に、地曳網納屋、漁具置場、魚油場、〆粕製造納屋、百姓出稼小屋、船引き上げ場があり、四天木村では40軒、片貝村70軒など九十九里浜一帯の浜辺の村々にはこのような作業小屋が建てられていた。浜には網主が指揮をとる上納屋があり、下納屋には沖合、賄、中乗音頭、水主、炊、鳶野郎が小屋で寝起きしていた。検地帳によれば、浜地の利用、網張り、村境を巡って絶えず網元、村同士、農漁民によって争いが毎日のように起きていたことが記録されている。したがって、浜と沖合いについての検地、取調べは多い。

商業活動の展開

関西からの出稼ぎ漁師は5月から10月まで働いて1人当たり40両―50両の金が支払われた。送金して国元で田畑を買い家を新築したという。西宮関係で出張店は14軒あり、1軒が干鰯２００俵積み船12艘をもっていた。奉公人も30人ぐらいいた。1軒で1万５０００俵から2万俵を作り上げていた。干鰯1俵9文であった（幕末の1俵の米の値段、安政元年40銭・万延元年79銭・文久元年65銭・元治元年78銭）。

熱田さんの言葉を信ずる資料は見つからないが、言葉を信用すれば、熱田さんの生家は豪農、網元地主となる。板子1枚地獄の底、一網千金と豊漁の時は祭りのにぎわい。浅間山が爆発し１００万人が餓死した天明の飢饉の時は、「空くもりて陽なし、魚一匹獲れず」とある。不漁は何年も続いた年もあった。記録されている天保年間は5年も不漁が続いたと記録されている。鰯漁に依存し、5反歩以下の百姓90％、居酒屋70％、浜で働く大勢の人たちは離散の憂き目にさらされ、多くの網元も倒産した。熱田さんの生家はこのような状態のなかで破産、倒産、一家離散になったとおもわれる。九十九里浜が鰯の豊漁で賑わいを見せていた時は、陸地のものが働きに往き、不漁になると浜者が北総の村々に生活の場を求めてやってくる。熱田さんの両親も芝山町香山新田、通称横堀の原野にたどり着き、宿集落の地主萩原の山林を借地して拓き生活の場をそこに決めたのである。

熱田さんのおばあちゃんの話

「丸太と萱で家をつくり、木を切り倒して1年かけて5畝の広さの畑をつくった。菜っ葉をつくり、麦を蒔いたが肥やしがなくて育たなかった。飢え死にするかとおもった。大きい百姓の家に手間取りに行き飯を食ってきた。落花生の仲買人のまねをして商売をしたこともあった。家の裏山の崖を登り下りして水を運び飯を炊いた。風呂はなく、下の田圃で体を拭いたり洗ったりした」。

香山新田の横堀を開いたのは埼玉県武州の集団移住の人たちである。この土地の大半の所有は成田取香の地主藤崎の所有地であった。上層農、富農、地主が、小作地として山林原野を拓かせて寄生地主化していくことが、横堀集落の開墾の歴史の背景に見ることができる。熱田さんの両親が横堀に鍬を入れたのはこの人たちより後のことである。横堀部落開拓碑文には熱田家の名前は刻されてはいない。私は、熱田さんの先祖が大友皇子（弘文天皇）熱田神宮ゆかりのものとはとても信じがたい。貧苦のためか権威を必要としたのかもしれない、あるいは生まれ故郷を象徴する「内裏塚」の屋号を我が家につけて生計を立てるために励んできたと思われる。しかし、皇国史観が生活の中に存在していることは見逃すことはできない。皇国史観から人民史観への確立、それが三里塚闘争の発展の道筋でなければならない。

資料　大化改新律令社会

戸籍《へふだ》

班田収受の租、庸、調の賦課は戸籍が基礎である。わが国の戸籍法は白鳳12（784）年、天智天皇の時代につくられた。正倉院に13通の戸籍がある。そのうち3通が千葉県関係のものである。下総国葛飾郡大嶋郷（現千葉市寒川付近）倉麻郡意布《おふ》郷（現千葉県我孫子市付近）と釬托《かとり》郡少幡郷（千葉県香取市少幡か）

里名

当時の地方制度は郷保里からなっている。単位は50保1里、1保5戸である。

里名	総戸数	総人口	奴　婢　数	
甲和里	44戸	454人	1	1

嶋俣里	42	370	0	0
仲村里	44	367	2	5

家族人員

葛飾郡大嶋郷甲和里	戸主名	家族人員	奴	婢
	孔王部真呰	41	奴麻呂33歳	真物売26歳
	孔王部麻佐利	9		倭売51歳
倉麻郡意布郷	藤原部黒栖	8		
	藤原部諸惣	9		
	藤原部金弟	20	古5歳	黒売39歳佐留売9歳
針托郡少幡郷		29	荒島41歳　長麻呂8歳	

家族構成

甲和里10・2人、嶋俣里8・88人、であるが、傍系家族のはっきり別れている18戸をとってみると、父1、母9、妻12、妾5、子67、子の妻0、孫8合計120人が直系親族である。傍系親族は父母の伯叔6、妻妾7、兄弟48、兄弟妻妾9甥姪71、その妻妾1、その子67、この妻0、その子10、いとこ49、その妻妾5、その子40、その他傍系親族11計257、奴婢0、口寄せ8総計385人。直系親族の長郷戸から別れた房戸がみられ、氏族社会が生産点で分化して行く様子がみられる。

租庸調（税金）

律令社会における税金の制度は、いうまでもなく租庸調である。田の長さ30歩、広さ12歩を1段として、10段を1町とした。一段の収穫標準は稲50束、口分田は男子2段（収量稲100束）1束の稲から玄米が5升取れたといわれている。天平尺と平安枡目があるが、今の量に計算すると1段約6斗7升ぐらいである。そこから1斗1升を引く、これが租である。

下総国（租庸調）

*正税雑稲・・正税40万束　公40欘万束　国分寺料5万束　薬師寺料3万5千束　文殊会2千束、薬分料1万束、修理池溝料4万束　救急料7万束　貯斗料2万束、

合計102万7千束

*調・・布200匹、紺布60反、紺布40反　黄色布30反

*庸・・布を輸する

*中男作物・・麻400斤、紙、熟麻、紅花

*年料供進・・麻子7斗、商布3千段、零羊角、欘子4合、紫草2千600斤、蘇20壺

*年料別納租穀・・1万4千石

*年料別貢雑物・・筆100菅、牧牛皮6張、牛角12口、麻子7斗

*交易雑物・・布1万5090反、商布1万50反　鹿皮20張、ひきはた革10張、紫草2600斤、欘子合、かく麦6斤、地楡14両、芍楡10両、白頭公9斤、かなおいか4両、瓜帯3両、蒲黄2斤、

*年料雑薬・・青木香1斤8両、前胡、連翹、黄精、藁本、白薇2斤、独活、菜、桔梗　木解、白鮮、大菜5斤、くこ、松脂10斤、をけら3斤5両、藍漆5斤　桃仁1斗、麦門冬、蜀椒4升以下略7種類

安房国義倉帳（**天平勝宝2年・749**）

律令制度下の義倉帳とは国が貧富の差において毎年一定額の穀物を徴収して官倉に保管しておき、不作、飢饉、災害時に放出するものである。いまの、共済制度に似たものである。

貧富の差を9等級に分けている。標準戸の1年間の食糧は稲627束、（1束5枡×627束）

安房国見戸数４１５戸、輸戸88戸、不輸斗３２７戸、下下戸69戸と義倉に納められない人が全体の８割である。中上戸はひとりも存在しない。ひどい貧しさである。

律令社会は奴隷社会

この時代の房総３国の総人口は約30万人だといわれている。房総の奴隷の比率は約１・２％であったといわれている。大家族制のなかで白丁も家族を養う事ができなかった。この白丁の下に膨大な貧民階級があった。即ち奴隷である。稜戸、官戸、家人、公奴婢、私奴婢のいわゆる五色である。官戸とは宮田を耕す奴隷、稜戸は墓を守る奴隷、公奴婢は官田、神田、位田、功田を耕し雑役をする奴隷。私奴婢は私人に属し牛、馬の如く使われ売買された。

熱田副行動隊長の皇国史観

三里塚反対同盟熱田副行動隊長の屋号は「台塚」である。熱田さんの住む横堀は菱田開墾と通称呼ばれていた。菱田地域は九十九里平野の一番押し詰まった谷津地の水田地帯であり、この上から北総の畑作地帯、丘陵地帯がはじまる。高い山の上、台地の上の家と熱田さんの屋号「台塚」と私は理解していた。この地形論的認識は誤っていたのである。熱田さんの屋号は、奈良や平安の天皇が住む平城京の大極殿の羅生門、朱雀門、大内裏からとって命名したものである。それはなぜか、熱田さんは天皇家にまつわる一族と認識していて屋号を「内裏塚」としたのである。天武、持統朝は古代日本において最も天皇の権力が権威が高まった時代だとされている。

古代日本においての最大の内乱は壬申の乱（６７２）である。近江朝を打倒した大海人皇子が飛鳥浄御原宮に即位し誕生した天武朝は、臣下を朝政に参画させない極端な皇親政治をおこなった。この時代注目されるのは天皇が日本の神々を祀る司祭者の性格を強く持ち始めたことである。農耕神を祭り豊作を祈る祭りが整備され、伊勢神宮が設けられて天皇の即位には未婚の皇女を伊勢に赴かせる斎の宮の祭祀が確立した。現人神として天皇の宗教的権威が制度として確立していった時代である。我々のなかに農地死守、大地自然を守る意識と豊葦原瑞穂国、農は国の基なり、稲作の民族の祭祀者天皇の農本主義の思想の根本的違いはどこにあるのか。我々自身の思想の内部深層にせまらなければならない。

壬申の乱、1カ月に及ぶ内乱に勝利した大海人皇子は、大友皇子を斬首し右大臣中臣金ほか近江朝廷の官人多数を処刑した。このとき大友皇子の妃、愛妾、一族、官人が東国で舟で逃れ、千葉県の九十九里野手浜、熱田さんの生家があった地に漂着したというのである。ここの地で大友皇子の妃は病でなくなり、村人は手厚く葬った。その葬った場所が内裏塚とよばれて今日まで伝承されてきた。私は調査に行ったのだが、土地改良工事が実施されて、その内裏塚は整地されてなくなり、別の場所に移されていた。熱田さんはこの内裏塚が私の祖先の墓であると主張しているのである。大海人皇子が壬申の乱で勝利し飛鳥浄御原宮で即位して天武天皇（673—686）になったときには平城京は建築されていない。「内裏塚との科学的根拠はない」のだが熱田さんがそう信じているところに問題がある。壬申の乱は皇位継承を巡る動乱だが、「虎を翼をつけて野に放つ如し」吉野朝の東国の豪族の動員と連合、朝鮮の白村江の大敗北で動員できなかった近江朝、吉野朝の三関の封鎖、先手必勝の吉野朝など闘争になる教訓も沢山ある。

熱田さんは熱田神宮祭神の一族だと思っている。熱田神宮は日本武尊が祭神である。本納町の橘神社を始め武尊の伝説は千葉県に多い。「日本書記」によれば「ここに、日本武尊上総より転じて陸奥の国に入る。ときに、大鏡を王船に懸けて海路従い葦浦を廻り、横に玉の浦を渡り蝦夷に入る」とある。また、東京湾が水道を渡るとき暴風にあい妻橘姫を水神に捧げ水神の怒りを鎮めた。その橘姫の櫛が流れ着いた。武尊は悲しみのあまり去ることができなかった。「君去らず」が木更津の地名になっている。それは先住民族を征服して大和朝廷の東国支配が確立していく様子がうかがい知れる。東征を終えて帰るときに日本武尊はなくなり白鳥となった伝説がのこっている。私は熱田さんがこの伝説の中の関係一族であるとは思わないが、一つだけ確かなことがある。千葉県は黒潮文化圏である。銚子、海上、飯岡などの九十九里沿岸の漁法は紀州のものである。白浜、勝浦など紀州の地名と同じくしている。沿岸の住民の多くは紀州から移住してきた人々である。熱田さんの先祖は黒潮に乗って九十九里浜に移住してきた可能性は十分にある。

私が、三里塚闘争の中で熱田さんの屋号を特別に問題視するのは、三里塚と皇室の関係は特殊なものでなくに日常性に深くどの地域より影響しているからである。下総御料牧場の成立、天皇、皇太子を迎えての旗行列、道路の整備、天皇皇族の食料品の生産とその管理の労働力の挑発、皇族の戦後開拓20周年記念の小川明治宅の庭に桃の木の植樹、シルクコンビナートと皇族のお手植えの桑の木、式典における花火の打ち上げ、遠山中への学習院講堂の移築、明治大帝の偉業を偲ぶ御料牧場存続の請願、天皇直訴における老人行動隊長の二重橋上の万歳三唱、反対同盟各家庭の欄間にかかる天皇の御真影と床の間の天照大神の掛け軸、神社、産土神の天皇家につながる者の神々等、皇室と天皇にもつ近親感は他の地域では見られない濃さがある。この深層内部をひっくりかえして新しい世界を作り出す闘争の質は三里塚では作り出すことができなかった。マッカーサーの天皇は何十個師団に及ぶ力を持っている。吉田茂総理の臣茂の発言。今日に至るまで天皇の政治的利用は続いているからである。

熱田てるさんの親戚の証言

私は、熱田さんの菩提寺の墓石の調査をしたが、熱田さんの家の墓石は発見することはできなかった。寺の存在は無く観音堂が建立されていて無人であった。熱田てるさんの生家をたずねてお聞きした。それによると、熱田さんの生家は財産家であったと聞いているが、すでに散財していてその屋敷跡は人家が建つ、熱田さんの生家を立証するものは何もなかった。熱田さんの生家は散財し、家族は離散し冠婚葬祭に親戚一同連絡してはいない。食い詰めて村でも誰も相手にされず行き方不明になってしまった。古い何代の先のことでわからないということであった。

熱田さんのおばあちゃん（母親）の話では、雑木林であった。その木を伐採して畑を作っていったが、肥料もなく麦を作ったが収穫はゼロに等しかった。拝み小屋に住んで、下の田圃からバケツや桶で水を汲んで来て飲み水として生活してきたが生きることが精一杯であった。熱田さんに両親のことを聞いてみた。この雑木林は菱田中郷の萩原の地主のものであったが、地主は雑木林では利益が上がらないので、希望者に貸し付けて開墾地をつくり小作人として地代を取って利益を上げようとした。盛んに山林の開墾が行われた。明治期末の産業革命、そして寄生地主制度の発展と確立、小作人と破産浮浪の徒の出現がこの言葉のなかに読み取れる。地租改正と巨大地主、大鐘、西村の成立（八街）岩崎財閥経営の末広農場（成田）天皇家の下総御料牧場の成立、地主小川総一郎（芝山）、手島幸一（芝山）、鏑木家（干潟）、神保家（横芝）蕨家（山武）の成立など解明しなくてはならない問題も整理がついていない。通称、北総台地の農業、農民を明治開拓、戦後開拓そして古村と呼んでいるが、それでは問題の解明にはならない。地租改正と明治開拓、農地改革と戦後開拓、古村とは荘園土地所有制度のなかに生まれた郷村のことである。私の牛尾村は下郷、上郷といまだに呼ばれている。中郷（菱田）も荘園制度の中で生まれた村の名前が残っている。

　熱田のおばあちゃんの亭主は落花生を売り歩いて日銭をとって永く生活していたという。おばあちゃんの言葉には真実がこもっていて信用できると思った。散財で親戚、故郷の人々にも相手にされず、ここ横堀に住み着いたときに故郷忘れがたく、屋号に故郷の内裏塚の名前をつけて生き抜くために頑張ってきたのである。私はそのように思った。横堀産土神の前に開墾碑が建立されている。今は移転されてしまって無い。この横堀部落開墾記念碑には熱田さんの先祖の名前は刻されていない。

戦後自作農経営の崩壊

　熱田さんは1町2反歩の自作農経営である。戦後の農地改革で買い求めた田畑が大半である。まだ小作地は残っている。熱田さんの経営は水田が面積の大半を占め畑は落花生、薩摩芋から西瓜、野菜に転換していったが主要な作物は米である。熱田さんには農業後継者はいない。息子の青年行動隊であった誠くんは鍼灸師になって独立し、隣に住んでいる娘春江は看護婦、夫は農協職員である。農業経営は、熱田さん夫婦だけである。労働力は支援団体に頼っている。熱田さん夫婦が老齢化して経営が維持できなくなると、その土地を支援団体が労働力を投下して生産を全面的に管理し販売までやるようになっていった。横堀集落は農民の移転で消滅し熱田さん家族1戸となった。そうして移転していった。このような状態は熱田さんばかりではない。朝倉の秋葉哲救援対策部長も最後の1戸となり息子茂夫君が農業を引き継ぎ移転した。台宿の岩沢吉井さんも最後の1戸となり息子さんが農業を引き継ぎ移転し、岩沢吉井さんは死ぬまで台宿の家に残った。木の根は直克、100家族の最後の2戸となった。直克くんが病で倒れ農業を維持できなくなった。2人息子がいたが農業を継がず移転となった。源さんの息子一彰くんは癌にかかり死亡、子供達は農業を引き継がず移転した。

　天神峰の1戸の市東くんは政治団体の支援を受けて土地と生産を管理して戦いを維持している。東峰の島村昭二君は農業後継者もおり家族で経営を維持して、生産物は組織された支援団体によって販売消費されている。萩原進君は後継者もおり経営を維持して販売、消費は支持団体によって行なわれている。石井恒司くんは空港（株）と交渉して空港敷地外に出荷場を新築し、空港（株）の土地水田の耕作契約をして規模拡大を図った。消費は支援団体で行なわれている。大木よねの養子になった英政、美代子夫婦は、空港（株）と交渉して土地を借り受け、離農した農民の土地を借り受けて農業を続けている。販売先は闘争支援者が対象である。完全に戦後自作農経営が崩壊した。家族ぐるみ、地域ぐるみの闘争と反対同盟組織を支えていた経済基盤が消滅したのである。有機農法を展開しつつ闘争支援者に農産物を直接販売するという形に変化していった。集落共同体の機能は存在しない。あるとすれば東峰だけである。島村、萩原、石井、英政、ラッキョウ工場と生産においても政治的にもいろいろな立場をとっている。島村君、萩原君を除いて農業後継者が存在せずに移転していった。宿の柳川秀雄君は自分で市場を開拓して販売している。東峰のラッキョウ加工場は空港に反対している農家との生産契約を行ない、反対同盟員の働き場を保障していたが、移転と労働力の老齢化で他から労働力を雇用して経営している。消費は支援者が対象である。島寛征は野菜加工出荷場を建設、労働者を雇用、事業に失敗倒産。空港公団による財産処分。空港公団の意をうけて石井新二は木の根の風車の解体売却。石毛博道君は大工、移転農家の新築そして権力のスポークスマン。相川勝重は町長になることによって一坪共有地の解体に奔走、木内武副委員長の息子順君は相続した岩山大鉄塔の共有地を２５００万円で空港（株）に売り渡し、元の地主の抗議を受けている。５回も６回も逮捕され戦い続けた、元青年行動隊幹部が権力の尖兵になっているのが特徴である。

残された課題

熱田さんの両親が横堀に開拓に入ったのは、産業革命、寄生地主制度が確立した明治末である。大正に入って、どのように自作地を持ち、どのような地主の小作地をもち４割から６割の地代を払って経営してきたのか。農地改革で小作地の解放を受けて自作農に成ったのか、成らなかったのか。水田経営と畑作経営だが、基幹作物構成、労働力と機械化の導入、農協、野菜組合、市場、軒先飼の豚、鶏、牛の畜産と経営の関係、系統金融は利用したのかどうか。将来に向けて子供たちをどう教育してきたのか。自作農経営と空港反対闘争を明らかにしなくてはならない。労働力の老齢か、後継者なし、支援による労働力の補充、請負作業委託、全面経営委託、そして離農移転。日本資本主義（空港問題）と農業農民問題（自作農経営と闘争）は別の稿としたい。

熱田さんの移転

熱田さんが三里塚に移転したの81歳の時である。よく頑張ったと思う。

農作業は老齢でできなく、生産の管理は支援団体の労働力に長年依存していた。販売、消費まで支援者がやっていた。反対同盟の横堀墓地裁判後急に熱田さんの態度が変化した。一つは横堀公民館の敷地は移転した瀬利誠の名義になっていたが「俺が瀬利にもらった」と主張するようになった。そして歴代記録されてきた部落長日誌を焼いてしまったのである。横堀公民館の権利を立証するものは熱田一さんしかいなくなった。空港（株）の陰謀である。次に起きてきた問題は、反対同盟所有の横堀団結小屋の土地の所有権の要求である。反対同盟副委員長瀬利誠の移転が決まったときに、瀬利は土地の返還を要求してきた。この横堀団結小屋建設は瀬利副委員長が提案したもので、自分が自発的に敷地を提供したものであった。反対同盟は明け渡しを拒否した。私は、この土地の買収を反対同盟に提案して、岩沢吉井反対同盟幹部を交渉人に立てて40万円で買収した。反対同盟副行動隊長の熱田一の名前で登記した。熱田さんはこの土地は俺のものだと主張してきた。この土地の買収登記の経過を知る者は、現在では加瀬勉、滝沢勇元第4インター朝倉現闘団責任者、熱田さんの娘さんの夫下山君、第4インター横堀現闘団の責任者のみである。交渉人の岩沢吉井さんは死亡してこの世にはいない。私は長文の手紙を書き、熱田さん個人の土地ではない、反対同盟世話人柳川秀夫の土地であることを説明した。熱田さんと加瀬勉の共同名義の土地にしたいと申し出た。熱田さんは拒否した。私は熱田さんに苦労してがんばってきた晩節を汚さないでほしいと再度手紙を書いた。熱田さんの後ろ盾は空港(株)である。熱田さんの娘春江さんと結婚して熱田さんの隣に住んでいる元第4インター横堀現闘団責任者であった下山君が熱田さんを説得すればそれで済むことである。残念だけれど対決となった。

> 念　書
>
> 横堀団結小屋の土地は反対同盟の所有地である
>
> 反対同盟代表世話人柳川秀夫、反対同盟幹部部石井武、元社会党現地オルグ加瀬勉、元第4インター朝倉現闘責任者滝沢勇、立会人横堀団結小屋山崎宏

が取り交わされた。駒井野の強制代執行のときは第2砦で立木に登り切り倒されて、横堀要塞では逮捕されて、熱田さんは戦いの先頭に立ち、又支援団体を励まし、全国を飛び歩いた。この晩節を汚さないように協力することは私の最後の務めであったが、後味は悪かった。熱田さんの息子で鍼灸師になっている誠君の所有地水田が、横堀現闘の鉄塔の下にあった。たんぼクラブが長年耕作していたものである。私はせめてこの土地だけは反対同盟に売ってくれとお願いした。

誠君は熱田家の全財産の処分の中で処理することにしたいと返事をよこした。この土地の位置は空港（株）がどうしても買収したい土地であった。熱田さんの移転先は三里塚第二公園の先である。娘春江、下山夫婦が共に住むこととなった。二世帯住宅である。春江さんは看護婦定年退職、下山くんも農協定年退職、息子は板前の修業を終えて独立。春江、下山夫婦は定年退職後、空港（株）の土地を借り受けて有機農法による農業を展開している。熱田さんは、三里塚に住まず市川の二女夫婦と一緒に生活している。熱田さん夫婦は根っからの百姓育ち、都市のコンクリートの中の生活は私はなじめなくて落ち着かない生活だと思いを馳せている。

家族ぐるみ、集落ぐるみの組織の大衆性を保障したのは、農地改革後の自作農経営がしっかりしていたことが基本である。家族労働は家族ぐるみの闘争を作り出した。自作農経営基盤がしっかりしていることは集落共同体の絆が強く残っているということである。これが三里塚反対同盟の基礎であった。麦、甘藷、落花生の作物の生産は、農家組合、農協の関連で生産が維持されていた。西瓜、里芋、大根、人参など野菜の生産は、農家組合にかわって出荷組合の結成、野菜専門出荷農協の設立、酪農、養豚、養鶏の各組合も結成されて、農協を通さず市場にみずからが持ち込んで販売されるようになった。これは農民がより貨幣経済に巻き込まれ、自給自足から抜け出すことでもあった。反対同盟の家族ぐるみ、集落ぐるみの闘争はこの生産基盤の上に展開された。闘争の後半になって、土地の共同出資、有機農法の展開、消費者に直接販売、消費者の生産への参加は集落共同体をはみ出る異質な生産経済活

熱田一さん

動に他ならない。すなわち、家族ぐるみ、地域ぐるみ、という反対同盟の体質とはちがったものであった。反対同盟組織は消滅したが生産、営農流通、消費の共同性が闘争の力になっているのだが、その共同性はそれぞれみんな違う体質と個性を持って成立しているが、連帯の共同性はない。有機農法の経営の成立は家族ぐるみ、地域ぐるみ生産や闘争が崩壊する過程で生まれた新しい生産組織にほかならない。

水田経営は作業委託、完全離農、借地経営による規模拡大がなされて10町、20町の経営が現われ、家族経営と借地による農業法人、賃労働者雇用と生産物の出荷が行われている。戦後農地改革で生まれた自作農経営の基礎はおおきく変化してきている。私は、成田用水土地改良区組合員2800人、3000ヘクタール、年間予算3億円、代議員、理事、東部工区工区長を経験した。空港周辺の市町村の農民の実態を深く知る経験をした。土地改良区の民主化闘争の経験は別の稿で紹介したい。

私の集落の実態を参考までに紹介しておく。農家戸数93戸、耕作面積平均1町歩、作目水田、作業委託による離農60戸、残り30戸は老齢者と兼業による休日農業、借地農業による大規模農家は15町と20町の2戸である。粗収入は1反歩米9俵の収穫。1町で90俵、コシヒカリ1俵60キロ1万6000円である。144万円の粗収入である。生産費を除くと50万から70万しか残らない。コンバイン、トラクターの修理の経費が入ると30万くらいしか手元に残らない。もちろん新車は借金でないと買えない。借地による年貢地代はコシヒカリ1俵半である。金額にして2万4000円である。土地改良費、共済、税金、農家組合費、部落会費等を納めると1銭も手元に残らない。土地改良をして田圃を整備して1銭も収益が上がらないのである。成田用水土地改良区は賦課金の徴収率は98％である。農外収入、年金で納入して先祖伝来の土地を守っている。これが空港関連住民対策の土地改良の実態である。生産共同体は崩壊して、土地改良役員、農家組合、共済組合、水門管理委員など役員の選出ができない状態である。

騒音対策特別事業に生活雑排水事業がある。私の地区戸数500戸、加入率49％。現在までの工事費15億円、個人家庭内工事最高負担額72万円、最低負担額26万円、1戸あたり平均負担額52万円である。防音工事についての補助は1種、2種の区別はあるが、1戸当たり平均100万の自己負担額である。

空港関連の住民対策は過酷な負担を住民に与えているのである。

世界初の産業革命を起こしたイギリスでは、農民の就労人口が3割になるまで150年かかった。フランスは60年である。アメリカは30年くらいかかっている。日本は10年である。いかに日本資本主義が急速に膨張し、人間、水、土地あらゆるものを激しく短期間に収奪したかがわかると思う。三里塚の農民、北総台地の農民はその国家権力の暴政と資本の収奪に激しく抵抗したのである。戦いは40年の歳月を要しさらに続けられている。

友納千葉県知事「吉田さん、そんなに土地がほしければ北海道に行けばいいではないですか」

吉田八街富里空港反対青年行動隊長「知事何をいうか。農民から土地を取り上げるのは首を切られたと同じことだ」。

友納千葉県知事「吉田さん、1つの会社が潰れても、又、別の会社で働けばいいではないですか」。

田畑は、大地は農民の分身である。命と歴史を刻んで生きている。農民にとって移転することは、生の断絶であり、精神の断絶なのである。農民のいかなるものか全然権力は理解していないのである。

「焚き火も凍る厳寒の野営に、おれ達は身を擦りあって互いの血を温めた、おれたちの武器は尽き、たとひ、おれ達の義挙は敗れるるとも、黒い土壌は永遠におれ達の母体だ、おれ達は生き、おれ達は闘う」（ロシア革命マフノとその一党）

稀代の頑固者、菅沢一利老人行動隊長

悲しみを越えて、満たされた気持ち

柾目の7寸角木の香りが漂う、墨痕鮮やかに「故菅沢一利之墓」と書かれた墓標を、私は担いで葬送の先頭に立った。菅沢のお婆ちゃんに「爺様を最後まで見送ってください」と特別にたのまれたのであった。「頑固爺い」「守銭奴」と侮蔑されてきた菅沢老人が、三里塚闘争に参加することによって人間的信頼と尊敬を勝ちえて、みんなから惜しまれてこの世を去っ

た。菅沢老人の大往生に私は満たされた気持ちでいっぱいであった。

数々のエピソード

この地方に大雪が降って、路線バスなどの交通機関がすべてストップしたことがあった。こんな大雪は何十年に1度のことである。もちろん道路には人影も絶えてない。菅沢老人はこのとき好機到来とばかり東金市に住む芝山町菱田小学校長の家をめざして出発した。夜明けと共に家を出て夜に校長宅にたどりついた。まさかの来客に校長家族は驚いた。実は菅沢老人は仲人役として校長の娘さんを嫁に貰いに行ったのである。大雪で交通機関が麻痺して道に歩く人も絶えたときに尋ねたのは「本当に嫁が欲しいのだ。是非結婚してくれという熱心さを態度で示した」のである。千代田集落の萩原という歯科医師に校長の長女を嫁に世話したのである。この嫁さんは、歯医者のネエちゃん、ネエちゃんとみんなから呼ばれて集落の婦人行動隊長になった活発な人であった。

菅沢老人夫婦には子供がなかった。自分の親戚から鶴子さんという娘さんを養子に迎え、妻の実家から専二さんを養子に迎えて結婚させた。ところが、集まれば酒を飲み歩く消防団員であるが、養子に迎えた専二さんを消防団に入れないのであった。「お前の家が火事になってもポンプで消してやらない」といわれても頑として息子の入団を拒否し続けた。集落共同体の中にあって消防団に入らず盾つくことは容易ならざることである。集落共同体において消防団は、火災、風水害、警備など集落の治安を維持するために特権を与えられている特別集団である。15歳から25歳までは集落においては入団は義務とされている。新しく入団する人のために入団式がやられる。消防団の活動経費は、水田の用水管理組合について2番目の大きな予算である。集落の自治に抗するのだから相当の覚悟を必要とする。

小学校のＰＴＡ会費は児童生徒がいてもいなくても全戸から徴収していた。「おれの家には未だ孫がいない」と菅沢さんは会費を納めないのである。ところが、孫が生まれて小学校1年生に入学するや、グランドが狭すぎると菱田小に隣接する畑を気前よく寄付してしまうのである。昼間田畑の仕事をして夜も働いた。過労で多古中央病院に入院したが「働くのもいい加減にしろ、死んで墓場に金は持って行けない」と息子夫婦に言われると即座に、病院の職員、看護婦に音のしない上等な履物を配った。

菅沢さんの父親は馬車引きで貧しかった。「目くそ鼻くそ、鶏のくそ」とばかにされていたそうである。座敷に鶏が入って遊ぶほど貧しかったという。菅沢老人は「変人、頑固爺い、わからずや、守銭奴」とあらゆる罵声を浴びてもとにかく徹底的に働き金を蓄えてきたのである。昼間田畑で働いて、夜藁縄を機械で2個づつつくりあげていった。機械縄2個といえば半日仕事である。それを毎夜休まず作り続けたことは村の語り草になっている。菅澤老人の頑固は貧しさとの戦いのなかで創られた貧農魂なのである。

機動隊の暴行から息子や若い者を守るために

１９６７年10月10日の外郭測量阻止のために各集落ごとに行動隊が結成されて、真夜中であれ、夜明けであれ昼であれ、出動のドラムカンは村々に鳴り響いた。老人行動隊の結成の動機は、機動隊の暴行で若い者が怪我をさせられては生産ができなくなってしまう。「老人は老い先短い命だから、機動隊と反対同盟の間に割って入って若い者を守る」ということであった。

老人行動隊の組織化はほどんと菅沢老人が寝食を忘れて駆けずり回って組織したものである。真夏の暑い昼時、みんなが昼寝をしているときにわざわざ尋ねて行くのである。相手は何事が起きたのかとびっくりする。そして老人行動隊の必要性を相手に訴えるのである。それも何キロの道のりがあっても汗まみれになって歩いて訪問するのである。相手はびっくりするやら、気の毒がるやら大変なことであった。菅沢老人は胸を力任せに叩いて、自分の熱い気持ちを相手に伝える、相手の人の気持ちを熱くしなければだめだと語る。我々のオルグといえば電話と車と紙、メールである。便利さにかまけてオルグの基本を忘れている。この菅沢老人の心の熱さが伝わっていき老人行動隊は結成されたのである。外郭測量阻止闘争は、駒井野、岩山大袋に反対同盟は大部隊を結集した。老人行動隊は三里塚十字路に座り込んだ。測量杭は駒井野に三里塚桜台に打ち込まれたのであるが、老人行動隊は機動隊に排除され桜台に測量杭は打たれたのであった。外郭測量などは何所に打ってもよいわけで、これを基準にして工事が行われるものではない。儀式なのである。とにかく駒井野と桜台に杭を打たれ、脳天を串刺しにされた、心臓に釘を刺された、反対同盟の農民にはこんな痛みがあり、怒り心頭に発していた。

三里塚天狗騒動

外郭測量が打たれた翌朝、三里塚に天狗が現われて杭を警備していたガードマンが頭から袋をかぶせられて捕らわれ、測量杭が引き抜かれたのである。三里塚闘争で天狗騒動と言われているが、三里塚の天狗とは柳川秀夫、秋葉義光、加瀬勉であり、闘争本部で指揮執った親天狗は、岩沢吉井反対同盟幹部、柳川茂副委員長、秀夫君の父親であった。身体に刺さった棘、百姓の脳天に打ちこまれた杭、魂に打ち込まれた杭を抜いたのである。政府、警察、公団は唖然、反対同盟の農民は大喝采。芝山、三里塚公園に通ずる県道は桜並木が続いていて、桜台の大きな桜の木の幹の周りが荒れて草や木が生えていた。そこに測量杭が打たれ、ガードマン3人が座っていた。突然の我々の出現に腰を抜かしてた。私は逃げるガードマンが着ていたジャンパーをとっさに取って頭からかぶせて思い切り殴り、蹴り倒した。柳川秀夫、秋葉義光君らもガードマンを捕まえた。1人には逃げられた。3人がそれぞれ千代田農協2階の闘争本部に帰ってきたのであるが、義光君がガードマンを車で連れてきてしまった。「シマッタ」と思った。暴行、監禁で弾圧を受ける。そのガードマンは黒川といっていた。農協の職員にお茶を出してもらい、汚れた泥をふき取らせ、顔を洗わせた。闘争本部の窓とドアを開放して、私はガードマンの黒川に、「帰りたかったら帰れ、反対同盟は激怒している。見つかれば殺される」といったら、「命だけは助けてください、申し訳ありませんが、安全なところまで送ってください」と大声を上げて泣き出した。私は、芝山の川津場道から富里に出て、日吉倉から成田京成駅の東電の事務所前でガードマンを降ろした。その後三里塚の天狗には権力の弾圧はなかった。

明治大帝（天皇）の偉業

菅沢一利老人行動隊長からいえば、「下総御料牧場は明治大帝（天皇）の偉業をしのぶところであり、歴代の天皇とその皇族にかかわって生きることができる誇らしげな聖なる地」なのである。天皇が乗馬する「白雪」、皇太子が乗る馬、宮中行事での2頭立ての馬車等はここで飼育されている。天皇皇族が食うバターは手づくりでここでつくられる。豚、鶏、綿羊、野菜などは毎日下総御料牧場から天皇、皇族のもとに運ばれる。皇太子、皇族が三里塚に桜の花見に来たり、乗馬に来るときは、道路の補修の勤労奉仕に出る。住民総動員で日の丸行列で迎える。日常の畑の手入れなども近隣住民の奉仕である。三里塚の農民にとって下総御料牧場は天皇、皇族と一体感となって誇りたかく生きる場所なのである。

菅沢老人行動隊長が宮内省に出した下総御料牧場存続の請願書は「明治大帝の偉業をしのぶ下総御料牧場を空港建設敷地にすることは絶対に認められない」というものであった。菅沢老人行動隊長の請願について、宇佐美宮内庁長官は「三里塚の農民が1人でも反対していれば、空港敷地にはしない」との回答が来たのである。三里塚の老人行動隊はこれを信じたのである。

放火焼き討ち計画

下総御料牧場が栃木県の高根沢に移転することが決まって、宮内庁の裏切りに三里塚の農民は怒った。牧場閉所式に乱入闘争が展開されて萩原進青年行動隊員が逮捕された。木内武反対同盟副委員長が激怒して御料牧場の厩舎及び全施設を焼き討ちしようと計画してきた。蚊取り線香の燃え方を寸法で計算して真夜中の火事、昼火事がよい、朝明けがよいという実験を繰り返した。ガソリンを湿した真綿にマッチの軸を2、3本括り付けて発火装置を作った。厩舎の中に飼葉用の乾燥草が山済みされていたので、そこに設置する場所も決めた。下総御料牧場放火、焼き討ち計画である。放火については深く罪の意識があって、いくら宮内省が裏切ったとしても犯罪を闘争の手段に使うべきではない、反対同盟みんなが闘争に参加できる戦い方を見つけることが大切であるということでこの計画は中止された。

何百年もの杉の大木が８００本くらい下総御料牧場にはあり、桜の老木もたくさんあった。その伐採を三里塚の越川材木店が請け負った。反対同盟北原事務局長の隣である。老人行動隊が伐採阻止闘争に立ち上がった。伐採する木の根元に座り込む。切り倒される木の下に座り込む、とうとう越川材木店は作業を幾度も中止せざるを得なかった。御料牧場焼き討ち計画の考え方は闘争の底流に深く残っていた。そこで私はこの闘争エネルギーを引き出すために、御料牧場の伐採されるあらゆる樹木に5寸釘を打ち込んだ。夜、5、6人のグループを作って実行した。大きな樽5個分の釘を打ち込んだ。これは反対闘争の非合法の最初の活動であった。木を製材するときには、オビ状の電動ノコギリを使用するのであるが、何十万円するオビノコが、5寸釘を打ち込まれたことで何枚も破損する打撃を与えることができた。そして越川材木工場と住居占拠闘争に発展していったのである。

話は少し横道にそれるが新潟県福島潟米の減反反対闘争に、樹木に5寸釘を打つ作戦が応用いられたのである。米の生産調整、減反政策に福島潟の農民は反対して稲を作った。それを北陸農政局が強制刈り取りにでたのである。全日本農民組合会長の松沢俊昭衆議院議員から阻止闘争の戦術を相談されたときに、「1本1本の稲株に鉄筋を切って刺したら草刈機は使えない。差し込んだらまた1株1株点検して抜けばよい、全日農と県評が1000人動員しているのでわけはない」と、こうして北陸農政局の青刈りを完全に阻止して米は収穫されたのである。

天皇直訴

下総御料牧場閉鎖を巡る闘争は、菅沢老人行動隊長の直訴に発展して言った。この天皇直訴に私は大賛成をした。菅沢老人は「天皇は神聖にして犯すべからず」と支配的実力があると信じているが、傀儡の天皇には政治的に何の力もない。天皇制を権力者は支配の道具としているだけであるが、触ってはならない支配の象徴にふれて世論を喚起することはとてもよいことだと私は思ったからである。天皇直訴の文は菅沢老人が作成し、筆の達筆な農協の斉藤参事が巻紙に謹書した。この作業が進んでいるときに、菅沢老人が家出をして夜私の部屋に泊まらせてくれとやってきた。そのとき私は千代の家食堂の離れ6畳の間を借りて住んでいた。「天子さまに直訴」をうちあけると家族は「とんでもない爺いだ」と、口を揃えて追い出したというのである。菅沢老人は明るく高笑いした。思い詰めた様子は微塵もなかった。この明るさのそこに並々ならぬ決意があることを知った。天皇直訴の決意の深さが明るい高笑いになっているのである。物事を本当に決意した人間の落ち着きの中の明るさであった。それに和して私の決意も決まった。

次の日、菅沢老人を連れて家に戻った。連れ合いの「おばあちゃんが、頑固爺い、いちど言い出したら誰の言うこともきかない、わがまま者だが加瀬さんよろしくたのみます」と言われた。さすが「年輪を重ねてきた夫婦だな」「幸せな夫婦だな」と思った。お鶴、専二息子夫婦を尋ねて畑に行ったら「爺さまを一晩泊めてもらってすみません。天皇直訴をやるなと怒っているわけではない。爺さまはどうなってもかまわないが、バスで行く老人行動隊にもしものことがあったらしょうがない、そのことが心配で反対したのだ」と、これまた気楽に話してくれた。天皇直訴の家族の争いは単なるデモンストレーションであったことを知って私も安堵した。菅沢老人は天皇直訴の行動には「加瀬さんは」来ないでほしいと私に強く言った。私ひとりで天皇直訴をする。他の者には絶対に累を及ぼさないという決意と配慮が菅沢老人にはあった。

水杯と別れ、そして感涙に咽んで

天皇直訴の出発の朝、菅沢老人の床の間の奥座敷は寒の冷たさのなかに空気が張り詰めていた。床の間には天照大神の掛け軸がかかっており、欄間には天皇の写真が飾られていた。白馬「白雪」にまたがる軍服姿の天皇の写真である。磨かれた机の正面に菅沢老人が座り、左右に岩沢吉井反対同盟幹部、老人行動隊顧問と私、3人の座の少し下がったところに菅沢老人の連れ合いのおばあちゃんが座った。3人は一言も言葉を発することなく一気に飲んだ。紫の袱紗に天皇直訴文はくるまれて、菅沢老人の手勺でそれぞれの杯に水が注がれた。3人は黙って菅沢老人の家を出た。さすがに菅沢老人の連れ合いのおばあちゃんの顔は固くなっていた。私は固くなった無表情の女性の顔を幾人も見てきた。「死んで還ります」「今度帰るときは白木の箱に入って帰ってきます」と、我が夫、我が息子、我が父を戦地に見送った日本の女性の顔と同じであった。他者に累が及ばないようにとの菅沢老人の配慮から私は天皇直訴同行を断られたが、成田から急行電車で皇居二重橋に向かった。

二重橋の車止め、正門、堀の幅と深さ、石垣に下がっている命綱、修学旅行や観光客の動向を点検して、宮城広場の小松林の根方に身を構えた。楠正成の銅像付近にバスを待機させて、菅沢老人行動隊長を先頭に老人行動隊が整然と歩いてきた。二重橋が近くなるにしたがって菅沢行動隊長の足取りは速くなるのだが、他の人たちはだんだん足元がのろくなっていった。天皇に対する恐れ、ためらいが、心の動きが足の運びによく出ていた。二重橋の車止めの前で菅沢老人行動隊長も他の人たちも立ち往生してしまった。正面の扉の前に行けないのである。私は小松の影から老人行動隊のところに駆け寄り、車止めを乗り越えようと声をかけたが、身体が硬くなってみんなが前に進めないのである。そのときである、菅沢老人行動隊長が感涙に咽んで「天皇陛下万歳、万歳、万歳」と、遥か天皇陛下の住まいの方角に向かって三唱したのである。私は二重橋の上で警察ともみ合いになったらお堀の中に2人で飛び込む決心をしていた。修学旅行生と観光客がたくさん写真を撮っていたから宣伝になると思っていた。

そのとき麹町署がパトカーを先頭に反対同盟のバスを誘導してきた。警察は物静かに、「宮内庁で会議室にお茶を出してお待ちしておりますのでバスに乗ってください」と丁重に言った。我れ先に老人行動隊はバスに乗り込んだ。天皇直訴は不発に終わった。宮内庁に入る坂下門にくると職員5人が待機していた。「代表5人だけ中に入ってください」とのことであった。私は、「菅沢さん今だ突進しろ」と声をかけたら、菅沢老人行動隊長は紫の袱紗に包んだ天皇直訴文を高々と掲げて一直線に走り出した。続いて老人行動隊も一団となって走りこんだ。宮内庁の庁舎前で、老人行動隊の旗を先頭に庭をデモ行進して気勢を上げた。天皇からの呪縛は解けて何時もの反対同盟に戻った。対応した宮内庁職員に天皇直訴文は手渡しされたのである。権力はこの天皇直訴行動が事件になることを恐れていた。三里塚闘争のなかで天皇制問題が、下総御料牧場の問題をめぐって具体的に争われることになるのを恐れたのである。天皇直訴は、天皇擁護の思想と行動からであり、天皇制反対の立場ではない。

三里塚人糞作戦の元祖

三里塚人糞作戦、人糞爆弾が闘争で使用されたのは１９６８年７月12日の立ち入り測量阻止闘争のときである。木の根の小川源さんが頭から人糞をかぶり、測量杭を打つ公団職員と機動隊に突入したのである。杭打ち地点にがばと身を伏せれば、糞だらけの源さんの体の上に婦人行動隊が身を伏せる。公団職員や機動隊は暫し杭打ちを中止して恐ろしいものでも取り付かれたように人糞のついた自分の衣服をみて、これはたまらぬと戦闘意欲を失っていった。また少年行動隊はコンドームの中に入れた糞爆弾を必死に投げた。必死になれば糞の匂いなどなんでもないのである。少年行動隊の投げた糞爆弾、黄金爆弾が見事に機動隊や公団職員に当たり炸裂すると、本当に糞が黄金に輝くのである。人間が命がけでなりふりかまわず戦うときに美しい新しい世界がそこに広がってくるのである。糞が汚いとか臭いとか感じるときはまだ戦いに覚悟ができていないときである。黄金爆弾は三里塚の闘いの中で各所で使われたのであるが、黄金爆弾、人糞作戦の元祖は菅沢老人行動隊長が宮野雄亮（芝山町議会議長）宅と冬木材木店の座敷台所に振り撒いたのが最初である。日本の議会制民主主義、戦後民主主義が権力の陰謀によって死んでいった日なのである。菅沢老人行動隊長がなぜ宮野町会議長の家の座敷と台所に人糞を振り撒いたのか。

三里塚の戦後議会制民主主義が死んだ日

空港建設が決定された日が１９６６年６月22日、芝山町議会（７月20日）と成田市議会（１９６６年７月４日）は空港建設絶対反対を決議したので権力は動揺。私もこれで一つの歯止めができたと思った。宮野議長を中心に芝山町議会議員全員は、反対同盟主催の三里塚決起集会で絶対反対の態度を演壇の上から鉢巻姿で表明したのである。それからまもなく、成田市市議会議員、成田地区労議長浅野惣平氏が「運輸省の役人が７万現金を持ってきて、議会で空港反対を決議したが白紙に戻して欲しいと要請してきた。私は現金をつき返した」と一部始終を話してくれた。このことがあって、芝山町議会議員に空港建設絶対反対の決議を守って欲しいと毎晩反対同盟の農民は要請した。芝山町町議会議員の懇親会が印旛郡栄町安食の金田家旅館で開かれた。社会党町会議員、小川、清宮、三浦が出席すると運輸省役人と千葉県の空港建設対策室の連中が参加していた。三浦五郎議員は激昂して退席した。芝山町議会議員の買収工作、懐柔の席であったのである。反対同盟の農民は怒って町議会の空港反対決議を守れと議員に要請した。空港に賛成する議員の姿が、家から集落から街から消えてしまったのである。

そして町議会開催の通知が空港建設に反対する三浦議員のところに来た。肝心の他の議員の姿はない。芝山役場の隣の菊家という旅館から議員は芝山町議会に直行したのである。開会と同時に空港建設反対を白紙に戻す動議が出されて、宮野議長が採決を求めて賛成多数で空港絶対反対の決議は白紙に戻されたのである。激怒した反対同盟は議場になだれ込み、非常用の消化栓を稼動させてホースで水を出して水浸しにした。機動隊が反対同盟員を排除したのである。「お前達は俺達の代表ではないか。選挙をやってやった。恩を返すどころか裏切るとはなんだ」と抗議した。空港に賛成した議員も必死であった。「選挙をやってもらったが、現金を渡したではないか。それでお互い様だ。文句言われることはない」。１票いくらの買収選挙をやってきたのだから反対同盟の農民も返す言葉がなかった。

空港建設賛成議員のリコール活動が即座に開始された。３日間で約７割の有権者の署名を反対同盟は集めて、選挙管理委員会に提出した。だれでもがこれでリコールが成立したと思った瞬間、芝山町選挙管理委員を権力は全員辞職させてしまったのである。寺内元助町長に議会を開催し、選挙管理委員を任命して、署名簿を審査せよと要求したが、今度は寺内町長が友納千葉県知事のところに相談に行くといって足取りが消えてしまった。千葉県友納知事も寺内町長の所在は知らないということであった。芝山町の行政は完全に麻痺してリコールの署名簿は審査されないまま放り投げられていた。ようやく寺内元助町長の所在がつかめた。千葉県立鶴舞病院に入院し身を隠していたのである。運輸省と千葉県知事の策謀であった。富里、八街、三里塚農民の数知れない政府と行政、議会に対する陳情、請願はことごとく無視されてきたのである。三里塚への空港決定は日本の戦後民主主義を死滅させた日であり、葬り去った日である。

空港に反対する農民に残されたただ一つの道は実力で阻止することである。三里塚の農民は過酷な運命に立ち向かったのである。芝山町議会の空港建設絶対反対を陰謀によって撤回させた張本人のひとりが宮野雄亮議長である。だから菅沢老人行動隊長はバケツいっぱいの人糞を持ってきて宮野議長の家の台所、座敷に振り撒いたのである。さらに隣の冬木材木店の座敷と台所に撒き散らしたのである。それは公団が現地で使う測量杭を冬木材木店を初め三里塚、芝山の材木店に発注して懐柔を図ってきたからである。冬木材木店は空港絶対反対から、そのことによって賛成に回ったのである。菅沢老人行動隊長は全身糞まみれで逮捕されて千葉中央署に留置された。高齢ということで1晩で釈放されたが、護送車内、留置場内は糞のにおいで警察の奴等が困っていたと菅沢老人は明るく体験を話していた。菅沢老人は千葉県下の警察の留置場を反対同盟で一杯にするほど戦おうと提案するのである。三里塚の闘いはそのように発展していった。

千葉県庁玄関で焼身自殺の抗議をしよう

三里塚闘争はアメリカ帝国主義の植民地支配に反対するベトナム人民の民族独立闘争の国際的潮流の中で戦われた。ベトナムでは多くの僧侶が焼身自殺の抗議闘争を行った。菅沢老人行動隊長は「我々老人の余命はいくばくもない。千葉県庁玄関先に藁を積み立てて、白装束に身を固めてその上に座り焼身自殺をして政府と千葉県知事に抗議して建設を中止させよう」と焼身自殺する決死隊を募ると提案してきた。「人間の命など虫けらのように思っている政府や千葉県知事に、焼身自殺しても彼等は反省もしないし、空港建設も中止しない」「三里塚は田畑を守って、生活を守って、命を大切にする戦いだ。焼身自殺することには反対だ」と私は言った。菅沢老人は、「それならば焼身自殺する振りをして奴等を驚かそう」といってきた。私はこの計画にも反対した。

命を戦術、戦いの手段にすることは反対である。いま、菅沢老人の顔はこわばり思い詰めていて周りがみえなくなっている。本当の決心、覚悟ができれば楽天的な明るさとゆとりができるものである。今の菅沢老人にはその覚悟の上のゆとりと明るさがない。思い詰めて激情に走っているだけである。人柱と特攻隊では運動の大衆性は保てない。

三里塚の闘いの基本は、自らが死ぬことではない。生きることである。三里塚闘争の武器は、投石でもなければ竹やりでもない。火炎瓶でもない。ヒューマニズムに基づく運動である。人間の生活や命を脅かす者に対する怒り、妥協なき行動である。我々は人を支配もしていないし、搾取もしていない、人間に敵対するものは何も持っていない。生きてゆくために平等な人間関係を心から望んでいる。それなのに、支配され搾取され暴行され捕われて、生きていくすべのすべてを奪われる。自らの生活と命を守らんとしたために殺される。だから自らを守るために戦う。結果として人間を殺傷した。この悲劇こそ階級矛盾である。平和を誰よりも望む労働者が、戦争の武器を作らねばならない矛盾、この社会的制度を心から変革したいと思う。

俺の山の木を自由に切ってくれ

天神峰の石橋政次副委員長が永年の目標であった母屋を新築することを決意した。石橋さんは母屋の新築を3度計画して資金がつきて3度失敗をした。今度で4度目である。

1度目の材木は作業場に、2度目の材木は台所と風呂場に、3度目の材木は豚舎と牛小屋に、いよいよ4度目の挑戦である。石橋さんの敷地、田畑はすべて空港建設の事業認定区域にある。建設が許されるのは防火用水の施設化、消防庫くらいのものである。永久建築の母屋を建てるのだから違法行為だとあらゆる妨害を権力はしてくるはずである。石橋さんの母屋建築表明は反対同盟の農民を震い立たせた。芝山町で1番山林を所有しているのは、空港賛成の手島幸一町長である。地主であり、東大出である。2番目に山林を所有しているのが反対同盟救対部長の朝倉の秋葉哲さんである。3番目の山林所有者は菅沢老人行動隊長である。4番目の山林所有者は農協専務で空港反対の中郷の小川総一郎氏である。私は、秋葉、菅沢、小川さんらにたいして、石橋さんに対する材木の提供を要請した。

「好きなだけ伐れ」とみんな承知してくれた。中でも菅沢老人は山に入って、木の下見をしてこれは4寸角の柱によい、この木は屋根ののし板に、これは垂木《たるき》に、桁木は一番よい木をきれ、鴨居の板、廊下に使う板、事細かに1本1本の木をみて切らせてくれた。材木の切り倒しは、石橋さんの義弟に当たる天神峰の石橋常吉さんであった。それにもうひとり十余三の岩沢茂君であった。古い家の解体、基礎工事の手伝いは白枡部落の木内武副委員長を始めとする反対同盟の農民であった。

こうして石橋さんの母屋建築の夢は実現したのである。

菅沢老人が守銭奴といわれ、人の一倍半働き続けて、身体と命を切り刻んで田畑を山林を買い求めてきたことが、農民である私には痛いほど解った。自分の所有する山の1本1本の樹木がどのような用途に使えるか菅沢老人は熟知していた。精魂込めて何十年にもわたって木を育ててきたのである。それを惜しげもなく石橋さんに提供していった。この1年は石橋さんの母屋の新築に私も全力を尽くした。

胸に毛沢東バッチ、手には毛沢東語録

菅沢老人行動隊長の胸には大きい毛沢東バッチが何時も光っていた。赤い表紙の毛沢東語録も肌身はなさず携帯していた。菅沢老人のところには中国と日本の国交を要求している人たちとか大勢来ていた。そのグループを三里塚現地では日中の人々と農民は呼んでいた。その人たちは、八路軍の三大紀律八項注意をかたくなに守って活動していた。

その影響があって菅沢老人の胸に毛沢東バッチが光っているというわけである。中国は、三里塚闘争を「日本軍国主義に反対する人民の闘争」としてとらえ、三里塚闘争のことは北京放送、北京週報、時には人民日報で報道していた。LT貿易協定によって、東京恵比寿に高崎事務所が設置された。中国記者団の来日、三里塚訪問、上海雑技団の来日、ピンポン外交など加速度に日中国交正常化の世論が高まってきた。三里塚老人行動隊が上海雑技団に招待された。胸に毛沢東バッチをつけた菅沢老人行動隊長が「中国は偉大なる仏教の国であります」と挨拶した。驚いた中国の通訳は「加瀬先生どうしましょうか」と尋ねた。私は「中国は偉大なる社会主義の国であります」と二重に通訳をしたのであった。文明開化の鹿鳴館ではないが、日本人は西洋かぶれが多すぎる。政治運動の中においてもおなじである。中国関係においても奉信している者が多い。これはお互いの理解の障害になるばかりでなく不幸なことである。権力との敵対関係に主体性を持つこと、統一戦線共同行動に主体性をもつこと、さらに反対同盟員の個々の独自性を尊重すること。これは国際関係においても尊重されなければならない。運動における独善、引き回し、代理戦争に対して徹底した民主主義が要求される。

菅沢老人が毛沢東バッチをつけ毛沢東語録を信奉しているが「中国は偉大なる仏教の国」であります。これが菅沢老人行動隊長の主体性の中身である。また、赤坂プリンスホテルで、孫平華日中友好協会会長の主催の晩餐会にも老人行動隊は招

待された。老人行動隊の人たちは着ているものは背広、ジャンパー、履物は靴、長靴、ズックなどまちまちであった。バスからおりるとホテルの従業員からその服装で入ってもらっては困ります、とのことであった。菅沢さんが「何をいうか。着ているもので我々を侮辱するとはなにごとか」とホテルの品位がさがります、とホテルの従業員を怒鳴りつけた。私は「スクラムを組め、突破する」と号令をかけた。ホテルの従業員は革靴40足をもってきてこれに履き替えてくださいとのことであった。老人行動隊にとってホテルの食事、晩餐会は始めてである。メインテーブルの山のようなご馳走、周りには寿司店などのいろいろな食べ物が用意された。食べて、食べまくって腹いっぱいにした。帰りにテーブルの上に食い残した料理を家に持ち帰ってもよいかと私に尋ねてきた。こんなうまい物自分ひとりで食べては申し訳ない、家で待っている家族に持って帰りたいとのことであった。ホテルではどうせ捨ててしまうだろうから、持てるだけ持って帰れといった。用意の手提げ袋一杯に土産の料理を詰め込んで「いい思いをした。これで冥土の土産ができた」と言い合って帰ってきたのである。

病に倒れぬ、遺言、そして還らぬ人

菅沢老人行動隊長には持病があった。肺気腫である。成田市の藤倉病院に入院した。この藤倉病院長こそ成田市長であり、友納千葉県知事と会談して三里塚に空港を作ることを承諾させられた人物である。老齢のこともあって完治することは難しいとの家族の話であった。そして菅沢老人は二度と還らぬ人となった。菅沢老人の最後の言葉は息子の専二氏に、反対同盟役員を辞めろ、そのかわりに財産を相続させる。辞めなければ娘にすべて相続させる」というものであった。専二氏は宮野稔、石井英祐と共に反対同盟事務局員であり、一坪共有地運動の登記事務の担当であった。反対同盟員も最後は少なくなり闘争資金、弁護士費用など役員が責任を持って負担しなくてはならなくなる。反対闘争のために散財してはならない。これが菅沢老人の最後の言葉であった。息子の専二氏も反対同盟員を辞めて財産を相続したのである。なお課題は残されたのだが「最後まで闘い抜け」との遺言はして欲しかったが、数々の闘いの経験を積んで、守銭奴、頑固爺い、意志の堅い人、信頼信用で老人に変化したけれども、思想としての価値観は獲得することができなかった。新しい価値観、共通の新しい世界を創造してゆくにはどんな関係を運動の道筋をつくってゆけばよいのか、本質的な課題は残る。戸村委員長は「ユダの裏切り、人間の原罪」「農民は哲学ないから交渉に入ればかならず条件派になる」との農民観を示しているのだが、私は菅沢老

人は真剣に、精一杯、力の限り、一生懸命、一途に空港建設反対を戦い抜いて大往生したと思っている。私は千代の屋食堂で丼や皿、寿司の器を洗い、仕入れや売上げ伝票の整理をして働きながら闘い続けていたのだが、菅澤老人は三里塚成田信用金庫からの帰り、風呂敷にくるんだ貯金通帳、印鑑、引き落としてきた現金を手首に結び付けてバス停に降りる。「加瀬さん上等の寿司でも食べよう」と食堂に入ってくる。私が断ると「元金に手をつけず利息をおろしてきただけだから」と気前よくご馳走してくれた。私には子供がないから「俺が死んで花輪がすくないと残された家族は淋しいだろうから」と反対同盟員が亡くなると生花と花輪を贈った。

　菅沢老人も齢と病気には勝てなかった。成田藤倉病院に入院していたが、最期だというので自宅に帰ってきた。私が行くと大層喜んで、「私の人生に悔いはない、一生懸命に生きてきた。空港闘争の半ばで死んでゆくが、勝利をかならず反対同盟は勝ち取ってくれると信じている。心残りはない。加瀬さん、俺が死んだら、加瀬さんが俺の墓標を担いで葬式の先導になってくれ、闘争は楽しかった。お世話になりました」。覚悟して生きた人間のひとつの事を成し遂げんと信念を貫いた人間の死の言葉であり覚悟である。「わかった」と一言言葉を枕元に残して私は去った。明鏡止水の心境であった。私は、菅沢老人との約束どおり、墓標を担いで葬儀の先導を勤めた。

　空港反対闘争にめぐり合わねば、守銭奴、強つく爺、わからずやの爺で死んだ。空港闘争で実力をみんなのために使い、みんなのためになり、尊敬され、空港闘争を闘ったためによい最後を送ることができた。真亀（まがめ、菅沢家の屋号）の爺さんは幸せでいい終わりであった。これがみんなの評価

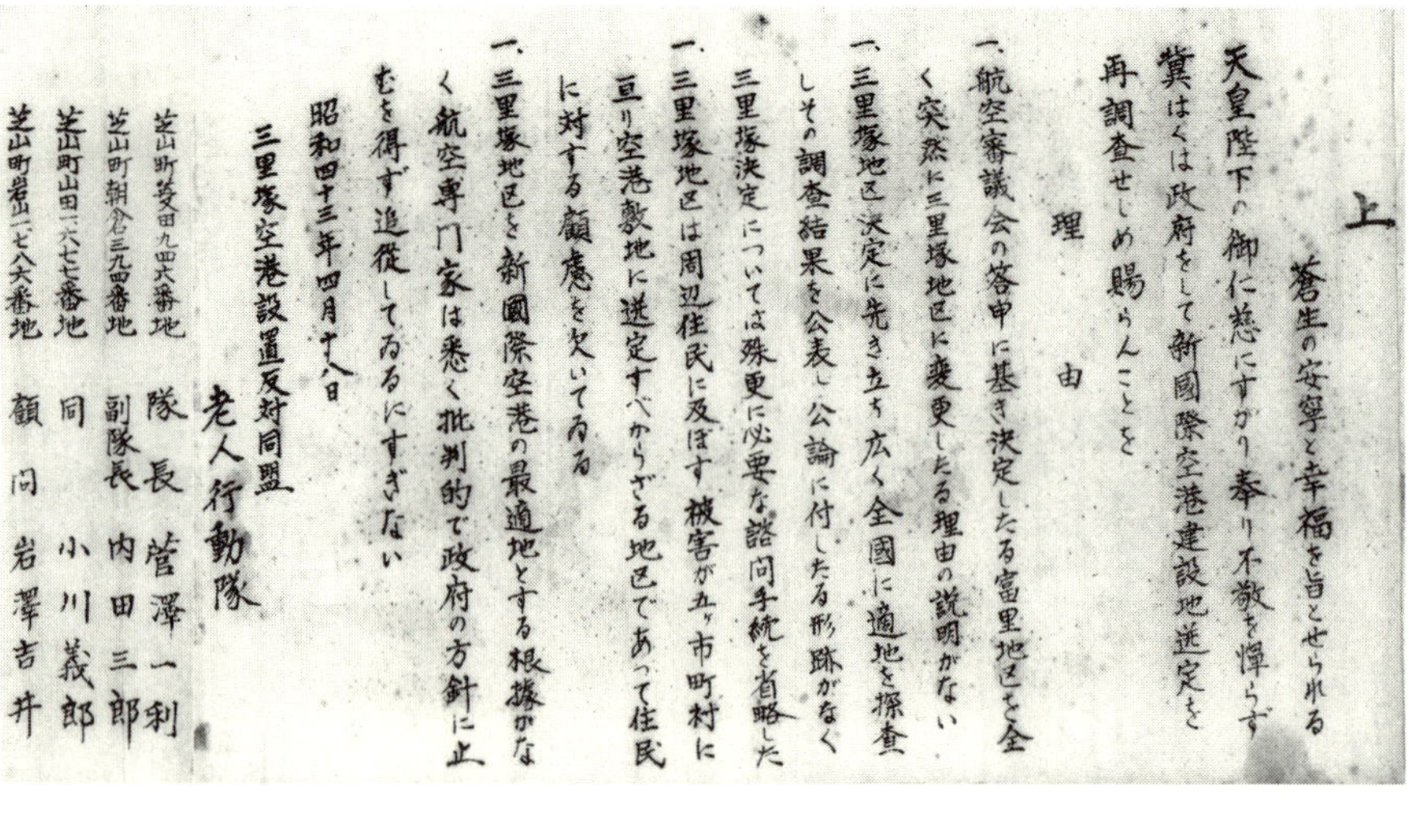

上

蒼生の安寧と幸福を旨とせられる
天皇陛下の御仁慈にすがり奉り不敬を憚らず
冀はくは政府をして新國際空港建設地選定を
再調査せしめ賜らんことを

理　由

一、航空審議会の答申に基き決定したる富里地区を全く突然に三里塚地区に変更したる理由の説明がない
一、三里塚地区決定に先き立ち広く全國に適地を探査しその調査結果を公表し公論に付したる形跡がなく三里塚決定については殊更に必要な諮問手続を省略した
一、三里塚地区は周辺住民に及ぼす被害が五ヶ市町村に亘り空港敷地に選定すべからざる地区であって住民に対する顧慮を欠いて居る
一、三里塚地区を新國際空港の最適地とする根拠がなく航空専門家は悉く批判的で政府の方針に止むを得ず追從して居るにすぎない

昭和四十三年四月十八日

三里塚空港設置反対同盟
老人行動隊

芝山町菱田九四六番地　隊長　菅澤一利
芝山町朝倉三九四番地　副隊長　内田三郎
芝山町山田一六七七番地　同　小川義郎
芝山町岩山一七八六番地　顧問　岩澤吉井

であった。
菅沢老人は空港闘争に使う金は惜しんだことはなかった。頑固爺い、守銭奴から信頼される人間へ、菅沢老人は空港反対闘争にめぐり合ったおかげで生まれ変わったのである。よい死に方であったと思う。

菅沢老人行動隊長の天皇直訴文

出発の朝

菅沢老人行動隊長の奥座敷。床の間には天照大神の軸。欄間には両親の慰霊の写真、昭和天皇が白馬「白雪」に乗馬している写真、現天皇の御成婚記念写真。テーブルの上座に菅沢老人行動隊長、左に岩沢吉井老人行動隊顧問、右座に加瀬勉、下座に少し離れて老人行動隊長の妻きく。テーブルの上には天皇直訴文を包んだ紫の袱紗。そして3人の前には別れの水杯、それぞれの決意、覚悟を包んだ深い沈黙。春爛漫。4月18日別れの水杯は熱き身体の血のなかに流れ落ちた。

「天皇直訴は私ひとりでやる。生きて帰れるとはおもわない。加瀬さんは東京には来ないでほしい」これは菅沢老人行動隊隊長の厳命である。佐倉惣五郎も直訴して処刑された。菅沢老人行動隊長は宗吾霊堂で一代記の人形を

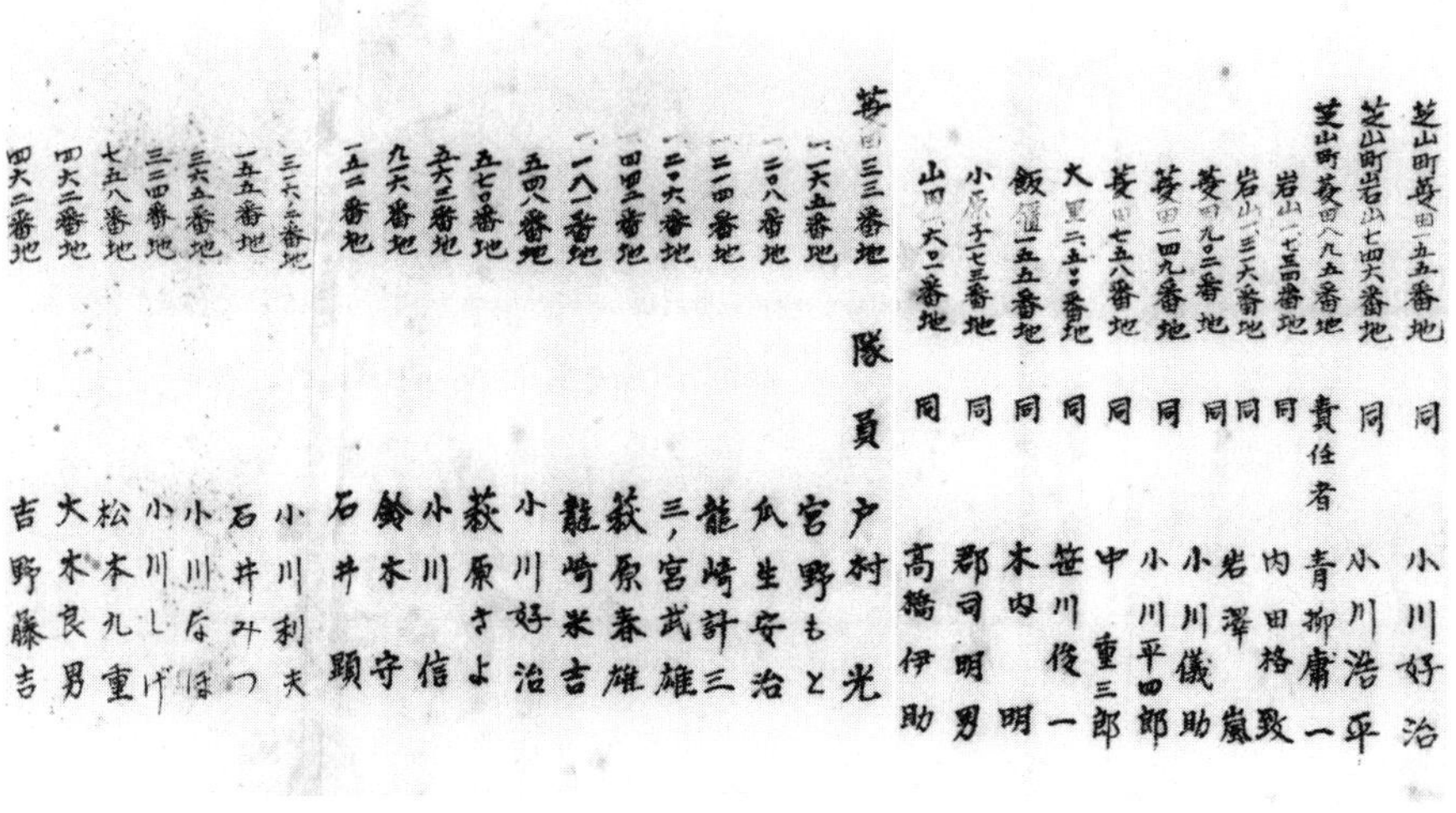

芝山町菱田一五五番地	同	小川好治
芝山町岩山七四六番地	同	小川浩平
芝山町菱田八九五番地	責任者	青柳庸一
岩山一七五四番地	同	内田格致
岩山一三六番地	同	岩澤嵐
菱田九〇二番地	同	小川儀助
菱田一四九番地	同	小川平四郎
菱田七五八番地	同	中重三郎
大里二五〇番地	同	笹川俊一
飯櫃一五五番地	同	木内明
小原子一七三番地	同	郡司明男
山田一六〇二番地	同	高橋伊助
菱田三三番地	隊員	戸村光
一一六五番地		宮野もと
一二〇八番地		瓜生安治
二二〇四番地		龍崎計三
二〇六番地		三ッ宮武雄
一四四二番地		萩原春雄
一八一番地		龍崎米吉
五四八番地		小川好治
五七〇番地		萩原さよ
五六三番地		小川信
九六番地		鈴木守
一五二番地		石井顕
三一六、二番地		小川利夫
一五五番地		石井みつ
三六五番地		小川なほ
三三四番地		小川しげ
七五八番地		松本九重
四六二番地		大木良男
四六二番地		吉野藤吉

何度もみている。私は、成田から特急電車で皇居前広場の松の木の根本に着いた。老人行動隊の天皇直訴のバスが楠正成の銅像の駐車場についた。二重橋に向って歩いてくる。二重橋が近くなれば近くなるほど足が遅くなる。足元に力がなくなる、集団に躊躇いがあらわれてきた。菅沢老人行動隊長はひとり二重橋に歩幅を強めた。私は、松の木陰から出て「二重橋上の車止めの柵を倒して、開門、開門」と怒鳴るように菅沢老人行動隊長を励ました。直訴老人行動隊は二重橋の中には足が震えて入れない。菅沢老人行動隊長は二重橋中央に着いたとき、天皇陛下おわします皇居に向かって最敬礼。そして、「天皇陛下万歳、天皇陛下万歳、天皇陛下万歳」と三唱した。感極まって、感涙に咽んでの万歳であった。感激の涙が幾筋もいく筋も菅沢老人行動隊長の頬を伝わって流れた。

私はこれまで、菅沢老人行動隊長の天皇直訴文の写しを公開したことはない。文章は菅沢老人行動隊長が起草したものでだれも原文に朱を入れていない。謹書は千代田農協斉藤参事である。「わが国体の統治者天皇陛下様に恐れ多いことであるが臣が何卒御裁決を仰ぎたてまつりたい」との心情のこもった直訴文である。

上

蒼生の安寧と幸福を旨とせられる天皇陛下の御仁慈にすがり奉り

不敬を憚らず願わくば政府をして新東京国際空港建設地選定を再調査せし

め賜らんことを

理由

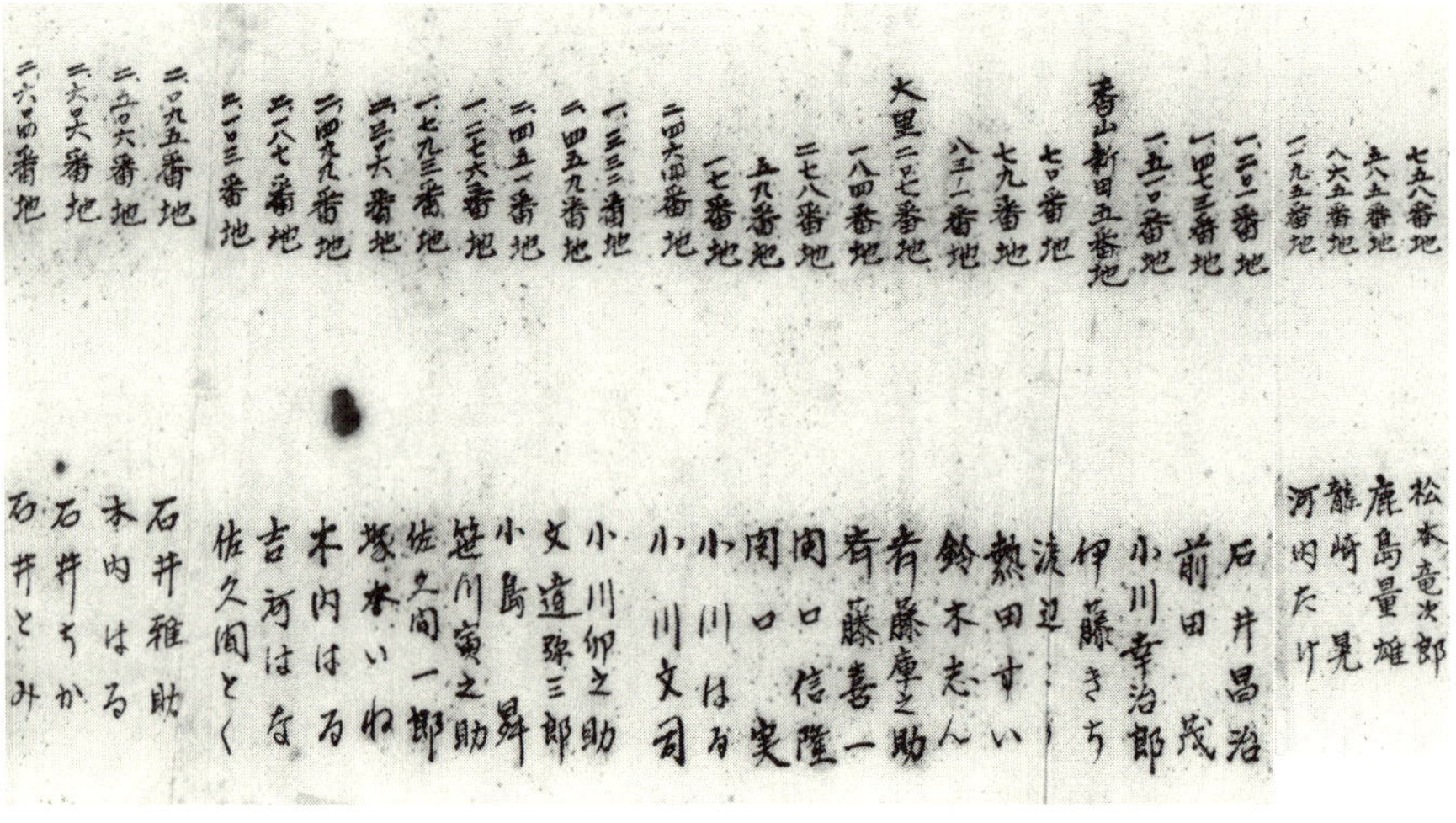
七五八番地
六八五番地
八六五番地
一一九五番地
一二〇一番地
一四七三番地
一五二〇番地
香山新田五番地
七〇番地
七九番地
八三一番地
大里二〇七番地
一八四番地
二七八番地
五九番地
一七番地
二四六四番地
一三三三番地
二四五九番地
二四五一番地
一三七六番地
一七九三番地
二三〇六番地
二四九九番地
二一八七番地
二一〇三番地
二〇九五番地
二一〇六番地
二一六六番地
二六四番地

松本竜次郎
鹿島量雄
龍崎晃
河内たけ
石井昌治
前田茂
小川幸治郎
伊藤きち
渡辺り
熱田すい
鈴木志ん
斉藤庫之助
斉藤喜一
関口信隆
関口実
小川はる
小川文司
小川卯之助
文違弥三郎
小島昇
笠川寅之助
佐久間一郎
塚本いね
木内はる
吉河はな
佐久間とく
石井雅助
木内はる
石井ちか
石井とみ

一、航空審議会の答申に基づき決定したる富里地区を全く突然に三里塚地区に変更したる説明がない

一、三里塚地区決定に先き立ち広く全国に適地を探査しその調査結果を公表し公論に付したる形跡がなく

三里塚決定については殊更らに必要な諮問手続きを省略した

一、三里塚地区は周辺住民に及ぼす被害が5カ市町村に亘り空港敷地に選定すべからざる地区であって

住民に対する配慮を欠いている

一、三里塚地区を新国際空港の最適地とする根拠がなく航空専門家は悉く批判的で

政府の方針に止むを得ず追従しているにすぎない

昭和四十三年四月十八日

三里塚空港設置反対同盟

老人行動隊

隊長　菅沢一利

副隊長　内田三郎

同　小川義郎

同　小川好治

同　小川浩平

顧問　岩沢吉井

以上百十八名（氏名略）

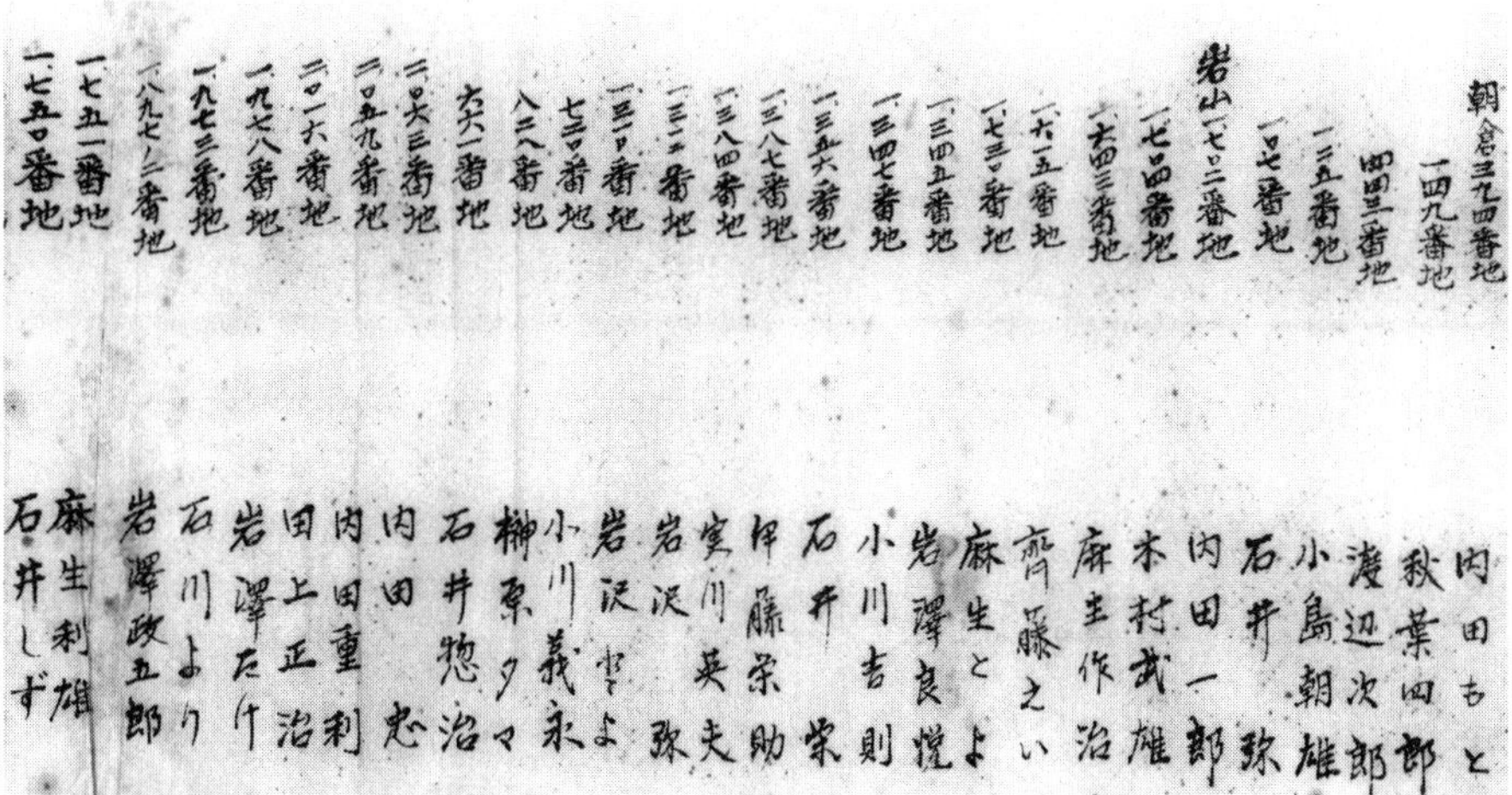
内田もと
秋葉四郎
渡辺次郎
小島朝雄
石井弥
内田一郎
木村武雄
麻生作治
齊藤之い
麻生とよ
岩澤良憬
小川吉則
石井栄
伊藤栄助
実川英夫
岩沢弥
岩沢きよ
小川義永
榊原タマ
石井惣治
内田忠
内田重利
田上正治
岩澤左竹
石川より
岩澤政五郎
麻生利雄
石井しず

明治政府は、天皇制官僚機構を前近代性共同体を温存しながら如何にリンクさせ支配機構を定着させるか、それを可能にしたのが山縣有朋の「自治制」であった。その媒介となった共同体は地主、名家の支配に意識的に天皇制イデオロギーを浸透させることであった。山縣の自治制とは一言でいえば家族的国家観である。冠婚葬祭、祭祀、相互扶助、治水の管理等々の共同体と国家とのパイプを通すことであった。この共同体は「出る釘は打たれる」「郷に入れば郷に従え」の共同性で内部での個人の突出は許さない、決断の主体の明確化、対決を回避する、義理、人情、親方子方の恩義等を包含した一如の世界である。この共同体の伝統的な人間関係の共同体を国家機構統治の細胞としたのである。日本の長い歴史のなかで天皇が力を持って国を支配した時代は少ない。貴族、武家に養われ、利用されていた時代のほうが多い。明治近代国家が確立し戦前は憲法の下に統帥権をあたえられ強大な力を発揮した。三里塚老人行動隊は天皇が現人神の時代に生きた人々である。二重橋の前で足が震えてとまるのも無理のないことである。老人行動隊長の万歳三唱、感涙の涙は自然に心から、魂から湧き出たものである。近代、現代史の知識人、マルクス主義者が国家機構の位置づけの中で天皇制を批判してきたが、二重橋の前で足が止まった老人行動隊、隊長の感涙の命のなかで天皇制を批判し格闘した事実は少ない。山縣の自治制、家族主義的国家観、支配細胞としての共同体問題についてイデオロギー的には完全に回避し怠けてきたとしか思われない。それは三里塚闘争においてもそうである。

御料牧場焼き討ち計画、10・10外郭阻止闘争、測量杭引き抜き闘争、閉所式乱入闘争、御料牧場樹木伐採阻止闘争、御料牧場ボーリング阻止闘争、天

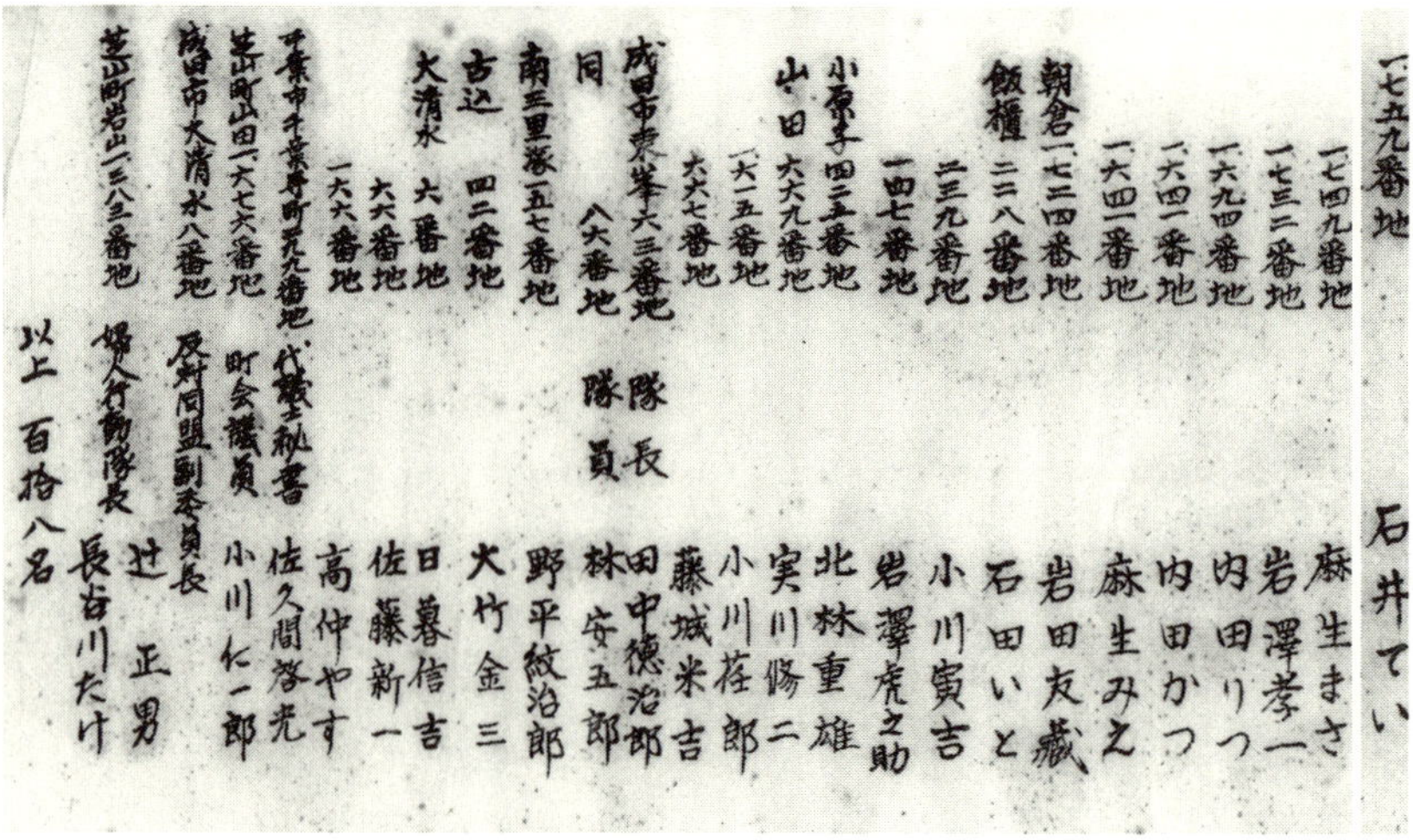
一七五九番地 石井てい
一七四九番地 麻生まさ
一七三二番地 岩澤孝一
一六九四番地 内田りつ
一六四一番地 内田かつ
一六四一番地 麻生みえ
朝倉一七二四番地 岩田友藏
飯櫃 二二八番地 石田いと
二三九番地 小川寅吉
一四七番地 岩澤虎之助
小原子四三三番地 北林重雄
山田 六六九番地 実川脩二
一六一五番地 小川荘郎
六六七番地 藤城米吉
成田市東峯六三番地 隊長 田中徳治郎
同 八六番地 隊員 林安五郎
南三里塚一五七番地 野平紋治郎
古込 四二番地 大竹金三
大清水 六番地 日暮信吉
六六番地 佐藤新一
一六六番地 高仲やす
千葉市千葉寺町五九九番地 代議士秘書 佐久間啓光
芝山町山田一六七六番地 町会議員 小川仁一郎
成田市大清水八番地 反対同盟副委員長 辻正男
芝山町岩山一三八三番地 婦人行動隊長 長谷川たけ
以上 百拾八名

皇直訴と戦術的にはかなり闘争を展開したが、天皇制の問題は一言も一文字も表れなかった。溢れている三里塚闘争著作集すべて、古村、明治開拓村、戦後開拓村、家族ぐるみ、地域ぐるみ、先祖代々の土地、農地死守、反対同盟と表現されている。その中身については何一つ解明されていない。思考停止の状態になっている。

宮内庁へデモ

麹町署員が反対同盟のバスを二重橋前まで誘導してきた。みんなバスに乗ったら足の震えが止まった。坂下門の宮内庁前である。宮内庁職員が代表５人と制限してきた。私は「今だ菅沢さん突進しろ」と声をかけた。紫の袱紗に包んだ天皇直訴文を頭上に掲げて、直線に進んだ。その後に老人行動隊が隊列を組んで掛け声勇ましく、宮内庁の広場に入った。庭でデモ行進の蛇行。会議室に通されて、宮内庁職員に天皇直訴文が渡された。

これが老人行動隊の天皇直訴の顛末である。

三里塚の精農家、岩沢昌平

(一)　岩沢家のやすらぎ

岩沢家は分家である。岩沢家の生家本家は成田市取香にある。大正期に三里塚十余三に開拓に入った。岩沢家は天神峰団結街道を県道51号線に接続するところにある。本家の援助を受けての開拓なので、土地代金、住居、生活用品、農具等は本家の援助であったから、明治期に牧野を開墾した農民、戦後の御料牧場の解放地を開墾した農民は飢餓地獄を味わったのだが、岩沢家にはそのような歴史的体験はない。広い畑地を獲得し、蓄財もした岩沢家の安堵はそのためのものであろうか。

いま、畑仕事が一段落して仕事から解放されての安堵であろうか。岩沢家には父昌平、妻きよ、子息茂、そしてその妻絹代の4人ぐらしであるが、家風としての岩沢家の安らぎ、安堵は蓄財と仕事からの解放のほかにまだ何かがあるに違いない。

(二) 母屋の位置と自然の摂理

朝、雨戸を開き、障子を開くと目の前に3町歩の見事に区画整理された、碁盤の目のような畑がひろがる。朝お茶を飲み、熱い湯気から眼をそらすと作物の育ちが見える。きよ婆さんが朝の食事の支度を終えて、畑の隅に立って朝焼けの太陽に向かって深い祈りの手を合わせる。そして畑の作物に眼を配る。10・6の間口を持つ母屋は真東より、やや東北に位置をずらして建てられている。この地方は房総半島銚子沖の方角から台風がやってくる。まともに風を受けないように、家の東北の隅に風が吹きつけるように、そして家が守れるように工夫して建ててある。北は筑波颪の風が当たる。家を守る防風林の樹木が繁っている。夏は太陽が母屋の真上を通り冬は母屋の前を通り西日が家の中に入り温まるように家は建ててある。自然の摂理を利用して冷暖房の必要ない家屋の位置である。

(三) 見事な畑、1本の草もなし

3町歩、真っ平、区画された畑、並ぶ作物。その畑の中央にトラクター、自動車の運搬車が通る道が作られている。その農道に1本の草も生えていない。もちろん、各作物の畝の中にも草を見ることはできない。「良農草を見ず」「百姓は雑草との闘い」といわれているのだが見事な征服ぶりである。3町歩の広い面積のなかの、どの場所にどのような種類の草が、どんな時期に生えて、作物に障害をあたえるのか、何時取り除けばよいのか、それも朝露のあるときか、露の乾いた時間帯なのか、夏草は実がない堆肥になる。秋草は実が稔る。1株でも残れば何百の雑草の種が地に落ちる。作業は大変になる。地に落ちた草の種は1000年も腐ることはない。畑地を反転すれば必ず芽を出す。岩沢家の人は雑草の生態について熟知している。即ち自然と共存し、自然と深く呼吸しあって生きている。きよお婆ちゃんが太陽を拝む姿を見てもそのことがよくわかる。農民は自然の恵みの中に生きているから、自然の物は絶対に根絶やしにはしない。日本民族は自然の中に、自然をご神体、神とあがめ八百万の神々をもって生きてきた農耕民族である。

自然との共生、みどりの党などヨーロッパ機械文明のなかでおきてきた思想を、あたかも新しい進歩的な思想の如く吹聴している運動家が多いが、日本の民族、農民、岩沢家の人々はとっくに実践しているのである。熊楠や昌益の書物を読んだ方がよい。農耕民族になってから1万年の歳月が経つ、産業革命が成立して都市労働者が生まれたのは１５０年から２００年くらいのもの。都市機械文明は底の浅いもの、草と麦の区別が付かない新左翼諸党派の革命の絶叫は三里塚の農民の思想を変革できるとは思いがたい。

（四）代表的な篤農家

戸主岩沢昌平さんは千葉県でも指折りの篤農家である。２粒、１粒、次に２粒と蒔く落花生種まき機を考案して特許権を持っている。新聞にも報じられ、千葉県知事からの特別表彰を受けている人物である。子息茂君は31歳、酪農経営を取り入れるべく長野県の牧場に技術の研修に行っている。その記念に白樺の木を持ってきて作業場の庭に植樹している。しかし酪農経営はやらずに養豚、親豚3頭、子豚を飼って肥育している。岩沢家の作目は麦、落花生、陸稲、ビール麦、薩摩芋、里芋等の粗放農業である。耕作面積が広いため、西瓜、大根、白菜、人参等の換金作物と手間がかかる酪農経営はできない。動力が決定的に不足しているからである。豚の肥育も畑に入れる堆肥を取るためである。麦刈り、陸稲刈り取りのバインダー、落花生、芋掘機、芋蔓刈機、15馬力の小型トラクター、耕耘機、麦の乾燥機が機械としては導入されている。地下50メートルのところに畑地灌漑用の井戸も掘ってあり、パイプラインを敷設して、旱魃を完全に防止している。この設備は三里塚では岩沢家だけである。

私が三里塚に常駐した１９６６年は落花生、薩摩芋と落花生、里芋は万能の手掘りの農家が多かった。不足の労働力を補う機械の導入も進んでいるほうである。農作物の販売は農協持込みである。換金作物を導入すれば市場個人持ち込み、又は野菜出荷組合への持ち込みとなり市場価格に敏感になるが、農協持込みでは価格に対してそれほど敏感ではない。経営のタイプとしては自給自足の思想が色濃く残っている。

私の場合、麦もうどんと取り替えればなくなるくらいの収穫で、大豆も味噌を作ればなくなる。芋も食用ではなく澱粉取で、30袋の販売である。菜種もてんぷら油と取り替える収穫量である。畑作物は自給自足のためである。私は、援農しながら三里塚の畑作技術体系、作目体系、機械体系を徹底的に岩沢茂君より教えていただいた。

ねる。これが岩沢家所有の水田と稲作にたいする所見である。

(五) 水田稲作問答

岩沢家の水田は1反5畝歩である。自家消費するための水田である。この水田に私を必ず連れて行って稲の生育状況を尋ねる。これが岩沢家所有の水田と稲作にたいする所見である。

①関東ローム層、畑、山林の火山灰土が湿地帯に流れ込んで水田を形成した。地力、地味もない。

②周りの山林、畑の裾根方からの湧き水天然水と雨の天水田である。水が冷たく強い湿田で稲の根の張りが悪く、根腐れ病になっている。

③山林、畑に囲まれているので日照時間が少ない。風通しがわるい。稲は軟弱で徒長気味で病気に弱く倒伏しやすい。

④強湿田、土が冷たく、日照時間がすくなく、風通しがわるい。稲の根の張りがわるい。従って肥料の分解、吸収がわるい。

⑤従って大豊作の年でも1反歩8俵くらいで、通年では7俵の収穫とおもう。

⑥強湿田であるので機械の導入は難しい。耕耘機の砕土、手植え、手刈りと収穫が少ない割りに労働力がかかっている。

これを克服するのは土地改良による区画整理事業と用水事業である。小規模土地改良補助金制度があるが、この谷津田地域全体をやらないと解決しない。

(六) 私の稲作技術

①インダス、ガンジス、黄河は世界文明を発祥させた。私の地域の水田は、北総台地丘陵地帯の落水を集めて流れる栗山川、木の根、一鍬田、朝倉を水源とする高谷川の合流地点の三角州に水田は位置している。

②遊水地が元禄年間に完全に干上がって水田が形成された。地力もあり、地味もあり多古米として徳川時代より江戸の特産米として販売されている。

③二度に渡る区画整理、用水土地改良事業で圃場事業で、乾田化され、用水も自由である。

③種まき機、田植え機、トラクター、コンバイン、乾燥機、籾摺り機など稲作機械一貫体系(中型)が確立している。

④籾種の播種は苗60×30に、1・5―1・8リットルを蒔く。ハウス内で発芽、緑化、硬化、温度管理は30度、25度、20度以下25日間灌水して育苗管理をして、田植え機で植え付ける。
⑤植え付けは苗箱1反歩23枚1坪60株を基準に植える（1反歩３００坪）。
⑥1株3本を植えて平均25本（穂の出る茎）にぶんけつさせる（1坪25本×60株）。
⑦1本の茎に１５０粒を稔らせる。（1株25本×1茎15粒）
⑧1枚1枚水田の地力、肥料の分解の仕方も違うが、1反歩コシヒカリで成分計算で5キロから6キログラムの施肥をする。
⑨元肥、つなぎ肥え、穂肥え、実肥え、成長期と稲熟期に分けてどのように施肥を配分するか。農法の基本である。
⑩天水田ではない。田植えと成長期の水、間断給水、刈り取り期、表面を乾田化して地下水をあたえて根を保護する。水稲は1メートルぐらい根が伸びる。
⑪農薬は除草剤のみである。
⑫1反歩コシヒカリの収量は9俵半―10俵、早稲ふさおとめは平均11俵である。
⑬米1俵60キロ農協価格1万５０００円、私は個人販売で60キロ1万６０００―1万８０００円の販売である。
⑭私の稲作技術は多肥、多労、密植、中型機械一貫体系の経営である。昭和30年を基準として1反歩の投下労働時間は１４０時間、いまは全国平均70時間。I反歩50時間の経営もある。１００時間を機械貧乏の近代化をしたわけである。
私は作物の管理、育ち具合、働き方、販売、機械の利用を通して三里塚の農民をみつめ接触するのである。

食物の旅路

稲作の伝播については、カンボジア、クメール高原、雲南省、黄河、朝鮮、日本の九州へ、これは陸上伝播のルートだが、いや、東南アジア海洋民族の交易と伝播説がある。九州に伝播した稲作は次第に南から東へ東北に広まって行くのだが、その広まり方の速度が品種説と気候説に分かれている。山の木の実、獣と小沼の魚、貝、真菰《まこも》等の自然経済から稲作へ、でも日本にも稲作伝播の前に焼畑農業が存在したという説もある。誉田と地名が残っている。誉田とは火田、火畑という意味である。最近稲の原種はカンボジア・クメール高原でなくアフリカが原産であることがわかった。稲作とは階級社会の発生であり、鉄器文化の発生である。縄文人と弥生人を比較してみると弥生人の遺体が人為的に損傷を受けている。部族間の争い、武器としての鉄器が使われていることがよくわかる。

熱田一さんは畑仕事が下手である。水田仕事は身体が自然に動く。熱田さんは九十九里浜須賀の水田地帯で生まれたからである。辺田の三ノ宮家の稲は手堅く無理なく作られている。稲に落ち着きがあり全体の収量を上げている。４Ｈクラブ出身の石井英祐さんは多肥、密植、倒伏型の稲である。戦後開拓の農民の作物は複雑な顔をみせる。いろいろな職種、いろいろな人生体験、沖縄の戦災者、宮内省勤務者の帰農とその社会体験が作物の育ちが顔に出る。天神峰の石橋さんの畑作りだが、小作地が多いので土地に対する愛着に深い地主小作の断層をもっている。土地に対する執念、愛着は人1倍あるのだが、その情念は地主の壁には阻まれている。隣の小川嘉吉さんは耕作面積も広いし全部が自作地である。畑作物と栗の栽培、あるいはそれに加えて生姜の加工品も手がけている。作物がのびのびしている。

作物に栽培している人の性格、人格、思想が反映されてくる。三里塚の農民といっても十人十色、みんな顔も違うし同じ作物を作っていても、作物の顔がみんな違うのである。ジャガイモとトマトは、アンデス山脈にインカ帝国を築いたインデオの食べ物であった。スペイン人がインカ帝国を征服した時にヨーロッパにトマトとジャガイモを持ち帰った。トマトを食べ始めた時に人間の血を啜っていると迫害を受けたほどである。ジャガイモもトマトも西欧の常食となった。もちろん我々も食べている。作物の伝播は世界性を持っている。それを食べて生きている我々の思想の狭さは反省しないわけにはゆかない。

三里塚に朱子学現われる

私は、石橋政次副委員長の要請で十余三地区に反対同盟を組織すべく岩沢家に逗留している。公団用地部の連中も来た。岩沢さんの見事な畑はいまの公団の力では用意できないと帰って行った。千葉県二区成田を選挙地盤にしている衆議院議員、運輸大臣林大幹が、岩沢家に麦刈りの農作業に来た。そして「政府はまだ何の用意もしていない。絶対に農地を手放すな」と言って帰っていった。空港公団の若月が「土地でも、家でも、補償金でも農民の要求通りに出す」と敷地内部の農民を集めて吹聴して歩いているのである。私は岩沢家と林運輸大臣の人間関係に深い興味と警戒心をもった。この解明に乗り出したのである。

中国の春秋時代（前722―481）を代表する思想家は孔子であった。孔子の説く儒教は奴隷制社会の秩序を維持するための学問、思想である。その儒教の歴史的流れの中で「朱熹」（1130―1200）が現われる。朱熹は中国南宋時代の儒学者で宋学の大成者で「朱子」と尊称されている人物である。朱熹は「宇宙は理と気の原理で成り立っている。人間の欲望を道理に従わせるところに人間の生き方がある」と説いている。朱熹の説く、朱子学は鎌倉時代に禅僧によって日本に伝来されたといわれている。江戸時代の学問といえば儒学であり、儒学といえば朱子学である。その代表的な学者が林羅山である。羅山は朱熹の説の論理性を剥ぎ取って「天と地に法則があるように、人間社会にも君臣、上下の人間関係を乱してはならない」と説いた。徳川家康は幕府を開くと羅山を招いて朱子学を幕府御用の官学とした。

封建制社会が倒れて朱子学はその力を失ったが、三里塚では、岩沢家に生きていたのである。岩沢昌平、息子茂親子2代が朱子学に傾倒していた。運輸大臣林大幹も朱子学に傾倒するひとりであった。現代の朱子学者は安岡正篤である。太平洋戦争敗北、天皇の詔勅「忍び難きを忍び、耐えがたきに耐え」に朱を入れ、日本の歴代の総理大臣の演説原稿に訂正の朱を入れた人物である。岩沢親子、林大幹はこの安岡正篤を信奉する門下生であった。戦前、校門にあった二宮金次郎像、私の無二の親友遠藤良一家にゆかりの深い生理学の農村改革者太原幽学も儒学者であった。瑞穂国、農耕社会の祭祀は天皇であった。儒学、朱子学は農本主義として、天皇を中心とした国体を支える「農は国の基なり」思想であった。岩沢家の精農、篤農、勤労、見事な圃場を吟味しなくてはならない。我々が説く、三里塚闘争の原則「農地死守」「先祖伝来の土地を守る」のこの立場と農本主義はどのような思想的関係にあるか吟味する必要がある。

朱子学安岡正篤が説く都市と農村、

「質、文に勝てば則ち野。文、質に勝てば則ち史。」

言葉を用いて安岡正篤は「近代都市というものは、もっともこの史の代表であります。農村は野の代表であります。農村と都市をいかに正しく調和させるかということは今日の政治上の重大な根本問題であります。近代商工業都市に憧れて農村を軽んじ、田舎者と野人を軽んじてきました。……日本を普遍大都市ひとつにしてしまうと恐ろしい副作用が生じ文明の中毒・民族の崩壊の危険も急速に進行するわけです。」

安岡は新東京国際空港問題に言及して次のように述べている。

「千葉県成田市新東京国際空港から東海道新幹線に乗り継ぎ新大阪まで乗り継ぎますと車窓に連続都市（佐倉、四街道、千葉、八千代、船橋、市川、習志野、浦安）があり、田園風景のなかに主要都市（東京、川崎、横浜、藤沢、小田原、熱海、沼津、静岡、岡崎、名古屋、岐阜、大垣、彦根、大津、京都、大阪）がひろがっています。この風景は孔子の『文・質に勝つ』の史歴然たるすがたであります。孔子は史を悪だと決め付けているのではありません。行き過ぎを心配しているのです」儒教・朱子学が空港問題に主体的にかかわれない姿を暴露している。

都市と農村の調和、近代工業と農村の調和、空港建設と農村、農民の調和とは、農村を破壊する行き過ぎを批判するのではなく、農民が条件を取って立ち退き、農業経営が持続できるようにすることに他ならない。国家と農民の対立、資本と農民の対立の階級対立を行き過ぎと調和に解消してしまっている。この対立を調和させるには空港建設を中止させるのではなく、なるべく立ち退く農民の補償と保護によって対立の矛盾を解消することに他ならない。運輸大臣林大幹が政府の条件は整ってはいない、いま移転すべきではないと、安岡正篤の論理に依拠していたのである。岩沢家は特別に圃場が用意されるとおもう。即ち移転である。問題は、我々が儒学に対してどのような思想的立場で挑むのかその主体にかかっている。

岩沢きよの深い祈り

老人決死隊岩沢きよは毎日日の出を拝む。「日イデテ、井ヲ鑿ッテ」の暮らしにかわりはない。

三里塚の我が母たち

ハンゼムのお婆ちゃん

辺田集落のハンゼムのお婆ちゃんは、木の根の明治さん、源さん、七郎さんの母親である。もうすぐに１００歳になる。

縁側の陽だまりで、針目に眼鏡いらずで糸をとおして腰紐を縫っている。１０００本つくって芝山町の老人たちに配るのだそうだ。

ハンゼムのお婆ちゃんは多古町大穴の生まれである。「なんでハンゼムのお嫁さんになったの」と尋ねると、辺田集落の青柳さんの家に百姓奉公に来た。家の入り口の長屋門の部屋に寝ていた。若衆であった爺様が夜尋ねてきて長屋の格子戸の窓から長い篠竹の棒で俺の寝ている布団をちくちくと突いて合図をした。又、小さい石ころをポンと格子戸にぶつけて合図する。こうして逢っているうちに腹がだんだん膨らんできてそれで一緒になった。お婆ちゃんの話は艶やかで万葉の通い婚のようである。

私は婆ちゃんと曾孫の哲夫くんと3人で部屋をともにして反対闘争を1年半に渡って続けた。孫嫁のおたけさんが、おばあちゃんを抱いて炬燵で昼御飯を食べさせていた。おたけさんが、「婆ちゃん眠らないでもう少し食べな」、お婆ちゃんは眠ったのではなく眠るようにして、おたけさんに抱かれて死んだのであった。炬燵の周りに皆いたのだが誰も気がつかなかった。抱いているおたけさんも気がつかなかったのである。おたけさんは１００歳の祝いを準備していたのにと泣き出した。ハンゼムのお婆ちゃんは、村一番の貧乏で暮らし向きはよくなかった。背中に米1俵を括り付けて地主の青柳さんのところにもっていった。あのたんぼ道は本当に辛かったと語る。この野道を通ると必ずハンゼムのお婆ちゃんのことを思い出すのであった。木の根の源さんが、私の顔をみると突然「親の面倒まで加瀬さんにみてもらうとはおもわなかった。死んでも恩は忘れない」とよく言ってくれた。「ばあ様は部屋を一緒にした俺の彼女だから」。冗談を言って言葉を返したものであった。

吹入のお婆ちゃん

吹入のお婆ちゃんは東峰の石井武さんの母親である。１００歳になる。武さんが「朝飯だ、ばあさまを起こしてこい」と子供たちに言うとだれも気味悪がって起こしに行かない。眠っているのだが、死んでいて息をしていないのかわからないからだ。そっと手をかざして呼吸をたしかめる。呼吸が止まって死んでいたら気味がわるいと子供たちはお婆ちゃんを起こしにゆかないのだそうだ。お婆ちゃんが、「加瀬さん芋ふけたから食べてゆきな」とご馳走してくれたことがあった。熱い湯気が立ち上る。この熱い湯気立つ芋の熱さこそ、百姓の心の熱さである。この芋の取れた畑はお婆ちゃん夫婦が開墾してつくってきたものである。

取香のお婆ちゃん

岩沢茂君の家の屋号は取香である。大正の末に古村の取香から十余三のこの地に開拓に入って土地を求めた。家の前の3町歩の畑と作物は見事である。反対同盟随一の精農家である。茂くんの父親は落花生播き機を考案して普及させて千葉県農林部長の賞状をうけている。茂君は安岡正篤の門下生である。畑地灌漑設備も整備されていて見事に育つ田作物のなかにお婆ちゃんは小さい背中をまるめて寡黙にせっせと作物の手入れをしている。暑いからどうの、寒いからどうのでなく、自分も自然とひとつになり、作物とひとつになり働いている。おばあちゃんの背中の丸さは畑の作物の精霊のようである。

お婆ちゃんが作物を見る目は、母親が子供に乳房を吸わせ、その幼子のこの顔をじっとみつめている母親の顔である。お婆ちゃんは本当の百姓の顔と心をもっている。私は石橋副委員長の要請でこの十余三地区の反対同盟の組織化のために半年間お婆ちゃん、おじいちゃん、茂君と生活を共にすることになったのである。

染谷のお婆ちゃん

染谷のお婆ちゃんがラッキョウや芋の茎を切っている。包丁が手になり、ラッキョウや芋を手に取るとそれが、染谷のお婆ちゃんの手の一部になる。見事な熟練度である。この熟練度は辛苦の労働のなかでしか生まれないものである。染谷のお婆ちゃんの人生そのものである。誰もそれを奪い取る権利はない。

石橋さんのお婆ちゃん

石橋さんのお婆ちゃんは丈夫だし、気丈夫である。凛としている。息子の石橋さんの奉公の話になると「俺の息子は馬でもない牛でもない畜生でもない人間だ」と昨日のことのように泣くのである。苦労した息子への母親の涙と地主への怒りである。この母の嘆きを日本の母の涙の熱さと涙の光であることを忘れてはならない。

横堀の熱田のお婆ちゃん

熱田のお婆ちゃんは連れ合いを早く失って熱田さんを女手一つで育ててきた。熱田さんが横堀要塞闘争で東金署に逮捕された。

「加瀬さん、心配で寿命が10年縮まった」と言った。それからまもなく、「加瀬さん半纏の隠し（ポケット）がなくなった」と言った。みると半纏を裏返しに着ているのである。「お婆ちゃん、半纏裏返しだよ」と言ってもこれでよいのだと直さない。熱田のお婆ちゃんの寿命は縮まってしまったのである。戦いは悲しい。戦いは人間の悲しみを沢山知ることである。そして心に人間的な温もりを沢山もつことである。

真亀のお婆ちゃん

天皇直訴の朝、菅沢老人行動隊長と岩沢吉井さんと私３人で別れの水杯を交した。お婆ちゃんも、家族も誰一人顔をみせなかった。天皇直訴の闘いが終わって「お婆ちゃんただいま」と帰って行くと、おじいさんの顔を見た瞬間お婆ちゃんの顔に血の気がさしてほんのり赤くなった。お婆ちゃんが熱いお茶を入れてくれた。お婆ちゃんが美味そうにお茶を飲んだ。心配して今日は朝から飲まず食わずにいたに違いない。「おじいちゃんは頑固者で言い出したら訊かない。加瀬さん、爺さんの面倒をこれからもお願いします」と静かに頭を下げた。３人の湯飲茶碗から静かに湯気が立ちのぼっていた。

天神峰石毛のお婆ちゃん

天神峰の石毛常吉さんのお婆ちゃんは働き者で気丈な人であった。測量阻止闘争で鉈を振るって、公団測量隊の巻尺のテープを断ち切った。鉈をためらいもせず持ち出し抵抗しテープを断ち切った。その行動には、ここを鍬１丁で開墾し畑をつくり生活を人生を送ってきたという信念と歴史があったからである。鉈は百姓の道具、野山の木を育て薪を作る道具、それを闘争に使わなければならないことは辛く悲しいことである。鉈で薪をつくってやり石毛のお婆ちゃんによいお湯かげんの風呂に入ってもらおう。それはできることであるし、我々がやらなければならないことである。

石毛のお婆ちゃんは、石橋さんの女房の母親である。「加瀬さん、石橋に娘を嫁にやったが、家が貧乏で、子供を育てることができなくて、生まれてきた娘を間引きしようと思ったこともあった。神様から授かった娘、子供を間引きして死なせて、一生罪を背負って生きるところであった。3度の飯を2度にして、2度の飯を1度にして水を飲んで我慢して、子供にはひもじい思いはさせてはならないと頑張ってきた。加瀬さん、いい物を見せる」といって、黒光りのするドングリの実を見せてくれた。山で一生懸命拾って、灰汁を抜きそして食べてきた。食べものは神様だ、食べ物がなくては生きてゆかれぬ。飢餓地獄を生きてきた人間の食料に対する尊敬といとおしさである。

取香のよね婆ちゃん

「婆ちゃん、風邪ひいたらどうするの」「庭を這って山の下の井戸のところに行って水を飲み、また、庭を這ってきて寝る」「飯どうするの」「作れないから食べないで寝ている」

よね婆さんにとって風邪を引くことは餓死することであった。お金がないから、せり、ぜんまい、蕨、たけのこ、どじょう、ざりがに、蝗を捕って食べていた。そして東峰や天神峰の農家に行って農作業を手伝い御飯をごちそうになって生きてきた。国家権力はこのよね婆さんに強制代執行をかけてすべての物を破壊し奪い去ったのである。強制代執行阻止を戦ったのは、よね婆さんと石井武さんと私3人であった。私は、命をかけて守らなければならないものがこの世の中にあることを実感として知ったのである。

朝倉の哲ちゃんのお婆ちゃん

秋葉哲ちゃんのお婆ちゃんは、私の家のつぎ婆ちゃんと同じ歳である。生まれも芝山町と殿辺田の生まれで隣同士であった。私に「おめえさん牛尾の天王（屋号）の者だってね。おめえさんの家のつぎ婆様は、俺の生まれた家の分家から嫁に行ったものだ。たしか、おめえさんの家の前に大きな造り酒屋があって、荒っ原を通って、上屋敷の下の道を通って、天王台の神様の所に登って、それを下るとおめえさんの家だ。おめえさんの婆様と同い年、仲がよかったから、そこで語りあって、親の言いつけで貧乏徳利に酒を買って帰ったものだ。殿辺田から朝倉の山の中に嫁に来て、なんでこんな山奥にきたのかとしばらく泣いたものだ」。私が「爺様に惚れこんだからいままでいられたのだろう」と言葉を返すと、艶やかで恥じらいの含んだ言葉が笑いの中からこぼれてくる。秋葉さんのおばあちゃんも100歳近くになっていたと思う。「ところで、おめえさんは、つぎ婆さんの息子の徳太郎さんかい」と尋ねられた事があった。徳太郎は私の祖父である。俺は、徳太郎の孫だと言ってもなかなか理解がとどかなかった。「お前さんの家の裏山の道をおりていって、前の家の造り酒屋に酒を親に買いに行かせられたものだ。子供の頃であったから山道がこわかった」「つぎさんがおまえさんの家に嫁に行ってから、酒を買いに行くたびに立ち寄ったものだ」。はじめて訊く生まれ故郷の話は特別に懐かしかった。

哲ちゃんのお婆ちゃんの裏山に登れば私の家の裏山が見える。八街から富里へ、そして三里塚へ転戦してもう何年も何年も私は故郷には帰ってはいない。

三里塚を開いたお婆ちゃんたちは、松の大木の根の芯のあの油根のように腐らず尽きぬ熱さを持っている。これまで何が楽しかったかと尋ねると、苦労のことばかり思い出すと言っていた。でも一番うれしかった事は、息子が兵隊で戦死せずに帰ってきたことだといった。畑小作で地主に年貢を取られ、ひもじい思いをして、戦争で赤紙1枚で兵隊に取られ、今度は丹精込めた畑を政府に取られる。

3度顔を撫でられれば仏様も腹を立てるのたとえがある。今度はだまされない。石橋、石毛、染谷、熱田、岩沢のお婆ちゃんは鎌や鉈を持って公団に立ち向かった。それを止める権利は誰にもない。三里塚の大地を辛酸をなめて拓いてきた三里塚の母、日本の母たちが静かに生活できるように戦うこと、鉈や鎌を武器にして戦わねばならない悲しみをなくするために戦うことは、息子たちである私たちの勤めである。日本の母たちに親孝行の限りを尽くさねばならない。

婦人行動隊の柳川初枝さん

婦人行動隊の柳川初枝さんは、反対同盟副委員長柳川茂さんの女房であり、現在、反対同盟代行を務める柳川秀夫君と空港反対三里塚高校生協議会柳川信子さんの母親である。駒井野の強制代執行阻止闘争のとき、柳川初枝さんは「加瀬さん、私の足をみてくれ、疲れでこんなに足がむくんで腫れてしまった。座敷一杯泊まっている支援の人たちに寝る布団を敷いてやり、食事の支度をして風呂に入れてやる。朝は、又食事の支度をして、又飯を炊いて弁当を作ってやり、寝ていた布団を畳んで、男と同じように駒井野で戦ってきた。そして泊まっている支援の人たちの、放水のかかった着るものを夜遅くまで洗濯する。とうとう疲れでこのとおり足がむくんで腫れてしまった」。

私は「しまった」と思った。そして反対同盟と全国に「衣食住の自分のことは、すべて自分でやりぬき、解決せよ」と号令を発した。

三里塚高校協議会のメンバーが近隣町村に空港反対のビラを配布した。出山博之始め5人が私の生家の集落に配布した。彼らは、「つとむさんの家ですか。昼飯をご馳走してください」と入ってきたそうである。昼食をご馳走したら食器をきれいに洗ってかたづけて、キチンとお礼を言って帰って行ったそうである。その姿をみた私の両親は「俺の息子も苦労しているな」と漏らしたそうである。食事、洗濯は母がやるもの、私は食べる人、着る人、食器のかたづけは母がやるものと思い、総領の甚六で育ってきた。その姿しか両親は見ていなかったから、高校生協議会の子供たちの姿をみて苦労しているなとおもったのである。芝山の山を1つ越えれば私の生家。八街、富里、三里塚の闘争に参加して私はもう5年も生家には帰っていなかった。

反対同盟事務局で支援団体の宿泊の割り当てを集落ごとにやるのだが、私の家では寝る布団ないから断ってくれと頼まれ、闘争を手伝ってくれる人をお粗末にはできない、食事に魚の1皿も付けなければ申し訳ない、親爺が晩酌をしているのに飲ませない訳にはゆかない、あの反対同盟の家では、帰るとき手土産を持たせてやった、餅を搗《つ》いてご馳走した家もあり、赤飯をご馳走した家もあった。「普段の生活でよい、家族と同じように、特別扱いはしないように」、私は細心の注意をはらった。宿泊代３００円徴収と決めたが実行はされなかった。また、支援団体の宿泊にともなう家事労働の問題について、婦人行動隊として議論はしなかったと思う。しなければならないことである。

外郭測量阻止の出動訓練が実施されて、三里塚、菱田、岩山、千代田学区単位で同盟員が結集した。私はデモ隊の整列、スクラム、阻止行動の訓練の指揮を執った。男の反対同盟員と婦人行動隊が共にスクラムを組まない。恥かしがっていては阻止はできないと、反対同盟員を叱ったことがあった。隣りの家の男が燐のおっかあ、女房、嫁さんと腕を組んで行進したことは日本の農民運動ではない。それは革命的な出来事であった。米騒動、木崎争議、秩父蜂起、谷中村農民の押し出し、千葉県八街小作争議の女房団、千葉県野田醤油労働争議の妻たちの神社お百度参り、三池の婦炭協の活動、砂川闘争の行動隊、忍草母の会のオネストジョン阻止闘争等の闘争資料には、男と女がスクラムを組んで戦った記録はない。安保闘争や労働争議の場合は存在する。デモ慣れ、スクラム慣れしている私は、いま三里塚で革命的なことが起きているのだという確信をもった。戦前、思想、良心の自由はなかった。言論の自由もなかった。婦人行動隊は、マイクを握り締め、全国、中国まで空港建設の反対活動を訴えて飛び回っている。社会的なこと、表向きのことは戸主である旦那、男のこと、女の発言は許されない。この農村の風俗習慣のなかにあって、空港反対の自分の意思意見を全国の人々に農村婦人が訴える、正に革命的出来事である。

左柳川初枝さん、右長谷川たけさん

反対同盟の宣伝カーに、また、選挙宣伝カーに反対同盟員、婦人行動隊が1人も乗車していないのに、こちらは反対同盟の宣伝隊ですとの支援の声、この、新左翼の代行主義の中からは何も生まれない。それこそ、反対同盟の自主性を害するもの以外何ものでもない。

「今日はお婆ちゃんがいないからお茶をどうぞ」婦人行動隊の人がお茶をご馳走してくれる。菓子は姑の管理である。嫁には許可が必要、そっと取ってご馳走してくれる。三里塚は西瓜の産地、だが、姑がうるさくて隣の家に西瓜を隠しておいて、子供たちに食べさせる嫁さん。あそこの家の嫁さんは姑がうるさくて何も自由にならない。可哀相だからと、時には赤飯、時には炊き込みご飯を持って行って畑仕事の中でご馳走していた。

菩提寺に700年の家系図があり、私の家は武士の出、多古の殿様松平と付き合ってきた。座敷の炬燵には女は坐れない。台所のところの炬燵である。嫁に来て30年、私の気持を理解してくれた家族は誰もいない。自分の辛い胸の内を日記に書いてきた。もちろん、誰も家族は知らない。広告の裏、子供たちの使い古しのノートに綴られていた。こんな重い文字を、こんな重い女性の気持に、初めて三里塚でめぐり合った。黄色い御飯をご馳走になった。炊き込みご飯だと思ったら黄色くなった古米であった。雨降れば今日は労働が軽かったと、そば、うどんを食って、米には手をつけない。こうして何十年も少しずつ少しずつ米を食い延ばしてきているのである。三里塚は畑地帯で米は陸稲であった。水田の米を食う事は三里塚の農民にとって悲願なのである。その米を支援がペロリと食い尽くして、加瀬さん、米を探してきてくれと、頼まれたことも何度もある。支援がオルグ、会議から帰ってきて、次から次に風呂に入る、薪がなくなったと、漬物がなくなったと、私に連絡が入る。日常性における協力関係は闘争において特に大切なのである。日本の民衆運動、人民の運動でこの問題の経験は浅い。我々のモラルと規律は作られていない。

婦人行動隊の闘争現場は明るい。朗らかである。笑いが弾き飛ぶ。心の底から大声を上げて機動隊に挑む。闘争の現場は開放的で、誰も文句を言うものはない。闘争は楽しい。

駒井野代執行阻止闘争のとき、「国策の空港建設に反対するお前らは国賊なのだ。日本人でない、日本から出て行け、何人殺してもよい、上の人が政治家が責任を取るから、手向かってくる奴は殺してもかまわない」と代執行作業隊が火事場で使用する鳶口をふるい、動力カッター、チェンソーを始動させて襲いかかってくる。反対同盟員が木に登って抵抗すればそれを根元から切り倒す。第2砦では太い丸太に鎖で婦人行動隊が身体を縛りつけて戦った。その、人間と丸太にワイヤーロープをかけてブルドーザーで引き倒し引き回す。柳川初枝婦人行動隊員がワイヤーロープで引き回されてゆく。三里塚闘争で勇猛果敢に戦った、名物おっかあ、柳川初枝婦人行動隊員も三里塚の大地に還っていった。

三里塚の女たち1

家族を飢え死にさせる気か

百姓のことを知らない人にイソップ物語の一節を紹介しておこう。1匹の獣が病気になった。彼は病弱であったので沢山の食料を蓄えておいた。森の仲間が大勢見舞いに来た。枕元にあった食料を食い尽くして帰っていった。彼は病気で死んだのではない。仲間に食糧を食べ尽くされたので餓死したのである。善意も時には人を死に追いやるのである。

婦人行動隊の石橋良子さんが、食べる米がなくなってしまったと私に言った。石橋良子さんは石橋副委員長の女房である。石橋家には全国的に人の出入りも多く、闘争本部に学生も5、6人常駐していて石橋家で食事を取っている。百姓の米の貯蔵について話をしよう。今日は雨で納屋の片付けで楽な仕事であった。昼間はメリケン粉の団子にしよう。今日の野良仕事は楽であった、ウドンが昼飯だ。少し御飯が足りない思うと芋食ってそれから飯たべてと、すこしずつ飯米を食い延ばしてゆくのである。1年に米5枡、2年目には米と10枡、5年かけて米1俵と蓄えてゆくのである。

婦人行動隊柳川初枝さんの家で御飯をご馳走になったことがあった。黄色いご飯である私は炊き込みご飯を特別に作ってくれたのだと思った。そうでない。古古米、変色米であった。畑場の人は陸稲を作っている。旱魃に罹りやすい。収穫はなかなか見込まれない。さらに陸稲より水田のうまい米を食べたい悲願を持っている。石橋家の飯米を食い尽くしても気が付かない支援団体である。白升婦人行動隊に要請して米のカンパ活動を展開して石橋家に米を送り届けた。石橋家は6人家族である。漬物樽が空になったというのである。米、味噌汁、漬物これは農民の食事の基本である。米に続いて漬物がなくなったというのである。茄子なら15本、漬けて、焼いて、煮て食って余る。白菜なら何株、大根なら沢庵漬けに何本と自給自足でその家の家族数によって用意する。それも食い尽くした。菱田婦人行動隊が白菜を漬けて樽ごと運んできてくれた。今度は風呂焚く薪が尽きたという。薪はこのように貯蔵する。高さ3尺、長さ1間、これを薪1坪という。3尺×7間を用意すれば8人家族で1年間に合う。幼い子供たちが入って、次は年寄り、戸主が入って、最後は女房が入って火の始末をする。なるべく薪を使わないように節約するためにみんな素早く入るのである。石橋家では、団結小屋の住人5人が順番に入る。それが終わると会議やオルグに出た人が帰ってきて風呂に入る。石橋副委員長の言葉ではないが俺のうちは一晩中夜明けまで風呂を焚いている。銭湯のようだと苦笑いしていた。山持ちは朝倉の秋葉哲さん、中郷の小川総一郎さん、宿の菅沢老人行動隊長の家である。トラックで石橋家に風呂薪を運搬した。

洋箪笥を置いて行けば縁を切る

中郷反対同盟の小川清一さんが農作業中に大怪我をして多古中央病院に入院した。中郷反対同盟から1年間水田の管理をしてくれるように要請を受けた。耕運、施肥、育苗、代掻き、植え付け、除草剤の散布、畦の草刈、水の管理、刈り取り、反対同盟の支援を受けてやり抜いた。小川清一さんの妻、婦人行動隊の清子さんが大きな洋箪笥をお礼に私の間借りする部屋に持ってきた。

「清子さん、その洋箪笥を置いて行けば縁を切る。お礼をしてもらうために働いたのではない。俺が協力したことがためになったと思うなら、いま刑務所に入っている多くの人に、下着の2、3枚差し入れてもらえないでしょうか。、三里塚の原には食堂がない、支援の人たちは田圃や沢の流れで水を飲み、1日何も食べずに戦っている。今度の闘争の時に握り飯10個反対同盟にカンパしてくれないか」。駒井野強制代執行阻止闘争の時に小川さんは米1俵を反対同盟にカンパしてくれた。本当にありがたかった。この恩は死んでも忘れることはない。

支援を寝かせる夜具がない

全学連と共闘を組むようになってから反対同盟の家に多くの人が泊まるようになった。反対同盟が各集落に30人とか50人宿泊者を割り当ててゆく。各集落では反対同盟員宅に1人とか2人とか5人とか家の広さ家族構成の状況によって割り当ててゆく。集落内のことはみんな承知しているのだが、夜具があるとか、支援を寝かせる布団があるかないかはわからない。「布団がないから私の家に泊めることはできない」、反対同盟の役員の前で、反対同盟のみんなの前ではなかなか発言できない。それは、自分の家の貧しさを明らかにすることである。婦人行動隊員が内密で私に相談に来る。私は事務局やその集落の役員と話し合って内密に処理する。反対同盟は階層間の貧富の差を議論する力がないのである。処理を間違い、差別と対立を起せば組織は混乱する。

又、親父が晩酌をやっているのに飲ませなくてはならないのか。あの家で手土産の野菜を持たせてやった。俺の家ではやらなくてよいのか。変に思われないのか。あの家では餅を搗いて支援にご馳走した。家族の食べているもの以外に肴、肉の料理を出さなければならないのか。私は婦人行動隊を招集してこの問題について議論してもらった。

①家族とおなじものを食べてもらう。特別に料理はつくらない。

②布団がなければ炬燵でのごろ寝でよい。

③手土産は持たせない。

④酒は飲ませない。

4原則を婦人行動隊は決定した。

テレビを見て泣き喚く子供達

千葉で空港反対の集会があって千葉県知事に抗議行動を展開した。県庁正面玄関に深夜まで反対同盟は座り込んだ。翌朝、岩山の長谷川豊子婦人行動隊員が私を訪ねてきた。火は使うな、電気はつけるな、と子供に言って闘争に出た。私の家は留守居がない。子供は真っ暗の家の中で御飯も食べず真夜中まで待っていた。可愛そうで涙が出た。今度闘争に動員するときは親父ひとりにしてもらいたいと話にきたのである。留守居のない家の動員を1人に決定すれば、動員力は半減する。私は重大な問題をかかえることになった。10・10外郭測量阻止闘争は反対同盟の実力闘争を展開した記念すべき日である。この朝、子供たちはテレビの前で泣き叫んだのである。父が母が隣の人が警察の弾圧を受けては排除される姿が繰り返し放映されたからである。子供たちのことを何とかしなければならない。10・10は体育日である。いつもの年なら、寿司を作り、柿や落花生、お菓子、ジュースなどいろいろな弁当を持参し、自分の子供の元気に走る姿や、各種団体競技に我を忘れて大きな声を出して応援している。出店も出て綿飴なども母に買ってもらって食べていた。青年団も消防団も老人会、婦人会の特別レースもある。地域ぐるみの運動会である。

前の日からの動員、深夜からの座り込み、運動会の子供たちに弁当を届けることはできない。婦人行動隊が緊急に手配して真っ白な塩ふりかけ握り飯をとどけた。多くの子供たちは寿司や綿飴を食べ親と共に楽しく走っているのに、反対同盟の子供達は塩おにぎり1個である。野田労働争議のとき女房団が活躍したが、子供たちはどうしていたのであろうか。八街の大鐘、西村小作大争議に女房団も活躍した。忍野村忍草母の会も戦いをおこなっている。町村合併で学校を建設する位置を巡って多古砂川でも女性行動隊も活躍した。新潟木崎争議では同盟休校をした、京都城南小作争議でも女たちは活躍した。町と山田町で同盟休校をおこなった。三井三池の闘いでも婦炭協の活動と炭っ子グループの活動があった。革命戦争と子供たちの組織化と任務、ソ連は、中国は、ベトナムはどうしたのか。思いは脳裏を駆け巡った。三池闘争で組合員が逮捕された、婦炭協と炭っ子グループはパトカーを囲んで抗議し逮捕された組合員を激励したと記されている。これだと思った。父や母や支援団体がどうたたかっているか、子供たちにしっかりと見せることから始めなければならない。そうすれば子供たちは安心する。

三里塚公園全国集会に子供達を初めて動員した。父が居る母がいる。老人決死隊もいる、青年行動隊もいる。村のものみんな入る。全国から大勢の人が来ている。久しぶりに子供たちの弾けるような声が会場に飛び散った。闘争は大人がやるもの、子供は心配しないで先生の指示に従って勉強すればよい。大きな社会問題に子供を巻き込むべきではない。政治問題の渦中に子供を巻き込むな。これまでの私のこのような考え方は断固間違っていた。空港問題は子供自身の運命に大きな変化をもたらす。子供も大人とおなじ渦中に生活しており闘争の主体の一人である。積極的に闘争に参加させることによって子供たちは安心し成長する。夏休み木の根地下要塞での子供たちの合宿、反対闘争の説明。そして千葉県収用委員会に対する子供たちの関係人としての意見書の提出。私は「三里塚砦の子供達」小冊子を出して応援した。

命をかけてたたかう少年行動隊

闘争は子供たちの学力を低下させないだろうか。子供を持つ母親は心配する。私は大学教養学部に席を置き将来教師を目指している学生に、家庭教師を依頼して反対同盟少年行動隊の家を巡回して歩くようにお願いした。すぐに婦人行動隊から批判が出た。反対同盟役員の子供たちばかり家庭教師をして歩いているとのことであった。私の家にも子供がいるが来てくれない、高校受験の子供がいるが来てくれず役員の子供の家にばかり行っている。家庭教師の活動は反対同盟の子供の世界に差別を作り出しているのである。困った党派性である。少年行動隊を集会所、公民館に集めて学習をする。芝山町辺田の公民館を拠点にして子供図書館を作るために書籍の全国カンパを要請した。

芝山中学校に防音工事をするために突如プレハブの仮校舎の材料が運び込まれて、野球が、サッカーができなくなったと少年行動隊から闘争本部に連絡が入る。反対同盟が動員して校長に抗議。子供たちの自転車があるのに置き場の解体作業が始まった。反対同盟が動員して阻止した。私は芝山町教育委員会、芝山中学校長、千葉県教職員組合に対して反対同盟として意見交換を提案した。私は、学習権は子供たちにある。教育施設のグランドが使えなくなり、防音校舎の工事のためにプレハブの仮校舎が建てられる。子供達の通学自転車があるのに解体を始める。子供たちの学習権に対する侵害である。仮校舎が作られれば運動はできなくなる。カリキュラムの大幅変更の計画はあるのか。父兄と子供たちに何一つ教育委員会も先生も校長も説明していない。教育者の責任と良心が全く存在していない。教育の現場は無責任無政府状態である。千葉県教組に対しては「支配と差別のない社会を作り上げた時に教育の平等は実現する」。これは教師の倫理綱領であり教育労働者の理念である。この現状に対して千葉県教組はどのような対策をとるのか。権力は力によって今教育の現場を混乱させ支配するだけであった。無能な教育委員会、そして教師たち、千葉県教組。子供たちはどうしたか。社《やしろ》校長自宅に押しかけ庭に座り込みの抗議を展開したのである。そして少年行動隊と反対同盟は、東京反戦教師の努力で、羽田大森小学校の騒音被害を視察し、子供たちと交流したのである。

衣食住自分の事は自分で解決せよ

私は富里から三里塚に転戦、5、6年、生家に帰っていない。闘争現場には腰に握り飯を提げて行く、でも弁当がない支援もいる。私は一口ずつ弁当をみんなに分けてやる。そして自分は湧き水や田圃の水を飲んで頑張る。反対同盟の家に泊まり夕食となった。箸を出したら料理の皿を取り上げられた。私は無意識に家族の分まで料理を食べていたのである。長男の私は「総領の甚六」として特別に母親に家族に育てられてきた。時に母の料理まで食べてしまうことがあった。でも家族はなんとも言わない。そんな育ち、そんな育てられ方をしてきたのである。長男の特権意識である。料理の皿を取られたことによって長男の特権意識は粉砕された。万巻の書、数々の実践より長男の特権克服に1枚の皿の取り上げは効果あった。私は反対同盟の要請で転々と農民の家を泊まり歩いている。必ず、婦人行動隊の人と同じに起きる。豚、鶏、牛の家畜小屋の掃除をする。畑の作物を見て歩く、あるいは庭を箒で掃く。台所で食事の支度を手伝う。風呂も水を流して洗う。これは特別にやっているわけではない。農民の習慣なのである。私は富里闘争本部で栄養失調になった。集中力はなくなる、記憶は途切れる、力が湧いてこないでぼんやり気分、健康で弾むような生命力がない。働く者は健康な体が資本、病気になれば闘争に参加できなくなる。三里塚では厳格に食の管理をしてきた。赤提灯の屋台店をやるほどの料理の腕前を私は身に付けた。コンビニ食文化、伝統食文化この世界も戦争である。

重たい重たい文字

婦人行動隊の関根清子さんが私を尋ねてきた。

「嫁に来て私の気持をわかってくれる人がないから、私は、泣きながら日記を書いてきた。空港反対闘争になってから、闘争日誌になってしまった。息子も5回も逮捕されている。警察が来て家の中を探し回ってこの日記帳を持って行かれれば、逮捕される人が出てきてしまう。反対同盟に迷惑はかけられない。この日記帳を燃やそうとしたが燃やせなかった。どうしたらよいか相談に来ました」

日記帳は子供たちが使いかけのノート、新聞広告の裏紙、私は胸を突かれて一瞬言葉がでなかった。新しい日記帳を買うなら、子供たちに新しいノートを、エンピツを買うなら子供たちに新しいエンピツを、日本の母たちは子供達の使い古したノートと広告の裏紙に命の思いを書き記してきたのである。自分の軽薄な文章を恥じ入るばかりであった。「その日記帳はあなたの命を綴ったものです。苦労して生きてきた人生の証です。燃やす必要はありません。生家に保存してもらえば警察の手に渡りません」

この日記の世界を婦人行動隊が反対同盟が共有できた時に反対同盟は強くなる。

子供を死なせてしまった女

婦人行動隊渡辺春子さんは私の生まれた集落の人である。八日市場の大きな農家に嫁いだのである。子供が生まれ縁側で柱に寄りかかって子供にお乳を飲ませていた。畑仕事の疲れもあってうとうとと居眠りをしてしまった。乳房で子供を窒息死させてしまったのである。子供を殺した嫁と叩き出されてしまった。不注意では済まされない事故である。でも婦人の過酷な労働の中の居眠りの中での事故であることは忘れてはならないと思う。春子さんは反対同盟の渡辺さんと再婚した。春子さんは体の大きい気丈婦である。子供を背負って今日も畑で鍬を振るっている。誰も春子さんの悲しみを知る者はいない。

子供と離別した女

小川得子婦人行動隊員は反対同盟副委員長小川明治さんの妻である。小川明治さんは海軍軍人として北海道函館に艦隊勤務をしていた。その隊員達が利用していた常宿の娘さんが得子さんであった。戸村反対同盟委員長の首には「真理は貴方を自由にする」の襷がかかっていた。あの文字は小川明治さんが書いたものである。小川明治さんは太文字の能筆家である。妻の得子さんは細文字の能筆家である。巻紙にさらさらと書く文字は見事な美しさである。書道が取り持つ縁で結婚したのである。そして終戦、戦後開拓農民として明治、得子さん夫婦は御料牧場解放地に入植した。開墾地の拝み小屋、井戸はなし、電気なし、１０００年大木の根の掘り起こし、食糧もなし、飢えと重労働。子供が生まれたが育てられない。このままでは子供は死ぬ。明治、得子さん夫婦は北海道の得子さんの生家に子供を育ててもらうことにした。得子さんの両親、兄夫婦に育てられ、小学校から高校、大学へ。サッポロビール本社海外営業部課長に出世した。小川明治さんが亡くなった。財産相続分として５００万円欲しいと息子から要求が出た。「叔父叔母に育てられ、こうして独立し家族も持てるようになった。

自分を育ててくれたお礼をしたい」と相続権を要求してきたのである。子供の養育を放棄した明治、得子さん夫婦。息子の要求を断れなかったのである。戦争、飢餓地獄と開墾、子供との離別、相続の借金、事業認定による強制代執行が得子さんの身に覆いかぶさってきているのである。

三里塚の女たち2

戦争の悲しみ

瀬利はな婦人行動隊は反対同盟瀬利副委員長の妻である。父親と息子の激しい対立、喧嘩の間にはさまって苦労しているのである。息子は早く移転して将来の生活の見通しを立てたい、父親は、移転は承知できないと深刻な対立が続いている。完全に家族に亀裂が入ってしまっている。私は瀬利さんの中国高等検察院の論告求刑の文書を所持している。中国帰還者同盟連絡会議から入手したものである。瀬利さんは多くの中国の非戦闘員を虐殺している。中国の戦犯収容所から釈放されて1960年に帰国してきた。長男の猛君は、瀬利さんが中国戦線に旅立つ時に特別休暇をもらって帰ってきた時にお腹にできた子供である。

猛君は「俺の父親であることは間違いない。幼い時から軍服姿の父の写真を見て育った。戦地からの手紙も読んだ。父親が中国から帰ってきたときには俺は30歳を過ぎて結婚していた。俺の身体には実感として父親に対する思いがない。叱られたとか、教えてもらったとか、協力してもらったとか、お金をもらって洋服を買ったとか、祭りに旅行に連れていってもらったとか、そんな父親の思いはまったくない。父親であると証明はあっても、親子の感情、親子の人情は心の中にはない。他人のような人間と父親だという感情が入り乱れて、結局は喧嘩になってしまう」。

三里塚十字路にて

戦争は親子を断絶し、空港は親子を引き裂き対立を作り出してゆく、婦人行動隊瀬利はなさんは毎日苦悩しているのである。

夫を告発する婦人行動隊

小川やす婦人行動隊員は、町会議員、千代田農協専務、小川総一郎の妻である。芝山町議会が反対決議を撤回した。千葉県庁から芝山役場に職員が特別に配置されてきた。政府、千葉県の意向に沿って役場が運営されることになり自主性はまったくなくなった。千葉県の最初の仕事は議会議員によって空港対策特別委員会をつくることであった。

小川やすさんが相談に来た。「議員歳費より空港公団からの空港対策委員手当の金額のほうが高額である。委員会手当ては受け取りを拒否すべきではないか」。空港公団は対策委員手当てと称して芝山の町会議員を完全買収したのである。内田、瀬利、小川、三浦、手島、清宮の反対同盟議員団に委員会手当て受け取り拒否を働きかけたが、誰一人返済するものはいなかった。今度は、空港賛成派の議員が視察と称して北海道旅行に出かけた。出張、視察と称して役場の金70万円を持って行ったという。視察とは名ばかり、空港公団が段取りをとったものである。空港反対派の議員は参加しなかったので北海道土産に大きな塩鮭が1匹配られた。これも小川やすさんからの報告であった。私は、もらった塩鮭を役場の玄関にぶら提げて告発しろと言ったが、みんな土産の塩鮭を食べてしまった。北海道視察の懇親会と称して多古の料亭で宴会が開かれて、空港反対派の議員にも参加要請があった。清宮、手島議員が出席して空港反対派議員は分断されてしまった。

女の自立は反対同盟の解体に

反対同盟に組織的混乱が起きた。地元企業出山建設の第5ゲート取り付け工事に水田地帯の反対同盟員が出稼賃労働に出たのである。地域的には、小原子、白枡、山田、加茂、飯櫃の人たちである。命をかけて空港建設阻止闘争をやってきて、空港本体の建設工事ではなくとも完全に空港建設の付帯工事である。厳しい批判に対して、出稼ぎしなければ生活ができないと主張した。この問題について私は対策をとることはできなかった。空港建設に反対しつつ空港工事に参加して賃金を稼ぐ、この矛盾は解決されなかった。とどのつまり、水田地帯の反対同盟は音をたてて崩れていった。労働者が軍艦をつくり戦闘機をつくり戦車をつくっている。全駐労も基地で働いている。だから戦争に反対し平和を願っている。

農業の家族経営にあって女性は、施肥、生産計画、販売等々に携わることはできない。男性がやっている。女性は単なる一労働力に過ぎない。だが、家計補充農外賃金を取る出稼ぎであっても、農村の女性は自分の働いた金を取ることができたのである。戸主に働いた金を取られたといっても、その金がなければ生活できない訳だから女性を無視できない。農業解体、反対同盟解体の農外収入の進化の中で女性は自立していったのである。

革命的行動をなぜ駄目にするのか

反対同盟婦人行動隊が男性とスクラムを組んで闘争の先頭に立つ。長い農民運動の歴史にあって画期的な出来事である。私は、革命的変化だと評価している。都市労働者や市民にとって見慣れた風景であっても農民運動においては歴史的出来事、事件なのである。婦人行動隊長長谷川たけ、小川むつ、郡司とめ、大竹はな等始め、多くの婦人行動隊は現地はもちろん、全国各地で空港反対の決意表明、現地闘争報告を展開している。この婦人行動隊長らは中国を訪問し、中国人民と交流し空港建設反対の決意を表明してきている。それは革命的変化ではないか。自作農家族経営、家父長、父権の封建性の色濃く残っている農村において、女は男を差し置いてでしゃばるなの風潮の中でのこれらの行動を取ったのである。

「こちら反対同盟の婦人行動隊の宣伝カーであります」連呼の声が流れてくる。宣伝カーには婦人行動隊はもちろん反対同盟員も1人も乗っていない。団結小屋に常駐している党派のオルグである。町会議員選挙のときは婦人行動隊はマイクを握って奮戦した。このマイクも支援が取り上げた。婦人行動隊はどうなったのか。選挙事務所で、お茶沸かし、昼飯つくり、酒を持ってこいの飯炊き女に逆戻りしてしまったのである。党派の代理戦争、党派の反対同盟利用は組織内部から反対同盟を解体していったのである。党派公害の発生である。

親娘・肉親の関係を断ち切れるか

婦人行動隊宮野美也子さんは反対同盟事務局次長宮野稔さんの娘さんである。宮野稔さん夫婦には子供が生まれなかったので叔父の子供の美也子さんを養子に迎えたのである。その美也子さんの実父が千葉県収容委員に就任したのである。美也子さんは親子の縁を切りに生家に向かった。そして父を説得して収容委員を辞任させたのである。

出山千代婦人行動隊員の夫は反対同盟員の出山隆正さんである。隆正さんの弟出山進は千葉県県警本部総務部長である。反対同盟を抜けろと電話をかけてくる。肉親に逮捕者が出れば辞職しなければならない、泣いて電話をかけてくる始末であった。出山さんの子息、三里塚空港反対高校生協議会の出山博之くんが逮捕された。出山進は県警本部からかけつけてきた。「首が飛ぶ、空港反対闘争やめてくれ」と、出山さん家族は出山進を門前払いして縁を切ったのである。婦人行動隊長小川むつさんの叔父も警察官。反対同盟副委員長の小川源さんの次男も警察官である。みんな肉親の情と縁を断ち切って反対闘争を続けたのであった。

熱田すい老人決死隊の話

熱田すいさんは、熱田一行動隊長の母である。明治33年生まれ。この俺が横堀に来て山の開墾をしたときは、亭主と1年かけて5畝の畑を作った。肥料がないから麦は取れず、汁に入れる菜がやっと取れるほどであった。地主の家で働かせてもらいその日を食いつないだ。落花生の仲買をやったが儲からなかった。萱で周りを囲った拝み小屋、水は山を下りて田圃の流れから汲んで運んだ。すいさん夫婦が開墾した山は宿部落の地主斉藤のものであった。横堀には埼玉県武州から小野、五十嵐、伊能さん、近在から瀬利さんなど40戸あまりの人が開墾して住んでいた。これらの土地は、地主藤崎のものであった。明治末期から大正初めにかけての開墾である。横堀部落開墾記念碑には熱田家の氏名はない。これらの人よりかなり遅れて開墾に入ったことが解る。地主斉藤、藤崎は山林を開拓させて畑にして小作人を作り小作料を盛んに取っている。地主の寄生化の進化である。それは明治30年代の産業革命と同時に確立した寄生地主制度の動きに他ならない。

産業革命によって熱田家は解体し、流浪の果て寄生地主制度化開墾地に入り小作人になったのである。

熱田さんの先祖は天皇家と何のゆかりもない。紀州から働きに来た漁民磯者である。生家は崩壊して跡形もない。望郷の念止み難く、そこで郷土の表徴である史跡指定の「内裏塚」を屋号にしたのだとおもう。熱田さんの母すいさんの話には、「住み家を作る、沢の流れで水を組む、山を拓いて畑を作る、菜と麦を蒔く」の人間が生活を創って生きてゆく根源が語られている。吉野せいさんのいう「日イデテ、井ヲ鑿ッテ、耕シテ、食シ　日イレバ　眠ル」の原型がある。この人間の基本の営みが力と金によって三里塚では危機に瀕しているのである。

木の根三日戦争

三里塚三日戦争とは、敷地内部の強制測量阻止闘争のことである。測量隊と機動隊の進入を阻止するために、開拓道路をバリケードで封鎖した。それを機動隊と測量隊が破って木の根地区に侵入した。迎え撃ったのは菱田地区反対同盟と支援の人々である。少年行動隊が明治さんの庭で黄金爆弾を作っている。風船に糞を入れているのではない。コンドームに糞を入れて黄金爆弾を作っているのである。コンドームと糞を恥ずかしがり嫌がる者は誰もいない。機動隊と測量隊、反対同盟と支援の激突。支援が逮捕された。「なげろー」と少年行動隊の誰かが叫んだ。機動隊に黄金爆弾が炸裂した。逮捕された支援者を奪還して少年行動隊の歓声が上がる。畑の隅に杭を測量隊が打った。婦人行動隊が杭に殺到して大地に身体を投げ出した。源さんが来た。ヘルメットに合羽、全身に糞をかぶってだらだら流れている。大地に身を投げ出し伏せている婦人行動隊の上に、源さんの糞だらけの体が覆いかぶさった。測量は阻止した。汚い、臭い、厭だというものはだれもいない。源さんが「糞もいい匂いだ」と高笑いした。婦人行動隊どっと笑った。木の根公民館隣の畑に機動隊と測量隊は杭を打った。婦人行動隊がどっと押し寄せて大地に身を投げ出した。機動隊が排除に取りかかった。機動隊のひとりが婦人行動隊の体を蹴った。辺田の竜崎和子さんを蹴ったのである。そのときである「よくもお腹に子供がいる人を蹴ったな」前後、我れを忘れての憤怒の声である。お腹で子供の命を育み、生んで育てる。これが脅かされたのである。命を守る女性の本能が怒りとなって爆発した。そこにはためらいも畏れもない、命を守るための怒りであった。この本能的な女性の怒りは誰といえども抑えきれるものではなかった。機動隊と測量隊は婦人行動隊によって見事に撃退されたのである。

三里塚の女たち3

母乳が出なくなった装丁師の妻

婦人行動隊出山千代は装丁師出山隆正の妻である。そして私の伯母でもある。装丁師とは馬牛の蹄を切り整える仕事を生業とする人のことである。農村には各戸農耕の牛馬がいた。そして三里塚には牧場があり、北海道日高と並ぶ産馬の地である。刀鍛冶の師が手許槌を取って弟子が向槌を取るように、装丁師の妻は向う槌をとる。刀を鍛えることと同じ方法で細い延べ鉄を打って鏨に変えて、蹄の形にする重労働の仕事である。

千代の苦労は戦争に始まる。夫隆正が騎兵隊近衛師団に召集され生活を断たれたのである。千代は日雇い仕事をしながら子供を育てる。戦争が終わり夫が復員してきたが、百姓も強権発動、食糧統制で飢餓地獄の暮らし、装丁師に食糧が手に入るわけはない。千代は栄養失調になり子供に母乳を与えることができなくなった。子供も栄養障害で病弱な身体になってしまった。千代は生涯この子供についての責任に苦しむのである。母乳の出なくなるほどの貧苦の千代の家に税務署の差し押さえの赤紙が貼られた。召集令状の赤紙と税務署の赤紙は千代の家族を飢餓の地獄に陥れたのである。農耕牛馬は農村に沢山いたので地獄から少しずつ抜け出す明るさがでてきた。朝鮮戦争の特需景気で日本の独占資本は復活をとげ農村に機械と肥料農薬を送り込んできた。農耕牛馬に代わって耕耘機、トラクター、貨物自動車が現われた。農村に1頭の牛馬もいなくなっ

挨拶する小川むつさん

た。装丁師の仕事はなくなり完全失業飢餓地獄が訪れた。女房団も立ち上がった野田醤油争議は、醤油が樽詰めから瓶詰めへ、職を失った樽職人の戦であり争議であった。三池争議は石炭から石油へのエネルギーの変化の中での争議であった。三里塚では航空資本が人間の生活のすべてを奪い尽くしているのである。空港反対闘争は国家権力と資本の持つ悪魔性に対する限りない戦いである。

三里塚に北富士忍草母の会来る

三里塚婦人行動隊が、行動隊らしく自信を持った顔つきになったのは、忍草母の会が三里塚婦人行動隊を激励に来て交流会を開いてからである。忍草母の会は北富士の土地は我々の土地との確信で、着弾地に入りゲリラ戦を展開し、オネストジョンの着弾に笠を吹き飛ばされ命をかけてたたかっている。三里塚の我々ばかりではない、忍草でも我々と同じ婦人が命をかけてたたかっているのだ。連帯の絆の新しい世界を知ったからである。富里高松学館での社会主義と非戦論の講和を聴いた青年が千葉県に始めて農民組合をつくった。砂川青木行動隊長の話と「流血の砂川」の映画会、「よし我々も青年行動隊をつくろう」八街、富里青年行動隊の誕生。妙義基地反対恩賀の戦いに学んで、富里、八街婦人行動隊の誕生。三池闘争、婦炭協と炭っ子グループの戦いから三里塚少年行動隊の誕生。そして忍草母の会との交流連帯。三里塚闘争は八街富里の闘争を引き継いで発展してきた。この日本人民の闘争の継承、この発展を我々は信じることができるのか。闘争、運動は高低、山もあれば海もある。激しいこともあれば静かなときもある。勝利もあれば敗北もある。離合集散の中で人民の闘争は発展してゆく。我々はそれを信じきれるかどうかにかかっている。

我々の中にある無尽蔵な宝

1971年2月25日、農民放送塔と第4砦の間の谷間、右から5人目三ノ宮静江さん、小川むつさん（上郷野瀬さんの菱田の家の者）

三里塚婦人行動隊の萩原あい、菊池とよ、内田きよさんと逢った。3人は岩山天浪の団結小屋の当番で、その帰りである。水筒、弁当持参である。「水がなくてお茶が飲めなかった。井戸を掘ってくれないか」と言われた。水筒持参、お茶の水がなくなれば岩山反対同盟の家に行って薬缶に水をもらえばいいと思った。私は天浪団結小屋の点検に出かけた。畑、田圃仕事の帰りに同盟員が立ち寄ってお茶を飲む。他の同盟員も来る。支援もくる。団結小屋は交流の場であると共に生活の拠点になっていたのである。長期持久戦、「よし井戸を掘ろう」、井戸掘りに反対同盟は着手した。

富士山が爆発して灰が堆積し出来た関東ローム層の赤土。井戸は15メートルか20メートルを掘れば砂の層があり、その下に薄い岩盤がある。この岩盤の上に滞留するのが宙水である。生活用水と水田に利用している水である。さらに70メートル掘ると成田水脈が北総一帯にひろがっている。氷河期の水である。1戸1つ井戸を掘って暮らしてきた農民はみんな知っていることである。堀井戸にするか、上総堀の井戸にするか。この技術も農民は暮らしの中に持っている。天浪団結小屋に井戸が掘られた。この作業に青年行動隊の柳川秀夫、石毛博道君が参加していた。天浪団結小屋は4000メートル滑走路建設計画の突端にある。お茶飲み話、気にとめない冗談で、井戸を掘り、横穴を掘って、滑走路建設の計画地に地下から侵入してはどうか、面白いと思う。柳川君、石毛君がそれは面白いと言った。中国抗日戦争の地下道戦、あるいはパリ解放の下水道ゲリラ戦、そしてベトナムの祖国解放のゲリラ戦を思い出していた。天浪の井戸掘りの経験は、青年行動隊の木の根の地下要塞の建設にすすんでいった。少年行動隊の木の根要塞での学習会。源さんはこの地下要塞を機動隊が破壊にきたら好きな酒を動けなくなるまで飲んで寝ていたら機動隊は俺を担ぎ出すだろうと笑っていた。思い詰めての闘争は判断に間違いを生じる。天浪の井戸、木の根の地下要塞の経験を積んだ反対同盟は強制代執行阻止のために駒井野の山をくりぬいて地下トンネルの陣地を構築することになった。芋を貯蔵する芋穴、桑の木や葉を貯蔵する桑穴、土葬の穴掘り、太平洋戦争空襲下の防空壕掘り、米軍九十九里浜上陸東京首都への突入を阻止するために山をくりぬいての陣地つくり。北総一帯の学校に軍隊が駐留し、住民連日の強制労働、小学校3年生から動員されての山のトンネル掘り、反対同盟の農民は山にトンネル陣地を築く技術をみんな持っているのである。赤土、黒土、砂土、岩盤、乾いているのか、水を含んでいるのか、赤土と砂土の掘り方、崩れ具合も土の性質のことを農民は熟知している。だから、駒井野の山にトンネルを掘り横堀要塞にもトンネルを掘った。山裾の湧き水、流れ、溜池、川の流れ、その場所場所の水の性質性格について熟知している。飯を炊く火、庭の焚き火、畦焼、炭焼き、火の利用も熟知している、杉、松、楢、檜、淹木、芝、萱まで利用の仕方を知っている。寒竹、真竹、孟宗竹、矢竹、篠竹と利用、用途はみんな違う。単一な機械労働の都市労働者とは全く違うのである。都市労働者は自然との共生とものめずらしく叫んでいるが、農民は自然とともに何千年も共に生きてきた。三里塚に居座って農民を利用する。農民を人間を選挙の1票と見たり数えたりする国会議員とその政党。天浪団結小屋を反対同盟から乗っ取り奉賛会を組織し反対同盟の組織分裂を図り、仏塔を建設するための事務所に団結小屋を盗み取り、最後は仏塔を権力に売りとばし、反対闘争から姿を消す政党。反対同盟の農民が持っている無尽蔵の生活体験の知恵を理解することのできる真に大衆路線を持つ政党は存在しない。都市労働者も１００年足らずの歴史しかもっていない。三里塚の農民は万年の歴史を持っている。闘争がだんだん貧しくなっていった。

婦人行動隊三ノ宮静枝

千葉刑務所の窓から見える月も澄んで秋となった。三ノ宮宅の稲刈りを手伝う約束をしたが、千葉刑務所に収監され囚わ

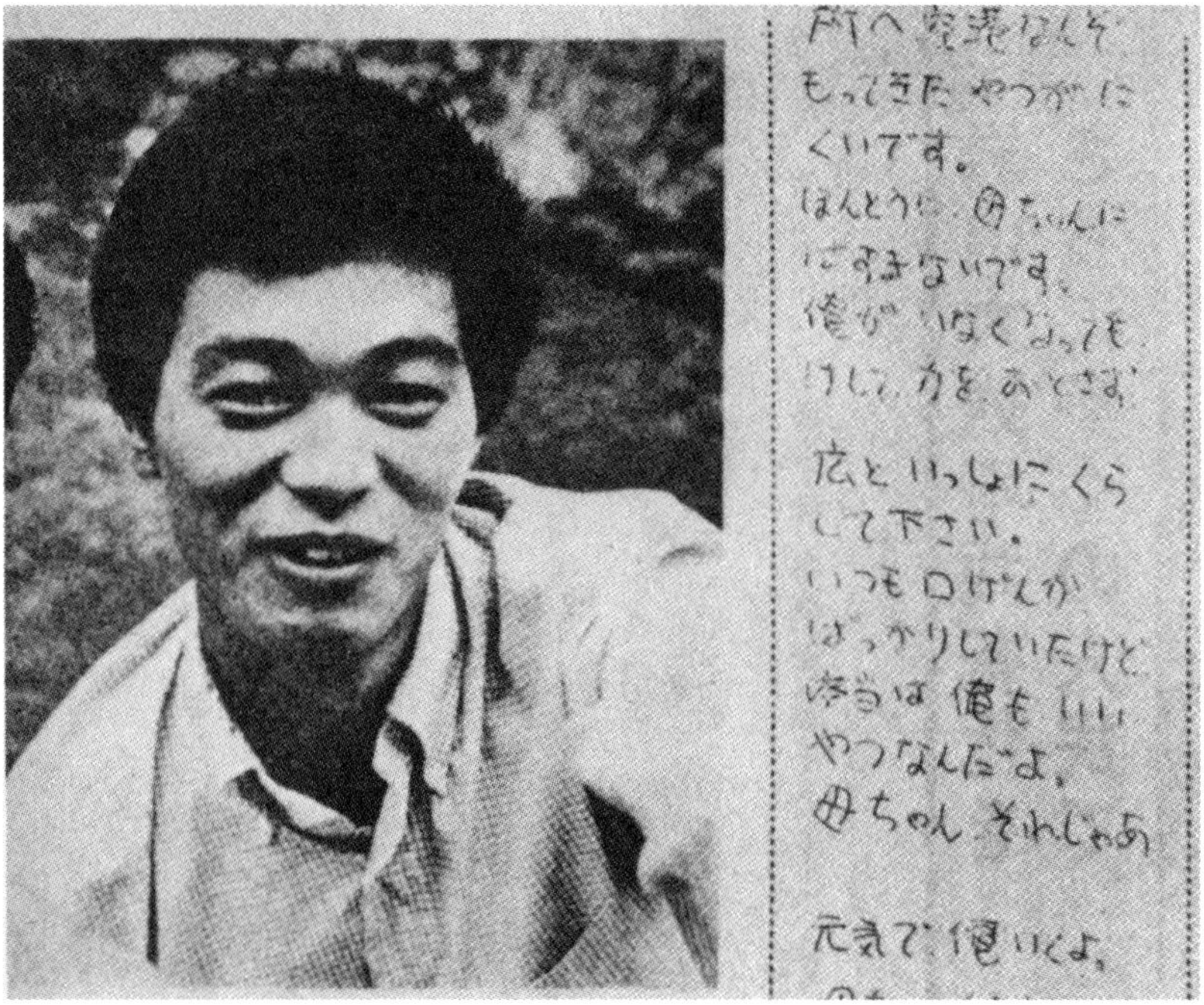

三ノ宮文男さんと遺書

れの身ではどうにもならない。……千葉刑務所から釈放された。青年行動隊の柳川秀夫君、石毛博道君、それに三ノ宮文男君が私の部屋にやってきた。もう真夜中の12時を過ぎていた。青年行動隊の会議の帰りであろうか。私は布団のなかに横になっていた。「何か急な用事か」「別に用事はないが加瀬さんの顔をみると落ち着くから見に来た」と言った。三ノ宮が「加瀬さん、誰か人が死ねば友納知事は空港建設をやめるのではないかとおもう」「三ノ宮、人を殺しても空港は作る、国家権力というものはそのようなものだ」「政府の連中でも、知事でも人間だからな、そこまでやるだろうか」「三ノ宮、お前は育ちがよくて人を疑うことを知らない。人がよすぎる」そんな会話も雑談のうち。三ノ宮とも長い付き合い。これも日常の会話の一つに過ぎない。何も変ったことはない。

1日置いてその夜、三ノ宮の部屋に青年行動隊の秋葉清春君が遊びに行った。「三ノ宮、何書いているのだ」「明日になればわかる」と三ノ宮は言葉を清春に返した。清春は「青年行動隊の文書を書いているのだとおもってテレビを見て」その夜は帰った。

三宮宅では、早稲品種の初星の取り入れも終わって一息ついて、晩生のコシヒカリの刈り取りの準備をしているところであった。昼間の食事になっても文男は姿をみせない、近所に文男の姿を見たものがいるか誰も知らない。青年行動隊や反対同盟の会議もない。文男の部屋に入った。机の上に文書が書いてあって、ヘルメットがキチンとその上に置いてあった。文書を読むと遺書ではないか。みんな集まってきた。文男の捜索が始まった。私は三ノ宮家の横手の産土神社に仲間5人と入った。境内にあまり大きくない椎の木に、黄色と黒のトラロープを首にからげて三ノ宮がさがっているのではないか。三ノ宮を誰がどのように木から下ろしたのか私には記憶がない。どうして三宮を自宅まで運んだのかこれも記憶がない。三ノ宮の家の土間にはいった。亡くなった息子文男の姿を見た時に、母親の静枝さんは「ぎゃー」、悲鳴を上げて昏倒し意識を失った。それは覚えている。だがその後どうなったのか全く記憶にないのである。文男の葬儀についてもはっきりした記憶がないのである。ただ母親の静枝さんの悲鳴は今でも聞こえる。私はショックで記憶を失ったのである。そんなことがあるのだろうか。悲しむということは涙を流すことなのだろうか。悲しいことは泣くことなのだろうか。三ノ宮のことについては涙も泣き声も出ない、無感動な人間になってしまった。

泣いて済むなら泣き続けよう。涙を流して済むなら流しつづけよう。でも記憶は取り戻せようにもない。三ノ宮は三里塚闘争に命を捧げた戦士である。三ノ宮は日本人民の解放闘争に命を捧げた烈士である。そんな言葉で静枝さんの悲鳴が消えるわけも、文男が戻ってくるわけもないし、慰められるものでもない。移転した三ノ宮の宅地跡、文男の墓石の前を通ると私の身体は痙攣したように震えだす。「三ノ宮、俺今日も頑張っている」自分を偽らずにこの言葉が心底から出てこなければ震えは止まらない。

大木よねの怨念

私は大木よね宅の強制代執行を阻止するために大木よねと生活を共にすることにした。

7歳の時に子守奉公に出て、以来、両親、縁者とは1度も大木よねさんは会っていない。それからの大木よねさんの人生は毎日が代執行をかけられたような生活の連続であった。大木よねにとって今度が初めての代執行ではない。ある時代には親との別れ、ある時代には学ぶ機会を奪われ、いくら働いても報われず、搾取と支配と差別で奪われ尽くされた生活を送ってきたのである。我々は、今回に限って代執行、代執行と叫んでいて大木よねの代執行の連続の半生を少しも理解していなかったのである。

千葉県副知事川上紀一の代執行中止の発表。収穫した稲を脱穀すべくエンジンを始動した。脱穀機と耕耘機は東峰の石井武さんから借りたものである。作業が始まった

代執行執行官とその職員、機動隊、その後にブルドーザー、大型バックホー、貨物トラックが突進してしてくるではないか。反対同盟は闘争を解除していた。間に合わない。石井武が間に合った。３人で機動隊に激しく抵抗、大木よねさんが機動隊の盾を口に受けて血が吹き出して倒れた。私はよねさんの上に覆いかぶさり「婆さん大丈夫か」と声をかけた。機動隊が私と婆さんを引き離そうとした、そのとき婆さんが機動隊を睨んだ、あまりにも恐ろしい形相に機動隊は差し出した手を引っ込ませた。私の身体に鳥肌が立った。この世では見たことのない百鬼の形相であった。俺は大木よねさんとまったく別の世界に住んでいる人間だとおもった。怒り、腹立ち、悲しみ、憎しみ、恨みの数が蓄積してその中から生まれた怨念、その情念を我々は持っていないのである。機動隊に殴られ、蹴られ、逮捕され、世の中の不条理にあってきたとしても、憎しみすら蓄えてはいない。観念としての正義感にほかならない。

大木よね、妹と再会

大木よね代執行後、癌を発病。成田日赤に入院。婦人行動隊が毎日３人付き添い。大木よねの余命は幾日もない。大木よねには妹がひとりいて八街に住んでいることを役場住民台帳で突き止めた。「姉が病気で日赤に入院、一目あってほしい」とお願いた。私は、３人の婦人行動隊を病室から出てもらった。７歳の時に別れたたったひとりの妹、肉親同士の再会である。「よくきてくれたなあ」よねさんは妹の手をにぎった。後は２人は言葉を失って泣くだけであった。この姉妹を引き裂き、姉のすべてを強奪した相手と我々は戦っているのである。

老人決死隊大木よね死亡す

三里塚で死にたい。大木よねは東峰の自宅で亡くなった。反対同盟葬である。私はよねさんの妹に、葬儀に参列してくれるようにお願いした。参列できないという。たったひとりの肉親、姉ではないか、おばあちゃんの枕元に坐ってほしいと懇

3月要塞戦

願した。葬式に着る着物がない、香典の金がない。「反対同盟の葬式そのままでよい」と言ったが承知してもらえなかった。喪服と香典は私が用意しますと約束した。十余三の岩沢茂君の母親にお願いして喪服を借りることにした。喪服一式、長じゅばん、腰巻、帯と黒の帯締め、黒の鼻緒の草履、白足袋、美容院の経費、そして香典、お婆ちゃんの枕元に妹がキチンと座った。一度でいい、元気な時に姉妹が出会う機会を作ればよかった。悔いは残る。人間を引き裂いてゆく社会、すべてを奪い尽くす社会に我々は抵抗しているのである。大木よねの代執行を知りもせず通りすぎる人生の選択もある。知っていて知らぬふりをする事もできる。それは権力と同じであり加害者である。人間を捨て畜生になることである。私は人間として生きたい。だから大木よねと共に戦ったのである。

大竹はなは三里塚のユダか

大竹はなは三里塚地区反対同盟婦人行動隊長である。この大竹はなは裏切り者で三里塚のユダなのか。戸村委員長は三里塚のユダだと厳しく糾弾した。でも私はそうは思わない。大竹はなの夫大竹金三は私の村の生まれで私の父と同級生である。金三は小作農民の次男に生まれ満蒙開拓団（中国東北部）に応募したのであった。はなは芝山大里の小作人の農家の次女として生まれ、政府の「愛国の花嫁」の方針に応募して渡満して大竹金三と結婚したのである。そして敗戦、生死をかけての

逃避行、難民として辛苦をなめて帰国した。そして海外引揚者として三里塚古入に開拓農民として入植したのである。萱と丸太の拝みの家、電気、水道もなく、山林を切り拓く重労働。三里塚の開拓農民すべてが経験した飢餓地獄を生きてきたのである。

麦、薩摩芋、落花生、自給自足の生活の中、子供２人を育て上げたのである。長男は新制中学を終えると製材工場の人足となって働いた。そして鋸を買い求めて樵になったのである。彼は鋸１丁の樵から馬車を求めて、材木の運搬を始めた。そして馬車から貨物トラックを買い求めて材木の運搬を始めた。そしてかれはこれまでの経験を生かして銀行から融資70万円を受けて製材工場を建設したのである。一方農業経営は三里塚シルクコンビナートの構造改善事業が稼動することになり、天神峰に建設資材が運ばれてきた。これで戦後開拓の苦労から抜け出されると希望に胸を膨らませた。

三里塚に空港決定。事業認定公布が突如起きたのである。シルクコンビナート事業は中止、建設した製材工場は稼動ができなくなった。電気法によって家庭電力線は引けるが、製材工場の動力の電気は工事ができないのである。農業経営はストップ。製材工場は稼動中止、そして銀行からの70万円融資、借金が重くのしかかった。

私は、芝山丸菱野菜出荷組合員の協力を求めて、大根、白菜、人参などの換金作物に作付けを変えるように努力したのだが、大竹夫婦には麦、芋、落花生の生産技術しかもっていなかった。農業経営の転換はできなかった。農業生産、労働力の中心であった金三が胃癌で倒れたのである。銀行からの借金と病人を抱え収入の道が完全に閉ざされた。そして移転を決意せざるをえなかったのである。

「小作農民の次男、次女は家にも、村にもいるところがなかった。国の方針に従って満州に行き難民となって帰国した。開拓の苦労をなめてようやく何とかなるとおもったら又追い出される」。「俺の一生は難民だ」。これが移転していった大竹はなの言葉である。

横堀大要塞の闘い

横堀の大要塞はコンクリートの厚さが２メートルあった。機動隊の破壊工作機械でも簡単に破壊されない要塞として構築した。しかもその上に鉄塔を建て人間が立て籠り闘うように踊り場を作り、高圧放水を防ぐように防壁をつくった。反対同

1971 年 2 月 25 日、左から小川松子さん、少年行動隊小川清君、五十田君、萩原君

1971 年 2 月 25 日、少年行動隊（中学生）左から椿きぬるさん（辺田部落)、石井幸子さん

盟は、北原事務局長、内田行動隊長、熱田副行動隊長、秋葉哲救援対策部長、長谷川たけ婦人行動隊長、小川むつ婦人行動隊副隊長らが立て籠もった。それに支援団体、ヤグラの上には決死隊が立て籠もった。機動隊が要塞を包囲した。それを取り囲んで反対同盟は投石と火炎瓶で応戦した。機動隊は大型クレーンに特別に長いアームを取り付け、投石と火炎瓶を防ぐ特別ネットを張っていた。要塞から火炎瓶が雨あられと投げられ、破壊工作機械は要塞に接近することができない。高圧放水を続けるだけであった。戦闘は昼から夜、深夜に及んだ。筑波颪の寒風も霜となった。ヤグラの上の戦士達の火炎瓶も投げ尽くした。ただ放水を浴びるだけの戦闘状態となった。このままでは、ヤグラの上の戦士達が凍死する。反対同盟は、ヤグラから戦士たちを降ろす方針を決めて党派の最高責任者にその旨を伝えた。党派の方針は「このまま戦って三里塚闘争に命を捧げてもらう」との方針であった。反対同盟幹部岩沢吉井さんが、党派の最高責任者に向って怒りを発した。「三里塚は生きるために戦っているのだ。同志を死なせてなんとする、逮捕されても獄中闘争ができる。釈放されればまた三里塚の闘争に参加できる。死ね

1971年2月25日、牛尾上郷、勝又平君のおばさん。岩山大宿老人行動隊。

ばすべてが終わりだ」「捕虜になって辱めを受けるなら自決せよ」天皇の軍隊はそのように言っていた。それと同じではないか。

機動隊の放水が止んでヤグラの上の戦士は全員逮捕。要塞に立て籠もっていた反対同盟と支援も逮捕。長谷川たけ婦人行動隊長、小川むつ副隊長も火炎瓶を投げ奮戦した。長谷川さん、小川むつさんは教師であった人である。要塞に立て籠もり火炎瓶を持っての戦いは生死をかけた覚悟と決断であったと思う。

駒井野代執行阻止闘争

（一）身体に鎖を巻きつけて

駒井野砦から広場を越えて見上げる丘の上に、関東管区、中部管区（名古屋）から動員された機動隊９０００人の主力部隊が整列した。闇から朝明け機動隊の盾に上る太陽が反射して光った。まさに壮観な陣形である。我々の部隊は広場を埋め尽くし、第1砦、第2砦、第3砦には反対同盟が立て籠もり、婦人行動隊員が鎖で身体を砦の杭に巻きつけて死守の決意を示した。戦いの前の静寂である。敵味方、戦いの決意を覚悟を高めあった一瞬であった。反対同盟農民放送塔から「守るも攻めるもくろがねの……」軍艦マーチが鳴り響いた。戦闘開始の合図である。機動隊に投石が始まった。我々の部隊の投石と群集の投石で真っ青な空が曇った。投石用の広場の石は、反対同盟青年行動隊がトラックで何台も運んで散らしておいたものである。

機動隊が突入。我々の部隊は鯨波の如く四方、八方に揺れる。機動隊が広場を制圧、代執行屋といわれる凶暴な作業員がブルドーザーを先頭に突入してくる。機動隊、放水車、ブルドーザー、バックホー、そしてもっとも凶暴な特別賃金で働く代執行屋の作業員が突入してきた。火炎瓶が命中、バックホーの運転台が燃えて炎に包まれた。運転手が転げ出た。砦に放水開始、砦の柱に鎖で身体を巻きつけた婦人行動隊員にワイヤロープをかけ、ブルドーザーが広場を引いていった。婦人行動隊を砦の丸太にした。

（二）美しき涙

砦に機動隊が突入。白兵戦である。火炎瓶では間に合わない。ドラム缶のガソリンをバケツに汲んで機動隊に頭からかける。焚き火をその上に投げつける。機動隊の身体が燃える。機動隊が放水して消し止める。「何であんたが機動隊のために死ぬのよ」と絶叫した。高校生の柳川信子さんが叫んだのである。北原事務局長の娘さんがガソリンを頭から被って焼身自殺の抗議をするところであった。我に帰った北原さんの娘さんが信子さんのほうを振り向いた。信子さんの目から大粒の涙が溢れ落ちて太陽に光った。私はこんな美しい人間の涙をこれまで一度もみたことはなかった。闘う友達を救った人間の涙である。

（三）国賊の農民を殺せ

機動隊の突入。暴行。続いて代執行作業班が突入してきた。手に手に火事場で使う鳶口を振り回しながら、樹木を切る電動カッターのエンジンを満開にして襲い掛かってきた。「国策に反対する国賊」「てめえらは日本人じゃねえ、日本から出て行け」「何人殺してもいい、責任は上が取るからと命令されている」。熱田さんが木に登った。気が切り倒された。木とともに大地に熱田さんが投げ出された。三宮武司さんも木に登った。木が倒された。三宮さんが木の下敷になった。男達は火炎瓶と棍棒で応戦した。婦人行動隊、少年行動隊、高校生協議会の人たちは「おれ達を皆殺しにして空港をつくれ」「殺せ、殺せ」と叫んで機動隊と代執行の男どもに迫った。暴行を受ける、逮捕される、とそんな思いは戦いの中で絶えず味わってきた。今度は本当に殺されると私は思った。

（四）婦人行動隊員が死んだ

砦の中の白兵戦、次々に排除されて男は私と石井英祐さん２人になった。婦人行動隊が砦の右端に固まっていた。口々におれ達を全員殺してから空港を作れと叫んでいた。椿秋江婦人行動隊員は、娘の少年行動隊の絹子をしっかりと抱きしめて叫んでいた。私は婦人行動隊を守るべくその場にいった。背後から来た機動隊が私のえり首をつかんだ。そのときである、椿さんが目をつぶって苦しそうな顔をして倒れた。私は婦人行動隊が死んだ、早く砦の外に出して医者に連れてゆけと叫んだ。婦人行動隊は椿さんを抱えて砦の外に出た。そうしたら、椿さんがパッチリ眼を開いて「加瀬さん大丈夫」と言った。婦人行動隊が歓声を上げた。椿さんは死ぬふりをしたのである。椿さんは最後俺が死んだふりをして機動隊を驚かす。そのときに砦を脱出すると言っていたが、乱戦、白兵戦の中でそれが実行できるのだから不思議である。人間覚悟を決めればなんでもできることを証明したのであった。

（五）少年行動隊宮本由美子さんの手記

駒井野代執行阻止闘争に参加する前の夜、私は「死んで帰ります」と両親に言った。力いっぱい闘って家に帰ってきた。「生きて帰ってきて申し訳ありせんでした」と両親に謝った。

強制代執行を受けた三里塚のよね婆さん

日本の政治は誰のためにあるのか。三里塚のよね婆さんのためにあるのである。戸村委員長は「大木よね婆さんは日本一の貧乏である」と言っている。私もそう思う。政治とは貧しい人たちが、生活がよくなり毎日安心して暮らすことができるための温かい人間的なぬくもりのこもった施策とそれを保障しうる社会体制を作ることにある。貧困と差別、この世の中のあらゆる辛酸を嘗め尽くして生きてきたひとりの老婆に政府は強制代執行をおこない、すべてを破壊し奪い尽くし大木よねの心を破壊したのである。鬼畜のなせる業である。大木よね婆さんの強制代執行阻止闘争は、よね婆さんと石井武（東峰）さんと私の3人であった。私はこの闘争を体験してから、この世の中には自分の命をかけても守るべき価値のあるものが存在することを実感として知ったのである。

毎日生死隣り合わせの生活

大木よねさんにとっては風邪をひき熱を出すことは餓死することを意味している。私には、健康保険もあり、親弟妹もいて親戚も沢山あり、困ったときには隣近所、同級生も見舞いに来てくれる。富山の置き薬も用意してある。大木よねさんには何もない。無一物なのである。

水田は2畝、畑5畝、屋敷3畝それも地主藤崎の名義になっており、そのために藤崎の家の子守、労働力として暮らしてきた。空港反対闘争に参加して同盟員となり、東峰、天神峰の同盟員の農作業を手伝い食事をご馳走になっていた。金銭の収入はないのだから家の周りの野草や筍、ザリガニ、どじょう、タニシなど自然のものを採って食べていた。今流行りの金持ちの自然食ではない。大木よねさんは反対闘争とめぐり合って、そして支援の人たちと家族として暮らすようになって少し生活に温もりを持つようになった。大木よねさんは反対闘争が楽しそうであった。

よね婆さんと暮らしを共にして

代執行が行われることがはっきりしてきたので私はよね婆さんと共に暮らすことにした。よね婆さんの家は9尺2間の4本柱の掘建て小屋であった。畳1枚ぐらいの寝床があって、食事の支度は山の下の釣瓶井戸のところでやっており、鍋、茶碗が少しあるだけで、着のみ着のままの生活であった。支援の人々が生活するようになって庭に団結小屋が建てられて、私をはじめ、佐山、平野、西、大西、松本さん、鬼沢さん、喜屋武さん等が泊まり、出入りして大木よねさんの面倒をみていた。これらの人々は中国や毛沢東思想に近親感をもつ日中派と呼ばれている人々であった。この人たちは三里塚の白毛女と大木よねさんに尽くし、生活は中国八路軍の三大規律八項注意の思想を追求していた。代執行阻止闘争を闘うにあたり、反対同盟や支援は大木よね宅に大砦、大要塞をつくり立て籠もり徹底抗戦の方針であった。私はこの方針に同意しなかった。問題は代執行闘争に大木よね自身がどのような決意と行動を行なうかそれが基本である。大木よねの意思を無視してはならない。大木よねの意志と決意を反対同盟と支援がどれだけ強固なものにできるかである。

まず生産と生活を整えよ

田畑は農民の分身である。労働を投下して耕してきた田畑は農民の歴史でありすべてである。大木よねさんには自宅の下に2畝の水田があり、畑は5畝あった。これは、地主藤崎の名義になっているが、大木よねさんの話によると大木実（よね婆さんの夫）とここに世帯を持ったときに自分のものになったという（農地改革のときに解放され小作地を買い受けた）。小作地買受の資格はあったが、農地委員会に申請はしてなかった。私は、私の持っている生産技術をこの水田と畑に注ぎ込んだ。自分の生命を命を労働を投下しないでは真に三里塚の田畑は守れない。また、農民の土地闘争とその歴史を理解することはできない。田畑の作物は、世間並みに、反対同盟の農民と同じように育てることができた。そして宅地も垣根を結び、雑草を取り除いてきれいに整えた。大木よねさんの家の前には毎日機動隊が時間を決めてやってくる。機動隊が立ち去ると今度はガードマンが来る。大木よねさんを中心にそのたびごとに抗議行動を行なう。機動隊とガードマンは「糞婆あ」「出て行け」「国策に反対するお前えらは日本人ではない」「国賊」「婆あー早く死ね」と差別と非難と中傷を浴びせられる毎日であった。宅地の下の田圃のところまで工事が進んできて、土盛りは山のようになってきた。雨が降るとその土砂が田圃に水を引く水路を埋める。又、田圃の中に流れ込む。公団は土砂で田圃を埋め尽くして金銭の保証、2度と稲が作れない状態にして、そして買収を狙っているのである。水路に少しでも土砂が入れば取り除かせた。雨で水田に土砂が入り、稲の根本が土砂で埋まった。猛烈に抗議した。公団職員が20人ばかり人足を連れてきて1株、1株の砂を掬い取らせた。田圃で農作業していると機動隊が来た。大木よねさんに罵詈雑言である。大木よねさんは田圃から上がり、機動隊の前に行きパッと腰の着物を払って「この婆がそんなに憎いなら、この、オマンコに警棒を突っ込んでみろ。お前達が生まれてきたところだ」と言い放った。機動隊はさすがに恥じて黙って帰った。俺たちもびっくりした。この世の中で身につけた一切のものかなぐり捨てて真裸の人間の命の根元を見た一瞬であった。この人間の命の根元が三里塚では権力によって蹂躙され侵害されているのである。自分の命の根元とは何かを試された一瞬であった。

中国のピンポン外交

「ピンポンの玉は軽くとも日中両国人民の友情は重い」と中国卓球代表団が来日して日中国交間近と国民がそれを肌で感じていた。私は中国卓球代表団に観戦の招待を受けた。代々木国立体育館ロイヤルボックスで、王暁雲アジア局長の説明での観戦であった。卓球代表団が三里塚を訪問する計画であることを明かされた。ＬＴ貿易の萩原定司氏、日中友好文化交流協会会長中島健蔵氏、在日中国記者の三里塚取材等に協力してきたのである。そして今日の招待となったのである。王暁雲アジア局長からの連絡が入った。「代表団は三里塚を訪問したいのですが、三里塚を訪問することになれば警官隊の護衛で行くことになる。警官隊と戦っている三里塚の人たちの心情を害することになる。護衛なしで行けば右翼の妨害が発生する。発生すれば長崎国旗事件のような国際問題となる。ここまで進んだ日中友好事業が又遅れることになる。今回の三里塚訪問は残念だが中止せざるを得ません。そのかわり、北京テレビの記者一行が取材に行きます」と連絡が入った。北京テレビの高梁氏が大木よね宅を訪問した。この取材は「中国と日本」画報に大木よねを真ん中にし常駐者一同写真入りで大きく報道された。

スパイ活動

この常駐者のなかに大西君も入っていた。彼は真面目で人がよさそうでみんなから好かれていた。だが、警察と逢っているところを成田市外で発見されたのでる。代執行をやる為に警察が送り込んだスパイであった。彼を監視していると必ず警察と逢っている。糾弾して追放した。三里塚には全国から支援が馳せ参じている。この支援のなかに警察のスパイ網が張り巡らされていることは疑いのないことである。反対同盟実行役員会が終わって30分後には県警本部は、反対同盟が何を決めたか情報を掴んでいた。

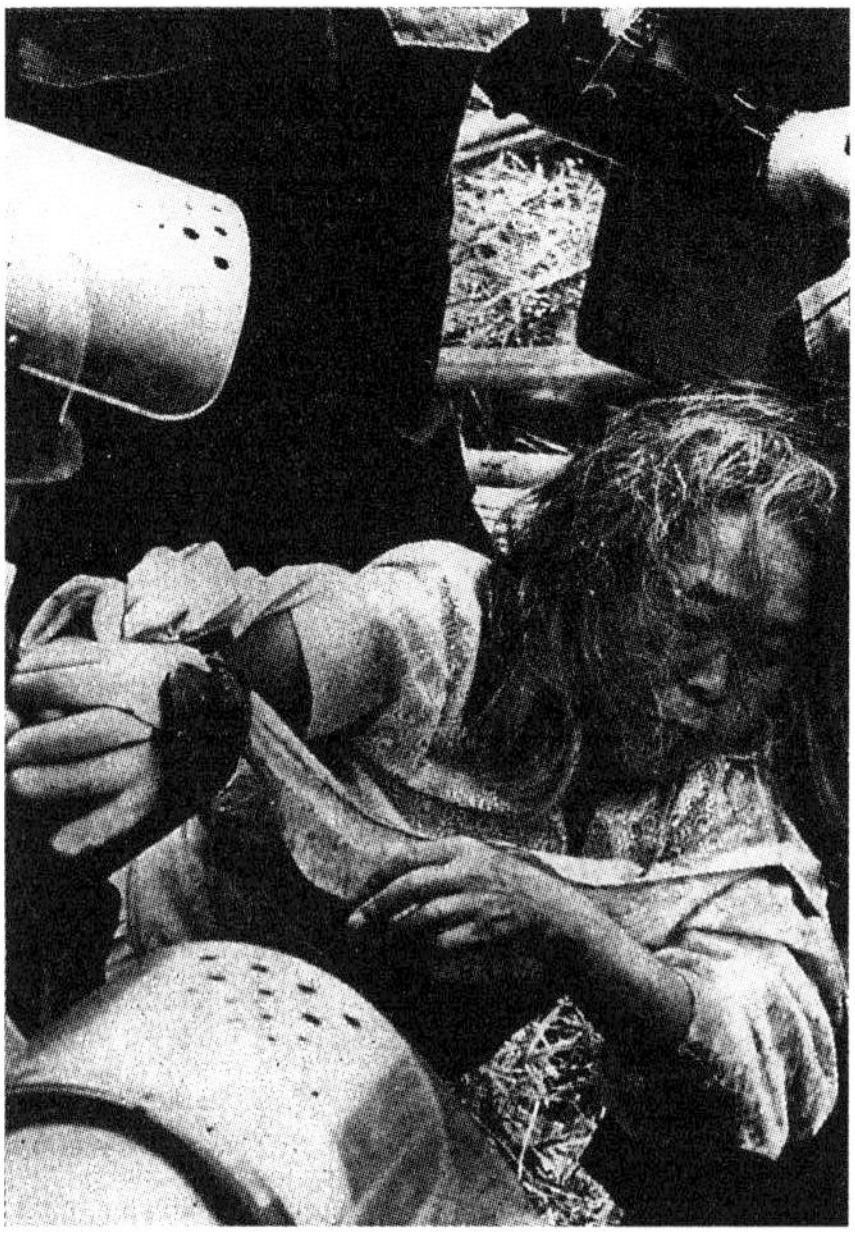

『大木よね』三留理男編（田畑書店）より

小皿の蝗煮と酒1升と印旛沼の鯉

田圃の稲は順調に育った。権力との生産闘争が稔ったのである。大木よねさんが田圃で蝗を捕って煮た。全国カンパで寄せられた資金の中から酒1升を買って来た。大木よねさんは戸村委員長に代執行を阻止して家を守ってくれるように頼みに行くために、手土産として蝗煮と酒を用意したのであった。私に一緒に来てくれというので出かけていくと戸村委員長は在宅していて機嫌よく迎えてくれた。大木よねさんは戸村さんに丁寧に頭を下げて「お願いします」といった。心配顔が安堵の色に変わった。その夜。天神峰の加藤清さんが印旛沼の大きな鯉を捕ってきて鯉汁を作ってくれた。「婆さん鯉食って精付けて頑張ろう」と励ましてくれた。静かな夜であった。こんな静かなところで代執行が行われると思うと不思議なほど静かな夜で虫の声が月に冴えていた。

代執行を巡る議論

反対同盟幹部会、実行役員会が開かれて「代執行阻止、大木よね宅死守」と決定しても別に軍隊出ないのだから対策や戦術が練られる訳ではない。私は、石橋副委員長、石井武、岩沢吉井、秋葉哲、宮野稔に私の部屋に集まってもらってさらに対策を練った。代執行阻止を全力で戦う。これは異議なしである。問題はそれから先反対同盟が大木よねの生活のすべてを具体的にどう見て行くのか、その責任体制に議論が尽くされていないのである。「大木よねは無一物で家族もいない。だから、代執行を戦える。俺たちは、田畑もあり、家族もある。だから代執行までは闘えない」口をそろえ発言した。

私は「自分達のできないことを大木よねにやらせるのか。それはまずい。話し合いで解決するか」と提案した。この提案には同意しなかった。「誰が、一生、大木よねの面倒をみるのか」この問題がはっきりしなければ代執行には同意できない。みんな言葉に窮した。私が「大木よねの面倒を一生みる。牛尾の生家に連れて行き共に暮らす。大木よねの養子になる」と覚悟を決めた。秋葉哲さん、岩沢吉井さんが、大木勉になると両親に泣かれると止めにかかった。岩沢吉井さんの女房は牛尾の出身で私の父と同級生、秋葉さんの女房は私の伯父と同級生で、私の家のことは知っていたからである。

石井武さんが、「東峰反対同盟で大木よねの面倒は見る。家、屋敷も用意する。反対同盟はやるだけのことはやってくれ」ということでみんな覚悟が決まった。代執行を受けた農民に対する責任は持てない。田畑の土地の用意はできない。このことははっきりした。最終的には条件闘争しかないのである。

事業認定取り消しの訴訟は最高裁までやられたが敗訴した。訴訟中に工事を進め既成事実を積み上げて農民を追い込んで行く。裁判は現実の問題を解決する機能はまったくないのである。事業認定を取り消す戦いの道はあるのか、難しい局面に突き当たった。

強制代執行阻止闘争

大木よね宅の周辺に反対同盟支援団体が続々と結集して阻止闘争の決意を披瀝していた。反対同盟員は大木よねさんの家の入り口に結集した。戸村委員長の激励にみんな振るい立った。代執行の現地責任者は千葉県副知事の川上紀一である。「今日は代執行を中止する」と報道機関に発表。「阻止できたぞ」と今日1日の成果に気勢があがった。反対同盟も支援団体も闘争体制を解いて散会した。又、静かな夜が訪れてきた。明日は計画どおり稲の脱穀である。早朝石井武さん宅から借りてきた耕耘機と脱穀機を庭に備えつけて早々と始動した。晴れやかな秋晴れの朝であった。作業を始めて10分も立たないときに空港の工事現場を見ると、白旗を掲げた公団職員、黒山の一団の機動隊。大型のバックホー、ブルドーザーが一斉に突進してくるのではないか。私と大木よね2人しかいない。石井武さんが駆け付けてきてくれた。3人となった。公団職員が白旗を掲げ、何か読み上げた。代執行令書であろう。脱穀している3人に一斉に機動隊が躍りかかってきた。私と石井さんは機動隊の暴行を受けて倒れた。大木よねさんも激しく抵抗、機動隊員の盾の水平打ちを受けて口から血が吹き出した。私は「ばあちゃん大丈夫か」と叫んで倒れたよね婆さんの上に覆いかぶさった。婆さんの白い髪の毛は乱れ乱れて、前歯2本を折られて口から顎にかけて血が流れていた。私の下になっている婆さんが機動隊を睨んだ、その形相の凄さに機動隊員の手が止まった。憎悪、憎しみ、怨念、恨み、この世にあるどんな言葉でも表現できない顔である。目は黒味がなく白味ばかりでギロリとしていた。あまりの恐ろしさに私の体に鳥肌が立った。その一瞬、大木よねさんと私はまったく別の世界に住む人間であることがわかった。私には憎悪、憎しみ、怨念、恨みの言葉に値するほどの情念は持ち合わせてはいない。代執行阻止と心血を注いできたが、何一つ大木よねの苦難、辛酸を舐めてきた人生を理解してはいなかったのである。風邪ひいて寝込めば餓死する境遇、8歳にして親との別れ、文字を習う機会はなく、酌婦、女中、百姓の奉公人、生きるためにはなんでもやり抜いてきた。戦後、ここに大木実と所帯を持って芋焼酎づくりをしたが警官隊に破壊された。野草食う毎日の生活、今度の強制代執行。大木よねの日常性とは強制代執行の連続、生死の日々であったのである。生きてきた毎日が奪われつ強制代執行であったのである。この辛苦の連続性を私は理解できなかったのである。

ベツレヘム野の羊の群れ

機動隊の包囲が解かれ闇のなかにすっかり地形の変わった大木よね宅。強制代執行の現場を目撃した者は誰もいない。大木よねさんも私も石井武さんも機動隊にそれぞれが拉致されていて代執行が終わってから車の中から放たれた。みんな悔しがって、整地された上に焚き火をたき取り囲んだ、悔しくて団結小屋や自宅に入れないのである。闇の中焚き火の火はあちこちに焚かれ、みんなの顔が赤く燃えていたが、重い空気に覆われ言葉もなかった。戸村委員長の激励演説の声も絶えた。戸村さんはこの夜の出来事を「キリストを慕うベツレヘムの野の羊の群れ」と文章に書いている。大木よねの代執行阻止の闘争力はどこから出たのか「それは無知、文盲であるがゆえに」とこれまた文章に書いている。

代執行を受けた大木よねさんの評価はどうだろう。「俺はこれまでは反対同盟に義理を欠いたことはないのに、反対同盟は俺を屋根の上に乗せて梯子をはずした」、すなわち反対同盟に裏切られたと思っているのである。阻止してくれると信じていたのである。反対同盟と支援団体は「代執行をやらないといってやった。川上副知事は許せねえ」と怒り心頭に発した。これに対して代執行を戦った石井武さんは「代執行はやらないといってやる。これは戦いの基本戦術だ。やります、やりますといってやれば味方の損害が大きくなる。だまし討ちは当たり前のこと。敵の言葉を信用した反対同盟の修行が足りないということ」と言っていた。加瀬勉はどうか。始めから阻止できないことはわかっている。できないと大木よねに本当のことを告げて、そうして判断を待つべきであった。できもしないのにできると思い込ませてはならない。

幸せな東峰の新しき生活?

東峰の島村良助さんが屋敷を提供してくれた。即座にプレハブの住宅が建てられた。婦人行動隊総動員で布団、台所用品、テレビ、冷蔵庫が持ち込まれた。みんな口々に大木よねに同情して「婆さん、代執行やられてかえってよい生活ができてよかった」「取香にいるより文化生活ができ、東峰のみんなもいる」代執行受けてよかったと婆さんに同情した。確かに電化製品もそろった、生活用品には不自由はない。だが、大木よねさんの田圃、畑、それと共に生きてきた大木よねさんの歴史、人生は奪われたままである。心、精神まで破壊された。これは電気製品、文化住家で慰められるものではない。大木よねさんは東峰で新生活を始めた。松浦英政、美代子夫婦が大木よねの養子になり共に生活するようになった。代執行を受けた宅地、畑、水田の補償金の問題は残った。受け取れば代執行を認めたことになる。これが反対同盟の考えかたであった。

大木よねさん癌で倒れる

大木よねさんが癌を患っていることは誰も知らなかった。本人も身体の調子が悪いとは言わなかった。成田日赤病院に入院した。成田日赤には三里塚野戦病院で活動していた医師と看護婦が働いていた。そして、婦人行動隊が３人づつ看病付き添いに当たることになった。反対同盟は全力で看護に当たったが大木よねの病気は悪化するばかりであった。医師から寿命いくばくもないことが告げられた。

大木よねには妹が1人、八街町に住んでいた。私は車で迎えに行き姉の病気を告げ逢ってほしいとお願いした。妹を病院に連れてきたが、大木よねは会わないと言った。それは、公団が妹を乗せて、土地買収に来たことがあったからである。大木よねは妹を追い返した。そのことを知っていた私は反対同盟婦人行動隊の付き添いの人に病室から出てもらった。そうして妹を病室に入れた。声もなく２人は手を堅く握りあって泣くばかりであった。大木よねは8歳のとき家を出てから初めての再会である。姉妹が死んでゆく寸前に再会したのであった。残酷な運命、それに加えての代執行と癌の重病である。どうしても、三里塚に帰りたいとの大木よねの願いで、酸素ボンベ、酸素吸入付きで医師、看護婦に付き添われて東峰に帰ってきた。

１９７３年大木よねはその残酷な生涯に終わりを告げた。

大木よねの反対同盟葬

私は大木よねの妹のところに飛んでいった。そして姉が亡くなったことを告げた。たったひとりの肉親、姉の枕元に座ってほしいとお願いしたが行けないと断ってきた。懇願すると香典の金がない、葬儀に着て行く黒紋付の着物がないということであった。普段着でよい、反対同盟の葬式だから、香典はいらない、普段着でよいといったが、それは俺たち闘争している者たちの言い分。妹の身であれば姉の葬式に香典は持っていけない、着ているものは普段着では、参列者のさらし者になるという意識である。村落共同体の習慣からすれば当然のことである。私は十余三の岩沢茂のおばあちゃんにお願いして、草履、足袋、帯、長襦袢、黒の紋付一式を借り受けて、香典５０００円を用意して妹に葬儀に参列してもらった。お坊さんは芝山町の半田住職である。戒名代は支払いできないと断って読経だけお願いした。真っ白な白木の箱に収まった大木よねさん、妹の胸に抱かれの野辺送りである。大木よねさんは空港建設用地東峰共同墓地に眠っている。

大木よねの養子になった英政、美代子夫妻は千葉県の代執行の不当性を訴え裁判を起こした。永年の裁判の結果、和解が成立した。収用した畑、水田については代替地を用意する。補償金は受理するという形で決着が付けられた。

三里塚のよね婆さん

大根葉飯

娘のおよねは「お母さん、私はもういい」と茶碗の飯を半分食べて置いた。「腹の調子でも悪いのか」「なんでもない、お母さん食べな」「お母さんはお前たちが食べないときに食べたのだから、心配しないで食べな」「お梅、おまえ、おねえちゃんにもらって食べな」「おねえちゃんと、お母さん可哀想。わたしはいい」とお梅は言った。「子供は遠慮するものではない。一番小さいお前は身体を丈夫にしなければならない」。一杯の大根葉飯をいつも親子はこうして分け合って食べていた。母のお清が朝飯を食べていないことを子供たちは知っていたのである。茶碗洗いに台所の土間に下りたお清は柄杓で水がめの氷をわって、水腹でもひとときは凌げると腹の中に水を飲み込んだ。身体が氷柱のように冷たくなっていった。

年貢米

お清は隣村の地主藤崎から小さい田圃と畑を借りて作っている。米は3俵しか取れない。そのうちの半分は年貢に納めなければならない。お清は大八車に年貢米を積んで納めに出かけた。小さいお梅が大八車に紐をつけて引き、お米は後ろから力いっぱい押して母を助けた。親子は引いては休み、押しては休みながら隣村の地主の家の下にたどりついた。お清は、少し休んでから行こう、これからは坂道だから骨が折れる、と言った。お清は、道端の小さな池に行って手ぬぐいを水に浸して冷たくしてきて、汗を流し顔を赤くしている、お米とお梅の顔を拭いてやった。「わあー冷たい。気持ちいい」と子供たちは元気な声を上げた。

地主の家

「およね、お梅。旦那さんの家は坂の上だ。途中で止まると車が下に転げ落ちてしまう。休まずに一気に上らなければならない。お前たちも息を抜かずに力の限り押してくれ」とお清は子供たちに頼んだ。子供たちの顔つきが変わった。必死の面構えになった。

「1、2、3、行くぞ」と母親のお清が掛け声をかけた。3人は必死の形相で大八車を押し上げた。お清は「1年泥だらけになって働いてこの子供たちに腹いっぱい飯を食べさせてやることができないのか」と思った瞬間、惨めさが込み上げてきて全身の力が抜けてゆくのを覚えた。およねとお梅の悲鳴に我れに戻った。旦那さんの大きな門、大きな家、蔵がいくつもあった。知らない世界に来たようで怖くなった。「旦那さん年貢米を持ってきました」とお清は言ったが震えていて言葉がもつれていた。およねとお梅は母の後ろにかくれて母にしがみついていた。旦那さんの家の門を出るとお清は「年貢米を上げられると思ってびくびくしていた」とため息をついた。池のところで3人は水を腹いっぱい飲んだ。「おかあさん、湧き水はおいしいね」と子供達は言った。

「お梅、車に乗りな」「お母さん、疲れるから嫌だ」「大丈夫だから乗りな」お梅が遠慮していると、お梅を抱きかかえてお清は車に乗せた。半道まで来た。「今度はおねえちゃん乗りな」およねは乗らなかった。母が可哀想だからである。隣村の真ん中にくると小さなお店があった。お清は車を止めて店に入り達磨さん飴を2本買って来てくれた。「わーいわーい。達磨さん飴だ」2人は飛び上がって喜んだ。口の中で溶けないように、ゆっくり、ゆっくり静かに、飴をなめた。飴や菓子を子供に買ってやるのは1年に1度や2度である。1本の飴でこんなに子供たちが喜んでくれる、明日もがんばらねばとお清はおもった。

子守奉公の決心

娘のおよねは7歳になった。夜なべの縄をつくる手をお清はやすめた。「およね、7歳になったのだから、藤崎の旦那さんの家に子守奉公に行ってくれないか」と言った。およねはとっさにびっくりして「お母さんのところにいたい」と言った。「お前が子守奉公に行ってくれれば、藤崎の旦那様は米1表をくれると言ってきた。そうすれば、お梅に腹いっぱい御飯を食べさせてやることができる。そしておまえも、ひもじい思いをしないで旦那様のところで腹一杯御飯がごちそうになれる」「聞き分けてくれないか」と言った。「学校に行きたい」とおよねは喉まで出たが力を込めて飲み込んだ。「私が、子守奉公に出れば、妹とお母さんが御飯を食べられる、我慢して奉公に出よう」と決心した。「おかあさん、わたし行く」と小さな声で返事をした。お母さんが夜なべ仕事を止めておよねのところに来て、力いっぱい抱きしめた。痛いと言ったがお母さんは抱きしめた力をゆるめなかった。「ごめんね、ごめんね」と母の涙がおよねの頭の上におちてきた。

子守奉公

「汚い子供だね。赤ちゃんの着物がよごれたらどうするの、今度からきれいに洗濯しなさい」といつも若奥様に叱られた。背中の赤ちゃんの着ている着物は柔らかく、お米の着ている着物より長い。着物が汚れていると言われても毎日取り替える着物はない。2枚しかないから汚れるまで着なければならないのである。

「頭の毛ももじゃもじゃではないか、虱でもわいて赤ちゃんにたかられたらどうするの」といきなり風呂場に連れてゆかれて裸にされて頭から水を浴びせられた。奉公人は頭の毛に椿油をつけることはできないのである。真夏の暑い日、赤ちゃんがねむっているときは静かに団扇であおぐ、自分が居眠りすると、裁縫道具の物差しでぴしゃりと叩かれる。赤ちゃんが泣くのはおしめが濡れているから、そのくらい解るでしょ、と叱られる。背中で子供が泣くときはお米は一緒に辛くなって泣いた。「お母さんと妹お梅が御飯が食べられる。私は我慢しよう」泣きながら自分に言い聞かせた。およねにはつらいことはもう1つあった。学校に行くことができなかったことである。学校に行く同じ歳頃の人をみるとおよねは物陰に隠れるのであった。名前も書けない。いろはも読めない。悲しいというよりこの先どうなるのであろうかという絶望が湧いてくるのである。同じ子供でもなんでこんなにも違うのだろうか。悲しみというより目先がまっ暗闇になるのであった。

御飯は確かに腹いっぱい食べられたが、旦那様や家族の人たちが食い残した冷や飯であった。奉公している女中さんや男の人たちは竈の前でやはり冷や飯を食って野良に出ていった。

身売りされた

盆正月の13日は奉公人の1年に1度の里帰りの日である。およねは久しぶりに帰ってきた。「お母さん、来年は15歳になる。いつまでも子守奉公はしていられない。旦那様は米1俵でお給金はあげてくれない。いい働き口をお母さんさがしておいて、お母さんを楽させてあげるから」母親のお清は、娘およねの言うとおりだとおもった。母が奉公先に来た。旦那様に「およねを山形の親戚の家に養子に出すことになりましたので引き取らせていただきます」と言いにきたのである。母のこの言葉にはおよねもびっくりした。門を出ると、「旦那様に逆らえば田畑を取り上げられてしまう。嘘も方便といってお釈迦様も許してくださる」と母が言ったのでおよねは安堵の胸をなでおろした。そのかわり、お梅が奉公に出ることとなった。「おかあさん、私働くからお梅は学校に行かせて」といった。「もう決まったことだからお前は心配しないでいい」と母親のお清はいった。およねの働き口を頼んでおいたという男の人がやってきた。およねは東京の大きい料亭で働くことになった。東京は真夜中でも電気がついていて明るい。ランプでなく電気の下で暮らしたい。みんなよい着物を着て歩いている。あんな着物を着たい。妹のお梅に買ってやったらどんなに喜ぶだろう。美味しい食べたことのないお饅頭、お菓子が一杯並んでいる。1度でいいから食べてみたい。あの汽車に乗って遠くに行けばもっとすばらしい夢のようなところがあるのかもしれない。少し膨らみかけてきた乳房の下で夢が大きく膨らんでいった。

台所仕事、座敷の掃除、便所や風呂の掃除、お客さんに運ぶ料理、跡片付けと洗いものは目が回るほど忙しかった。貧乏育ちで丈夫なおよねには一つも働くことは苦にならなかった。夢のように30日が過ぎていった。はじめてお給料もらったら、母にお梅に送ってやろう。母とお梅の喜ぶ顔が声が聞こえてくるようであった。だが心配事があった。およねは学校に行けなかったから名前も住所も書けなかった。いいや、女将さんに書いてもらおうとおもった。新しい月に入って10日も経つのに女将さんはお給金をくれなかった。「なにいっているの、給金はとっくにお前を連れてきた男の人に3年の年季奉公で前金ではらってある」「私も、お母さんもおとこの人からお金はもらってはいません」「お前たち母子が金をもらっていようが、いまいが、私は払ったのだから関係ない。お前を連れてきた男から悔しかったら金を取りな」「私は約束の3年間ははたらいてもらうよ、いいね」。女将は凄い剣幕で目が釣りあがっていた。男に金をだましとられた。男は女将と相談づくで私を連れてきたにちがいない。私は男にだまされて売られてしまったのだ。逃げ出したいと思ったが、どう逃げ出すか、それさえもわからなかった。およねにたいする女将の態度が鬼のように変わった。「およね、今日からお客が残したものをたべなさい。残飯でちょうどいい」と言った。半分食い散らかした皿の魚の白い骨、およねは自分の成れの果てをみるようであった。煮物の皿に灰をはたく客人、冷たくなった吸い物、傷口の化膿したような煮こごりのあまりもの、野良猫でも野良犬でもこんなのは食べやしないとおよねは思った。残飯を食えば食うほどみじめさが胃袋を通して身体の中に広がっていった。テーブルの余り酒はきれいに罎にとっておくように煮物につかうから、酒は1升を15本の徳利にぴったり入れるようにと女将さんの指図はきついものであった。

酌婦

「およね、ちょっとここに来なさい」女将の座敷に呼ばれた。「この着物を着なさい」「お女将さんの大切な着物をいただいてすみません。大切にします」とお米は畳に頭を擦りつけてお礼をいった。その頭の上に思いがけない女将の言葉がおちてきた。「この着物を着て、今夜から座敷に出て男に酒を注ぎなさい」「男のお客人に何をされても笑っていなさい。絶対に機嫌を悪くしてはなりません」「酒を無理に飲ませられても黙って飲むのです。胸やお尻を触られても黙っていなさい。2人で今夜は寝ようと言われても逃げ出してきてはなりません」「お女将さんお約束がちがいます、私はいやです」とおよねは酌婦になることをことわった。「何、言っているの。私は3年の期限付きでお前を買ったのよ。文句は言わせない」と言った。

男が酒を飲むことは女をおもちゃにして遊ぶことであった。男のおもちゃにされてたまるものか。酒を飲んで女をおもちゃにして笑っていたければ、三里塚の笑い茸でも月夜茸でも何でも酒に入れてやるから死ぬまで笑っているがいいとおよねは思った。

時には「あんたにも娘さんがいるでしょう。おかみさんもいるでしょう。それが手篭めにされたら貴方は黙っていますか」とおよねは開き直った。酔いがいっぺんに醒めたと客は怒った。女将の耳に届いて女将はおよねにそのたびに折檻をしたのであった。いつしか、男に触られると本能的におよねの身体は拒絶反応をおこして鳥肌が立つようになっていった。無理に力づくでおよねの身体を自分のものにしようとした。脂ぎった顔、酒臭い息が覆いかぶさってきた。およねは無意識に男の鼻に噛み付いたのである。大騒ぎになり駐在所の巡査を呼ぶ騒ぎになった。女将は客に平身低頭して謝った。その謝った分だけ、およねに仕返しが待っていた。顔は売り物だと体中に紫の痣がいくつもでるほど叩かれた。今度やったら追い出す、と言われた。およねを妾にしたいという客人が現れた。「およね、お前は座敷では使いものにならない。お前をおめかけさんにしたいというお金持ちの旦那さんが現れた。３年の年季はまだ半分もゆかない。損するわけにもゆかないから旦那にお礼金をもらってお前を妾に出すことにしたから、承知しておくれ」。

又、売られる。今度売られたら一生妾で終わる。断わったおよねに毎日女将の折檻は続いていった。戦争が激しくなり酒を飲む客人もめっきり少なくなってきた。勝つまでは欲しがりません。

酒を飲んでいると警察が取り締まるようになってきて、店は閑古鳥が鳴く始末であった。客が来なくてはお前に残飯も食べべさせることもできない。店を出て行ってと、店からの叩き出しが始まった。

出征兵士

戦争が激しくなって、思わぬところで料亭が繁盛し始めた。女将はおよねを追い出すどころではなくなった。町内会の若者が、青年が、毎日のように戦場に出て行った。料亭はその出征兵士の送別会場となっていったのである。「天皇陛下と御国のために命を捧げ、靖国の神となることを祈念する」、挨拶する人はみんな天皇陛下と国のために命を捧げて戦うように激励の言葉を決まった文句で挨拶する。兵隊に行く若者、青年も「今度帰るときは、白木の箱に入って帰ってまいります。みなさんと靖国神社でお会いしましょう」、死出の挨拶をする。在郷軍人会、愛国婦人会などが「勝ってくるぞと勇ましく誓って国を出たからにゃ手柄たてずに死なりょうか」など軍歌を歌い最後に君が代を歌って天皇陛下万歳を三唱して送別会は終わる。送別会は葬式みたいなものだ。みんなが帰った後､兵隊に行く青年と最も親しい友人が5、6人残る。「死ぬなよ、生きて帰れよ」「お前が死んだら残された親はどうなる」「お前が死んだら女房子供は死ぬほど悲しむぞ」「死ぬなよ」「死ぬなよ」言い続けて悲しみが身体一杯になり言葉を失う。手を取り合って共に男泣きする。そうなると、およねは冷えた徳利の酒を集めて熱燗にする。「熱い」「舌がやけどする」、およねにむかって、「故郷の最後の酒だ。熱燗にしてくれて有難う」「戦場で星を眺めて草枕のときにおねえさんの熱燗を思い出すよ」「死んで野末の土になるとき、おねえさんに注いでもらった酒の熱さを思いだすよ」「おねえさん、俺の感謝の気持ちだ、返杯をほしてくれ」、およねが飲むと「またありがとうよ」と感謝された。おねえさん何か最後に唄をきかせてくれないか。およねはきまって五木の子守唄を唄った。子守奉公の体験からこの唄は大好きなのである。「おらがうちんだら道端いけろ、水は天からもらい水」「道端いけろか、水は天からもらい水か、おねえさん俺は野末の石の下だ、ねえさんの歌は心に染み入る」。

有難う、有難うといって力いっぱいおよねを握り締め身体を抱きすくめることがあった。「柔らかい女の匂いだ。有難うよ。これで思い残すことなく死んでゆける」これまで男に抱きつかれると嫌気が差して鳥肌が立っていたのだが、胸が熱くなって、およねのほうから男に抱きつきたくなる衝動が起こるのであった。およねとおなじ年頃の青年はみんな戦地に死にに行ったのである。

東京のいたるところがB29爆撃機の焼夷弾、爆弾の攻撃を受けるようになった。焼夷弾の火の雨、爆弾の腸に響く音、燃え続ける炎が、およねの家からも見えるようになってきた。毎日の防火訓練、学校の校庭での米軍を竹槍で刺し殺す軍事訓練が国防婦人会でもやられるようになった。忘れもしない20年の3月10日、B29爆撃機の無差別攻撃が行われた。焼夷弾が火の雨となって降ってきたのである。焼夷弾は長さ1メートルぐらいで六角形の円筒、太さは直径2センチくらいである。黄燐という油が火花を吹きながら落ちてくる。黄燐の油火は身体や建物に付いたら離れないで燃えるのである。それが火の雨となって落ちてきたのである。絨毯爆撃、隙間なく200キロ爆弾が炸裂し人間と建物を吹き飛ばし、直径30メートルくらいの大穴をつくっていった。東京中が燃えているのだから空気は熱風と化し、煙は地を這い火は空を焦がした。いたるところが燃えているのだから、煙と炎に巻かれてただ逃げ惑うしかなかった。真っ黒焦げの死体、首と胴がはがれた死体。腸が飛び出した死体。着ているものが半分焼けてくる人が転げまわっている。行くところ行くところに死体が沢山転がっていた。

およねはみんなが大勢逃げて行くからただそれについて逃げるだけであった。墨田川の川岸に出た。焼け出された人が大勢いた。川の中は死体が沢山浮いていて川の水を塞き止めるほどであった。火傷して熱いと言って川に飛び込んで大勢の人が死んだ。子供は火傷と空腹で泣き喚いていた。母親もどうすることもできない。およねは足元みるとはこべらが青々と萌えていた。蓬も、こぎょうも、土筆も、水芹も沢山岸辺にあった。およねは叫んだ。「食べられる草が沢山ある。採って赤ちゃんと子供たちに食べさせよう」「子供が生もので腹を壊さないよう板切れを燃やして焼いてから食べさせよう」およねの叫びに、みんなの顔に正気が走った。焚き火の上にトタン切れをのせ、それで野草を焼き、母親がよく噛んで口の中で団子を作り子供に食べさせた。貧乏のために飢えを凌ぐために母親と野草とりをやってきた経験がここで役に立って赤ちゃんを救うことができた。

およねは無性に母が恋しくなった。隅田川から江戸川の堤に出て行徳から市川へ船橋まで来て、およねは疲れと空腹で道端に倒れた。気がついたら５、６人の人がいて、目を覚ましたと喜びの声を上げた。道端に行き倒れていたのを近所の人が家に連れ込んで介抱してくれたのであった。千葉に行けば助かると東京から逃げてきた人がたくさんいて助けてやっていたのだという。「行き倒れはおめえさんばかりでない、困っているときはお互い様だ」。芋かゆをつくってあるから腹いっぱい食べてゆきな。湯もわかしてある。顔を洗ってゆきな。着物が焼け焦げていて若い娘が肌をだしてあるくわけにもゆくまい。婆様のものだ少し地味だがこの際がまんしろ」。お婆ちゃんがおよねの焼けた髪の毛を梳かしてくれながら、「可愛そうに、でもお前さん命が助かっただけでも幸せもんだ。ありがたく思って元気出しておふくろのところに帰りな。おばあちゃんの手は母の手だ。おばあちゃんもこのように子供の髪の毛を梳いて育てたのであろう。裸足ではしょうがあるまい。古いけれど藁草履をはいてゆきな。三里塚ぐらいはもつから」。およねは母に命をもらって又この人たちに命を救ってもらったのである。

千葉の焼け野原を通って桜木町にでた。空腹で歩けない。水をご馳走になりに農家に入った。東京からの焼け出されとすぐわかったとみえて、芋２本をくれた。人の情けはありがたい。絶望から勇気を与えてくれる。佐倉の道端の神社に入って眠ることにした。闇の中のこの静けさ、昨日は爆弾と炎と死体のなか、自分が死んだり生きたり、これは現実なのか違う世の中なのか、とても同じ世の中に起きているとは思えないほどの静けさである。川の水を飲み野草を噛み、成田山の塔の先が見え隠れしてきた。母と妹がいる三里塚はもうすぐそこである。

およねの家

およねは生まれた自分の家にたどりついた。屋敷は草が身の丈ほど生えて、小さな家は潅木と孟宗竹に囲まれて荒れ放題になっていた。人の住んでいる気配がない。母はお梅は、恐る恐る家に入ると、釜や水瓶は茶碗などは昔のままであったが、竹は縁の下から床板と畳を通して沢山生えていた。駆け出していって近所に母と、お梅の消息を尋ねまわったら、「おめえさんが東京に行き、お梅は子守奉公に出るとまもなく、おっかさんは病気になり死んだ。おめえさんと妹の名前を呼んで、子供たちに一目会って死にたいと最後まで言いながら息をひきとった」と話してくれた。およねは身体中の力が抜けてへなへなとその場に倒れた。あの家のしょなりではすぐ住むというわけにもゆくまい。2、3日おれの家に泊まって体を休めてそれから方法を考えな。近所にも声をかけておいてやるからと言ってくれた。故郷の人はありがたいものである。無縁仏だが手厚く葬ったと母の墓に連れて行ってくれた。卒塔婆もなく土饅頭もない、母の墓は跡形もなくなっていた。母が恋しいというよりは、死んで母の所に行きたいと思った。気が沈んで深いところに落ちてゆくような衝動である。気力がだんだんなくなってゆく、小鳥がぱたぱたと母の墓の上の小枝にとまった。ホーホケキョ、ケキョケキョと一声鳴いた。お母さんが来てくれたとおよねは叫んだ。本当に母がうぐいすになって会いにきてくれたと思ったのである。隣の家の野良仕事を少し手伝い、又近所の農家の百姓仕事を手伝い続けた。野菜を呉れたり、米を呉れたり、古いけれどもと寝る布団も隣近所が用意してくれた。男の人が家周りの潅木を切り払い、床下から出ている竹を切って板の間を釘付けしてくれた。女ひとりで物騒だからと鍵のかかった扉も付けてくれた。雨漏りの屋根にはトタンを貼り付けてくれた。井戸に釣瓶も付けてくれた。井戸の水は親子3人暮らししていたときのままであった。山から湧き出る井戸の水は鏡のようであった。風呂がないからバケツやたらいに朝水汲んで太陽で暖めておいて体をあらった。真っ白な肌にほんのりと赤みが差してきた。こんなにしみじみと自分のきれいな肌を見つめたのは何年ぶりだろう。いや、今が初めてであった。

地主藤崎源之輔への押しかけ

およねは手間取りの百姓仕事に精を出した。次の家からその又隣の家へと、その行き先々で実青年と顔があった。地主藤崎源之輔のところへみんなで押しかけていって、小作地を取り戻す交渉をするのでみんな参加してくれということであった。

地主の藤崎といえば母とお梅と年貢を納めにいった家であり、およねが子守奉公した家であった。およねはこのことを実青年に話した。「およねさんはなおさら交渉に、押しかけに行かねばならない」と言った。「くわしいことを聴きにゆきます」といってくれた。「きのう2回来たのだけれど働きに行って姿がなかったのでかえりました」と雨の中濡れながら実さんはやってきた。狭い家、土の竈、水甕ひとつ、6畳の畳の部屋、家具もなにもない。毎日寝ている布団がきちんとたたんであるだけである。テーブルはりんご箱である。下着はダンボールの箱のなかである。「濡れているところを拭いてください」とおよねは真っ白な手ぬぐいを実さんに渡した。母とお梅で1俵半の年貢を納めに行ったこと、子守奉公を7歳のときから14歳まで働いたことを記憶にたどって話した。今日は雨だから晴れた日に作っていた田と畑を見せてください、と言って実さんは帰って行った。

晴れた日に実さんが再びやってきた。田圃と畑は荒地になっていた。母が死んでからそのままに放置されていたのである。実さんは役場に行って図面をとってきて、隣の土地を持っている人と立ち合って境界を決めようと言ってくれた。そして、小作地は田と畠の面積がはっきりしたのである。水田の面積は5畝12歩、畑は3畝10歩であった。

押しかけの日は大勢の人が集まった。この道は大八車で親娘3人で年貢米を積んで汗を流した道である。地主藤崎の家に登る坂道、親娘3人必死に車を押し上げた坂である。恐る恐る入った長屋門。それがどうだ。莚旗を上げ、竹槍を持った人もいれば、6尺の山刈鎌を持った人もいる。同じ道をゆくのにも天と地ほどの違いがある。本当に田は自分達のものになるのであろうか。信じがたいことであった。みんなは一気に坂道を駆け上り、長屋門から庭になだれ込んだ。実さんはいつもみんなの先頭である。広い土間に入って、実さんが「土地を小作人に全部解放します」という念書に名前を書けと地主の藤崎に要求した。先代が死に、若旦那であった息子が当主になり、お嫁さんが奥さんと呼ばれるようになっていた。およねの子守をした赤ちゃんは青年になっていた。藤崎は小作地を全面的に解放しますという文書に名前を書くことを拒絶した。さんざん年貢を搾りあげておいて何を言うかと畳に竹槍を突き刺した。地主の藤崎は蒼白になり、震えて念書に名前を書いた。奥さんは座敷の屏風の陰で恐ろしさのあまり泣いていた。およねは今度こそ卑屈になって地主に頭を下げることもなくなった、と思った。庭で気勢をあげ、この念書を農地委員会に届けると実さんがみんなに言った。みんなの気勢の声は山を揺るがすほど勢いがあった。

このことがあってから、特別の仲のよい染谷かつさんがやってきた。「実さんがきて、およねさんと結婚してもいい。返事を聞いてきてくれ」と言われたので「およねさんの気持ちをたしかめに来た」というのである。みんなから信頼されているることはあの押しかけのときの様子でわかった、自分の田や畑のことも親切に解決してくれた。この人なら2人で暮らしてゆけるとおよねは確信を持った。およねは「おねがいします」と染谷かつさんに返事をした。それから、3日後に又、染谷かつさんがやってきた。「今夜から実さんが来るそうだ。2人でがんばってしあわせになって」と染谷かつさんは言った。友達とはありがたいものである。新婚といっても何も用意するものはない。およねは釜でたっぷりお湯をわかしてたらいに注いで、身体を念入りに洗った。新婚の用意はそれだけであった。実さんは米を2升ぶら下げてやってきた。今夜は、大根葉の飯や芋飯でなく白い御飯を2人で食べようと言った。

荒地の開墾と強権発動

およねと実夫婦は急に忙しくなった。出稼ぎの百姓の手間取りと地主藤崎より取り上げた小作地の開墾に精を出した。畑は篠竹を切り、それが枯れると燃やし、竹の根をトンビ鍬で起こしてそれを干し挙げて又燃やす。焼畑農業である。田圃はまず水路の補修をして荒れた田圃に水を引き入れ、田の土を柔らかくしてこれも万能でひっくり返した。天水田だから畦は水漏れがないように泥で塗り固めた。田畑があれば飢えることはない。飢えがなくなるかもしれない、心の底から安堵が湧いてくるのである。田圃は5畝で2俵半しか収穫がなかった。3俵あれば1年は凌げる。畑は芋、麦、大豆を作り芋飯、麦飯、豆飯をつくればよい。地主より田圃と畑を取り上げたので年貢は払う必要もなくなり、大根葉飯は穀物の入った飯に代わって生活は見違えるほどよくなった。実さんが急に忙しくなった。2俵半しか取れない田圃に4俵の強制割り当てが国からきたというのである。畑も麦大豆の収穫に計算されてこれも割り当てがかかってきた。実さんは国の強権供出を拒否するよう農民に働きかけていた。山に米を隠せ、屋敷の中に食べ物は置くなと指示して歩いていた。強権発動が発令された。武装したアメリカ軍の兵隊を乗せたジープ、警察隊を乗せたトラック、役場の官吏が押しかけてきた。床下、天井裏、牛小屋、納屋、病人の寝ている布団まで剥がした。子守していると背中に米を背負って隠していると検査した。箪笥、長持ちなどまで徹底して調べ上げていったが、みんな山の中の土を掘って米や麦を隠して置いたので助かった。実さんは村中のものに命を助けられたと感謝された。

密造酒

実さんは酒樽を見つけてきた。米と麹を分けてもらってきた。濁酒をつくって売りにゆくのだという。米を念入りに磨いて、酒桶は念入りに洗った。米と麹を混ぜて寝かせた。醗酵を待つだけである。半月ばかり経って酒の匂いが家の中に充満してきた。よしと声をかけて仕込みの酒樽を開いた。思ったよりいい酒ができた。みんなに少し高く買ってもらおうと1升壜に詰めた。酒瓶は7本できた。それを自転車の荷台の箱に隠して実さんは売りに出かけた。いつもなら、米を買ってくるとか野菜をぶら下げてくるとかするのだが、風呂敷包みを大事そうに抱えて戻ってきた。

山の下に実さんがドラムカンの風呂を作ってくれた。盥の風呂より身体が芯まで温まって疲れが取れた。風呂から上がると実さんが、風呂敷を開けてみろと言った。風呂敷をひらくと紫の布地に梅の古木に鶯の絵柄の着物が出てきた。「お前さんこんな立派な着物どうしたの」とおよねは尋ねた。「お前の着物だよ」と言った。驚くおよねに実さんは、酒もみんなが高く買ってくれ、味がよいとほめてくれた。今日天神峰の石橋さんのところに行ったら、東京から食べ物の買出しの人がきていた。子供に食べさせるものがない、家族は飢え死にだ。この着物は女房の花嫁の時に持参してきたものだ。米でも麦でも芋でもいいから取り替えてくれと泣きついてきた。俺は酒を売って買った米とみんなからもらった芋や大根、白菜をその人に分けてやったらこの着物をくれた。ひもじい子供の顔が目に浮かぶ、可愛そうであった。実さんの目に涙が光ってきた。

その着物を着て今夜はお前と俺の結婚式を挙げようといった。およねがためらったら着物を肩にかけてくれた。「お前はいつも野良着とモンペだものな」1枚くらい柔らかい着物があってもいいと実さんは言った。「お前さんの洋服を買えばよかったのに」「俺は軍服だが、間に合う」と言った。およねが長い柔らかい着物を着たといえば、あの東京の料亭で女将の着物を着て酌婦になったときだけである。お母さんにも買ってもらったことはない。紫の布地に梅の古木に鶯の絵柄、「きれいな花嫁だ」と実さんが声をあげた。およねの目から涙が溢れ落ちた。花嫁が泣くやつがあるかと言われて、およねは本当に泣き出した。着物の小枝に止まっていた鶯が鳴いた。故郷に帰ってきて母のお墓の前で悲嘆にくれているとき、母は鶯になって現われて鳴いてくれた。あの鶯の声である。誰もいないが今夜は俺とお前の結婚式だ。2人で濁酒を飲もうと言った。酒も無理やり料亭で飲ませられて酒は見るのもいやであった。およねの花嫁姿を前に心ゆくまで実さんは酒を飲み尽くした。およねも酒を飲んだ。心も身体もしびれていって幾らでも酒は入っていった。酒嫌いであったのになんでこんなに酒が美味く沢山飲めるのだろうか。

およねは不思議でならなかった。嫌なことも、仕事の疲れも思い出しこみ上げてきたが、それもいつしかなくなって酒の中を泳いでいるような気分になった。およねは実さんの膝の上に崩れ落ちた。翌朝、頭のところで物音がした。ハッと目を覚ますと実さんが朝飯の支度をしていた。驚いて布団から半身を起こすと真裸であった。実さんの命がたくさん身体に入ってきた夢、およねの体と心が実さんのなかに溶けていったのは夢ではなかったのである。紫地と鶯の絵柄の花嫁着物は、寝ている前のところに皺のよらないように実さんが架けておいてくれていた。半身裸のおよねの真っ白な肌に板戸の隙間から春の陽が幾筋も差し込んでいた。よく見るとおよねのからだから御光が出ているかのようであった。実さんは「およねは観音様になった」と言った。「はい、花嫁さん、朝ごはんができました」と冗談めいた口調で湯気の立ち上る芋飯と味噌汁を差し出した。味噌汁の香りが部屋いっぱいに広がり、板戸の隙間から春の庭にひろがっていった。

冬の寒い日に突然税務署の役人が5人ばかり入ってきた。濁酒をつくって売って歩いているので差し押さえにきたという。差し押さえするものは、およねの花嫁衣裳だけであった。風呂敷包の結び目に赤い張り紙で封印をした。田圃と畑を差し押さえしたから立て札を見てくるようにと言った。田圃と畑は何とか税金を払って差し押さえを取り払ったが、およねの花嫁衣裳の分が残った。税務署の官吏がおよねの花嫁衣裳を押収した。およねは我れを忘れて取り返そうと税務署の官吏にしがみついた。実、およね夫婦は突き飛ばされ、庭に転がされ、猶必死におよねの花嫁衣裳を奪い返そうと抵抗した。転がされて、およねの足から血が流れおちてきた。それをみて、「およね、もうよそう、お前の身体が大事だから」、でもおよねはあきらめずに又、税務署の官吏にしがみついていった。実さんはおよねと税務署の官吏を引き離した。「あの着物は、私の宝なの、私の生きてゆく力なの、実さんの命がこもっているから」歯軋りして悔しがるおよねに筑波颪は裏山に轟々と音を立て、裏山の孟宗竹は風で地面をはった。谷津田の稲の羊穂は地に伏してすすり泣きした。

およねはまなじりを決して木枯らしの中働きに出た。およねの野良着の背中の大きなつぎはぎが木枯らしの中に消えていった。実さんは又国家に根こそぎ奪い取られたのか、とつぶやいた。夜、帰ってきたおよねは、今日は1日中取られた花嫁衣裳のことを考えていた。およねは「みんなが見えなくても、いつだってあの花嫁衣裳を着ています。私から花嫁衣裳を奪い取り、脱がせることはできません」と言った。

およねはドラムカンの風呂が大好きである。夏には谷津田を飛ぶ蛍を見つつ、秋は虫の声と山にかかる月である。春は山桜がドラムカンの風呂のなかに花びらを浮かせる。崖の窪みを利用した風呂は来た風は受けない。木枯らしに山が泣き怒るこんな山はおよねは大好きであった。蛍の飛ぶなかに、山桜の花びらのなかの湯上りのおよねは本当にきれいであった。およねは風呂が大好き、疲れがとれるし気持ちがゆったりする。明日はこうしよう、来年はこれを実現しようといろいろな夢が湧く。でも、およねの長湯にはもっと大切な理由があった。実さんの肌のぬくもりを汚い肌で汚してはならない、実さんを温める自分の肌のあたたかさに汚れがあってはならないと決心しているからである。

三里塚闘争と大木よね

御料牧場の地

三里塚反対同盟の加瀬であります。

私はちょうど、千葉県の浦安から富里、三里塚へとずっと15～6年空港闘争をやってまいりまして、その時に巡り会って、お互いに生活を共にしながら闘った大木よねさんを中心にして2、3の人たちの生きざまみたいなものを、また戦争の下で生きてきた三里塚の人々というのはどういう人達であったのか、それが空港闘争というきびしい反権力闘争の中でどのように再現されて問題が意識化されているかということを中心にして話してみたいと思うのであります。

三里塚と言いますと、話の始めには必ず、天皇制に結びついた御料牧場がでるわけです。御料牧場というのは、西暦ではちょっと分かりませんが、古い文書によりますと、養老３年すなわち律令国家ができた時に、三里塚の北総の台地に牧場ができたわけであります。すなわち千葉県の北総の台地を中心にいたしまして、東北をいかに、大和国家が統一していくかという戦略的な軍事基地としての、軍馬養成場として牧場ができて現在まで永々として天皇制の中で、古代天皇制から現代にいたるまで、ずっと続いてきたわけです。そういうことで、１０００年以上経っても、ひとつもかわらない部分というのを日本人はもっているわけで、それはとりもなおさず、根底からどういう風に変えて行くかということが、実は平和の問題とか、戦争に反対するとかいうことの真の意味が問われると私は思って、三里塚に生きてまいったのです。

千葉県は安房の国（房州）と呼びます。安房とは四国の阿波、鳴門の阿波で、阿波から一族が千葉県に入りまして国を拓いていくという文書やいい伝えになっているわけです。下総の国あるいは北絶とか、総という字がよくでてまいりますが、総とは麻という字であります。古代語で麻という。麻のよくとれる国であるがゆえに、上総、下総の国というふうに、安房の国、千葉県は、分かれているのでありまして、それが大体、紀州、大阪近辺の紀州を中心にして、その人たちが房州の方に住みついて、そして先住民族を追い払っていった歴史です。で、千葉県には、白浜とか勝浦とか、たくさんこちらと同じ名前があります。

そういうような軍事基地として古代天皇制の確立する時から、御料になるということを別の機会でぜひ学んでほしいと思うのでありますが、そういう歴史の中で、三里塚闘争は昭和41年から実は始まるわけであります。始まって10年経つわけでありますが、私はこういう話を一人のおばあさんから聞いて感銘というかびっくりしたというか、本当に戦争というものを、私自身が戦後育ちでありますから、知らないなということをしみじみ考えたことがあります。

それはどういうことかというと、そのおばあさんがこういう話を私に聞かせてくれました。「女の褌はなぜ赤いか、おまえ知っているか」と、「女の褌は子供を、息子を生んだ血で赤い」と。「子供を生んだ血で赤い」と。「日本の日の丸なぜ赤い。おれの息子が死んだ血で赤い。加瀬さん、おらぁ、それから日の丸を立てたことねえ」と。それから日の丸、あの戦前の時から立てたことがないと、ひとりの70か80歳の人が言ってました。そういう、やっぱり人間に対する思いというもの、日本の多くの人たちが、特に母親というものは皆背負って生きてきている。なかなか私達みたいに戦後の育ちでは、そういう人間の本当の戦争の悲しみみたいなことは理解ができないわけでありまして、私も一瞬ぎょっとする。ぎょっとするというのは、そういう事にぶつかってみてですね、実は三里塚の中で11年生きてまいりましたが、いつもたじろぎとですね、さて自分の決意はどうしたらいいかというふうに、いつも考えてきた毎日で、その中で実は大木よねさんにめぐり合っているわけです。

実は私は農村の問題を少し、三里塚でやってまいりましたが、簡単に言いますと、日本のこの１００年、特に資本主義が発展してまいりました明治以降の１００年というのは、日清にしろ、日露、第一次から日中、太平洋、そして朝鮮戦争、ベトナム戦争、この侵略戦争の１００年の歴史であります。ですから日本の人民というものは、絶えず今日に至るまで、戦争の中で生きてきたと。その中で弾圧を受け、支配されて、搾取をされながら闘いを続け、時にはうめきながら生きてきた、そういう歴史であると思います。三里塚の歴史から申しますと、戦後30年、特に農地改革が終って、ようやく開拓をこれからどうしようかと、その食糧危機の中でほっと一息をつくわけであります。

現段階になりますとその開拓農民を追い出して空港を作るということですから、戦前戦後も変わらず、大体、三里塚というのは、悪代官の連続の歴史であります。すなわち天皇制支配、独占資本の支配のそういう厳しい歴史である。息つく暇もなく何百年来ずっと歴史の中で虐げられてきた。こういうふうに私は言えると思うのです。

特に私が問題にしたいのは、これは今日は三里塚ですから、三里塚ということにテーマをしぼっていうわけでありますが、平和憲法、人権擁護と言われているわけであります。で、その中の再軍備でありますし、その中の三里塚のあいう権力の暴力が、続いているわけであります。ともすれば我々はそういうことをふっと忘れがちです。

ですから平和憲法の中の再軍備なり人権弾圧なり、あるいは主権というものを犯していく権力の実態というものをなぜ空洞化したり、力にすることができなかったかということを我々若い世代といいますか、戦後世代というものは、もう少し足を踏んばって考えて行かねばならないと、こういうふうに私は思うのであります。

で、今、その中で戦前は農村というのは、半失の状態、おそらく皆さん、勉強したと思うのですが、半失業の状態でありまして、過剰人口を抱えて、そしてその人々が貧農であるが故に、村に居られなくて、軍隊となって中国とか朝鮮とか、特にアジアに対して、鉾先をむけて、アジア人民を殺害していくという歴史であります。なぜ貧しい我々が、隣の国を侵略して、その人たちを殺していかねばならなかったのか。我々の側には殺す理由はないわけです。小作農民、地主制度の中で生きている我々の立場でいけば、殺す理由はないわけですが、それがなぜ銃剣をもって殺さねばならなかったのか。これを私は戦争に対する総ざんげじゃなくして、人民の側としての反省というものをどういうふうにしたらいいのかということを実は常々考えています。

この間、実は何故私が三里塚をえらんだのか、何故空港反対闘争を十何年もかけてやっているのかといいますと、上海で、中国に訪問した折に、上海で一人の女性の人と巡り会ったのでありますが、その時に彼女は、日本の軍隊に両親を殺されまして、そして社会主義中国の中で育てられた、こういう歴史をもっているわけです。その彼女が16歳の時にアメリカ帝国主義が日本を基地として朝鮮を侵略したんであります。彼女は中国義勇軍として朝鮮の同胞と共に命をかけて闘ったんで、その体験を私に話してくれた時に、自分が朝鮮の同胞と共に闘い抜いた陣地、その陣地の一握りの土を持ってきまして、その土を見た時、砲弾の破片と土が半分半分、大きな山が砲弾の破片と土が半分半分になるくらいアメリカ帝国主義から攻撃を受けた。それでも私は中国義勇軍と朝鮮の同胞の皆さんと命をかけて祖国を守りましたと。我々は祖国防衛のためにその陣地を放棄しませんでした。こういうことを言われたんです。その時に彼女が、さて加瀬さん、加瀬さんを含めて、日本の皆さんはどのように世界の平和と、戦争反対の為に闘っているんでしょうかと言われたので、私は生まれて初めて人間として恥じました。人間として恥じた。すなわち、我々の父親を中心とする世代が悲しいながらも中国及び朝鮮を侵略してきたわけです。また我々の世代になって日本を基地にして、そして中国および沖縄からベトナムへ、そして日本の基地を中心にして、また、朝鮮に侵略する。こういうことを見逃してきた日本人民というものを恥じたわけです。私は恥じました。戦前の歴史を日本は再び繰り返しているなという人間的な責念であります。たとえ戦後育ちである私としても、それは自分自身に対して許すことができなかった。私は考えて、「よし」と、今日1枚ビラを撒くことが、今日一つの演説をすることが、今日一言みんなと戦争反対のことを語ることが、横田から飛行機が飛ぶ、沖縄から飛行機が飛んでアジアの人民を殺害していくということを、1秒2秒3秒と遅らせることができる、そういうことの確信を持って、やっぱり闘いに立ち上がっていかねばならないということを考えて、三里塚空港の前の富里空港闘争というのに身を投じて、そして現在まで闘いをしてきたわけです。

富里闘争のときには5人の仲間とビラを初めて撒きました。で、土地を守る会を作るか、反対同盟を作るか、こういう相談をしながら、ガリ版で空港反対の文章を書いて、そして日本から再びアジア侵略の飛行機は1機も飛ばさせない、それを合言葉に今日まで土地を守って闘いをしてきました。私自身の個人の問題でいけば、そんな考え方をもっている。

そういう中で三里塚闘争をずっとやってまいりましたが、みなさんご承知のように、農民が土地を追われ、都市に息子を取られ、そして水を奪われ、こういう状態になっているわけでありまして、だいたい日本の農民の8割から9割が出稼ぎの人々、そして都市の建設現場で働くというような状態になっている。「昔、軍隊、今は出稼ぎ」という状態が続いている。

ところが農村が貧困になっていく状態の中で心配事として出てまいりましたのが青嵐会ですね。千葉県でも浜田という青嵐会の事務局長がいます。彼の選挙区は八幡製鉄のある海岸の山手の方の山村過疎地帯です。だから農村が貧しくなるということが、生活が困難になるということが、必ずしも、闘いに結びつかず、青嵐会の選挙地盤になっていく、それからあと青嵐会のメンバーが当選している。私は農民ですから、もっと基本的な反省をすれば、戦前戦後を通じて自民党の保守の基盤として農村がずっとその土壌というものを形作ってきた。農村の土壌とはファシズムの土壌です。ここのところをどのように断ち切っていくか。これを根こそぎ根底からひっくり返して本当に人間の自覚というものを、そこから生活を築いていくということを、どういうふうに成し遂げていったらいいかが、私の考え方のテーマの中にあるわけです。

一般的な話はこのくらいにしますが、もっといわせれば、三里塚10年の闘いは、あれほど厳しいわけです。厳しいけれども大きく一言で言ってしまえば、文化人の人たちが多い。インテリゲンチャー、それから学生諸君が多い。それから出稼ぎに行かずに村に残っている上層農の人たちです。すなわち反対同盟とは上層の人達が中心になって数字的にも闘いを続けてきている。ところが8割～9割いる下層の人達というのが出稼ぎあるいは反対同盟から脱落して条件派になって、権力にまきこまれていく。そこんところを組織し得ないで未だに反対同盟はやっているんです。その中で、大木よねさんの生き方というのが位置づけられてくるわけですから、大木よねさんというのは特異というよりは、非常な重みを持って反対同盟の中で実は出てまいります。

で、その前に2、3ちょっとこういうことに巡り会っているということだけ、大木よねさんの話の前にお話したいと思うのです。

親子の断絶と瀬利副委員長

皆さんは、この間脱落した反対同盟の瀬利副委員長をご存知だと思いますが、瀬利さんの家庭とは大正時代の開拓農民でありまして、瀬利さんは家が貧しいものですから、陸軍の将校として満州に出て行くわけです。で、昭和32年に空港の敷地になった三里塚に帰ってきます。戦犯として中国に昭和32年まで、ずっと抑留されているという経歴の持主であります。瀬利さんが所属していた部隊は日本でも有名な、三光作戦をもっとも遂行した部隊でした。中国の戦犯の人達が反省をしました記録が最高人民検察院論告の中にたくさん載っているわけです。これを見ますと、おなかに子供がいる婦人の腹を引き裂くとか、強姦は日常茶飯事、子供の頭を銃剣でズボッと刺すとか、３０００人の人達を機銃掃射して全部殺して、爆破して、埋めるとか、そういうことが載っているわけです。

瀬利さんは、その渦中で生きてきた一人であります。貧しい為に日本の軍隊の将校として出征をし、中国で残虐の限りを尽くすわけです。それが空港闘争との関わりではどうなってくるかというと、一応瀬利さんが中国から戦犯として老いて刑期を終えて帰ってきたときには、息子は一人前の青年として成人し、結婚しておりました。

いざ空港反対闘争をすすめるか、もっとがんばるか、条件派になるかということで家族会議がずっと1〜2年開かれるわけですが、その瀬利さんの息子と瀬利さんは親子の断絶で言葉が通じない。私も瀬利さんの息子と会うわけですが、成人してから父親が戦犯として帰ってくるんですから、父親というより他人という感じで、父親的な実感が全然身体にない。瀬利さんの方も息子と会話が成立しない。そういう親子の断絶というのが、戦争という一つの体験の中で出てまいります。とうとう瀬利さんが条件派に落ちていくわけです。戦争というのは過去の歴史のようにみえて、実は三里塚では現在として、ずっと生きているわけです。生きていっているわけです。そういう親子の断絶といいますか、大きな歴史の変遷の中で断絶したことに対して、じゃそこで我々が帝国主義侵略戦争について、怒りを一般論として話をしてもなかなか通じない。すなわち自分自身の生き方が本当に戦争に対して命をかけていく厳しさとか、日常の具体的な行動がないものですから、その親子の断絶の間に、入っていけない。理屈がからまわりしている。生活と理屈がからまわりしている。ここで、からまわりをされては、すなわち権力がくさびを打ってきているわけですから、条件派になれと、くさびを打ってきているわけですから、ここでの勝負というのが三里塚では未だになされていない。ここんとこの歴史の埋め方を、戦争の傷跡というか人間の断絶というか、そういうものを埋めていく、人間的に埋めていくという我々の生き方というものをどうするかということが瀬利さんの問題で問われたと思います。

柳川の母ちゃんの日記

それからもう一つ、皆さん。大阪にはよく柳川の母ちゃんが行きますが、柳川の母ちゃんの夫は、日本の海軍の通信兵でありまして、若い人にはちょっとわからないと思いますが、マレー沖海戦とか、珊瑚海海戦とか、ミッドウェイ海戦とか、その海軍の旗艦に乗って海軍の通信兵として、ずっと頑張ってくるわけです。柳川さんの家も、大正時代に地主・小作という関係の中で、よく働くからということで地主から分家された貧しい農家であります。柳川のおやじさんは反対同盟の副委員長で、そういう意味では頑固であります。ところが柳川さんのお母さんとおやじさんの間に息子さんがいる。それが青年行動隊で8回ばかり機動隊に逮捕されて、ずっと闘いをすすめている柳川秀夫さんです。ある時に柳川の母ちゃんが1冊の日記帳を持ってまいりました。「結婚して30年経つけれど私の心の真の気持を理解してくれた人はありませんでした。私は日記を書いてまいりました。家族がわからない時に誰も知らずのうちに、自分を慰めるつもりで30年間、日記を書いてまいりました。ところが息子が代執行で逮捕されると、その日記が権力の手に家宅捜索で渡ってしまう。だから加瀬さん、これどこに隠したらいいだろうか」。

とそういうふうに日記を持ってまいりました。それは広告の裏、新聞にはさまっている広告の裏とか、子供の使い古したノートの切れ端。こういうものにめんめんと30年間の人生というのが綴ってありました。私はその文字を見たとき、私はもう二度と三里塚のことは文章に書くまいと思いました。そういう重い文字にめぐり合ったことはなかったからです。なぜそうかというと、家族制度のことも、天皇制の中の家族制度のこともあるでしょう。お父さんは日本海軍の優秀な通信兵として頑張ってきたわけですから、国の為にという意味で非常に頑固です。そういうことが一つのこの日記を生みだす形になり、それがこの空港闘争の中で陽にあたってきた。ひとりの女が必死に生きてきたものが、やはり空港闘争の中で、さんさんと輝く太陽のもとに、我々の前に出てきた。ここに私は日本の人民の貧しい人々の本当の歴史がある。その人こそ、その生き方こそ、歴史を本当の意味でつくってきたのだろうと思うわけです。

私は反対同盟に対してはそのように信頼をしているわけです。私なんか日記を書くのに、ノート買ってくるとか、おそらく鉛筆を買ってくるとかボールペンを買ってくるとか、そういう発想ですネ、私達は。ところが日本の母親ですから、1冊の新しいノートを買うなら子供の為にと、そして広告の裏に文字を綴ってきた。そういう悲しいけれども、やっぱり頑張って生きてきた一人の女の日記というものが三里塚闘争の中で実は出てくるわけです。それからもう一つ、大竹はなさんという、皆さんおそらく知っていると思いますが、大竹はなさんはやっぱり三里塚の生まれで、貧しくて軍属として満州に行きます。で戦後は開拓で、古籠という集落に入ります。きびしい生活条件でありましたから自分の子供を実家に預けて、そして開拓の生活を耐えてきて、息子を引きとってほっと一息ついていくとき、息子さんが農業というよりは山で木を切り出す人夫とか、馬車引きだとか、トラックの運転手になって、小さい製材工場を始めます。それをさらに大きくしようということで、70万円の借金をして製材工場を建設するわけであります。そこに空港の決定というのが出てまいります。すなわち、電気の高圧線が引けないものですからモーターが回らない。で借金をかかえる。もう一つの農業の面でいけば、シルクコンビナートといいますが、これはかいこの団地、養蚕団地といいます。これが空港の敷地内でありました。こういうことで大竹はなさんも条件派になっていく。こういうことの連続であります。

ですから侵略戦争—天皇制の中で生きている侵略戦争の中で、戦争と日本の人民が関わりあいがないという人間は一人もいないはずと思います。大竹はなさんも条件派に行ってしまうのですが、条件派だから敵対だと、反対同盟を裏切ったからといってスパッと切られていく。ここの問題が実はなかなか反対同盟で議論にならないわけです。

親と子の生き方

もう一つ話をしてみましょうか。

私がこの間半年ばかり泊った家に、小川武政さんという家があるわけですが、その家に行きましたら、「加瀬さんいいところにきてくれた」と。というのは少年行動隊でありましたミサコという女の子がおるんですが、ミサコが高等学校に行きまして代執行後高等学校に行って百姓を止めて、そして都会で働きたいということを高等学校卒業してから、ずっと家の中で4カ月間、ずっと親に言い続けてきた。ところが親は「少年行動隊で機動隊にヘルメットをかぶって闘いをしてきたんだ。

そのお前が何で百姓を止めるんだ。なんの為に空港闘争をやってきたんだ。お前の真意は何だ」と、親と子が論争をしていた。そしたら娘さんの方も「親がそう言っても私勤め人になる」というふうになった所に私が尋ねていった。さらに３日ばかり徹夜で話しても、どうしても農業には残らないというんですね。娘さんが朝出ようとしたら、小川武政さんが、その娘を半殺しになるほど、ぶん殴りました。「この女《あま》、何のためにきさま空港闘争やってきた、そういう気持でおめえはあれか、百姓止めていくのか、おめえの空港闘争の決意はそういうものであったのか！」と。一人娘でありました。半殺しになるほど私の前で、座敷で、蹴とばして叩きました。そしたら娘さんのおふくろが私のところに飛んできて、「加瀬さん、止めてくれ、娘、殺されるから止めてくれ」と。私は止めませんでした。一人の人間が生き方をめぐって親と子とあらそうときに、他人の私がとやかく言うことはありません、と。どっちみち三里塚は、生命をかけて生き方をあらそっていますと。ですから、親子といえども、生き方をめぐるときは、もっと原則的に、もっと厳しくするべきだと思って、私は仲裁に出ませんでした。三里塚というのは、そういう厳しさがあります。

そういうことで、娘が泣きながら、じゃあ、家を出る、という話になりましたから、私がその娘さんに「ミサコ、一つだけお前に聞きたいことがある。一つだけ聞きたいことがある。お前も少年行動隊として、駒井野にたてこもって、命をかけて空港に反対をした。そういう歴史がある。おれはそういう歴史を大切にしたいと思う。だから喧嘩別れでなくて、親と子と私を含めて、もう一度話し合いをしてみないか。それでお前が話をする意志がないというんなら、反対同盟もまだ団結が足らんなあと思って、おれは反対同盟の強化のために奮闘する。そうじゃなくて、こんな重大なときに、そうだもっと空港の勝利のために、人間というのはもっと力を合わせなければならないと、お前が言うのならば、それは、三里塚の反対同盟の団結はほんものだ、と。その一言だけ聞きたい」それはなぜかというと、私が三里塚に生きてきた理由を知りたかったからです。私が三里塚闘争に関わっている本当の意味というものが、人間と人間との関係の重みの中で知りたかったから、そう言ったのです。

私と三里塚の農民との関係というのは、そういう関係であります。すべてそうです。そういう話が昼間ありまして、夜です。おやじさんが晩酌を飲みながら話しましたが、それがまた命を縮めるような話でありました。それはどういうことかというと、娘の父親が言うには、「実は加瀬さん、私は10歳の時に満州から母親と２人で引き揚げてきました。戦争が厳しくなるから引き揚げてきました。そして、いなかに帰ってくるわけですが、私の父親は満州から南方に転戦をして、巣鴨プリズンで絞首刑になりました。戦争中は軍人の家族だと、誉れ高き軍人の家族だとして、麦踏みとか稲刈りとか、村中の人が来ましたけれども、戦後、戦犯として父親がつながれているという時には、人は誰も私のところに来てくれませんでした。だから加瀬さん、私は母親と、父親が巣鴨から送ってくれた遺書を泣きながら読み、育ってまいりました。村一番の貧乏人であります。なぜ加瀬さんに私がそういうことを言うかというと、私の体には父親に育てられたという実感がないんです。だから娘にこう言われると、こういう時にはこういう注意をしてやらないとだめ、こういう時にはこんな相談をしてやらなきゃだめだということが、見当がつかないんです。おら、そういう意味で、親から教えられたものがないんです。だから加瀬さん、おら、娘を見るとうろたえちゃうんです」と、その遺書を私は読ませていただきました。

小川明治さんのお墓

三里塚というのは、こういう戦争と現実の問題ってやつが出てまいります。私はこういう体験はもちろんありませんし、そんな悲しい、冷酷な現実というのに、めぐり合ったことが、実はありませんからね。ですからその反省をして、私の政治論議みたいな生き方の談義だとかはとても通用しない。大竹はなさんの場合なんかそうです。それから皆さんご承知の小川明治さんという、副委員長もこの間亡くなりました、彼も実は貧農の生まれで、家族は7人おったんです。

小川さんの家族ってのは、皆それこそ権力側の言葉でいえば優秀な軍人として、みんな出征していったわけですが、小川さんは終戦のときは霞ヶ浦の技術将校で、あの特攻隊になりました航空隊の技術将校でありました。こういうふうな戦争の歴史を背負って、三里塚の開拓には入るわけです。新しい人生に入るわけです。そのときに小川明治さんがつくりました、戒名といいますか、院号といいますか、(闘魂必成正剣破邪木ノ根居士)というんです。いわゆる農地改革のときに土地闘争をやりながら頑張った院号ですね。(闘魂必成)闘いの決意を固めてあれば必ず事は成る。で、(正剣破邪)ですから、正しい剣は邪を破るであろう、そして私は、木の根の土になる「木ノ根居士」なんだ。こういうことで、ずうっとこの魂をもって空港闘争に闘いをすすめてきている。そして亡くなったわけですが、亡くなったときにですね、その支援団体、反対同盟含めまして、死体をコンクリートにくるんで、そして墓の要塞をつくったわけです。ところが小川明治さんの息子さんだとか家族の方が私のところに相談に来られまして、「私の父親、私の夫が学生の戦術として、闘いの一つの方便として使われるのは困る」ということで、とうとう小川明治さんの死体は掘り出して別のお墓に納めるというふうに家族の方が決めたわけです。その時に掘り出してみましたら反対同盟が小川明治さんの棺は非常に厚い桧で特別に作りましたものですから全然腐っておりませんでした。まだ軍隊の外とうなどはしゃんとしていました。それを私は火葬場へ持っていったわけです。

ところが特別製の棺でありましたから、火葬場に入らなかった。で、それで急遽、町に売っている寝棺を買ってきまして、死体をそれに移して火葬にして骨つぼに納めました。で、反対同盟の人たちや、全国の人達も徹底的にやると言っといて、そして最後には条件派みたいに死体を売って、というような議論がまかり通りました。

私はそのときに、ひとりの人間の遺志とか、ひとりの屍を、もし戦術として使うという思想だったらどういうことになるだろうかと、いうことで戸惑いました。もちろん権力の、小川明治さんの死体を暴いていく行為は許し難いに決まっている。だから三里塚に命を賭けているわけです。ところが、そういう問題にぶつかってですね、未だに小川明治さんの遺骨は仏壇にあって、お墓に埋めることができないでいるわけです。すなわち条件派にはどこどこの墓地というふうになっていますから、公団は反対派には墓地の敷地を分けてよこしませんから、こういうようなことで、やっぱり戦争というものがまつわりついているわけです、我々の中に。

皆さん、あとで調べていきたいと思うんですが、戦争中に、中国でコレラとかペスト菌とか、たいへんな人体実験をやった部隊に石井部隊っていうのがあります。その石井部隊の石井中将は、芝山という反対同盟のある集落の出身者であります。そういうことが空港闘争の中で、我々の生活の中へ戦後忘れかけていたものがふっと出てくる。そういう状態であります。そういうような、いろいろな生き方をめぐって、三里塚っていうのは戦争と人間の生き方を現段階で問われているし、具体的に問題が提起されているわけです。さらに権力を、戦争を遂行する人達を追撃していくというような構造にはなかなかなっていない。だいたい条件派として、権力側に全部おとされていってしまっている。我々の世界から離れていってしまっている状態です。ですから、そこまでえぐり出したわけですが、そこから先どうするかということの中で、大木よねさんの生き方が別の一つの極から出てまいりました。

親を奪われ、文字を奪われた

私は大木よねさんと1、2年ずっと生活を共にするわけですが、大木よねさんの生い立ちを始めにちょっと言っときますと、大木よねさんの父親は小泉右馬之進、母がますという人で、明治37年11月にこの2人が結婚しまして、大木よねさんは女6人男2人の中の3女として生まれます。父親というのは埼玉県武州の川越の生まれであります。貧しいものですから、廃藩置県で追われたときに北総の台地は牧場と畑がありました。そこのところに住みついたのが大木よねさん――本当は小泉よねというんですが――の父親であります。大木よねさんが3歳の時には幸徳秋水の事件が発生しております。それから4歳の時には、幸徳秋水をはじめ11人が死刑にされます。すなわち日本の社会主義運動が冬の時代に入っていく時に出生しました。それから大正に入って、大正の初めに鈴木文治さんが友愛会を作るということになります。また大正3年には日比谷暴動が起こり、それから大木よねさんが7歳のときに第一次世界大戦が勃発する。それからさらに、対華二十一カ条の要求ということで日華事変が始まってですね、大木よねさんが11歳のときに米騒動が起こる。ですから、世界の恐慌と戦争という激動のときに大木よねさんは出生するわけです。

私は大木よねさんと三里塚闘争の中で巡り会うことによって、初めて自分の生き方の根本を問われる。今まで自分の生きてきた30何年の人生というものが、実は敗北したんだなというほどの衝撃を受けるわけです。同時に、大木よねさんと2年間生活を共にしながら、大木よねさんのことについては何も理解していなかったという反省を私はしているわけです。それはどういうことかといいますと、反対同盟およびそれを支援する人々は、大木よねさんの家が代執行にかかるから、これは大変なことだと一般的に理解もし、憤激したわけですが、でも私は、私も含めて、その憤激の仕方はきわめて底の浅い、大木よねさんの60余年の人生から見れば空虚であったと私は思います。家がとられるから、大木ばあさん大変だ、というだけで大木よねさんの60余年の人生をはかるとなれば、それは軽薄だと私は思います。なぜかといいますと、大木よねさんは生まれると2週間目に、子供が多くて生活が貧しいもんですから、育てることができずに養女にやられます。母親の姉ちゃんのところへ大木よねさんは生まれて2週間目に養女にやられます。もっと言わせれば、農民の歴史では間引というのがありますが、生まれてきては困る、という厳しい生活の中で生まれてきたわけです。2週間目に養女にやられてしまう、親を奪われてしまう。戦争下でですね、農民の立場でいけば、資本主義に、資本と地主に収奪される、そして子供を育てることもできない。だから権力は大木よねさんから親を奪ったわけです。大木よねさんは親を知りません。私は父親や母親のことを考えるときには、ああ、あのときはあの寒い時にオッパイを飲ましてくれたとか、カゼひいたら熱さましを飲ましてくれたな、とか、そういうことが私の体の中にあるわけです。ところが大木よねさんの体の中にはそれはありません。私はこれを、大木よねさんの親を奪ったことを第1回の代執行と呼んでいるわけであります。生まれて2週間目に代執行が行われ、親を奪われた、養女にやられた。私はそのように理解するわけです。

それから7歳のときにですね、地主のところに奉公に出される。子守奉公です。よくばあちゃんがこんなことを言ってました。洗濯もやりましたし、畑もしました。そして飯炊きもしました。やらないものはなにもありませんでした。ばあちゃんいつも言ってました。今の子供が7歳でそういうのやりますかね。全然やらないでしょう。大木よねさんは自分の名前が書けません。皆が学校に行っている時に、大木よねさんはとうとう一字の字を読むことも習うことも許されませんでした。ですから、私はこれを第2回目の代執行と呼ぶわけであります。

大木よねさんは親を奪われ、また文字を奪われた。そういう機会を歴史の中で失ったわけであります。私は以前、中国に行きましたが、植民地帝国主義という中で、民族が文字を習うことを１００年にわたって奪われてきた。特に延安に私が行った時も、90％の人がイロハのイの字も読めなかった。民主主義革命、社会主義革命を通じなければ、自分の名前も書けなかったという民族があるわけであります。朝鮮の人たちもそうですし、中国の人たちもそうであります。それは日本が侵略をしたからであります。ですから私は、大木よねさんが文字を奪われた歴史というものを、そういうような立場で受け取っているわけです。

で、あるときに、大木よねさんのところで私と住んでいた学生の一人が結婚しました。で、会場に大木よねさんと一緒に行きましたら、受付があるわけです。そこで、大木よねさんをもっとも理解していると言われている人々がですよ、「ばあちゃん、受付でちょいと鉛筆で名前を書いてくれよ」って言うわけです。現地で生活をしている時には、観念的には、「ばあちゃん、なんで文字が書けなかったのか」とあんなに真剣に聞いていたその学生諸君がですね、東京に来て、こういうとこで仕んで、受付に座るとですね「ばあちゃん、受付で名前を書いてくれ」と再三言うわけです。私は、「ばあちゃん、あっち行こや」と言って座ったわけです。するとまた、迎えに来たんです。私は「ちょっとこっち来てみろ」と言って、そこへ呼びましてね、「お前はばあちゃんと生活を共にしてきて、ばあちゃんが文字を書けないことを知っているだろう。それを自分が大学を出たと、文字が書けるといって、自分の立場からなぜ、ばあちゃんの立場を判断するんだ」ぱっと顔色が変わりました。

意識して差別するのは「このやろう」といってぶんなぐる事もできる。意識して差別するやつに対しては「このやろう」といって拳をふり上げて挑みかかることもできるわけです。ところが、無意識のうちに人を差別していくことの恐ろしさを我々は身につけているということを知らなければなりません。そういう思想を、無意識に社会のしくみの中で、うんと身につけているということを知らなければならない。その時、ずっとした訳です。自分が字を書けるから日本のすべての人が字が書けるとは思わない、世の中には字が書けない人だっている。そういう機会を失なった人だっている訳です。その時、私は、やっぱり本物でなかった、と。よねさんが字が書けないということを、本当の意味で、我々は理解しようとしていなかったんじゃないかという反省をその結婚式でしました。で、よねさんは、そういうことで、7歳から16歳まで約10年間あまり地主の奉公を続ける訳です。そして、地主の家を脱出します。横浜の旅館街に行きまして、女中になって働きます。それから、ばあちゃん、名前は言わないのですが、男の人と、第1回目の夫と露天商をしていた人ですが、その人と一緒になる。それから、魚やしじみやはまぐりを売ったりする人と一緒になる。横浜、東京、成田とか転々として生活しながら、三里塚へ住みつく、住みついても土地がある訳じゃありません。そこで、めぐり合ったのが大木実という人です。そこで、3番目の男の人と所帯を持つ訳です。

生活ができませんから、山の裾に掘っ立て小屋を建て、近所からサツマイモを買いまして、焼酎を作るわけです。いわゆる密造酒ですね。これを作って生活を始める訳ですが、そこに機動隊が導入されていく。焼酎を作るカマから全部を破壊してしまう。こういうことがあって、また、露頭に迷うという状態になります。ですから、大木よねさんの一生というのは連続して、代執行がかかっている。大木よねさんの日常生活は、どういう生活かといいますと、取香《とっこう》という集落ですが、そこの大きい百姓の所に行って、1日300円もらって、ご飯をご馳走になる。または、ご飯を食わしてくれれば、そこで、働くということで、転々として生活を送っていく訳です。現金収入なんかありませんから、春になれば、セリを取って食い、エビ、カニを食い、ドジョウを食い、5月になれば、タケノコを取り、秋になれば、イナゴを取っておかずにする、こういう生活をします。そういう生活で、私がいつもドキッとするのは、「ばあちゃん、病気になったらどうしたんだい」と聞きますと、「加瀬さん、体じょうぶだから、病気らしい病気はやんねえけど、カゼひいたらなあ、井戸端へ水を飲みに行って、また、四つん這いになって戻ってきて、メシも食わないで、そのまま寝ちゃうと」。私は、黙って夜、聞いておりまして、比較して恐縮ですが、私は病気になれば、富山の薬があるとか、親がいなくても近所がみてくれたり、兄弟が来るとか、万一の時には病院に担いでくれるだろうと、すなわち私自身が、生活を防衛する手段は多少なりともある。しかし、よねさんにとってはカゼをひくことが餓死することであり、死ぬということです。そういう人間の生活というのを我々はなかなか理解できない。そういう生き方をしてきた訳です。

よねさんの人生は、代執行の連続だった

よねさんの60余年の人生というものは、私の人生では、とても推し量れない、推し量ろうとしても、生きてきた世界の重さというのがのしかかっていますから、圧倒されて、どうやって自分で身につけたらいいかということを、いつも、ある意味では苦しみ抜いたということがある。あるいは励まされるということもあった。そういう所で生活してきたよねさんがそのあと、反対同盟にめぐり合うわけです。取香という村の中ではたった1軒です。

で、反対同盟ですからよねさんに一生懸命にカンパもしましたし、米も持ってきましたし、学生も住みついて、田圃もやり出しましたし、私なんかも行きまして一生懸命生活を共にする。大木よねさんも反対同盟とめぐり合ってから集会を休んだこともないし、デモを休んだこともない、参加しなかったことは、ただの一ぺんもありません。ですからよねさんはこう言います、「反対同盟には義理を欠かしたことがない」義理を欠かしたことのない反対同盟に、大木よねさんは、「今度はオレの家が代執行にかかるから対策をたててくれ」といって懇願する。しかし、反対同盟はなかなか腰を上げません。ある時、「じゃ加瀬さん、戸村委員長のところへ行くべ」ということで、全国から集まった金で酒1升買いまして、私と2人で、田んぼに出てイナゴを取って、それを煮ておかずにして、戸村さんのところに行って「オレの家が代執行にかかる、オレは1回だって反対同盟に義理を欠いたことがないから、今度はがんばってくれ」ということを懇願した。それでもなかなかやってくれませんから、よねさんと2人で、天神峰とか、東峰とか、そんな集落をまわって「よねさんの家で対策会議を開いて

くれ」ということを訴えてまわりました。ところが、反対同盟はなんと言ったか、「ばあちゃんは特別だよな」「親もねえし、みよりもねえし、屋敷がある訳でもねえしな。ばあちゃんは身軽だからな」オレには土地もあるし、家族もあるし「ばあちゃんは特別だ」こういう目で、反対同盟は、ばあちゃんの事を見ている訳です。ばあちゃんだって人間で、一生懸命生活してんだからと説得して、ようやく対策会議が開かれて、代執行の闘いが始まっていく訳です。

ところが、権力側が「大木よねさんの家は、今日は代執行しない」ということをラジオや新聞で発表する。反対同盟は「ばあちゃん、じゃ帰るよ」ということで、みんな大木よねさんの家から帰っちゃった。反対同盟は、それで帰ってしまった。私を含めて5人しか反対同盟の人がよねさんの家に残ってなかった。その夜、天神峰の反対同盟の加藤さんって農民の人が来ましてね「ばあちゃん、明日また闘争やっぺ、印旛沼から鯉釣ってきたから、鯉汁でもつくって景気つけて、あした闘いやっぺ」と、それで代執行の夜に、よねさんの家で鯉のみそ汁つくって食べて決意を固めた。ところが、代執行をやらないと言っていた機動隊が朝になって、押し寄せてきた。包囲して。いくらサイレンを鳴らしても、ドラム罐たたいても反対同盟は間に合いません。もう間に合わないです。機動隊が寸前に迫っているんですから。しまった！　よねさんは特別だからな、という風な問題意識でとらえていた、だから、そういう結果になったわけです。私を含めた5人は稲の農作業もしておりましたから、おばあちゃんと決意を固めたんです。私はそこで来たら一ぱつやってやろうなんて多少気負いもあったし、そういう気持もあった訳ですが、大木よねさんは、今壊されんとする自分の家に、庭のボロムシロに豆が干してあったんですが、その豆を大事に、今壊されんとする家の中に仕舞ってたんです。私は、7年か8年よねさんを見てきたんですが、連続性というか、初めて会ったよねさんと今のよねさんと同じなんです。まさに、機動隊が家に突入するという寸前になっても、なぜよねさんというのは平常心を失わないで、じっとしているんだろう、なぜうろたえないんだろうと思ったんです。その時、私は思いました。しまった。よねさんの人生というものを何一つ私は理解していなかったんだ、すなわち、私を含めて、代執行にかかるからという意味で、その小さい側面でよねさんを理解したのは間違いだった。すなわち第1回の代執行は親を奪われ、第2の代執行は文字を奪われ、そして第3の代執行によって、酒をつくっているところを壊され、そして今度また……。で、すなわち60余年のよねさんの人生とは連続の代執行であり、毎日が餓死するか、生きるかの瀬戸際であった。

こういう人生というものを真の意味で、私は理解していなかった。我々は、60余年の代執行の連続性という意味で、よねさんの苦悩の世界を全然理解していなかった。私はその時しまった！　と思った。自分の思い上がりに対してしまった！　と思った。そこに機動隊がバッとよねさんと私に掴みかかってくるわけです。よねさんが倒されたものだから、私とよねさんが抱き合って地面に倒れる、その時よねさんが機動隊の楯で歯を折ったんです。そういう時、まさによねさんの体に機動隊の手がパッとかかろうとした瞬間、よねさんが、白髪頭を振り乱して機動隊をにらみすえた。その時機動隊が息をのんでパッと手を引っ込めた、そのすさまじさに、機動隊は一瞬手を止めたわけです。で、その瞬間、私はばあちゃんと抱き合って倒れているんですが、私の背筋からゾーと冷たい汗が流れた。なぜかというと、私は機動隊に頭をぶん殴られたり逮捕されたり、私なりという意味では怒りもあるんですが、階級の憎悪といいますか、怨念といいますか、そういうものは、私自身まだ持っていないわけです。ところがよねさんには階級の憎悪というものがある。まさに鬼ですよ、夜叉ですよ。髪を振り乱したその形相というのは。だから一瞬、機動隊は手を止めた。私達はまだ私自身の人生の体験からいえばそういう階級の憎悪、権力に対する憎しみというのを持ってないわけです。だからそういう憎悪の念を燃やすよねさんの苦難の貧農としての歴史というものをなかなか理解できなかったんです。それを悟った瞬間に冷汗が流れて大木よねさんという人を何も理解できていなかったんだな、ということを機動隊が襲ってきたその瞬間にそういう思いをしたわけです。

よねさんが家を壊されたということでそのあと徹底的に抵抗する訳ですが、反対同盟はよねさんの為に家をプレハブで建てましたし、蛍光灯も電気もつけました。「ばあちゃん、家を壊されてかえって生活よくなったな、一人もんでそうやっているより、こんどは村の中に新しい家が建って風呂もあるし、電気もあるし今度はテレビも持ってきたし、今度はばあちゃん、いい生活できるわな」、壊された事を善意で言っていて、慰めて言っているんで、決してよねさんに憎しみを込めて言っているんではないんです。しかし、そういう言葉自体が権力の大木よねさんの家を壊したという憎しみを隠ぺいしてしまう要素があるわけです。壊された事によっていい生活ができるという論理の展開、すなわち持ってる者が持ってない者に同情してものを与えるという思想です。持ってる者が持ってない者に同情の範囲で物を与えるということがどういう意味か、という事を私は言いたいんです。

大木よねさんの一生

大木よねさんが、三里塚に戻りたい、三里塚で死にたいと言うもんですから、三里塚に戻って、酸素吸入器で自宅養生するわけです。で、大木よねさんはそこで大往生をするわけですが、その時に大木よねさんの残した財産ですが、私の計算でいけば1600万円ぐらい、公団と国家権力から補償金が、印鑑をつけばくるわけです。そしたら大木よねさんは「強盗がオレから物をとった。その強盗になんでオレが頭を下げることができるか」と言って、印鑑をつきませんから、補償金は国家に没収されることになる。その時、反対同盟としては闘争資金がいる。「ばあちゃん死んだら印鑑は押せない。損するから、ばあちゃん、印鑑つけ」と言うと、ばあちゃんは「断固、強盗から金をもらわない」と言った。その中で、私を含めて3人で、大木よねさんの養子になるか、という話をしたんです。まあ、養子になるとかならないというのは戸籍上の問題ですが、その3人の中で本当に大木よねさんという人を一生懸命に、自分の親というよりは、プロレタリア階級でもっとも辛苦で困難な60余年を生きてきたひとりの人間に対して、若い我々が人間としてできるものがあるならば何でもやろうとした。それは戸籍上、養子であるとかないとかの問題ではないというふうに考えて、そして小泉英政君が養子になった。大木よねさんが「強盗から金をもらわない」というので、我々もとらないということで、今もその金はもらっていないわけであります。私はその時に、もし大木よねさんの生涯かけた闘いの中であった、金というものを、今の反対同盟が使うとするならば、大木よねさんの生き方を忠実にするものでなければ、その金は使えないはずであると考えたわけであります。

で、そういうわけで大木よねさんの一生というのは、三里塚で終わったわけですが、私は大木よねさんの一生を考えてみますと、日本の農民のために自分の生涯をかけて、大往生したというふうに思うわけです。そして未だに空港敷地の中に死体を埋めてある。その大木よねさんの死体を、日本の人民に対して生涯の最後の10年を献げた大木よねさんの死体を権力が暴《あば》こうとする時に、今生きている我々は何をすべきなのか、ということを毎日、大木よねさんは地面の中から我々に語り続けているると私は思うわけです。そう考えてみますと、実は三里塚の中では、大木よねさんのような生き方もありましたし、大木よねさんの境遇を大なり小なり、みんな天皇制と戦争の中で傷を負いながら生きているということが、三里塚闘争の中で段々と陽《ひ》の目をおびて、共同の問題として出てくる。それが我々に、生き方とか決心とか決断として迫ってきているわけです。でもまだまだ、それが本物になっていない。

実は下層の貧農、あるいは生活の貧しい人々が自民党を支持し、そして軍隊の人的資源となり、すなわちファシズムの基礎になっている。そこのところに大木よねさんの生き方といいますか、闘い方といいますか、人生というものがはじめて築かれていく、そこに私は重大な意味があると思うわけです。

それは何故かというと、私は多少、三里塚の勉強みたいなものを共同でした時に、日本の農民運動といいますか、農民闘争の歴史を振り返ってみますと、古代国家が成立した時には、偽籍とか逃亡とか、いわゆる「逃げる」ことにおいて奴隷の生活から逃れようとする農民の抵抗が出てきている。それはあの山上憶良の「貧窮問答歌」に表わされているような生活状態の中で出てくるわけです。外国の場合のような奴隷の反乱というふうにならずに、逃亡、偽籍というように、日本の社会のしくみの中では、展開されている。さらに、越訴《おっそ》、強訴《ごうそ》、一揆などを調べてみますと——山城の国一揆なんかありますが—やっぱり惣百姓一揆、つまり年貢対象者の一揆でありますし、大阪には大塩平八郎の乱もありますが、主として上部の人達が中心になっているということです。千葉県には佐倉惣五郎の一揆が徳川時代に起っていますが、それも名主とか、そういう人達が中心となりまして、強訴という形になる。封建制からずっと考えてみて、なかなか下には届かない。

明治維新になりますと下級武士が蜂起したことになりますが、途中ですりかえられて、天皇制によって逆に抑圧されるということになります。それから大阪事件とか福島事件とか自由民権運動の中で、いわゆる秩父事件というのが歴史にあるわけですが、板垣退助の自由党が解散される。その時に、すでに自由民権運動というのは田舎の郷士とか戸長とか、そういう地租改正に不満をもっている上層の農民と下級士族とが手を結んで自由民権運動というのが展開されるわけですが、それが地租改正を通りまして、日本で地主制が農村に確立するということになって、その基盤を失って、自由党左派は権力にくっついてゆくわけです。で、自由民権運動も私の眼から見ると、インテリの運動、上層の運動に思えるところがある。そのように決めつけるわけにはいきませんが、どうしてもそういう考え方を持っています。

先ほど、幸徳秋水の話が出ましたが、あの平民社社会主義の伝道を最初には始めた人が小田頼造という人であります。その小田頼造が、日本で最初に社会主義伝道の車を引いて入りましたところが、三里塚を中心とする北総の台地であります。というのは廃藩置県で開拓農民が多かったものですから、そこの人達のところへ平民社が入ってくるわけでありますが、今、名簿で残っている「平民新聞」の読者は、千葉県では40人です。それを全部、私は調べてみました。千葉県の「平民新聞」

の読者の階層、生活状態を調べてみましたら、クリスチャン、駅長、師範学校の先生で、純粋の小作農民というのは、おそらく字の読めない人が多かったのでしょうが、ほとんど読者の中にいないわけです。で、私は、明治社会主義、いわゆる明治平民社の社会主義というものが、どれほど大衆を掴んでいたのだろうか、あるいは北総の農民というものをどのように掴んでいたのだろうかということを、いま調べ中でありますが、どうも少し上の方をですね、明治の社会主義は通り過ぎたような感じが実はするわけです。そして大正から昭和に入り、日本の社会主義運動は、「冬の時代」を迎えるわけであります。で、戦後の農地解放になるんですが、その農地解放も実は占領軍のアジア侵略の反革命基地としての色彩を強くもった、日本の農地改革でありました。で、それが戦後の自民党の農村の保守の基盤にずっとなってきたと思うんです。

三里塚の人達の生きた意味

大きなことを言って申しわけないんですが、フランス革命、ロシア革命、中国革命、そしてアメリカの独立戦争と、こういうふうに日本の民衆が、根底から歴史の中に起ち上がって、そして権力を数分でも打ち倒すというような歴史性といいますか、そういう民族性といいますか、階級的な意識っていうのは、精神史としては、なかなかない。それはあの、百姓一揆の時にも、山城の国とか、あるいは地租改正の前後の自由民権の時には秩父騒動ですね、まあ、あることはあるのですが、まだ日本の民衆が根底から、多勢が起ち上がるというふうには、私はまだなっていないと思うんですね。相変わず、今言った大木よねさんとか小川明治さんとか瀬利さんだとか、そういう人達の階層のところには、なかなか届いていない。まだ日本の階級闘争といいますか、マルクス主義といいますか、そういうものが大衆の中に入っていない、というような感じがする。ところがそこを権力が、ぐっと握っている、握ってきている。そこへ三里塚闘争のような厳しい闘争の中で、大木よねさんのような生き方がずっと貫く。大木よねさんのような人達が、あるいは三里塚で戦争に行ったような人達が、本当に貧しい階層の人々が戦争反対へ立ち向かうという、そういう運動というものをですね、どのように創りだしていったらいいか。これは何回も言うんですが、ファシズムの基盤になっている農村の土壌というものを根底からくつがえすという、そういう人間の闘争と生き方というものが三里塚でもう一歩突き詰められていった時に、反対同盟は強くなっていく。ですから反対同盟の幹部・役員を見ますとですね、上層農であり、旧地主であり、そういった人達が農業委員をやったり町会議員をやったり農協の理事をやったり、そういう階層の人が反対同盟の役員をやっているわけです。反対同盟でも、何かこう、二重構造みたいになっているわけです。

で、私はそういうふうに考えてみました。実は寄生地主制度の下のそういう貧しさ、すなわち特に二、三男を含めました人達というのは、戦前は農村にいることはできませんでしたから、みんな東京とか都会へ出ていったわけです。ですからよく、国家権力の意識―国権意識―人民を支配する国権意識、天皇制の中での民衆を統合していくイデオロギーの中にいくわけです。貧しいが故に村を追い出され、村で分家して土地を耕すことのできない農民というのは、みんな都会へ出て行った。ですからよく歌の中に「志を果たして、いつの日にか帰らん」というのがあります。志とは、天皇に忠誠を尽くすという意味で出世をする、そういう志を果たして、やがて清き故郷、水のきれいな故郷へ帰ってくるんだ、こういう思いでみんな農村を出て行ったんです。それがもっとひどくなった時にですね「僕が行くから君も行け　狭い日本にゃ住みあきた　支那には4億の民がある」という歌が出てきます。いわゆる「馬賊の歌」ですね。すなわち日本もまだ狭いんだ、朝鮮とか満州とかへ行かにゃだめなんだ、こういうことですね。「流浪の歌」になるとまた激しいわけですね。「流れ流れて落ち行く先は北はシベリア　南はジャワへ」と。で、その「安住の地欲し」と、こういうことですね。それこそ下層の人々がですね、村を脱出し、そして朝鮮・満州・中国へというように、アジアへアジアへと出ていった。この二重性というものが、日本の社会の構造の中に今も厳然としてあると私は認識しているわけであります。ですから三里塚闘争というものが、本当の民衆、歴史の中で本当に虐げられた人々の反逆としてもっと追求され、培かわれねばならんと私は思うわけであります。

で、今言ったように、戦前は「流浪の歌」とか「馬賊の歌」というふうに、そういう人達がみんな貧しいが故に、軍隊や軍属として朝鮮そして中国へと侵略の手先となって出て行く。天皇制の下で出て行かねばならなかったわけです。今はどうかというと、今もたくさんの人々が、日本の多くの農民が冷害に苦しみ、農業破壊に苦しみ、そして出稼ぎで半年も親と子が別れている、こういう生活を90パーセントの農民が強いられているわけであります。で、先ほど言いましたように「昔軍隊、今は出稼ぎ」あるいは「昔女工哀史、今は出稼ぎ」それから「昔女郎、今は人買いバス」と、こういうふうに今農村の中では言われているわけです。そういう人が膨大な数になっているわけですが、ここに草野さんという人の詩があります。

「村の女は眠れない　女は腕を夫にあずけて眠る　女は乳房を夫に触れさせて眠る　女は腰を夫に抱かせて眠る　女は夫

が側にいることで　安心して眠る」という書き出しです。で、「帰って来い　帰って来い　村の女は眠れない　夫が遠い飯場にいる女は眠れない　女が眠れない時代は許せない　許せない時代を許す心情の退廃はいっそう許せない」。

すなわち家族がですね、3カ月も半年も、ここんとこ10何年出稼ぎで別れ別れになって生活をしている。この人達が権力の棄民政策の中で、底辺で流浪の民のように動いていっている、決してそれが組織されていない。今日は千葉県の国際空港の出稼ぎに行ったと、7000人が遠くから来て国際空港の出稼ぎをやりました。今度は静岡のみかん、今度はどこどこのダムの建設というふうにして、毎年毎年、あっち行きこっち行き、多くの農民は流浪の旅みたいなものを棄民政策の中で現在、強いられている。そして村の中にもう夫はいない、女は眠れない、という詩まで実は出てきている。で、こういう層といいますか、こういう人達をどのように組織化していったらいいか。この人達がどのように本当の人間として自覚をして、戦争に反対していく、そして自民党に1票を投じないというようにするにはどうしたらいいか――選挙でものが片付くものではありませんが――、その貧しさの中に、先ほど言いましたように自民党の青嵐会の支持基盤がぐっと伸びていっているということは私は非常に重大だと思うんであります。

話は最後になりますが、この間、右翼の経団連襲撃事件がありました。で、右翼が襲撃したから左翼も蜂起するだろうと、私を含めた三里塚の人達が全部、警察から身のまわりの調査をやられたりしたわけですが、で、あの檄文といいますか、宣言といいますか、襲撃した右翼の文章の中には次のようなことが書いてあります。利潤を追求し、そしてロッキード事件を起すような日本の政治上層部は不信だ。打倒しなければならん。このままだと民族が亡びてしまう、資本主義社会のこの仕組みを見てみろ、水俣病などの公害で苦しんでいる人はこうだ、などと言いまして「昭和維新」を唱えている、武士として対応してくれ、というふうに右翼の連中が言ってるんです。生活で苦しんでいる人に目を向けてきている。私はあれを読んだ時、ぞーとしたわけです。こりゃあ大変なことだなあ。本当に我々がですね、生活に苦しんでる資本の下に疎外された人々と共にどう闘いをするかということを、本気になって語らねばならない状況にあるんだなあと思って、大木よねさんや、三里塚の人達の生きた意味というものを噛みしめている。そういう危機感というものが、私の体の中にあるわけです。

（このエッセーは「市民スクール」の協力を得ました）

第3部　闘いのなかで

桜と駒と天皇と炎の三里塚

三里塚の地名の発祥

「ホトトギス銚子は地球の突端」利根川河口の銚子から西に向かって、八日市場・多古・三里塚、・法華塚の銚子街道は成田で江戸街道に結びつく。この銚子街道に飯高檀林と、現在の立正大学の前史である多古日本寺の日蓮宗関東三大檀林の一つがある。日本寺には全盛時代学僧700人が宿坊に居たと記録されている。この日本寺を起点に丁度12キロ、3里が三里塚である。16キロ4里が成田市大清水法華塚である。昔は旅人の便利を図り4キロ、1里ごとに塚を作り目安としてきた。四は死に通じ忌み嫌うことから4里は法華塚としたのである。

軍馬の生産、佐倉・小金井七牧

幕末、北総台地に佐倉・小金井七牧があった。油田牧（佐原、栗源）東西50町歩×南北15町歩、野馬100頭。矢作牧（大栄）縦70町歩×横35町歩、野馬500頭。取香牧（成田、遠山、富里、芝山）縦50町歩×横35町歩、野馬300頭。内野牧（富里）縦50町歩×横30町歩、野馬300頭。高野牧（富里）縦35町歩×横40町歩、野馬600頭。柳沢牧（柏）縦90町歩×横90町歩、野馬300頭。高田牧の馬50頭。中野牧（鎌ケ谷）縦3里×横1里、野馬300頭。下野牧（習志野）縦5里×横2里、小間子牧（八街）縦75町歩×横40町歩、野馬1000頭。

北総台地が武士団の壮大な軍馬の生産、軍事基地であったことがこれを見るとわかる。各村に牧士が置かれ「牧の一枝斬る者は首を斬るべし」の達示のもとに農民は牧管理の為の過酷な賦役の為に苦しんでいた。徳川の歴代の将軍は牧々で牧狩りを実施して何千何万の農民は勢子に駆り出され、働くことはできず畑は荒らされ困り果てた。

三里塚移住第一号

三里塚を中心に取香牧は、東は芝山町岩山、南は富里村両国、西は成田市根木名、北は成田市駒井野の広大な４２２９町歩の面積を持ち原始林が生い茂り山賊、追い剥ぎ、強盗の巣窟であった。銚子街道、江戸街道を利用し成田山新勝寺、芝山観音教寺に参詣する旅人は難儀をしていた。三里塚の近隣の住民はこの難儀を解決すべく、三里塚に家を建て人が住めば山賊も追い剥ぎも出なくなると、明治７（１８７４）年１戸当たり間口50×奥行30間の土地無料利用の願を出した。内務卿（大久保利道）から許可が出た。現在の三里塚交差点を中心に１番木村文右衛門（岩山村）２番鈴木嘉兵衛（菱田村）３番大竹半兵衛（坂志岡村）４番藤崎匠平（小菅村）５番竜崎作右衛門（小菅村）の住居が建築された。これが三里塚集落形成の始まりである。さらに大清水地区に高中惣左衛門、藤崎正平に間口20×奥75間の土地利用が許可された。大清水集落の始まりである。さらに茶席や出店を作れば旅人は憩うことも食事をすることもできると、同じく同年、土地借用願いが政府勧業寮へ出されて許可された。その氏名は郡司幸介（島村）佐藤与右衛門（飯塚村）小高利左衛門（根木名村）岩沢左門（取香村）吉岡周蔵（大台村）小河惣七（菱田村）長谷川金次（岩山村）小沢仁三郎（久能村）川名辺久太郎（鏑木村）小川新之丞（岩山村）木川庄兵衛（菱田村）大木栄介（佐倉）並木喜兵衛（多古村）岩舘栄介（久米村）並木清左衛門（多古村）鵜沢周次（大里村）岩沢八郎兵衛（岩山村）渋谷九右門（奈土村）渋谷門右衛門（奈土村）実川清左衛門（山田村）窪木源次郎（佐原村）佐藤平十郎（飯高村）山口喜兵衛（喜多村）多左衛門（蓮沼村）、近郷近在の村々から出店されたことがわかる。

桜の名所三里塚

三里塚に集落が形成されると出店の一人藤崎匠平が明治９年11月取香種畜場に次のような願書を提出した。

　以書付奉願上候

総州取香種畜場堅横弐里余之原野ニ芝山・成田両山参詣人、且両総海岸筋ヨリ出京之旅人通行人之往還中央ニ有之、大風且厳暑寒是砌行旅難渋付候間、往来両側江大風且厳暑寒除之為自費を以テ桜木植附仕、永ク御立置相成候様奉上候……略

明治九年十一月

勧業寮　取香種畜場御中

埴生郡小菅村
藤崎匠平

内容は芝山観音教寺、成田山新勝寺への参詣人、上総、下総の海岸筋から東京に出る旅行者などが大風や厳暑寒の際に難儀するので、往来の両側に自費で桜の木を植えたいので許可してほしいというものである。三里塚闘争で東山薫君が機動隊に虐殺された場所、芝山町宿集落から桜台、三里塚第一公園、三里塚交差点、三里塚第二公園付近までの桜の木が植樹され１００年余にわたって育てられてきたのである。桜の巨木は春爛漫千葉県唯一の桜の名所となったのである。三里塚の桜は下総御料牧場、天皇家、宮内省が植えたものでは断じてない。三里塚に新たに集落をつくった人たちと近在の住民が旅人の難儀を救うために育てたものである。

富国強兵軍馬の生産

取香牧の下総牧羊場（富里村）取香種畜場（三里塚）が明治13（１８８０）年に併合されて下総種畜場が開設された。面積は４２２９町歩であった。職員50人、牧夫１５０人、馬５００頭、牛74頭、綿羊６１２０頭の規模であった。明治14年明治天皇の視察、続いて東伏見宮、伏見宮、徳大寺宮内卿の来行があった。翌年15年に明治天皇は再び来行している。明治政府は富国強兵の政策のもとに日清、日露の侵略戦争を行った。その時日本軍の軍服は綿入れであった。大陸の極寒での戦いで多くの戦死者、犠牲者を出した。もう一つはロシアのコサック騎兵隊と闘い日本軍は敗北した。日本の在来種の馬は木曽馬のように小型の農耕馬で軍事物資の運搬、輸送、騎馬としては戦場では役に立たなかった。政府は急遽「馬政五カ年計画」「七カ年計画」「十カ年計画」を立て外国から種馬を購入、物資運搬の重ばん馬、騎兵隊の乗馬のサラブレットの生産に着手した。日本の農民に対して軍馬の飼育を委託して日本の馬を軍馬に変えたのである。その拠点となったのが下総種畜場であった。その後北海道日高など全国に軍馬改良の生産拠点を持つようになった。下総種畜産場綿羊６１２０頭は軍服の生産の為であった。

下総御料牧場の成り立ち

軍馬の生産普及の目的を達した政府は明治18（１８８５）年５月28日に下総種畜産場を宮内省に移管した。さらに明治21（１８８８）年、下総御料牧場と改称した。牧場の当時の状況は耕地６２６町歩、牧草地59町歩、馬４５７頭、牛67頭、綿羊９３７頭、そのほかにホルスタイン種と豚、鶏が導入された。ハムやベーコン、野菜、薪炭の農産加工を実施されて天皇、皇族の台所を賄うことになった。下総御料牧場の用地の一部は成田―多古間の鉄道用地に、２０４４町歩は帝室林野庁に移換され、後の反対同盟三浦五郎の二川村宝馬地区、熱田一、柳川秀夫の千代田村香山新田が払い下げられた。下総御料牧場の面積は１４４４町歩となった。戦後の昭和21年からの農地改革で復員軍人、戦災者、宮内庁職員等に８８３町歩が解放されて下総御料牧場は４３０町歩に減少した。１９６６年６月22日、三里塚御料牧場に国際空港の建設が決定された。１９６９年８月18日、御料牧場閉所式、高根沢に移転。御料牧場は消滅して空港の敷地になった。

三里塚10・10外郭測量阻止闘争

三里塚反対同盟に結集する農民の本格的な実力阻止闘争は、１９６７年10月10日外郭測量阻止闘争から始まる。国家権力は機動隊を動員して駒井野と三里塚桜台の桜の巨木の根元に測量杭を打ち込んだ。10月16日三里塚に天狗が現われて測量杭を引き抜いて反撃した。三里塚の天狗とは加瀬勉、柳川秀夫、秋葉義光、寺内金一である。下総御料牧場閉所式粉砕、老人行動隊の樹木伐採阻止闘争御料牧場の樹木に５寸釘を打ち込むゲリラ戦、実行されなかったが御料牧場焼き討ち計画、老人行動隊の天皇直訴と空港建設反対闘争が展開されていった。

国家権力の悪行

大和政権が東国に侵略し農民の土地を奪い北総の台地に侵略基地としての牧々を拓いた。そしてみちのくの国々を侵略支配していった。律令国家を支えた貴族社会が倒れて武士団が登場し、牧々は戦国武士団の軍馬の生産地となった。徳川幕府は北総台地の牧々を整備統制して、佐倉・小金井七牧の経営を行った。明治維新が成立し明治２年から失業武士、御用商人、無産浮浪の徒が江戸の治安を乱すと、牧々に開拓の手が入った。又明治政府はと東京の治安を守るために北総台地の牧々に鎮台を創り上げた。佐倉連隊、四街道連隊、下志津連隊、習志野連隊、市川国府台連隊、穴川戦車隊、八街陸軍飛行場等の軍隊が置かれ千葉県は軍都となった。取香牧の歴史は下総御料牧場の閉所式から空港建設に至る今日まで諸悪の根源、天皇制を支えてきたのである

人民の歩み

三里塚を中心とする取香牧は4229町歩の広大な面積を持っていた。原生林が生い茂り山賊、追い剥ぎの巣窟になっていた。地域の住民は自らの生産と生活、旅人の安寧を守るために三里塚に初めて集落を作った。さらに茶屋と休憩所をつくり旅人と地域住民の安息を図った。そして自費で桜の苗木を植えて花見の名所を作りあげた。人の難儀を救い、人の難儀を取り除き憩いと安息の場を創り上げた。人の心を思いやる人間的な温かさが地域の平和を創り上げたのである。その人間の善性、善意を象徴的に表したのが三里塚の桜の巨木であり花の名所であった。天皇制、軍国主義が桜木を育ててきたのではない。空港建設はこの桜木を切り倒し地域の住民の土地を生活の全てを奪って空港を建設したのである。

先達の忠告

「加瀬君、農民は犬畜生よりひどい、風向きが変わるとすぐに人を裏切る。裏切られても、裏切られても農民を信じていく決心があるなら八街に残れ、それが出来ないならここからすぐに親のもとに帰れ」池田滝二さん（八街町長、県会議員、八街農協組合長）の私に対する忠告の言葉である。

父親池田作次郎の明治時代から、大鐘小作争議、西村小作争議を戦後農地改革まで戦い抜いてきた人の歴史を背景とした重い忠告の言葉である。池田さんの忠告の通り多くの農民は戦線を去っていった。太平洋に小石を投げて埋めてゆく想いで

あるが私は戦いの意思を捨てるわけにはいかない。

鈴木老人

脳血栓を患い寝たきりである。「みんなが命を懸けて村を守っているのに寝ていては申し訳ない。寝ていても空港反対の活動ができるものはないか」私が見舞いに訪ねてゆくと必ずこの言葉を口にする。「心配しないで安心して寝て養生していればいい」と言葉をかけてきたが鈴木老人のあまりの熱心さに考えてみた。「鈴木さん、佐藤総理大臣に空港反対の手紙を書くことができますか」「手紙は書ける」空港反対の決意の手紙にだんだん気合いが入ってきた。佐藤の戒名、線香まで入れて差し出すようになっていった。脅迫状と認定された手紙は70通に及んだ。逮捕状、起訴に及んだが鈴木さん死亡により不起訴。生きている限り闘う意思があれば闘えるのだと私は鈴木老人に教えられたのである。いや死んでも闘えるのだ。闘う意思はみんなの心の中に生きて引き継がれている。人民の闘う意思は尽きることはないのである。

われらの赤旗

日韓会談反対の青年総決起集会が渋谷公会堂で開かれた。空港反対八街・富里青年行動隊も参加することになった。初めての全国集会への参加であった。吉田総一郎行動隊長は「加瀬さん、全国集会で演説する自信がないよ」とのことであった。「吉田さん、決意を込めて、やる気満々、魂を込めて空港絶対反対の一言を発言することはできるでしょう」「それはできる」これで決まった。全員野良着、むしろ旗、鎌、鍬を持って東京へ押し出した。百姓一揆、全員武装して舞台に立った。参加者も驚いた。吉田総一郎青年行動隊長が決意表明を見事にやってのけた。鎌を頭上に振り上げての演説であった。写真のフラッシュで砥鎌から閃光が走った。この砥鎌の写真図が青年行動隊の大きな赤旗となった。青年行動隊はこの赤旗を先頭にして闘い続けたのであった。赤旗こそ青年行動隊我らの誇りであった。

相川隆中尉

相川隆反対同盟副会長（立沢）を誰も副会長と呼ぶものはない。相川中尉と呼んでいる。旧陸軍の中尉であった。戦後自衛隊に入隊していたが両親が老齢になり退役してきたのである。私が現地闘争本部にいると、軍服正装してきて敬礼し、胸のポケットから軍人要務令を出して「敵は進撃しつつあるにもかかわらず、我が方はいまだ準備完了せず。指示をお願いします」私がいろいろ説明すると「直ちに戦闘配置につきます」と勇んで帰るのであった。寒風のなか井戸端で水を頭からかぶり身を清め、奥座敷に用意した純白の布、愛用の日本刀で親指を切り、盃に滴る血を受けて「空港絶対反対、至誠一貫」と大書して千葉県友納知事に提出した。これに共鳴して反対同盟は８００人の血書の抗議布を運輸省に提出した。社会党佐々木更三委員長の出席のもとに「空港建設絶対反対佐藤内閣打倒総決起集会」が開かれた。開会宣言は相川副会長である。開口一番「黙祷」一瞬の静寂、「四方の海みなはらからと思う世に……波たちさわぐらん」日露戦争時の明治天皇の歌である。この大衆性を堅持し大衆的基盤を変革したときに日本は変わると思った。

感動の決意表明

千葉県庁抗議闘争、乱入、占拠。加藤良作、細野富士夫、増田弘3人逮捕。夫が逮捕されて心配のあまり泣く妻たち、それを慰める女性たち。武州公民館は悲しみに沈んでいた。「加瀬さん、男たちはみんな警察に抗議に行っているが、女のわたくしたちにもできることはないでしょうか」「空港反対の女の集まりをやることだ」「でも、子供を姑に子守させておいては集会に出られない」「集会に子供を連れて参加すればよいことではないか」「姑が田畑で働いているのに、集会に出て遊んでいるわけにはいかない」「3月3日はひな祭り、村中が休みだ。その日にやればよい」「空港建設絶対反対婦人母子集会」が富里中体育館で開かれた。婦人行動隊隊長篠原マサさん、（八街）副隊長に江原マサ子さん（富里）が選出された。空港建設反対婦人行動隊の誕生である。

〈篠原隊長決意表明〉

「富里、八街は戦場となった。ドラムカンが鳴り響けばソレーと掛け声かけて闘いの現場に駆けつけなければならない。私たちはこれまで紅白粉をつけて制服を着て他人のような顔して出席していた。それはやめよう。野良着こそ私たちの戦闘服である。いつも戦闘服に身を包んで戦い抜いてゆこう」。

私はこの空港反対婦人母子大会婦人行動隊の結成と篠原隊長の決意表明に感動して体が震えた。女性が空港反対に決起したのである。

三里塚現地常駐へ

社会党県本部執行委員会は、私の三里塚空港反対闘争本部現地常駐を決定した。私は断固この決定に反対した。富里大堀社会党現地闘争本部の小屋の大工修理代も私が支払った。土間にベニヤ板、その上に布団を敷いて寝た。その布団も佐藤繁夫君から借りてきたもの、電気、水道、トイレ、台所もなく、雑貨屋から買って来たパンとラーメンを食べての不眠不休の生活であった。私は栄養失調になってしまったのである。私を現地に常駐しろという資格がある者は社会党県本部にはいないと反論した。

初登院の祝賀

中央労農会議事務局長の木原実さんが千葉県一区から衆議院選挙に立候補して当選した。初登院の祝賀会が東京末廣亭で開催され、招待された。その帰り、加瀬包男県本部書記長と上野健一県会議員、県本部執行委員から三里塚現地に常駐してくれと要請された。「県本部の決定だから三里塚に行ってくれと頼んでいるのではない。千葉県本部左派を代表して行ってくれ、すべての責任は我々がとる」と言われた。これを断れば私は千葉県本部を去ることになる。即答はしなかったが三里塚行きを決心をした。

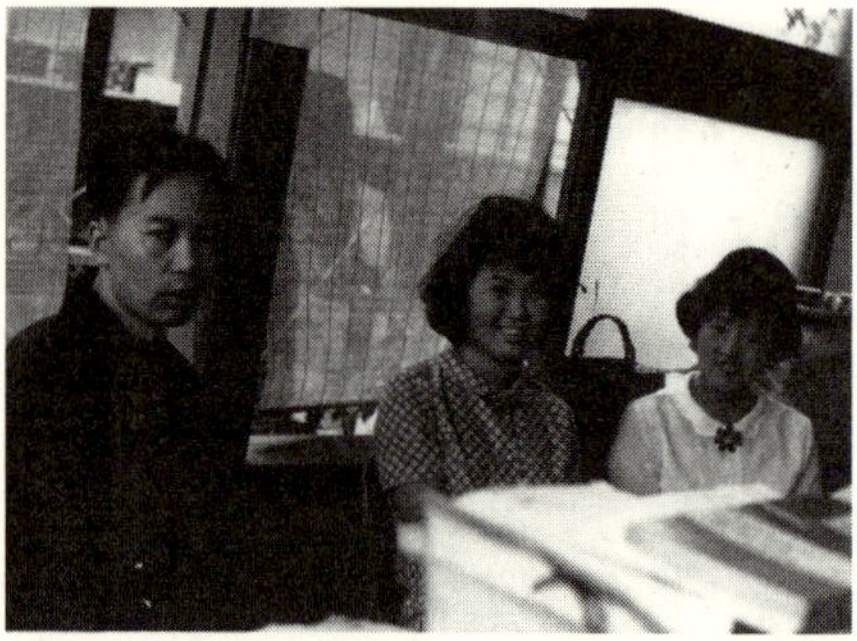

社会党千葉県本部

県本部実川清之委員長

三里塚空港反対千葉県民共闘会議が千葉県議会社会党控え室で開かれた。会議が終了しみんなが退出したとき、実川委員長が私に「刑務所に7年間ぶち込まれ、農民運動に生涯をかけてきた。空港建設を阻止して、生まれ故郷の芝山に親孝行して死んでいきたい。三里塚現地に行ってくれ」と特別に要請された。私も農民運動を志す身、現地常駐を断る理由はなくなった。三里塚行きを決心したのであった。

県本部を出発する日

下着2、3枚、少しの書籍を持った。県本部書記の園田、若松、鈴木、小野寺、長瀬の専従書記に対して「二度と県本部には帰ってこない。後をよろしく頼む」と言った。私の言葉の意味が理解できずに彼等は聞き流していた。八街、富里空港反対闘争では3000人から5000人の農民が反対同盟を組織して徹底的に戦った。建設位置が決定しないのに大規模な闘争が起きた。三里塚に今度は決定したのであるから闘争は大規模にして5年、10年闘争は続くであろう。闘争の最後を見届けなければならない。だから再び県本部に帰れないと思ったのである。

社会党県本部委員長実川清之が、空港反対闘争の終止符、条件闘争への転換を求めて、小川喜重宅（横堀）に石橋、瀬利反対同盟副委員長を集めて説得にかかった。私は政治生命をかけて組織内部で徹底的に反対した。

加瀬勉拉致

社会党県本部書記長加瀬包男、社会党中央本部赤松康稔国民運動局次長が三里塚現地に来た、「現地を引き揚げよ」。私は断固拒否した。2人は私を羽交い絞めにして車の中に押し込もうとした。乱闘になったが私は抵抗して県本部引き揚げを断固拒否した。

加瀬、この馬鹿野郎

空港建設反対千葉県民共闘会議が開かれた。私はその席上で実川委員長が闘争終止符の工作に来た事。それに、地元芝山千代田農協組合長であった実川委員長は、空港建設関連事業学校防音工事を行っている出山建設に不正融資を行なっていて、その出山建設が倒産して貸付金額の返済が出来なくなった。金融委員会の審議を経ず文書を偽造して貸し付けていた。実川委員長逮捕か、それとも空港反対闘争終止符の選択を権力に迫られていた。その真意はいかに、と共闘会議の席上で実川委員長に問いただした。出席者は一斉に驚いた。実川委員長は真っ赤な顔になり、不動明王の如く怒って「加瀬、この馬鹿野郎」と叫んだ。「その言葉はそっくり委員長に熨斗つけて返します。二度と生まれ故郷の芝山に帰れないようにしてやります」と発言した。

現地に残る決意は固かった。私の宿泊する千代の屋は叔父叔母の家である。給料をストップされた私は、出前、皿洗い、伝票の整理で働き闘いを続けた。千代の屋の叔父の妹愛子は私の川崎の叔父の妻であり、千代の屋の女将の兄の嫁は私の親戚の大木家から嫁いでいる。だから見捨てる訳にはゆかないと面倒をみてくれたのである。

この会議以後、会議の連絡はなく、給料もストップ、社会党県本部書記解任、党員権停止、除名処分等なんの通知もなく現在に至っている。社会党は歴史の中に消えて行ってしまった。私は生き延びて現地で闘いを続けている。

空港反対闘争の証言

政府への陳情行動（１９６５・11・18）

八街、富里の農民は運輸省を中心に政府関係官庁に「空港を建設しないでほしい」との陳情、要請活動は数限りなく行なった。運輸省の答弁は「決定していないので作らないで欲しいといわれても答えようがありません」であった。富里に内定した。「内定ですから決定ではありません。皆さんから抗議を受けても答えようがありません」農民が静かな態度でいると「内定は決定と同じ重さの意味があります」と高圧な態度に出てくる。

「私たちは国会の先生方（代議士）の指示でやっているので一番悪いのは国会の先生方です」これが運輸省官僚の答弁、回答であった。数限りない陳情、要請行動に対して真剣に耳を傾けたことは一度もなかった。

栃内航空局長

栃内航空局長は「空港はとてもよいものです。空港のあるところの都市は栄えています」と語った。三里塚天神峰の小川嘉吉さんが「羽田空港の騒音で悩む大井、大森の町はどうですか、視察に行きたいと思っています」と質問した。栃内航空局長は「私はまだ羽田空港には一度も行ったことがありません。空港を視察するなら八丈島の空港がよいでしょう」一国の航空局長が羽田空港に一度も行ったことがないと答弁。これほど農民を無視し馬鹿にしていたのである。

三里塚に空港の位置決定（1966・6・22）

佐藤内閣は突如三里塚に空港の位置を決定。戦前の軍部でも政策を強行するにしても住民に説明はしてきた。しかし佐藤総理は何の説明もせずに公権力を発動した。戦前の独裁国家以上のことをしたのである。三里塚の農民は「政府は我々農民を虫けらのごとくに扱っている」と激怒した。

成田市議会空港建設反対決議を撤回（1966・8・25）

成田市議浅野惣平（成田市郷部）「運輸省の役人の奴ら反対決議を撤回してくれと7万円持ってきたが突き返してやった」。

安食料亭金田家屋会談

三浦五郎芝山町町議談、安食金田屋の料亭で全員協議会の後、議員懇親会があるというので出席した。運輸省役人、千葉県空港対策室長などが現われた。私は騙されたと思って怒って退席した。

茨城袋田温泉会談と空港反対決議撤回（１９６６・12・27）

反対同盟の農民は、芝山町議会の空港反対決議を守るように議員に対して要請行動をおこなった。三浦五郎、小川仁一郎、清宮亨の空港反対派議員を除いて行方不明になった。運輸省、千葉県空港対策室、芝山町空港賛成派議員らは茨城県袋田温泉旅館に宿泊していたのである。そこから芝山町役場前の料亭菊屋（議員加瀬清経営）に1泊し、そこから議場に入って「反対決議撤回の動議を出して採決」（宮野雄祐議長）したのである。激しい農民の抗議で警官隊に守られて空港賛成派議員は退席。再び行方不明になった。

空港賛成派議員のリコールと寺内町長

空港反対同盟は直ちに空港賛成派議員のリコールをするために、署名活動を展開。リコールに必要な法定数をはるかに上回る署名を獲得した。町選挙管理委員会に提出。この問題を巡って寺内町長は千葉県知事友納のところに相談に出向いた。町長が行方不明になってしまったのである。反対同盟の農民は「早く署名を審査しろ」と松本助役に要求したが、「町長が不在で私には何の権限もない」。では「町長の所在はわかっているのか」「知事のところに行ったことはわかっているが、その後のことは解らない」。

千葉県知事は芝山町長寺内元助を県立鶴舞病院に隠密の内に入院させて身柄を隠してしまったのである。

芝山町選挙管理委員全員辞職

こんな重大な問題の審査はできないと、全員が選挙管理委員を辞職した。選挙法に基づく直接請求権リコール署名簿は審査されないまま放置されたのである。農業委員会選挙、国政選挙には選挙管理委員が任命されて、選挙が終わると選挙管理委員は全員辞職するのであった。これは明らかに権力の陰謀であった。

国会本会議で芝山町リコール問題を追及

実川清之（芝山町出身　代議士、社会党県本部委員長）は国会本会議で、芝山町会議員のリコール問題と選挙管理委員の辞職問題で、自治大臣の見解を求めた。「選挙管理委員が辞職しないで署名を審査するよう指導はできますが、これらの問題で特別に法的に罰則の規程はありません」との答弁であった。我々にとってもっとも大切な直接的請求権に基づくリコール署名は国家権力の陰謀によって葬り去られたのである。

直接行動（実力闘争）

立法機関である議会に代議員をおくる投票権が平等に与えられており言論の自由も保障されているのに、その上直接行動をとるのは何事かと批判する人がいるが、立法権を乱用し我々の諸権利を侵害する時は政治的直接行動で彼らに反省を迫る権利を我々は有している。

旧学習院正堂で空港反対同盟結成

学習院正堂

私はこれまで全国的に馴染みの深くなった「三里塚」と地名を文章のなかで多く使ってきた。正式には、千葉県印旛郡遠山村三里塚地区（現成田市）である。取香牧一部が、明治政府によって下総埴生郡種畜産場三里塚区から下総御料牧場になったのは明治6（1873）年のことである。以来、遠山村とその住民は天皇制、皇族、宮内省と深いかかわりを持って現代まで続いてきた。明治32（1899）年、学習院初等科講堂の建設の議が付され、明治天皇は自ら英国人設計技師に、意見を付託して依頼したといわれている。これが、超モダンな洋風建築学習院初等科正堂である。これが後に下賜されたのが遠山村尋常高等小学校講堂である。戦後６・３・３教育制度に変わり、遠山尋常高等小学校施設は現在の成田市遠山中学校になった。したがって、学習院初等科正堂は遠山中学校正堂となった。この、天皇、宮内庁から下賜された正堂で三里塚空港反対同盟が結成（１９６６・６・28）されたのである。比喩で表現すれば天皇の腹の中から反対同盟は誕生したのである。

近代農民運動の発展

空港反対闘争の戦われている、千葉県北総地域は明治平民社の社会主義思想に啓発されて近代農民運動が生まれ、戦われてきた地域である。

八街住野では千葉県で初めて農民組合が結成され、小作争議が展開された。大正期赤旗村と呼ばれた宝田村（現成田市）は、県下初めて社会主義政党が結成された佐倉町（現佐倉市）と共に、空港反対闘争が激しく戦われた千代田村（現芝山町）は八街に続いて千葉県下２番目に農民組合が結成された地域である。石井大作、堀越晃、実川清之らはその中心的な人物である。治安維持法による弾圧、拘束、検挙、入獄の中で地主手島家（朝倉）川口家（吹入）鈴木家（打越）、小川家（中郷）等を相手に闘争を展開した。

戦時中、闘争は閉塞するのだが、戦後農地改革の徹底を要求して戦い、地主の隠し田摘発、強権発動反対等の闘争を展開、千葉県から始めての共産党村長、実川清之を誕生させたのである。昭和24（１９４９）年には農地改革が成立し、自作農が誕生し農民運動は闘争目標を失って消滅したが､運動の流れは社会党（党員70人）実川清之代議士（共産党から戦後社会党）に引き継がれてきた。この歴史的流れの上に芝山空港反対同盟は結成されたのである。

空港建設に反対する地域（旧遠山村・旧千代田村）は天皇制と御料牧場、学習院正堂、天皇制軍閥の石井四郎軍医中将による忠魂碑揮毫、小作争議の展開、共産党村長の誕生、空港反対と反対同盟。天皇、軍閥、農民闘争と国家権力と人民の歴史的階級闘争の場なのである。天皇制思想に、軍閥石井の思想に、空港反対闘争と農民闘争の思想に立場に身を置くか、歴史的選択の場なのである。

遠山村高等尋常小学校への学習院正堂の移築

昭和11（1936）年、遠山村（現成田市三里塚）遠山高等尋常小学校を新築しなければならないことが迫っていた。校舎の老朽化である。校舎を新築するからにはどうしても講堂が欲しかった。でも講堂を新築するには1万2000円の予算を必要とした。当時の遠山村の予算は3万5000円であった。その予算の3分1を新築する講堂に当てるには金額があまりにも膨大すぎていた。神崎文助、助役石川浩、収入役岩立朋十郎は苦慮して、他に財源を求める手立てなしとして、下総御料牧場が遠山村にあることから宮内庁に1万円の寄付を申し出たのである。御料牧場長酒井克己にお願いし、酒井は宮内庁馬頭松村愛仁、同省矢島事務次官に伝達したのである。現金1万円の寄付の申し出には宮内庁は驚き断ったが、日頃、御料牧場の管理には農民が積極的に奉仕作業している関係で現物下賜となったのである。

伝達式典

明治32（1899）年、明仁親王（昭和天皇）の入学を控え、学習院正堂の新築の義が重ねられていた。由緒ある正堂を解体廃棄するわけにはゆかず宮内省は苦慮して東京府に下賜し保存を考えていた。そこに遠山村からの移築の申し出があり、宮内省は3500円の御下賜金就けて下賜することとなった。

「下賜伝達披露式典ヲ明十五日午前九時ヨリ本村小学校ニ於テ挙行、礼服着用ノ上御出席通知候也」昭和11年1月14日（1936）、神崎村長は恐縮し感激し御下賜目録を三宝に載せて宮内省25カ所をお礼に廻ったといわれている。伝達式典には村民挙て参加したと伝えられている。

正堂の解体と輸送

解体輸送は神経を使い塵も尊しと持ち帰り、新型のトラック25台、解体作業は2カ月かかった。東京と千葉を結ぶ市川橋は通行規制も厳しく検問もあり「御下賜品」とトラックに張り紙して運送した。昭和12（1937）年に工事は開始された。正堂復元工事の建築費は8945円、設計監督は大蔵省建築課技師中島宗吉が担当した。中島は「栄光に輝く恩賜学習院大講堂の工事を請け負い何等の支障なく完工せしことは、不肖の誠に栄光とするところであります。終生の感激に満ちみちております」と述べている。昭和13（1938）年3月23日竣工。当時の新聞は「皇恩無窮八紘に誇る。旧学習院講堂下賜蒙光栄恩賜大講堂竣工落成式　挙村感激裡厳かに挙行」と報じている。正堂の建築構造正堂の構造は、寄棟づくり、スレート葺き、平屋、建坪面積1625平方メートル正面及び東西に2・73メートルのベランダを設け、正面には幅15センチの角柱10本を均等に並べて軒を支え、外回り洋風欄干と手摺り、ベランダ天井は鏡天井、開口部は正面7カ所、両側3カ所、室内正面中央部に間口10・9メートル奥行き2・4メートルのステージがある。

困難な問題

学習院正堂が下賜される条件として完全復元であった。ところが正堂正面の菊の御紋章があった。菊の紋は天皇家の紋章であり、これが付いていては、登下校、正堂利用、またはその前を通る時に45度の最敬礼をしなくてはならない。もしいたずらされ、傷が付けられたら不敬罪で逮捕監禁である。これは大問題である。神崎村長は宮内庁に出向き恐る恐る言上して取り外しの許可をもらって安堵した。

反対同盟の誕生

学習院正堂は天皇、皇族、男爵、子爵、軍閥、資本家等の上流階級の教育施設である。学習院長は西南戦争に軍旗を奪われ、日露戦争では203高地を攻略した陸軍大将の乃木希典閣下である。多くの将兵を死なせ、なんで故郷の父母に顔向けができようかと漢詩に詠んだ軍人である。明治天皇が崩御すると乃木は妻と共に自決、殉死した。203高地を陥落させた大大砲は香取神宮に奉納された。太平洋戦争時九十九里浜防衛のために香取神宮に奉納された大大砲は私の多古町城山の陣地に配置された。

この建物の中から反対同盟は結成され戦の雄叫びをあげたのである。蝮は親の腹を食いちぎってまでして外に出るといわれている。天皇思想の腹を食いちぎって三里塚の農民蝮は牙を育て牙を磨き毒を吐き出した。

千葉県風土記の丘

千葉県風土記の丘は印旛郡栄町竜角寺古墳群（白鳳時代）の中にある。そこに学習院正堂は文化財として移築された。もちろん天皇史観に基づく文化財の価値評価である。空港建設反対同盟が結成された学習院正堂として人民史観に基づいて評価するか。我々の責任は重い。戦後、天皇は神から人間になった。私はほんとうに人間になったとは思っていない。国家予算で養われ、国民に寄生して生きている。天皇は皇太子の時代に三里塚の下総御料牧場で馬に乗って桜を見て遊んでいた。明治以来、天皇、皇族の毎日の食料は三里塚御料牧場で生産されたものである。その三里塚に来て鍬を持って汗を流して自分の食べるものは自分でつくる。そのときに天皇と皇族は誰にも寄生することなく、政治的に利用される事もなく、真の人間になることができる。これを実現する社会体制、制度をつくる、これが人間解放であると私は信じている。

成田市役所落城をめざして

三里塚第一公園は反対同盟の農民と新たに加わった三派全学連の団体で公園の外まで人が溢れ出した。今日は成田市役所への抗議闘争である。千葉県が成田市役所内に空港対策室を設置し空港公団分室を開設したからである。所長は三里塚の農民に親しい若月である。三里塚天神峰に千葉県竹林事務所があった。もとは農民道場といって農村青年を教育する施設であったが、廃止されてその建物が竹林事務所になった。三里塚には膨大な千葉県の竹林があって若月はその管理の責任者であった。県の竹林は入会地のような状態になっていて農民は自由に竹を切って農業経営に使っていた。大量に使う時は若月と交渉して安く払い下げてもらい、お世話になった、面倒をみてもらったと酒を持って行って若月と呑むことが習慣になっていたのである。この若月が三里塚の農民と顔見知りをよいことに、反対農民切り崩しの先兵となったのである。

沖縄の人たちが戦火を逃れて三里塚の開拓に入った。天浪地区である。あるいは、戦後開拓の農民を中心に三里塚桜台地権者会を彼はいち早く作り上げたのだ。反対同盟の農民は怒り心頭に発したのである。また成田市長が地元の三里塚の農民を犠牲にして、空港建設の政府の提灯持ちになったのだから農民は承知できなかった。しかも、空港建設の対策室、公団分室を開設したのだから許しておく訳にはゆかなかった。三里塚公園から成田市市役所までは８キロの道のりである。長蛇の列で市役所に向かった。

成田市役所の下は谷津田を埋め立てた成田市営グランドである。そこに集結して成田市役所を攻めた。三派全学連がヘルメットと角材で武装して成田市役所正門に突入した。正門はバリケードが築かれていて、中から激しい放水、なかなか突破できない。攻防の繰り返しが続いた。機動隊が打って出てきて乱闘となり、戸村委員長が機動隊に頭を割られる重傷を負った。学生を後方から挟み撃ちにしようと、成田山正門から市営グランドに通ずる道に機動隊が出てきた。指揮は飯高成田警察署長である。指揮官車に向かって一斉にデモ隊は石を投げた。投石にまじってキラリと光るものが投げられた。機動隊が盾でそれを受けると、液体が飛び散った。その一瞬、機動隊の２、３人が倒れた。総崩れで退却した。飯高成田警察署長が乗った指揮官車がまるはだかになった。学生数人が飛び乗り飯高警察署長を引き摺り下ろして叩き伏せた。空中に光った液体は農薬の土壌を消毒するクロロピクリンであった。空気に触れると液体はガスに変化する猛毒である。機動隊は１人呼吸困難、成田日赤病院で喉切開手術、外３名も重症であった。

成田市役所前の市営グランドは谷津田を埋め立て造成したものであったから、デモを始めると地面が大きく波を打つ。大げさだが30センチ上下する感覚である。三方は墓地の高台と成田山に通ずる道路で囲まれている。グランドを機動隊が完全に包囲した。一斉にガス弾が空に向かって発射されて黄色い煙を吐きながらデモ隊の中に落下してきた。デモ隊は大きく崩れた。その瞬間である、突撃ラッパが鳴り響いて機動隊が三方から突入してきた。全員検挙の拡声器の声が響いた。ヘルメットは飛ばされ打ち砕かれ、いたるところでデモ隊に警察のリンチが行われた。田圃の中で泥まみれになり、みんな田圃の中に逃げ込んだ。

三里塚や芝山に帰るのは県道51号線に沿って取香から天神峰への道と、成田市役所の裏から富里日吉倉から根古名道に出て、三里塚に向かう方法がある。でもこの街道は機動隊のデモ隊狩りが配備されている。山道、畑道、田圃道を歩き、三里塚の方角を目指してデモ隊は歩いた。反対同盟の農民は道の方角の見当が着くのだが、支援団体と学生はわからない。山の中をさまよい朝明けに三里塚にたどりつくありさまであった。およねも機動隊に殴られ蹴られてようやく取香の自分の家にたどり着いた。落武者の惨めさをいやというほど味わった。角材、クロロピクリンの狙撃、竹槍、成田警察署長を拉致して指揮官車を乗っ取った。三里塚から成田市役所の城攻めも落城寸前まで追い込む戦いをしたのだが、この落武者のような虚しさは何であろうか。いつも蹴散らされることがあって怪我もあるが虚しさはなかった。およねは闇の中で考え続けた。そうだ自分達が力いっぱい、戦わなかったからである。支援団体がおれ達の代理戦争をしてくれたのである。やるだけやったんだ。負けるが勝ちだの充実した気持ちがないのは自分達の闘争を代理で戦ってもらったからである。およねはそうおもった。

婆たちの唄

石橋の婆様、一節聞かせろ。「まさか三里塚くどき」忘れやしまい。なんで忘れてなるものか、忘れればご先祖さまに申し訳がたたぬ。田畑あるのもご先祖さまのおかげ。

コレハサーエー

これは明治の下総牧の開墾百姓の悲惨な暮らしの物語、三井八郎右衛門という人おりまして、大店3カ所もちまして、使う手代は1000人あまり、1日に2000両儲けるという。2000両とは米5000俵なり、地面より取り上げたる金は2万両。

ヤンレー

コレハサーエー

国と三井は閻魔か鬼か。開墾会社をつくりあげ、下総牧開墾させて、自分欲に目がくらみ百姓から奪った土地は1万町歩

ヤンレー

コレハサーエー

我等の丹精の作物荒らし、屋敷を奪い、山林樹木切り倒し、草、萱刈場の土地をとり、挙句の果てに馬牛埋葬土地まで乗っ盗りて

田畑に通う道まで奪い取る
　　　　ヤンレー
コレハサーエー
土地をよこさぬ百姓を警官官吏を動員し鞭で打ちすえ、なぐる蹴るの暴行は朝に夕なにいとまなく、平和な村を地獄に落とす
　　　　ヤンレー
コレハサーエー
たまりかねたるご先祖さまは、蓑笠まとい、腰に弁当くくりつけ千葉の港を小船に乗りて国の民部省に押しかけた。押し出せ、押し出せ大波おこせ
　　　　ヤンレー
石橋の婆様の声はご先祖さまが生き返ったようだ。ご先祖様の苦労を忘れたら罰があたる。三里塚の田畑を守らねばならぬ。石毛の婆様、「手まり唄」を唄ってくれろ。親が唄って教えてくれて。自分も唄ってみんなと遊んだものだ。

てんてん　てんまり手毬の唄は
一つでみんなが嫌がる開墾仕事
二つでみんな逃げ出して
三つでみんな捕まって
四つで牢屋に入れられて
五つで拷問されまして
六つでおとうは死んだとさ

辛い悲しい唄だなあ、遊んでいても田畑をつくった親の苦労は忘れるな。親の悲しい願いはいくつになっても涙がこぼれる。

つぎはおよね婆さんだ。「おれが死んだら道端いけろ」悲しい五木の子守唄を。およね婆様は7つの時より子守奉公に出て、妹もおなじ年に出た。およね婆様の唄には苦労が染み付いている。唄ってくれろ。

おどま勧進　勧進
あん人たちゃ　よか衆
よか衆　よか帯　よか着物

おどんが打死だちゅうて
だいが泣《にゃ》あいてくりゅうきゃ
裏の松山　蝉が泣く

うちゅうが死んだら
道端埋めろ
水は天からもらい水

およね婆様、このわしの手拭いで涙を拭け。苦労したからな
涙出るのは当たり前、おれも涙拭くから手拭い貸してくれろ。
さあ、染谷のおかつ婆さんの出番だ。あかるく唄ってパッーと元気づけてくれろ。

ヤッコラセー
辛い仕事も平気のへいざ
おかつの白粉かうために

　　　　アアドッコイショ
ヤッコラセー
足洗う裾の乱れが気にかかる
おかつの赤いお腰（腰巻）の中みたい
　　　　アアドッコイショ
ヤッコラセー
今年しゃ日照りで畑が焼ける
おかつに買ってやりたい日よけ傘
　　　　アアドッコイショ
ヤッコラセー
筑波颪にみだるる髪に
おかつに買ってやりたい柘植の櫛
　　　　アアドッコイショ
ヤッコラセー
麦も搗《っ》けたし夜なべも終る
はやくにねろねろ杵と臼
　　　　アアドッコイショ

ヤッコラセー
いやだいやだはうわべのことよ
芋の葉首を振り振り子ができた
　アアドッコイショ

ヤッコラセー
おかついなけりゃこの世は闇よ
おかつ笑顔が陽に光る
　アアドッコイショ

ヤッコラセー
この世の茨の中も
おかつと歩けば道になる
　アアドッコイショ

おかつ婆様の声は17、8歳のときと一つも変わりない。声に艶があるし、色気もたっぷりある。聞いていてのびのびしていて寿命がのびそうだ。何人もの男どもを泣かした声だものなー「浮気はしなかったぞ」「そいつは当人でなければわからねえ」「当人がいっているのだからまちがいなかろ」明日から測量阻止闘争だ。娘時代に戻って頑張ろう。若い者に負けられない。頑張らねば墓所にいったときご先祖さまに申し開きがたたない。石毛の婆様、石橋の婆様、染谷の婆様、それにおよね婆様と三里塚の婆様たちは快機嫌である。

三里塚の三日戦争とは反対農民の所有地に空港公団が測量に入った事に対する阻止闘争のことである。その戦いは三日続いたのである。測量阻止の戦の反対同盟の方針は次のようなものであった。

①自分の土地を守るのだから、責任が持てるならあらゆる物を武器にして戦う

②各自の田畑屋敷に入る測量隊を阻止するのであるから１人で１０００人の敵を相手にする気概で戦うこと

反対同盟の農民は各家と各部落で戦闘態勢に入った。朝。８時に芝山町千代田農協前の宮野稔、小川ゆりさんの畑に機動隊と測量隊が現われた。千代田農協には反対同盟の本部が置かれていた。一気に千代田農協の敷地を測量して反対同盟の戦意を挫く方針であった。千代田農協には反対同盟菱田地区の農民が守っていた。機動隊と測量隊は宮野稔の畑に入った。戸村委員長と加瀬勉が阻止に向かった。機動隊と測量隊が畠の隅に杭を打ち始めた。加瀬勉が測量隊のなかに突進して行って左で手で打っている杭の頭を掴んだ、木槌が振り下ろされた。加瀬勉の指の骨がボッキと音を立てて折れた。農民重症と報道社が一斉にシャッターを切った。テレビで三里塚で農民重症の報道がなされた。機動隊と測量隊は引き揚げて午前中の測量を中止した。午後体制を立て直した空港公団測量隊と機動隊は県道51号線の十余三部落から天神峰闘争本部のある団結街道へ侵入してきた。道路は自動車の古いタイヤの山積に火が放たれて黒雲は空を覆った。天神峰では石毛の婆様の畑に侵入してきた。石毛の婆様は山刈の大鎌を振るって立ち向かった。石橋の婆様は鉈である。染谷の婆様とよね婆様は草刈鎌で立ち向かった。測量隊が巻尺を伸ばして測量すればそのテープを断ち切った。「農具や刃物は人様に向けてはならない」と親に教えられ、また子供達にも教えてきた。脅かし威嚇する為に鎌や鉈を振るった。それを奪い取られると「さあ殺せ」「おれ達を殺してから空港をつくれ」と絶叫に変わっていった。婆様たちが鎌や鉈を振るって抵抗したことは反対同盟の農民を奮い立たせた。

反対同盟の組織建設

私は農村青年団活動の出身である。青年団は徳川時代の村落の若衆組・若者宿から発展してきたものである。村落共同体を守るには、水利の管理、農作の道管理、水害、火災の災害に対する出動、村祭りの伝承等古老が若者を教育する場所として若衆組・若者宿が組織された。大正に入って全国的統一した組織として青年団が誕生した。集落の共同作業と行政の下請負組織になり、全国的には宮城の勤労奉仕、明治神宮の植樹に動員されるようになった。太平洋戦争中には翼賛体制の中で青年学校となり軍事教練の場となった。

戦後青年団は再建され日本青年団協議会となった。学校卒から25歳までが青年団員の資格があり、村落に住んでいる青年男女すべてが加入することになっていた。地域ぐるみの網羅組織であるために、そこからいろいろな要求によって活動し、またサークル・政治組織に入っていく青年もいた。青年団育ちの私は網羅組織を基盤に青年の要求に従って様々な組織を作ってきた。空港反対同盟、青年行動隊、婦人行動隊など組織してきたが難しいことではなかった。

10・10外郭測量阻止闘争のために反対同盟を軍隊組織に編成しようと提案したのが、元陸軍将校であった反対同盟副委員長の瀬利誠（横堀）であった。この提案は即座に支持された。それはすべての人が軍隊の経験はあっても、軍事訓練、教練の経験を持っていたわけではないからである。

菱田学区は中谷津、中郷、東、宿、横堀、辺田の集落である。この集落全体を菱田中隊、単位の集落は小隊としたのである。菱田地区中隊長が熱田一（横堀）、岩山地区中隊長が麻生義一である。白舛地区中隊長が塚本三郎である。三里塚地区の中隊長が石毛常吉さんである。

菱田・岩山、白舛、三里塚の中隊長の上に内田寛一大隊長が選出された。元衛生兵であった秋葉哲氏が救護班長となった。日本人民の闘争として百姓一揆と小作争議の経験はあるのだが、日本の多くの人民大衆は軍隊、兵士として、翼賛体制の組

左から小川源さん、熱田一さん、内田寛一さん

織体験しか持っていないのである。ドラム缶が連打されて朝夕、真夜中、夜明けと外郭測量阻止の動員の訓練が実施された。行動はすべて軍隊口調の指示、号令で行なわれた。

中隊長会議で問題が発生した。威張って号令をかけていると批判されたから中隊長を辞めるという人が現われたのである。軍隊の目的は天皇陛下のために死ぬことである。軍隊の命令は天皇陛下の命令である。絶対の服従である。我々の目的は生きるため空港闘争に勝つためにである。絶対服従でなくみんなして相談した結論に従って代表者が指揮を執っているのである。天皇の軍隊は死ぬためと絶対服従である。我々は生きるため、闘争に勝つため、相談し合うという民主的であることが基本である。みんなの総意に従って指揮を執る。言葉は軍隊調だが中身が全く違うと私は説明した。

闘争の中で優れた行動隊が生まれて来たと思う。親同盟が弾圧を受けて活動が停滞しても部落同盟が決起する。親同盟と部落同盟が停滞すれば青年、婦人、老人、三高協、少年行動隊の階層、横の連帯組織が決起する。縦に横に、そして細胞が活動する。どこを叩いても反対同盟は生き返ると警視庁を困らせたのである。革命闘争は次のことを我々に教えている。共産党の指導、大衆組織の各機関に党細胞、そんな能力は日本の政党にはない。三里塚においては支援党派が各部落に団結小屋を建設していたからそれが党細胞のような役割を果たしていた時もあったように思う。

三里塚砦の子供たち
子供たちの学習権を守るために

強制外郭測量

朝夕、深夜、夜明け、昼間ドラム缶が鳴り響く。測量阻止のための動員訓練である。三里塚芝山地域は騒然となった。昭和42（1967）年10月10日強制外郭測量実施の日がやってきた。反対同盟は全戸、全員出動の指令が出た。空港建設北側駒井野、三里塚桜台、南岩山大袋に結集した千葉県警察機動隊1000人、空港公団測量隊30人が反対同盟に襲い掛かってきた。排除、暴行、逮捕が農民に対して行われた。

我が父が、母が、そして顔見知りの近所の人たちが機動隊に暴行を受けている様子が画面いっぱいにテレビに映し出された。子供たちはテレビの前で恐怖に泣き叫んで震えた。この日は10月10日体育の日、学校では運動会が開かれていた。いつもならおいしい寿司、菓子等たくさん父母が持参して行って家族ぐるみで応援し弁当を食べているのに、反対同盟の子供たちに昼間の弁当がない。婦人行動隊数人を帰宅させて子供たちの弁当を用意させた。弁当を届ける時間が遅れた。昼飯抜きと子供たちが思ったところ、真っ白な塩おにぎりが届いた。反対同盟の子供たちは歓声を挙げて食べたのである。大きな社会問題、大きな政治問題、これは大人の問題、子供たちは心配しないで学校に行き先生の言いつけを守って一生懸命勉強していればいい、私はこのような子供孝行の考え方を持っていた。この考え方は重大な誤りであることに気が付いた。強制的に田畑が奪われ、また強制的に移転させられる。生産と生活の下部構造が国家権力によって崩壊させられるのである。人間はもちろん草木一本に至るまで運命が変わるのである。子供たちの運命も変わるのである。いまなにが起きているのか、父母は空港反対の活動しているが、どのようなことをしているのか、子供たちに事実をしっかり見せて、新しい親子の対話、コミュニケーションをつくっていかなければならないと思った。三里塚公園で空港反対全国総決起集会が開かれた。すべての子供たちが参加した。初めて見る空港反対の父母、家族の姿であった。子どもたちの明るい笑顔、声が空一杯に広がった。

暗闇の中に子供はひとり

千葉市弁天町公園で空港反対千葉県民集会が開かれた。市内をデモ行進して、千葉県庁で友納千葉県知事に空港建設反対の申し入れをしたが、知事はこれを拒否。県庁吹き抜けに反対同盟は座り込んで抗議活動を続けた。その行動は深夜まで行われた。それから4、5日経って岩山の長谷川弘子さんが私を訪ねてきた。「闘争に出るときは、子供たちに火は使うな、電気もつけるな、火事が起きたら大変なことになると言って聞かせて家を出る。千葉県庁で座り込んで帰宅したのが深夜、子供は1人で真っ暗な家の中に夕飯を食べないで我慢していた。子供が可哀そうだから留守番をしなければならない、動員は父親1人にしてほしい」、この問題を解決しなければ動員は半数に減ってしまう。私は、留守のある家で子供を預かり、３度のご飯を食べさせ風呂にも入れる。時には布団を敷いて寝かせる。子供のために新しい反対同盟の団結の形を作ったのである。

木の根地下要塞

木の根地下要塞は現在の管制塔のところにあった。三里塚の子供たちが夏休みに空港問題の体験学習会を木の根地下要塞で1泊して開いた。空港問題の説明は青年行動隊の人たちであった。集会にも参加し、こうして体験学習をして子供たちもだいぶ落ち着いてきた。

高校入試

毎日が闘争、三里塚芝山は騒然とした状態で、高校入試を控えた子供たちが集中して勉強ができないという問題が発生した。全国の大学から大勢の学生が空港反対闘争に参加してきている。その中には将来教師に、また教育現場で働く志望を持っていた学生もたくさんいた。高校入試は全員合格を目指し、空港反対闘争をしているから子供たちの学力が低下したと言われないように、学生の家庭教師を配置したのである。

子供図書館

芝山町辺田集会所に子供図書館を作ることを考え、全国に書籍の寄付を要請した。たちまち全国から書籍が送り届けられ子供図書館が出来上がった。子供たちは集まり喜んで本を読み、宿題をやるようになった。子供たちが図書館に集まり学習するようになると、母たちも集まるようになり学習したいと言い出したのである。教科書問題で家永三郎の裁判が行われていたので、国家の教科に対する介入の問題を学習したのであった。私は、東京大学教養学部教員志望の黒田君に図書館運営と家庭教師を依頼した。反対同盟事務局からは石井英祐君に担当してもらうことにした。石井さんは成田旧制中学校の特待生で俳句は大田青丘の弟子で優れた才能を発揮していた。私は新潟県木崎小作争議における農民学校、八街町大鐘争議と私塾高松学館、富里村高野小作人塾、三池闘争婦炭協と炭ッ子会の活躍、中学校建設問題で村の方針に反対して自前の校舎を建て、自前で教師を任命し独立した中学校を運営した久賀村（現多古町）の経験が心の中にあって、反対同盟自前の教育機関を創造したかったのである。

千葉県収用委員会

空港建設計画が事業認定されると自動的に土地を含めてあらゆる物件を強制収用ができることになる。収用委員会は千葉県の責任において任命された。利害関係人は収用委員会で賛否の意見を述べることができる。子供たちは、学校が移転になり、騒音区域になり学習権が侵害される利害関係人であるので収用委員会に意見書を提出することができる。学校で作文を書いているので能力は十分身に着けている。子供たちは空港反対の意見書を一生懸命に書いて千葉県収用委員会に提出した。千葉県収用委員会は、農民、子供たちすべての利害関係人の意見を一言も聞かず無視して「収用緊急採決」を下したのである。

空港の位置決定も問答無用、土地収用も問答無用であった。

芝山中学校自転車置き場

ヘルメットをかぶった建設現場の人が来て、「通学の自転車があるのに学校の自転車置き場の解体を始めた」と子供たちから父母に連絡が入った。反対同盟が動員されて学校当局に激しい抗議が行われて解体は中止となった。通学に必要な自転車置き場も学校の教育施設である。まだ生徒の自転車があるのに解体工事をすることは暴力的行為である。生徒にも、父母にも一言も説明もしないで解体することは、子供たちの学習権に対する重大な侵害である。

プレハブ仮設校舎

芝山中学校は空港建設計画４０００メートル滑走路南側突端から８００メートルの位置にある。騒音直下というより危険区域である。子供たちはグランドでサッカーをやり、野球をやり、テニスを体育の教科として行っていた。もちろん、担任の教師の指導のもとにである。そのグランドにプレハブ仮校舎の建設資材がトラックで搬入されてきたのである。

子供たちから父母に連絡が入った。反対同盟が動員されて工事を中止させた。自転車置き場の解体、プレハブ仮校舎建設資材の搬入に対して校長に抗議したが、「私は知らない、教育委員会の計画したことである」とのことであった。校内で起きている問題に校長が知らないとは無責任極まりない。町の教育委員会の暴力的なやり方は言語同断である。

社《やしろ》校長宅へ押しかける

子供たちが芝山中学校社校長の自宅（横芝町中台）に押しかけるというのである。自転車置き場の解体、校庭にプレハブ仮設校舎の資材の搬入問題に対して、校長としてその責任を負って子供たちを守る態度を示さなかったからである。この社校長宅への抗議行動は子供たちが自発的に起こしたものである。子供たちは少年行動隊のヘルメットに鉢巻を絞めての出立ちであった。反対同盟、老人行動隊、婦人行動隊、青年行動隊、三里塚高校生協議会、それに少年行動隊が結成された。社校長宅の庭に少年行動隊が溢れ「校長先生は空港建設に反対し学校を守れ」「学校解体反対」「私たちは仮設校舎には入らない」子供たちの抗議に社校長は終始無言であった。生徒が命がけで自己主張したとき教師は、大人はなにをなすべきか、おのれの生の存在について考えてほしい。勝海舟の書き表わした「氷川清話」のなかで、近江聖人中江藤樹、水戸学派の藤田東湖について、あんな者は学者でもなんでもない、明治維新に糞の役にも立たなかった、と喝破している。決定的瞬間に自己の存在価値を問われたときに、なにもできなかったでは済まされないのである。

4者協議会

私は子供たちの学習権を守るために4者協の開催を要求した。4者協とは芝山町教育委員会、芝山中学校社校長、千葉県教職員組合、空港反対同盟である。反対同盟から、

①自転車置き場は教育施設の一部ではないか。子供たちが利用しているのに説明もなく解体するとは何事か。

②グランドは教科授業として体育が行われているのになぜ仮設校舎の建設資材を搬入したのか。

③プレハブ仮設校舎は夏熱く冬は寒い、教育環境を悪化させて子供たちの健康に悪い影響を与えるものである。

④航空機騒音は子供たちの学習を阻害するものである。子供たちの学習権に対する著しい侵害である。

⑤静かな環境で学習する権利は子供たちにある。その環境を作り守る義務が行政にはある。

芝山町には教育行政は存在しない。父母、生徒に何の説明も了解もなく国の方針に従って強行に工事を進めるだけである。反対同盟の質問に答えられないのである。千教組からはともに活動してきた土屋さくさん、木村俊子さんらが出席してくれた。子供たちの学習権が侵害されているのだから、組合活動を通じて現場の教師が子供たちの学習権を守るよう職場で活動できるように指導をお願いしたい。

貧しさと搾取と差別支配のない社会を作ることによって教育の平等は確立する。教育労働者としての教師の倫理綱領である。教師がそれを実践することが要求されているのに職場で活動する能力を組合員は教師は持っていなかったのである。だが私を励まし奮い立たせたことがあった。北海道夕張市夕張中学校分会からの三里塚の子供たちへの資金カンパと激励の手紙であった。「三里塚砦の子供たち」文集を教室に置いて子供たちが読んでいるとのことであった。夕張炭鉱ガス爆発、死者多数、閉山、この辛苦の苦しみの中からの三里塚闘争への支援であった。生涯私は忘れない。

命をかけての闘争

空港建設反対の行動を起こせば必ず逮捕される。8回も逮捕歴を持つ農民もいる。反対同盟員全員が逮捕歴を持っている状況である。戦前の治安維持法と同じ成田治安特別法が国会で成立して三里塚の農民には法の下の防御権がないのである。駒井野の強制代執行は9000人の機動隊が関東管区、中部管区（名古屋）から動員されて逮捕者800人、重傷者42人の

弾圧を受けた。千葉県土地収用委員会は緊急採決で土地所有者と関係人の意見を聞く収用委員会を開かず、千葉地裁も緊急採決を認める判決を出した。日本には三権分立は存在しないのである。

子供たちは学校を休んで父や母とともに闘争に参加すると言い出した。命をかけて闘う親たちのことが子供たちには心配なのである。命がけで闘う親たちも怪我をするから闘争現場に来るなとは言わなかった。少年行動隊全員が学校を休んで闘争に参加するというのである。反対同盟は子供たちの父母を集めてこの問題について議論した。反対同盟は子供たちの命は守れないと主張したが、子供たちは闘争に参加すると強い意志を示している。子供の命はこの父母が守る。反対同盟は同盟休校の方針を決定したのである。重たい重たい重要な決定であった。

駒井野強制代執行闘争の現場に教育委員長、校長がやって来た。子供たちは「先生も共に戦ってください」「私たちを助けてください」と口々に叫んだ。「怪我はしないように」と一言言って帰って行った。三里塚の子供たちは自分の身の丈より大きい機動隊の盾に体当たりをして、各地点の砦の中で機動隊と代執行作業員と命をかけて父母兄姉と共に戦ったのである。三里塚少年行動隊、日本勤労人民の子らの活躍である。

——資料——

要請書（1971・3・20）

陽春の候、貴組合に於かれましては、日夜民主教育確立のため御精進のことと存じます。又貴組合に対するあらゆる圧力、生活を脅かす敵と連日御健闘のことと洞察しております。

私達三里塚芝山連合空港反対同盟に於いても農地を守り生活を守るため、昭和四十一年七月四日、閣議決定以来六ヵ年全国民主団体のご支援によりつつ戦い続けてまいりました。

さて少年行動隊につきましては、昭和四十二年八月結成以来、同月十五日千葉県知事に抗議文をつきつけ、行動の第一歩を踏み出したのを始めとして一昨年二月十九、二十日強制立入調査阻止闘争に同盟休校をもって参加、五月十四日第二次強制立入調査阻止闘争にては、公団側測量班、ガードマンを押し返し、六月十二日土地収用委員会審理場でのデモ行進等々、そしてこれらの経過を踏んまえて団結を固め、夏休み中の自主的合宿訓練を通じて、同盟休校による学力の低下分を補うということでなく学力の先取りを求めて学習会の開催を見るに至りました。

現在、闘争と学習の両立を求めて小さな頭をしぼっております。周辺五十校に対する三万五千枚のビラ手配りを授業に差し支えないよう暮、正月を返上して早朝行動を貫徹し、その総括として本年二月十一日、少年行動隊の総決起集会、同十五日芝山中の先生方との公開質問状を中心にしての大討論集会を行って来ました。

尚、二月二十二日より現在に至る執行吏友納武人千葉県知事による強制収用代執行阻止闘争については、断続的乍ら長期に亘る同盟休校に耐え地域ぐるみ、家族ぐるみとして闘争に参加し、父や母がバリケードに、立木に、木屋の柱に鎖で身を結え、無抵抗のまま立木や杭、柱と共に引き倒され、引きずられていく姿を真のあたりに見、そして自らも、デモ隊列にガードマンの殴り込みを受け、又立木の上から振り落とされるなど権力の非情、卑劣さを感じ乍らも、父母を援け農地を守り、部落を守り、生活を守ると共に、防音校舎による差別と闘い、教育の平等と学ぶ権利を確立する戦いを展開しております。

三里塚芝山連合空港反対同盟は、少年行動隊のこの闘いを断固として支持し、協力し、連帯される数多くの教育労働者を得ておりますことは誠に心強く、感謝致しております。

貴組合におかれましては左記により尚一層の御協力を得られます様御要請申し上げる次第であります。

少年行動隊への支援及び民主教育論の具体化。

一、同盟休校支援、支持表明。

一、地域ぐるみ、家族ぐるみの闘いの中でも生活及び学習指導。

一、少年行動隊の学習会、討論会への参加。

一、図書、学用品等のカンパ。

三里塚地域の教育実情の調査。

一、周辺現場教師との交流会開催。

一、防音校舎に関する実情調査、及び防音校舎設立反対闘争支援。

一、父兄との交流会、とりわけ夫人行動隊の学習会への参加及び講師派遣。

昭和四十六年三月二十日

三里塚・芝山連合空港反対同盟

日本教職員組合殿

墳墓を暴き屍に鞭を打つ

三里塚空港建設反対同盟の崩壊

はじめに

「水から這い上がろうとする犬をさらに容赦なく棒で打ち据える」「墓の死体を暴いて鞭で打ち据える」これは中国の故事である。では誰を打ち据えようとするのか。かつての日本社会党千葉県本部書記長加瀬包（故人多古町出身）であり、日本社会党代議士千葉県本部委員長実川清之（故人）である。両者は故人になり社会党も歴史の中で消滅した。故人となって言い訳のできない者に批判を加えるのは卑怯ではないか。「死んだものには罪はない」この日本人死生観もあることも承知しているが、両者にあえて鞭を打つ。それは空港建設反対の三里塚闘争に敵対し人民の利益を著しく阻害したからである。

私は同郷出身小川豊明社会党代議士の選挙支援活動、全日本農民組合会長社会党代議士の野溝勝の参議院全国区の支援活動。多古町社会科学研究会と青年運動、多古町町政民主化運動、日中友好物産展活動、甘藷価格値上げ農民運動、砂川基地拡張反対闘争、松戸の住宅公団反対闘争、三井三池と安保闘争等々で加瀬包男氏とは活動を共にしてきた仲であり、私の先輩であり尊敬する社会活動の師でもある。私は昭和37年に日本社会党千葉県本部常任書記の任に就き生涯を社会運動に賭ける道を選択したのだが、これも社会党千葉県本部組織局長加瀬包男氏の直接の尽力があったからである。私の活動歴は加瀬包男氏抜きにしては考えられないのである。それを棒で打ち据え、死体を暴いて鞭で打ち据えるのは鬼畜の仕業というほかはない。私の家の裏山を越えれば芝山町である。実川さんの生まれた山田集落は私の叔母さんも嫁いでいる。

実川さんの隣家小川仁一郎芝山町町議は私の父の剣道の弟子である。中地主の家の実川さんは日大に入学、中退して日農の書記になり、共産党に入党、治安維持法違反を含めて在監7年、特高警察の世話で満蒙開拓本部で働くことになり、戦後、生まれ故郷の千代田村村長（現芝山町）になり、千葉県農業協同組合中央会会長、千葉県農民組合会長、全日本農民組合財政委員長、日本社会党千葉県本部委員長、社会党代議士とその活動歴は、私にとっては目のくらむような実績であり、実川先生の歩んできた道を私も歩もうと決意させるほどの戦歴の持ち主である。なんとその実川先生を鞭で打とうとするのだから正気の沙汰ではない。

空港建設反対八街・富里闘争と現地団結小屋の生活

幾度となく開かれた空港建設反対の総決起大会、壇上に居並ぶ社会党の代議士と県会議員、県労連の労働者代表と単産各組合代表。「社会党は富里に団結小屋を設置し常駐を派遣し断固戦う」「組織された県下の労働者1人10円カンパすれば何百万、空港建設はかならず粉砕できる」大言壮語、大風呂敷の景気のいい演説。演説をしている代表は、景気づけでしゃべっているもの、演説とは大衆、農民との約束とおもっているものはだれもいない。ところが藁をもつかむ気持ちで聞いている農民からみれば、それはみんなの前で、大勢いるところで約束してくれたのだと受け取り、その演説の言葉を信じているのである。団結小屋を建てて常駐させると言ったがなかなかできない。労働組合から1銭のカンパも届かない。不満が表面化してきた。社会党、労働組合は本当に空港反対闘争をやる気があるのかと。

富里大堀集落中央に村の産土神の神社がある。その境内にがらくた物を入れておく9尺2間のおんぼろ小屋があった。この小屋を修理して団結小屋にすることになった。小川豊明代議士の弟小川五郎さん多古町町議が材木屋をやっており職人の大工を連れてきて補修してくれた。周りに板を張り、土間に畳1枚分の寝床をつくり、社会党現地闘争本部の仕上がりであった。寝る布団は葉山集落の佐藤繁雄君、机とストーブは武州の増田茂君が成田古物道具屋から買ってきてくれた。丼と鍋は大堀の宮沢明君、窓のカーテンは高松入の篠原高子さん、座布団は二区の古川和子さんが協力してくれた。便所は葉山の武藤大工さんが作ってくれた。水は毎日１００円支払って闘争本部の前の伊橋自動車さんからもらった。闘争本部の補修大工代は私が個人的に支払った。闘争本部の設置に1銭の金も労働力も県本部は出してはいない。富里は交通の不便なところ、オルグしていて県本部に帰れなくなり農民の藁小屋に隠れて寝たり、池の水や川の水で洗濯し飲み、顔を洗う、そしてアンパンを食べながらの現地組織活動よりは、電気のない闘争本部に寝て、ストーブではやりだした即席ラーメンを作って食いながらの組織活動は私にとっては大名の生活であった。現地では不眠不休の活動が要求される。闘争本部には仕事の帰りみんなが立ち寄ってくれて、体を休ませる暇もなくなった。私はこっそり山のなかの陽だまりや涼しい木陰でよく眠った。農民は朝が早い。闘争本部も朝5時なれば起きなければならない。あのやろう怠け者だ朝寝をしているということになるのである。私はいつしか精力も気力もなくなっていった。過労と偏食で栄養失調になってしまったのである。

富里、八街の空港反対闘争は政府の「１９６５年11月18日付の内定」から激しくなり、県庁乱入闘争、耕耘機デモ県庁包囲、現地総決起大会も１０００人から２０００人と集まるようになり、各集落に行動隊が農事研究会の青年によって組織されていった。富里空港建設について千葉県知事友納武人は「静観」を打ち出した。私は現地闘争本部と社会党千葉県本部での生活と半々になった。富里現地闘争本部で私が身につけたことは、何々がないから闘争ができないのではない。そこで生きること、生活を作ってゆくこと、それが闘争なのである。すなわち革命の解放区の思想である。

落雷、衝撃波、三里塚芝山農民の頭上に、三里塚に空港建設決定

それは１９６６年6月23日のことであった。その前の日、１日働いて風呂に入り、晩酌を少し飲み家族で食事をして眠った。朝起きて新聞を見たら一面に佐藤総理大臣と友納千葉県知事の会談が報じられ、友納と藤倉成田市長の会談がこれも報じられて、三里塚小学校に各集落の区長が集められた。もちろん現地に私は駆けつけたが、農民はぶるぶる震えていた。忘れもしない一人の青年（天神峰の加藤君）が2合瓶の酒を飲んでいて、酔って「藤倉のやろうきたら叩き殺してやる」と大声を上げていた。その声に同調して「藤倉を叩き出せ」の声となってみんなの体の震えが止まった。それほど激しい衝撃であった。直ちに三里塚に「加瀬勉を常駐」させる、社会党千葉県本部の執行委員会決定である。私は断固として拒否した。

社会党員のなかに「私を三里塚現地常駐せよという資格のあるものはいない」富里現地闘争本部設置に県本部は何もしてはいない。三里塚に常駐してくれという指導部は千葉県本部には誰一人存在しなかった。いたとすれば富里闘争の田中正造翁を崇拝する加瀬完参議院議員だけである。加瀬先生は誠実に富里八街の反対同盟農民に尽くした。一番怠けた代議士は実川清之代議士であった。

木原実衆議院議員に当選、東京・末広亭の肉

野溝勝社会党代議士、全日農会長秘書、中央労農会議議長、労働大学講師の木原実さんが千葉県一区から衆議院議員に当選した。初登院を祝って会食しようということになり、千葉県本部書記の高山秀次郎、加瀬勉、市川福平書記長、加瀬包男組織局長、上野健一県会議員、秋谷昇県会議員、度会県労連事務局長等が集まった。有名な末広亭での会食である。目のくらむような会席、熱い鉄皿の上にやわらかにして厚い肉。肉1皿4000円とかである。この1皿の肉を食う金があれば富里現地で1カ月の生活はできるのにと思った瞬間肉の味がわからなくなった。こんなところに金を使うならなんで富里闘争に使わなかったのか。富里現地闘争本部から末広亭へ地獄と天国の差であった。上野健一県会議員、加瀬包男組織局長と3人で電車で千葉に帰ってきた。その車中で上野君が「社会党県本部執行委員会の決定だから三里塚に行ってくれと頼むのではない。千葉県本部左派の同志として行ってくれ」と言われた。それを断れば県本部を去ることになる。これらの同志とは活動を共にできないということになる。私は黙っていた。上野くんはそれ以上のことは何も言わなかった。三里塚空港反対闘争のために、空港反対共闘会議が千葉県庁の社会党控え室で開かれた。社会党、県労連、婦人会議、社青同、農民組合の出席である。会議終了後、実川清之社会党県本部委員長に特別に呼び止められた。

「俺は農民運動に生涯を賭けてきた。自分の生まれた村に空港が作られることになった。政府の空港建設を阻止して生まれ故郷に親孝行して死んでゆきたい。頼むから三里塚に行ってくれ」と深々と頭を下げられた。農民運動に生涯を賭けた人に頼まれ、私も農民運動に生涯を賭けようと決意して県本部に入った。実川委員長の申し出を断る理由はなかったのである。下着を少し持って県本部を出た。書記の小川陽子さん、千葉支部書記の川口勝代さん、社青同書記の園田昭夫くん、社会党県会議員団事務局若松繁男くんに「二度と県本部に帰ってくることはないから、後は頼む」と言って出た。それは富里闘争

の経験から勝っても負けても闘争は何千の農民が立ち上がる。その最後を見届けなくてはならない。闘争は長期にして困難を極めることがわかっており途中から闘争を放棄して逃げ出したら「お前は闘争から逃げた男だ」と大衆から批判され、また主体が内部から自己崩壊してしまうことがわかっていたからである。

三里塚空港建設反対芝山現地常駐

芝山町千代田農業協同組合組合長は実川清之である。私は農協の２階和室に住居を構えた。早速芝山町の反対同盟を如何に組織するかで農協応接間で会議が持たれた。出席したのは実川清之千葉県本部委員長、小川総一郎農協専務、斉藤誠参事と私であった。宮野稔が発言した。「地主小作の闘争ではなく空港建設反対の目標で行動を共にする」これは誰も異論がなかった。反対同盟をいかに組織するか。その方法を巡って意見が交わされた。空港関係地域芝山町菱田学区、千代田学区の部落長を集めて、協議してすべての住民の反対同盟参加を呼びかける。部落区長は町の行政機関の下請負の仕事をしており空港反対では動かない。区長は毎年変わるのでまずいということになった。千代田農協組合員大会を開く、それならば学区のすべての農民組合員の参加となる。農協組合員大会に反対同盟結成の議案を提出して組合員大会を反対同盟結成大会に切り替える。この方法で行くことに意見が一致した。さて提案する人事を巡って意見が交わされた。反対同盟委員長瀬利誠（社会党員）、副委員長柳川茂（保守派）、副委員長木内武（社会党）、行動隊長内田寛一（社会党）、副行動隊長熱田一（社会党）、事務局長宮野稔（保守派）、事務局菅澤専二（保守派）、事務局石井英祐（社会党）以下各地区から選出されている農協理事と農協婦人部長（長谷川たけ、小川むつ、郡司とめ）に役員についてもらう。

私はこの役員選考過程の意見交換の中で、千代田農協は小作争議派の社会党員を代表して実川組合長が存在していて、地主の小川総一郎の人的つながりが自民党グループになっていることを知ったのである。農協の末端組織の役員まできちんと両派決められていた。問題は自民党グループに対する政治工作の仕方によって反対同盟と闘争の強弱は決まる。何よりも権力が手を打ってくるであろう、自民党グループへの切り崩しをいかに食い止めるか組織工作の確信だとおもった。私は意識的に自民党グループに接近し空気的存在と化すように心がけた。普段は空気の存在は意識することはないが問題が起きると空気のありがたさがわかるのである。この工作は成功して反対同盟のなかでもっとも戦闘的に戦い抜いていった。空港反対共闘会議をいかに組織するか。共産党は安保反対地域共闘組織方式の反対同盟、社会党、地区労、農民組合、民青、社青同、婦人組織の団体参加の空港反対組織を作る方針であった。ここでの会議では団体共闘会議は作らない、反対同盟の要請に基づいて各団体はブリッジ式に共闘会議を作ることとした。

１９６６年8月20日、芝山町空港反対同盟が結成されたのである。農協の組合員を母体にかつての小作争議と地主の人間関係、自民党と社会党の連合戦線、これがやがて悲劇的結末を迎えることになるのである。

反対同盟、共産党との絶縁声明

三里塚天神峰闘争本部で部落の反対同盟員集会が開かれた。三里塚地区の各部落の集会はオープンで部落の者はもちろんのこと、部落の反対同盟員、支援団体の参加も許されていた。この会議に富里の共産党員立花広介が参加していた。もちろん私はともに富里空港反対で闘った仲である。彼は驚くべき重大な発言をしたのである。「石橋政次副委員長、瀬利副委員長、内田寛一行動隊長等は、公団と秘密交渉して富里に代替地を買い求め移転を決定している。これは我が党の上部の確かな調査で事実をつかんである」と発言。瀬利、石橋、内田は事実無根と烈火のごとく激怒し、法務局から土地登記謄本を取り寄せて反対同盟に公開した。私は県本部に連絡して現地闘争委員会を開くように要請した。成田の千葉交通労働会館で現地闘争委員会が開かれた。出席者は小川三男、実川清之代議士、小川国彦県議、上野健一県議、石橋政次反対同盟副委員長、瀬利反対同盟副委員長、内田寛一反対同盟行動隊長、木内武反対同盟副委員長、篠原成田市会議員等社会党現地闘争委員会のメンバー。私の発言は次のとおりであった。「共産党は反対同盟結成以来反幹部闘争に終始してきたが、いまや反対同盟分裂工作に出てきた。彼らは岩山台宿の平和塔奉賛会の人たちを中心にして第二反対同盟を作らんとしている。共産党との共闘拒否を反対同盟に進言すべきである」と提案した。委員会一致で了承された。私は反対同盟副委員長柳川茂宅に岩沢吉井、宮野稔、瀬利誠、熱田一の参集のもとに共産党との共闘拒否の声明文を作成した。１９６７年12月15日反対同盟は共産党との共闘を拒否した。

年が明けて、その１９６８年2月の町会議員選挙に過半数を獲得すべく反対同盟は必勝の体制を作っていった。岩山地区からは内田寛一行動隊長が立候補した。1月に共産党の旗開きが岩山台宿集会所で開かれた。岩山地区反対同盟行動隊長麻

挨拶する長谷川たけさん

生貞一は天浪に建つ共産党の平和塔奉賛会会長であった。共産党系の日本山妙法寺の佐藤行通が麻生宅に常駐していた。これを母体に共産党系の反対同盟を作らんと分裂工作を企み、石橋、瀬利、内田が移転を決めたと宣伝したのである。この共産党の新年の旗開きに、内田寛一行動隊長、瀬利誠副委員長、熱田一副行動隊長、佐久間正中社会党代議士・実川清之秘書が参加したのである。内田は町会議員立候補の挨拶と同時に共産党とは反対同盟はこれまで同様に共闘すると挨拶したのである。それが赤旗に大見出しの写真入で掲載された。私はどこに行っても、どの部落に行っても猛烈に抗議され批判された。当然のことである。戦前の小作争議の農民運動を戦い共産党員であった岩山台宿の斉藤定雄、麻生秀吉の共産党支持者が私のところに抗議に来た。共産党との絶縁声明を撤回しなければ反対同盟を脱退する、共産党が岩山の台宿の平和塔奉賛会を母体に共産党支配の反対同盟を作る、その意図をなぜ見抜くことができないのか。説得は半日を要して分裂だけは阻止して事なきをえた。斉藤、麻生は岩山地区の実力者であった。

私は次の意見を県本部に申し入れた。

(一) 内田、瀬利、熱田はこのようなことは二度としないと反対同盟に謝ること

(二) 佐久間は代議士秘書であり、社会党の秘書の組織的位置は選挙区内オルガナイザーである。したがって処分すること

（三）加瀬勉は社会党現地闘争のオルグであり、党員の過ちを防止できなかった責任がある。処分すること

この3点に対する方針を持って社会党県本部指導部は現地に入って事態を収拾することを要請した。

加瀬勉は社会党の現地オルグでありながら反対同盟幹部を批判している、何事かと現地社会党員から非難され始めた。党員でない反対同盟員からは、社会党は共産党との共闘拒否を反対同盟に進めておきながら、共闘するとはなにごとか。私は共産党勢力からはもちろん、社会党員、反対同盟員からも集中砲火を浴びて完全に孤立した。

私は実川委員長に現地に対する方針を早く決定して持ってくるように催促した。実川委員長の言葉は次のようなものであった。

「よそ者のお前が、なんで俺の党員に文句をつけるんだ」であった。それから幾日か過ぎて、社会党県本部書記長加瀬包男、社会党中央本部平和運動局の赤松康念が、千葉県本部の車で私が宿を借りている千代の屋食堂に来た。「実川と喧嘩してはしょうがない、県本部に帰れ」と車に私を2人で押し込めようとした。食堂の庭で激しいもみ合いになった。私は県本部に帰ることを断固拒否した。加瀬包男書記長は私を拉致して県本部に連れて行こうとしたのである。

中国革命時、重大な任務を帯びて白色地区で活動しテロにあって、名前もそこで生きたことも、活動したことも明かさずに死んでいった多くの同志のいることを私は知っていた。そんなことを心の支えにして戦い続けた。共産党といい社会党といい反対同盟に悲劇をもたらすもの以外に何ものでもなかった。過ちを犯したとはいえ、芝山地区にいる社会党員70人はよく反対同盟の先頭に立って戦っているのに、その県本部の指導部がまったく駄目なのである。内田、瀬利、熱田さんには自己批判だとか、相互批判だとかでなく、率直に反対同盟に謝ればいい。彼らは政治訓練、経験がないから過ちを犯しているのである。私はそうおもっている。

極めて重大な問題の発生

1971年に反対同盟内部に不動産グループが発生した。辺田部落の反対同盟員秋葉清治、東部落の小川英蔵、牧野部落から出ている農業委員の岩沢康雄らであった。反対同盟副委員長小川明治さんは戦後開拓農民である。その頃からの借財が農協にたくさんあり生活的には困っていた。その小川明治さんが亡くなったのである。借財の返済は迫られるし、相続問題

も発生して、空港公団に土地を売らねばならなくなった。私はその解決を明治さんの息子の直克くんに相談を受けたのである。直克くんは土地の権利書をすべて反対同盟に持参し千万単位の金を作ってほしいと要請してきた。私は反対同盟幹部会と相談したが金策はできなかった。それを知った空港公団、銀行、不動産グループが群がったのである。秋葉清二は直克君を車に乗せて移転先を見学に行くまでになってしまった。石橋副委員長から一本の電話が鳴った。木の根の小川直克に無利子、返済期限なしで金を貸してくれるというのである。私は石橋さんの家に飛んで言った。石橋さんは応接間に待っていてくれて、その机には何枚かの定期預金通帳が出してあった。「加瀬兄ちゃんには随分世話になった。これはばあさまの定期、これは息子武司の定期、これは娘音の定期、弟の三男の定期、これは俺と女房の定期、俺と女房の定期を貸すなら家族は文句はあるまい、これを直克にやってくれ」と差し出した。ありがたかった。これで不動産屋と戦うことが出来、木の根地区を守ることができると確信した。

石橋さんは母屋を新築する計画を3度実施しようとしたが、いずれも資金がなくて中止している。事業認定区域で本来ならば家は建てられないのだが新築するという。私は反対同盟員の山林持ちの菅澤老人行動隊長、秋葉哲救対部長、地主の小川総一郎さんらに働きかけて石橋さんの母屋を新築する決意を伝えた。みんなは大層喜んで柱木でも何でも好きなだけ切れと言ってくれた。芝山の反対同盟から材木を送ったのである。古い家の解体、基礎事業の労働力は菱田地区からは宮野稔事務局次長と小川清一さんらが中心になり、千代田、白枡地区からは木内武反対同盟副委員長を中心に連日動員していった。

石橋さんの家は全国的な人たちが出入りする、支援、援農も沢山出入りする。石橋さん家族の貯蔵米を毎年食い尽くしてしまう。密かに米を集めては石橋さん宅に届けていた。家族が風呂に入る、団結小屋にいる学生が入る。夜中にオルグから帰ってきた人が入る。一晩中風呂は焚きっ放しである。当然のこととして貯蔵の薪がなくなる。また薪を作って石橋さんに送る。婦人行動隊を動員して白菜を漬けて樽で送る。石橋さんが「加瀬兄ちゃんに世話になった」とはこのことを言っているると思う。石橋さんの家は天神峰では貧しいほうである。小学校を出ると石橋さんは奉公に出る、造り酒屋に、地主の奉公人にと、私の隣町は横芝町である。この八田の金毘羅様の祭りは出店がかかり、サーカスもかかる。私の家から6キロあるのだが道行く人で行列ができる。この縁日で叩き売りのバナナを買って食べた。これを同じ奉公人の女の人に地主の旦那に告げ口され、目玉が飛びだすほど叱られた。翌朝、告げ口した女奉公人を棒で叩いて地主の家を飛び出した。橋端から笹本へ、吉田から並木へ、並木から多古町へ、多古から染井へ、飯笹から芝山町菱田へ、ここで腹が減って動けなくなり、田の水を飲み、カスポと草の茎を齧って休み気力を振り絞って天神峰の我が家に着いたのである。石橋さんが田の水を飲み草を食ったのは婦人行動隊の小川むつさんのところである。私はいつもそこに立ち止まって石橋さんの苦労を思い浮かべるのである。

石橋さんのおばあちゃんと石毛のおばあちゃんは気丈で公団職員に鎌と包丁を持って立ち向かった人である。「俺の息子(石橋さん)は畜生、けだものではない、地主が奉公人に1年に1回作ってくれる木綿の着物の裏地は麻袋であった。世間並みになんでみんなと同じようにしてくれなかったのだ」とあの気丈なおばあちゃんは歯軋りして泣くのである。「おれの息子は苦労した」といつもその言葉で話を止めるのである。

木の根の小川直克対策のお金も石橋さんが用意してくれた。秋葉清二不動産グループと全面対決を決意した。秋葉清二の家は、連合赤軍、京浜安保共闘、ＭＬ派の拠点になっていた。茨城県真岡銃砲強奪事件に警視庁の家宅捜査を受けたほどだった。もちろん私も我が家の如くお世話になっていた。それが不動産屋の頭目になってしまったのである。私は「門前の狼(公団)にも気をつけなければならないが、後門の虎、狼(秋葉)にも気を付けなければならない」のビラを書いてひとりで全戸に配布した。私のビラに反対同盟員はどうなることかと固唾を飲んで見守った

秋葉清二から呼び出しがあって、私は対決した。突然泣き出して俺が悪かったと謝りだした。「なんで俺の再三の助言を聞かなかったのだ」、ビラを撒いたのは少しやりすぎではなかったかと反省している。秋葉清二は「反対同盟がひっくり返るようなことを教えてやろうか」と言って話し出した。横堀部落の小川喜重さんの家に、実川清之委員長が瀬利副委員長と石橋副委員長を呼び出して、闘争事態収拾工作に乗り出してきたというのである。反対同盟の生死にかかわる重大なことである。

１９７２年に私は中日友好協会の招きで戸村一作反対同盟委員長を団長に訪中した。私は秘書長であった。団員の石橋政次副委員長が北京飯店の団会議で実川委員委員長が私の家に来て条件闘争に切り替えて事態の収拾を図れと尋ねてきた。ここにいる小川喜重さんの家にも実川さんに言われて瀬利副委員長と集まったと発言した。私は驚かなかったが、みんなは驚いた。まだ内部工作が進んでいないのに表面化してしまった。反対同盟に大混乱が起きることは必死の情勢になってきた。なぜ実川委員長が条件闘争に転換したのか。それは次のようなことが起きたからである。

長く芝山町の社会党の支部長をしていたのが出山清照町会議員であった。その息子出山正男が出山建設の社長である。千代田農協の組合長でもある実川清之と専務の小川総一郎は、農協の金融委員会の議決を経ずして出山建設に約８００万円の貸付をした。出山建設の倒産でその８００万円が回収不能になってしまったのである。不正貸付実川逮捕の噂が流れ始めた。小川総一郎は山林を処分して８００万の金を作ると土地の売り出しにかかった。公団、旭不動産グループ、秋葉清二不動産のグループも小川総一郎の土地に群がった。実川、小川は出山建設に金を貸し付けるに当たって鹿島清他数名を保証人を依頼していた。これらの農民は土地を差し押さえられると家族も泣き出すという人も出てきた。私は実川委員長と対決をした。「この馬鹿、なに言ってやがるんだ」と怒鳴りつけられた。私は「実川さん、生まれ故郷に2度と帰れないようにしてやるからな、馬鹿野郎はそっくりそのまま返しますから」これが社会党県本部と党員としての私の最後の言葉となった。私は公然と実川批判を行った。

社会党員、農協役員の反対同盟員は、実川が悪いのではない、出山建設が悪いのだ、被害者は実川さんだ。それで逮捕は可哀相だ。専務の小川総一郎支持の反対同盟の農民も、出山建設のために専務は財産をなくしてしまう。被害にあったのは小川さんの方だ。実川委員長が条件闘争に方針を転換させたことを批判するより擁護に回った。不動産屋が群がり小川総一郎も財産をなくしてしまったと深く同情するのであった。保証人になった人は小川総一郎専務の土地が早く売れて保証人が解除されるのを心待ちにした。公然と実川委員長と小川総一郎を批判したが、実川、小川の言い分に農民は深く同情したのであった。芝山町の反対同盟は小作争議を戦った流れとその経験者で実川委員長を頂点に社会党が組織され、地主小川総一郎は農地改革で小作地は一部解放されたが、小川家の田植えなどはかつての小作人と部落総出の労働力の無償提供は戦前から今日まで続いている。この人間関係の上に同盟は組織されたのだが、出山建設の不正貸付問題で崩壊することとなった。

実川委員長は反対運動に農協を全面的に使用することを禁止してきた。三里塚芝山連合空港反対同盟本部事務所は天神峰闘争本部に移転せざるを得なくなった。芝山町千代田村（反対同盟地区）は八街に続いて2番目に県下で農民組合が組織されたところである。以後小作争議が続けられてきた。その中心が実川清之であり千代田村村長である実川は共産党から社会党に転向して衆議院議員になった。私が空港反対で三里塚に常駐した時は党員80人で県下の支部では一番大きかった。そして「おらが町から代議士を」の町ぐるみの選挙であった。一方地主代表は小川総一郎であり、自民党代議士千葉三郎の親戚でもある。芝山町は、小作、地主、社会党、自民党とはっきり人間関係が2つに色分けされていた。農協も組合長が社会党の実川なら専務は小川、社会党斉藤参事ならば、野菜組合長は自民党宮野実、理事も社会党と自民党関係で均等に割り当てられていた。農協と反対同盟は地主小作、社会党自民党の統一戦線なのである。

実川、小川、宮野、斉藤、それと加瀬勉の4者会談で、地主小作、社会党自民党の対立を越えて、空港反対の目的のみで組織をつくると合意されて闘争は始まったのである。この統一戦線の頭である実川、小川が不正融資、背任で逮捕状が出る事となった。そこで権力が出した条件は空港闘争の終結であった。この事件で反対同盟は崩壊したのである。

私は青年行動隊とともに実川抗議のために農協にデモをかけた。農協は昨日まで自分達の闘争本部、農産物の出荷、農業生産資材の購入、貯金の出し入れ、日常的に農協を農民が使っているのである。実川抗議の青年行動隊のデモは半分気の抜けたようなデモであった。街頭行動主義、三里塚実力闘争戦術主義だけを身につけている新左翼ではとても複雑な運動には対応できないのである。絶対反対と裏切り者、この両者しか存在しないと考える新左翼は大衆の代理戦争、利用はできても、真に農民大衆の自発性を発揮させて闘争の主体を創り上げることはできない。

例を挙げればきりがないのだが、隣の親父と隣のおっかあがスクラムを組んでデモや阻止行動を展開する。あるいはマイクを握って空港建設の反対を訴える。これは長い農民闘争の歴史の中で革命的な事柄なのである。小作争議に女房団の参加があるが、男性と女性が腕を組んで闘った歴史はないのである。反対同盟の宣伝車に乗り、反対同盟員がいないのにこちら空港反対同盟です、とやる。三里塚闘争のあらゆる領域がそうなってしまった。出山建設の倒産、農協金融と実川、小川問題、それに絡む不動産屋と空港公団、このような問題には取り組む力がないのである。これを克服する戦後の新しい農民主体は農村には建設されてはいない。フランス革命、ロシア革命、アメリカの南北戦争、中国革命、ベトナム、キューバ革命、スペインの内乱など沢山の天地をひっくり返した経験は世界には沢山ある。明治維新、地租改正、自由民権運動、戦前の社会主義運動の窒息、戦後の農地改革と人民が権力を確立する、そのための闘争の経験が日本にはない。農地改革で消滅し敗北した日本農民運動の新しい再生を目指したのだが、それを成し遂げることはできなかった。社会党千葉県本部戦後史が出版された。富里、八街、三里塚の空港闘争の記述はあるが、私が社会党千葉県本部の現地闘争本部のオルグであったことは一言も触れてはいない。それどころか県本部史に私の名前はない。どのように書こうが社会党は歴史の中で消滅し、私はこうして今も生きて三里塚を戦い続けている。

あとがき

社会党千葉県本部から何の連絡もなくなった。月1万5000円の給料もこなくなった。もちろん県本部専従、現地闘争本部オルグ解任の連絡もない。党員資格なしの連絡もない。私は千代の屋食堂の経営者である出山千代の世話になっている。夫の出山隆正は日本一の馬の装蹄師である。スピードシンボリ、ルドルフ、アズマテンラン、シャダイパーキン、ミラクルシンボリ等の名馬を扱っている。そのため、年の半分以上も北海道社台牧場、日高牧場などに出張している。私は農耕馬、軍馬、競走馬の日本の馬の歴史を深く知ることとなった。三里塚には御料牧場があり馬の生産地であり軍馬改良の拠点であった。

私は千代の家食堂離れの母屋の6畳を借りて生活していた。朝5時に起きて食堂の土間を掃きテーブルを拭き、朝食の準備を手伝う。そしてオルグ活動や援農、活動に出る。昼間食堂の手伝いをして、それが終了するとまた組織工作に出かける。夜は反対同盟の会議が多い。10時から12時半まで食堂の手伝いをして、1日の売り上げ伝票の整理をする。定食の出前も進んで手伝った。婦人行動隊の名物おっかあ、椿きよさんが、「加瀬、いつから千代の家のおっかあの色男になったのだ」とからかわれたことがあった。反対同盟の農民の冗談はいつもこんなものである。社会党参議院議員副議長加瀬完先生と秘書の鈴木陽三君は私が離党しても変わりなく協力してくれた。空港問題に関する政府の動向、政策予算の資料、農民問題、農業政策の政府資料をすばやく私のところに送ってくれた。木原実代議士が空港問題で国会で質問するときは、原稿づくりに私は国会に出かけて行った。木原さんも変わらなく協力してくれた。管制塔に赤旗を翻して開港を延ばしたときに、加瀬完先生は「躍り上がって喜び、よくやったご苦労賃だ」と手の切れるような1万札5枚を私にくれた。この5万円のカンパで1年間生活ができた。鈴木君が加瀬包男さんが「勉が県本部に帰らないのは千代の家食堂のおっかあの囲い者になったからだ」と言っていたと話してくれた。この言葉は私の魂にグサリと突き刺さった。これで私と加瀬包男さんの関係は終わったと思った。権力の中傷、誹謗デマは当然のこと、だが永年ともに活動してきた同志に言われると親身に堪えた。

私の祖母は芝山町殿辺田の大木豊三宅から嫁いできている。この大木豊三の妹が、千代の家食堂の出山千代の兄の妻になっている。また千代の夫隆の妹愛子は私の川崎の親戚の家に嫁いでいる。私が千代田農協2階に生活しているときに「親戚の牛尾の勉ではないか。俺の家に来て生活しろ」と言われて住むようになったのである。加瀬包男さんが私を女の囲われ者になったので県本部に帰れなくなったとは、国家権力に私を売り飛ばしたことである。私と加瀬包男さんは敵対関係になったと思った。富里闘争で栄養失調になった私は、千代の家で生活するようになって身体も回復した。反対同盟の農民はもとより、地域のいろいろの人たちや団体が食堂に来る。人間の生活はもちろんのこと、どこの家で猫1匹死んだまで情報が収集できるのである。しかも酔っているから本音の話を言ってくれる。それを私は闘争の力に組織強化に変えていったのである。お陰様で赤ちょうちんの定食家の親父になれるほど料理の腕前を身につけることができた。

私は今日は十余三の岩沢茂君の家、天神峰の石橋政次さんの家、東峰の萩原進君の家、辺田の小川剛正さんの家、中郷の小川清一さんの家と組織工作しなければと、各地区を転々と泊まり歩いた。朝5時に起きて婦人行動隊であるおっかあたちの食事づくりの手伝いをした。自分で食べるものを自分が作るのは当たり前のこと、この行動は支援団体のなかに三里塚の作風としてしっかり定着した。私は米づくりにかけては反対同盟の農民以上に技術力を持っている。畑の作物の知識はない。私の援農活動はもちろん反対同盟組織強化のためであるし、そのための農民調査である。原始から今日まで北総の農民の暮らしを学習し、いろいろな角度から反対同盟農民の意識や経営の分析位置付けをしてきた。ようやく三里塚、芝山の田圃や畑の農作物、山の木樹と池や川と会話ができるようになった。この山の木は50年前に植えたもの、あの山は10年前のもの、どんな政治経済状態で植林したのだろうか、山林の土地所有、利用の仕方など1本の木から農民の姿を見ることができるようになっていった。私は収入は1銭もなくなったが、三里塚で生きて行くことを身に着けていった。三里塚芝山の農民は、そこで生きて行くことを奪われ否定され、運命の自己選択ができないという収奪と支配を受けている。三里塚の農民は運命を賭けている。自分も運命と生涯を賭けなければ農民を理解することはできない。

私はいろいろな人にお世話になった。三里塚闘争初期に天神峰の闘争本部に必勝の大字を書いてくれた全日農の野溝勝のおやじさん、八百板さん、石田さん、松沢さん、足鹿さん、中村さん等々、戦前から農民運動に身を投じ弾圧に屈せず戦い抜いてきた先輩達、ともに活動してみて根性があるな、農民魂に光があるとしみじみ思った。

社会党の村山内閣が誕生した。国民運動の担当であった伊藤茂が運輸大臣になった。総評の平和運動を担当し三里塚現地によく来た。垂さんこと岩垂君も大臣になった。乳価共闘会議の日野さんも大臣になった。選挙を手伝った専売の鈴木さんも大臣になった。農民運動では私の後輩の野坂効賢は内閣官房長官になった。三里塚現地の農民は社会党内閣の誕生に喜ぶものはなく、どうせ駄目に決まっているとは何の期待するものもないと冷ややかであった。三里塚現地に運輸大臣になった伊藤茂が来た。反対同盟の農民と会談したが、私は参加しなかった。東峰集落の反対同盟幹部の石井武さんに感想を聞いたら「伊藤運輸大臣と握手したが、彼の手は震えていた。度胸のくたばりに何もできやしない」と言った。村山総理から天神峰の小川嘉吉のところに個人的であるが謝罪の手紙が来た。この手紙がきて小川さんは旅行に出かけた。伊豆の旅館で公団幹部と移転の交渉をしたのであった。小川さんは「総理大臣が謝ったのだから闘う相手がいなくなった。謝ってるものに喧嘩をしかけるのは道理にかける」と移転を表明した。２５００メートルの滑走路建設の突破口は社会党村山総理の手紙によって開かれていったのである。社会党中央本部の中でも坂口君、南君、前島君　倉持君等々は本当に三里塚闘争に協力してくれた。感謝している。

三里塚地下道戦

私は千代の屋食堂で働いていた。夕方、青年行動隊の柳川秀夫、石毛博通君が来た。今日は何だと尋ねたら天浪団結小屋の井戸掘り作業の当番であると言った。天浪団結小屋は高い位置にあるのでかなり深く掘らねば水に到達しない。「井戸の中段か横にトンネルを掘って４０００メートルの滑走路の建設現場まで掘り抜いてゆき滑走路を爆破してしまえ」これは私の全くの冗談であった。私は忘れてしまっていた。ところが青年行動隊は本気で４０００メートル滑走路に向かってトンネルを掘り抜いていったのである。このトンネル作戦は台風の大雨でトンネル内に水が入り崩壊して駄目になってしまった。

柳川秀夫さん

このトンネルの着想は木の根の地下要塞の建設につながり、さらに駒井野の強制代執行阻止のトンネル、地下道作戦に発展していった。

生活のために井戸を掘る。井戸掘り職人がいて、村の者は作業の手助けに出る。井戸掘りの技術をみんな知っている。養蚕のための桑の葉を保管するために桑穴を掘る。芋の貯蔵に山の土手に穴を掘る。戦前空爆から身を守るために山の中に防空壕を各自が掘った。また、九十九里浜防衛のために無数の陣地が山にトンネルを掘って作られた。

勤労動員、強制労働でトンネル掘りの作業に従事した経験を皆持っている。県道、農作道の補修のため山の崩れたところに必ず砂取場がある。赤土、中土、底土、砂、黒土、砂岩、粘土等の土をどのように利用するか、砂の性質で固さも崩れ方も違う。農民は生産と生活の中で熟知している。この農民の力を大衆的に結集したのが駒井野強制代執行阻止トンネル作戦であった。ベトコンの祖国解放戦争におけるトンネル作戦、日本の侵略に対する中国人民の地下道ゲリラ戦の経験による直接的な影響で戦いが行われたのではない。闘争は農民の生活と生産、知恵の蓄積を総動員して行なわれたのである。

戸村委員長、参議院全国区選挙

三里塚空港反対同盟戸村委員長を参議院全国区に立候補させてほしいとの新左翼諸党派から私に申し入れがあった。私は即座に断った。

空港反対同盟は厳しく激しく政府と戦って、全国的な支持を受けているといっても、空港建設反対の課題を背負っての地域闘争である。基本的には国政選挙は政党が担うべきものである。過酷な闘争を展開している反対同盟のさらに委員長を国政選挙に立候補させて闘ってくれとは政党の任務を放棄した行為である。政党が候補者を立て反対同盟が共闘し支援するなら話がわかるが本末顛倒である。

新左翼党派の代表はすでに個人的に戸村委員長に立候補の打診をして個人的に了解を取っている。青年行動隊は戸村委員長の参議院全国区立候補には反対している。戸村委員長と青年行動隊の間で出馬する、出馬すべきでないとの意見が表面化した。私はなお戸村委員長の立候補には反対した。新左翼諸党派は何としても戸村委員長に出馬してほしいと再度私に交渉を求めてきた。私は反対同盟幹部１人ひとりと意見を交わした。三里塚闘争を選挙を利用して宣伝すべきであるとの結論に達した。私は新左翼諸党派に「反対闘争の将来を担う青年行動隊の意見を押し潰してまで選挙を戦ってほしいと思うなら、党の政治生命をかけて今後三里塚を戦い抜いてほしい」と注文した。

戸村選挙、事務所にて

社会党育ちの私は衆参国政選挙から市町村の首長選挙、議会議員選挙、農業委員選挙までポスター貼り、選挙事務所へ、宣伝カー車体長、候補者紹介の街頭演説、落選の後始末、当選後の議会活動等明けても暮れても選挙、選挙の活動をしてきた。国を変革すると演説し中身は議員の野心と出世であった。「一将功成りて万骨枯れる」であった。

私も国政選挙をはじめ市町村選挙の立候補を薦められた経験がある。議員になるより社会運動へ。これが私の選んだ道であり人生であった。大衆闘争の力が基本的には社会を変革する、これが私の信念である。私は反対同盟と新左翼の要請を受けて戸村委員長と行動を共にした。そして選挙活動を通して「三里塚闘争に連帯する会」の全国組織を作り上げていった。この選挙活動の中から「襤褸の旗・田中正造」の映画も生まれた。この選挙で私は反対闘争の大衆的基盤を全国的につくり上げたと評価している。ストッキングを頭からかぶり、その上にヘルメットをかぶり、団地のビラ配りをして強盗と間違えられた。

三里塚初代労農合宿所の責任者になる四方君（愛知）と中核派陶山君と私は飯田橋の宿泊場で一緒に宿泊していた時、革マルに陶山君が襲われ瀕死の重傷を負った。独りよがりで独善的な新左翼には選挙活動はできないと思った。

開港阻止、空港包囲占拠闘争と実川清之社会党委員長

開港阻止決戦。反対同盟闘争本部前の路上で東山薫君が機動隊のガス銃の水平撃ちで頭部を撃たれ虐殺された。その第一報を受けた横堀労農合宿所で私は全国から結集した同志に「空港はディエンビエンフーなるぞ。突入占拠開港阻止へ……」とマイクを握って決意表明をした。労働情報誌の太田静夫記者が「加瀬勉の演説で皆血涙を振り絞って決起を誓い合った」と報じた。私は何をしゃべったかまったく記憶にないのである。開港阻止決戦を訴える涙の演説は三里塚の伝説となった。空港マンホールの中の気の遠くなるような闇、炎の第8ゲート突入。菱田小学校校庭から空港に向かって怒涛の進撃。管制塔に赤旗が翻った。我々は遂にディエンビエンフーの偉業を成し遂げたのである。栄光が輝けば輝くほど、勝利が大きければ大きいほど、それと等しい多くの犠牲がともなう。我々は同志新山君を失い。後に原君を失なった。管制塔に翻った赤旗の下に刑期12年から7年の懲役刑が待っていた。国家権力が動揺した。世界は日本内乱と報じた。日本財界は「三里塚4000メートル滑走路1本、貨物空港で事態収拾」と報じた。戸村委員長が朝起きて雨戸を明けると男が立っていた。大

橋運輸大臣である。「三里塚で警視庁は敗れた。ジャングルの中で周りから毎日攻撃を受けている」は警視総監であった秦野章の発言である。「管制塔突入」、その時警備本部の最高責任者は亀井静香であった。彼は逃げ惑って指揮を放棄したのであった。「三里塚の悔しさは生涯忘れない。仇はかならずとる」と言わしめた。管制塔襲撃の計画をしたのは社会党オルグだと千葉日報は大きく報じた。

切り開いた素晴らしい政治局面

国家権力は動揺した。朝が明け、「おはようございます」ひとりの男が戸村委員長の玄関前に立っていた。大橋運輸大臣である。日本財界は「反対同盟に会談を申し入れ」てきた。反対同盟幹部は「会談を受け入れた」、私も列席した。場所は日本鋼管接待所である。財界の出席者は土光敏夫経団連会頭、日経連会長の桜田武、五島昇日商会頭、財界の実力者中山素平興業銀行頭取、今里廣記日本経済団体連合会広報委員長、元警視総監秦野章である。

桜田が財界の一致した意見です、と言って見解を表明した。

①　成田空港は４０００メートル滑走路1本、貨物空港とする。これは財界の一致した意見である。海外では日本で内乱が起きて政治情勢不安、貿易に支障がでてきたので事態を収拾したい。

②　戸村委員長が反論。４０００メートル滑走路の建設は認められない。空港建設の計画の全てを撤回せよ。

③　桜田は、それでは政府を説得できない。政府の面子も立ててほしい。

財界と反対同盟厳しく対立。桜田は、内陸に空港を作る、これがまずい決定という意見であった。佐藤（総理）の馬鹿野郎が内陸に空港をつくったからこんなことになったのだ。成田空港は戦後自民党の政策の中で最大の失敗であった。成田空港の1つや2つ潰しても我々はなんでもないですよ。戦艦武蔵、大和も使わず沈めました。海外資産（植民地資産）をすべて失い、日本は焼け野原、家もなければ食べ物もない。でもご飯を食べて寝るところを作りました。無理がありました。日本の社会経済は我々から観れば30点くらいのものです。反対同盟の皆さんの気持ちはよくわかります。我々は三池闘争をこのように収拾しました。労働組合、町内会まで金を使いました。

その資金はこのように作ったのです。国の防衛計画では何兆円の金で戦闘機、軍艦、戦車をつくります、それを各会社に

東山薫君の葬儀

割り当て銀行の資金を使わせます。その金利を少し下げてその分政治資金に出してもらいました。それを三池闘争収拾につぎ込んだのです。日本の経済30点、自衛隊あんなものは海外と比較すると戦力にもなりません。ゼロです。日本がどうやら世界と付きあえるのは教育水準の高さです。60点。ところで加瀬さんにお尋ねしたいのですが、「日本の闘争はヨーロッパ型のテロリズムに発展するでしょうか」「それは私にはわかりませんが、闘争はそのように発展するかもしれません」支配者階級は身辺に危険を感じていたのである。

自民党治安対策副部長、元警視総監秦野章発言

三里塚で警視庁は敗れました。ジャングルの中でビルディングを建てて周りから攻撃されているようなものです。我々は関東管区、中部管区（名古屋）まで動員したのですが、日本の警察の能力は1万5000人動員して1週間しか持ちません。泥棒を捕まえることもできません、交通違反も取り締まることもできません。警察行政は麻痺してしまいます。三里塚に警察を動員しても正常に警察行政を戻すには半年もかかります。後楽園競輪を止めさせたのは美濃部さんだと言っておりますが、警視庁の要求で実現したのです。国会の膝元で群衆が暴動を起こしたら治安が維持できません。

会談は決裂したが、支配者階級は日本の政治経済を日常茶飯事として握っていて冷静に事態をみている。実際の解決方法について大義などどうでもいいのである。それに対して、我々は観念的で、演説、決意表明型で実際に具体的に政治を切り拓く力をもっていなかった。

反対同盟自滅への道

国家権力と交渉する場合、反対同盟幹部は意思を統一し交渉の場に臨む。

国家権力の動揺に我々はどのように望んだのか。勝利をさらに稔らせるのでなく敗北の道をたどったのである。戸村委員長は政府の要請を受けた千葉日報社長と対談、政府―千葉葉日報―戸村委員長のルートができたのである。福田総理は反対同盟とのルートができたといった。青年行動隊は自民党加藤幹事長と3条件密約、さらに福田総理選挙後援会長と密談、松岡秀夫―島寛征事務局次長―石橋政次副委員長、内田寛一行動隊長の会談。千葉県企画部長吉田巌と石井英祐事務局員との会談。山村実と石井新二の会談。北原鉱治事務局長が公団幹部と料亭で飲食、新聞で暴露される。政府、権力はあらゆる人脈を使って攻撃してきているのに、反対同盟は勝手に個人の思惑で会談に応じているのであった。加藤幹事長と密約を文書で交わし松岡秀夫と会談した島、石橋、内田は責任を取って役職を辞任した。反対同盟幹部が勝手に動いた訳ではない。このルート、道案内、政治工作は裏でそれぞれ新左翼の党派が行なったものである。私は「自己の運命は自己が選択する」「徹底した討論、自立、自主、民主」「信頼、団結」を追求してきたが、それが最後の一番大切な時に個人主義、分散主義、勝手主義に陥った。国家という武装した組織に勝手主義、個人で立ち向かっては勝てる訳はない。では社会党、共産党はどうしたのか。国会で成田治安立法に賛成し、社会党は一坪共有地を放棄した。共産党は仏塔パゴダを公団に売り渡し三里塚闘争から完全に手を引いたのである。反対同盟が霧散霧消の全面的な危機に直面している時にこそ革命政党、前衛政党の指導が必要であることは世界革命史が我々に教えているのであるが、その政党が裏切っているのである。

反対同盟青年行動隊は政府との対話、三里塚シンポジウムを計画実行、反対闘争の終結の道を選択したのである。青年行動隊の石毛弘道は「ドラムカンが鳴り止んだ。バリケードのある村は恥ずかしい」と権力の提灯を持つにいたった。島寛征は野菜出荷場を作り破産、公団と交渉、空港（株）関連会社に出荷場を売却した。公団、株式会社の買収地を借地して農業経営、無農薬栽培を始める農民。反対同盟員は条件派に転じるものが多く出てきた。

強制代執行阻止闘争、横堀要塞死守闘争、管制塔占拠闘争等、連日逮捕者が出ている。この時にこそ、実川さんの、戦前の経験、「3・15事件、4・16事件、在監獄6年、転向、満州開拓」経験が三里塚反対同盟にとって必要なことであった。実川さんはこの経験を一言も語ることはなかった。実川さんの経験と三里塚を戦う人民の経験が交流しあった時に闘争は発展し人民の財産は築かれていくのである。転向も敗北も勝利に増して貴重な我々の財産なのである。私は、管制塔を占拠した同志たち、命を捧げた東山君、新山君、原君、逮捕された多くの同志に「開港阻止決戦の勝利を政治的に稔らせる事ができなかったことに」深刻な自己批判を続けている。

実川さんにたいする権力の攻撃

千葉県の農協指導連、販売購買連合会、農協中央会は、多古町出身の小川豊明（社会党代議士）が会長に就任してから秋葉兵助、実川清之（社会党）と会長を継承してきた。自民党千葉県連は農協の主導権の奪還を計画してきたのである。会長秋葉兵助が伊豆に農協の資金を運用して土地を買い占め、愛人を持っていることを新聞が暴露して退陣に追い込んだ。続いて会長に就任した実川会長に、組合員資格なしと追及してきた。実川さんは千葉市小中台に住んでいて、芝山町千代田農協の組合長だが千代田農協の組合員ではない。組合長になるのには組合員から選出された20人の理事の中から互選で組合長は選出され総会で承認を受けなければならない。それは農協法の定款である。組合員でもなければ理事でもないものが千代田農協の組合長をやり、農協中央会の会長をやっているのは違法だと追及されたのである。さらに、実川さんは、金融委員会の許可なくして、空港関連事業を行なっている出山建設に融資８００万円を貸し付けたのである。ところが出山建設が倒産して融資返済不可能となった。千代田農協ヤミ金融事件の発覚である。実川組合長逮捕は時間の問題となった。１９７２年10月のことであった。

実川条件闘争転換工作

反対同盟内部に不動産屋が発生した。反対同盟辺田集落の秋葉清治である。青年行動隊秋葉清春の父である。少し秋葉さんのことについて説明しておこう。多古町大穴に私の同志穴沢稔君が居る。青年団活動の時よく泊まりに行ったものである。嫁いだ実君の姉がよく実家に子供を連れてきた。嫁ぎ先は秋葉清治であり子供は清春であった。もう一つ、小川源、小川明治、小川七郎の根３兄弟の母親はこの穴沢家から辺田の小川家（ハンゼム、現小川剛正、たけ）に嫁いできたのである。さらに、秋葉清治の弟は、反対同盟石橋副委員長の長女と結婚して横堀に住んでいた。

秋葉清治は親分肌でよく人の面倒をみる。野菜を買い集めて市場に出して儲けたり、土地不動産にも手を出していた。三里塚闘争武闘争派の拠点で真岡銃砲強奪事件の関係者を匿ったとして警視庁の強制捜査を受けた。駒井野強制代執行阻止第

２砦の中にドラムカンで２本のガソリンを買い入れて持ってきたのも秋葉清治である。私は木の根工作について本当に力になってもらった。秋葉さん宅には、誰もいなくても台所で飯をご馳走になり。誰もいなくても布団の中に寝たりしていた仲であった。それが、木の根小川直克(明治さん息子)が公団と一緒になって移転先の土地を見に廻っていることが発覚した。「門前の狼を追い払い、後門の狼に気を付けろ」秋葉清治に関する対決のビラを１人で村中に配布した。反対同盟は固唾を呑んで事態を見守った。反対同盟員と支援には手ごわい相手である。私に秋葉清治から呼び出しがかかってきた。反対同盟の人たちは「秋葉は暴力団に関係を持っている。なにするかわからない」と私を制止した。しかし私の顔を見るなり泣き出した。「ビラを撒く前になぜ注意してくれなかったのだ。加瀬、お前はおれの家の家族ではないのか」秋葉さんの言うとおりであった。そのために三里塚の工作に入っているのである。殺されようが暴行を受けようが、誤りがあれば注意し助けそして批判する。「病を治して人を救う」の相互批判の観点を貫かなかったのである

秋葉清治さんの告白

「重大な事を教えてやる。社会党県本部の実川さんが石橋副委員長と瀬利副委員長の２人を小川喜重の家に呼んで、条件闘争に転換するよう工作している。農協の専務小川総一郎、宮野反対同盟事務局次長にも闘争終止符の工作をしている」正に重大であり深刻である。芝山地区の反対同盟は、地主代表小川総一郎、宮野稔、小作人代表実川清之という社会党自民党の統一戦線として反対同盟は組織されてきた経過がある。このキャップが闘争終止符になったのだから深刻である。組織は内部から崩壊するに違いない。

さらに、三里塚地区では、社会党中央本部国民生活局長、社会党現地闘争委員会事務局長小川国彦が社会党を離党、自民党の推薦で成田市長に当選。「成田の空は晴れ渡る」という書籍を出版配布して闘争終止符の工作を開始した。青年行動隊もシンポジウムから条件闘争へ、さらに闘争終止へ進んでいった。路線論争の主体が組織内に存在しなくなった。代理戦争、反対同盟に日常的に依存してきた支援には批判する能力はない。批判をすればするほど実川清之、小川総一郎擁護に同盟員はまわっていった。

このような現地情勢のなかで空港反対千葉県民会議が開かれた。千葉県庁社会党会議室である、議長は実川県本部委員長

である。「私は農協不正融資と石橋、瀬利、小川、宮野等に対して闘争終止符工作」の真偽について追及した。そうしたら、実川委員長は真赤な閻魔の顔をして「加瀬の馬鹿野郎」と怒鳴った。私は「馬鹿野郎はそっくり熨斗つけて実川さんに返してやる。生まれ故郷の芝山には帰ってこられないようにしてやる」と返答した。共闘会議は議論ができなく流会となった。反対同盟はなだれを売って移転していった。県警本部は実川不正融資事件逮捕の免除を条件に闘争終止符の取引を実川としたと伝えられている。社会党は三里塚反対闘争を国家権力に売り渡したのである

実川農協中央会長辞任

実川さんは農協組合員資格なしと不正融資問題を追及されて中央会会長辞任。代わって、関宿農協組合長、自民党県連幹事長染谷誠が中央会会長に就任した。自民党は実川清之の政治的処遇を用意した。野山に追放しなかった。それが、11農協の併合山武農協の誕生である。全国で2番目に大きい山武農協は実川清之への自民党からの餞別であった。実川さんは「山武農協は俺の棺桶さ」と寂しそうに呟いた、と言われている。昭和55（１９８０）年9月11日に孤独の内に病没した。行年77歳。

「人の真価は柩に納まって初めて決まる」といわれている。眩しいほどの戦歴、職歴、空港反対闘争の中で実川さんが政治決断したのは、反対同盟組織化についての5者会談、農協組合員大会から反対同盟結成へ大きく貢献した。実川さんなくしては反対同盟の出発は語れない。そして戦前の小作争議の経験も社会党員の中に実川後援会の思想として伝承されていた。後は実川さんは反対闘争に何も貢献していない。闘争の発展段階、節々に実川さんは農民のなかに登場はしていない。実川さんの戦歴の豊富な経験は三里塚闘争で生かされていない。裏切り者で終わった。その裏切りの軌道は日本社会党の歴史的消滅と同じくしている。「農民運動に生涯をかけてきた。空港闘争に勝利して生まれた故郷の人々に恩返しをして死んでゆきたい」は裏切りで終わった。「三里塚に行ってくれないか」は2度にわたる「加瀬勉の馬鹿野郎」の言葉で終わった。

オルグ活動覚え書き１

鈴木吉次郎先輩

全日農が輸入食糧反対で東京港で決起集会を開いた。食糧陸揚げ阻止のために埠頭の貨物船の荷揚場に座り込みを行うべく殺到した。

私にスクラムを組んできた男が居た。全日農新潟県連の鈴木吉次郎先輩ではないか。私の体は火のように燃えて恐ろしいものは何もなくなった。近代農民運動史上最も過酷な闘争といわれた新潟県木崎村小作争議を戦い抜いた鈴木吉次郎先輩であった。鈴木先輩の腕組みの温もりと力は私の心に深く残っている。

荒畑寒村先生

荒畑寒村先生は平民社社会主義運動の唯一生き残っている証人である。先生は「平民社時代」を執筆しておられた。大きな特別な虫眼鏡で資料の文字を拾ってはメモしておられた。これは「日本人民に対する私の遺言書です」といっておられた。寒村先生の遺言書を引き受ける決意を私は問われたのであった。先生は私に「南京の城塁低しあげ雲雀」の色紙をくださった。

作家西野辰吉

作家西野辰吉は労働者であった。そして作家になり「加波山事件」「爆裂弾」などの作品を書き表した。「加瀬さん、私に５年の調査、３年の執筆時間をあたえてくだされば、三里塚闘争をかけるかもしれない。私の才能では無理だとおもう」謙虚で深く三里塚をみつめていてくれて私は敬服した。彼は私に「初めて逢って生涯忘れえぬ友」と書き残した。

戸村一作委員長と荒畑寒村先生

立命館末川博総長

末川先生は「加瀬さん、私は滝川事件で教壇を追われました。だが、戦後私たちが主張したことが正しかったことが証明されました。ものが正しいか正しくないか、真実であるかないかは50年、１００年の歳月が経って一つの時代が去って新しい時代が来てわかるものです。加瀬さんも志を棄てず頑張ってください」と志を貫くということを私に教えてくださったのである。

澎湃烈士

澎湃烈士は中国広州農民講習所の初代の所長であった人である。講習所には澎湃烈士の写真が掲げられてあり、次のような解説がされていた。「澎湃同志は日本の早稲田大学に学び、日本の近代農民運動を学び、中国革命に応用し革命に尽くし犠牲となった」中国革命は農民革命といわれている。日本の農民運動が中国革命に貢献したことに私は驚いた。では、中国革命に貢献した日本農民運動の現状は、どうなのであろうと、私は深い責任を感じたのであった。

周恩来総理

資産家、日本とフランスに留学したインテリ、労働者、農民の匂いはない。政治官僚でもない。機知に富み、ユーモアに富み、言葉も柔らかい。大衆の感情の細かいところまで知り抜いている。驚くほど頭の回転が早い。周総理は「私は間もなく天国にいきます」といった。その言葉の響きのなかに「中国革命で世界史を揺り動かした男、歴史の裁きを待つ男、１００年、１０００年経たねば評価が定まらないほど大きな仕事を成し遂げた男」、世界には、こんな政治家が、革命家がいるのである。中国革命が、世界史が生み出した男周恩来総理だが、夢のなかでもいいからこんな生き方をしてみたい。

労働者階級の凄さ

加藤君は釜石市の出身である。電通労働者で仙台電報電話局に勤務している。夜勤で休めないというので電話局の宿舎に泊めていただいた。彼の職場に案内された。「この電話線1本断ち切れば仙台地方と東北一帯の電話は不通になります」労働者は凄いところで働いているのだと感嘆して息をのんだ。ストライキで電車1台止めたらどうなる。ゼネストで新幹線止めたら交通網がマヒする。清掃労働者の車が止まったら街がごみの山になる。三里塚と労働者の連帯する労農同盟の志を捨てるわけにはいかない。

どのような人間像を目指すのか

山上憶良、百姓一揆の指導者佐倉惣五郎、礫茂左衛門、多田加助、義民作兵衛、義民角左衛門、義民長次郎、義民五左衛門、足尾鉱毒事件の田中正造翁、フランス革命は人権宣言で「自由、博愛、平等」の人間像を作り出した。ロシア革命は「万国の労働者団結せよ」と、アメリカの南北戦争は「人の上に人をつくらず、人の下に人をつくらず」と。中国革命は人民に奉仕する「三大紀律八項注意」の人間像を革命の中で作り出していった。私は中国革命の遺跡、延安のベチュウン同志を記念する記念碑の前に立っている。ベチュウン同志はカナダの医師であった。彼は私心なく中国人民に尽くし中国革命に尽くした。我々は、三里塚闘争のなかでどんな人間を目指して奮闘すればよいのであろう。

一粒の麦地に落ちて

父が大腸癌になって倒れ、続いて母が脳血栓で半身に麻痺がきた。父と母の介護、治療費に金を稼がねばならなかった。建設現場に働きに出た。建設現場は神崎町立野、神崎工業団地に通じる道路の拡張工事であった。神崎には青年運動時代からの多くの同志がいる。立野集落にも瀬宮栄と郡靖の同志がいる。工事現場は山の斜面を削り取っての道路の拡張である。利根川を越えての筑波嵐、霙が降ってきた。霊柩車と遺族のマイクロバスが来た。私は工事車両を止めて葬送の車を通した。野辺送りの葬列が来たのでまた車両を止めた。霙は雪に変わって雨になり2日も降り続いた。工事現場の山の上は共同墓地である。新しい仏の墓がつくられていた。故人の戒名を読むと「天清院誠道靖居士」とある。もしや同志の郡靖ではないかと瀬宮栄同志の家に飛び込んだ。死んだのは靖同志であった。私は、工事現場に来ると靖同志の墓に詣でた。また昼の弁当は靖同志の墓の前で食べ続け青年運動の青春を語り合った。梅の花は先駆けの花、庭の一枝を持参して靖同志の墓に手向けてやった。一粒の麦は地に落ちていった。

馬の手綱をとる母

馬の手綱を御す母は、香取郡青年団事務局員越川ます子さんの母上である。夫は中国戦線で戦死。まだ耕耘機のない時代、馬の手綱をとって田を耕し、米を馬車に乗せて農協へ、芋、麦の運搬。香取郡市町村で女性が馬の手綱をとって農作業のすべてをやっているのは越川さんの母だけである。その日、私が訪ねていったら田植え前の代掻きであった。馬も越川さんの母親も泥にまみれていた。

「加瀬さん、家の娘で運動に役立つことがあったら遠慮しないで連れて行ってください」私は身を切られる思いで越川さんに田んぼから上がってもらった。この母を裏切ってはならぬ。生涯の誓いをたてたのであった。

常宿は東京駅構内

北は北海道から南は沖縄まで全国闘いの現場、個人を訪れた。

交通費と宿泊費を負担してもらって私は活動を続けることができた。その点は深く感謝している。一番困ったことは「加瀬さんが来たから懇親会をやろう」と食堂で飲み会をやることであった。1000円くらいの会費だが金がないのである。まして、食事、酒は個人そのもの、みんなに負担してもらうわけにはゆかぬ。酒は飲まなくても飲んでもよいもの、酒飲む金があったら活動費に、これは香取郡青年時代活動の作風なのである。三里塚ではまだ多くの人が裁判にかかり牢獄で生活している。酒など飲む気にはなれない。10円の金を1000円に1000円の金を何万円の効果が上がるように、金にも大衆路線を貫かねばならない。交通費の切符はいただく。弁当を食べる金がない。東京で会議がたびたびあって終電でみんなは帰っていく。私は東京駅構内を宿にした。千葉までは電車があるが千葉成田まで、成田から三里塚まで交通機関がない。東京駅構内は私の常宿であった。

遺品の寄贈

空港闘争を始めて55年、私は下着をはじめ衣類は1枚も買ったことがない。友人、反対同盟の人、村の者の死者の遺品の寄贈を受けているからである。下着から始まって防寒具、洋服、コート、ネクタイ、ありとあらゆるものの衣類、寝具、学習机、パソコン置台、台所のテーブル、椅子、革靴、長靴、炬燵布団、電気カーペット、電気と石油ストーブ等高級品ばかりである。村で亡くなる人があると捨てるのはもったいないからと村の者が持参してきてくれるのである。ありがたいことである。

雨の漏る家

私の家の裏山は空港反対地域の芝山町である。三里塚の高台に登れば私の村の山並みが見える。闘争の関係で生まれた家の下の県道を年に何回も通る。だが一度も立ち寄ったことはない。父母は老齢化し農作業の大半は人に頼んでいる。川鉄に父は出稼ぎに、母は食品加工場に働いていた。萱屋根は破れ雨が漏れ、私の同級生が殖産住宅に勤務していて見るに見かねて古屋を見つけてくれた。村の人が解体、運搬してくれた。父は農協から70万借金をして現在の家を建てたのであった。母がつけていた家計簿が残っていた。家の中どこを探しても10円の金もない。金がほしい、金がほしいとそこで記入は書き止めになっていた。父が出稼ぎ中に怪我をして千葉川鉄病院に搬送された。私は30分だけ父の枕元にいて泣く母を振り切って三里塚に帰った。

「出稼ぎの父のいるらしあのあたり香炉赤あかと夜空を焦がす」

私の短歌が土屋文明選に入った。大義は親を滅ぼしたのである。

私は苦しいとき悲しいとき困難な時が来るといよいよ自分の力、生き方を試される時が来たのだと発奮する。絶望したことがないから駄目である。闘争など馬鹿げたことはやめよと放り投げておいて、それでも捨てきれないなら私は本物になれると思っている。絶望しない人間は駄目なのである。

人間の勇気

三里塚で機動隊に石を投げたり、火炎瓶を投げたりとみんながやっているから俺もというような気分では、本当に勇気を出して戦ったような気分が私には湧かない。むしろ、日常の苦しい生活の中で闘争の原則を守り維持していくことの方が本当の勇気がいるような気がしてならないのである。

田畑に品性があり人格がある

十余三の岩沢茂君宅の畑、作物には哲学がある。農本主義者である。5町歩の畑に草一本生えていない。「農は国の元なり」働いている姿を見ると天命を思わせる。おばあちゃんが毎朝太陽に向かって手を合わせる姿を見ると中国の古事「日イデテ、井ヲホツテ飲ミ」とミレーの「落穂ひろい」「晩鐘」の絵画をみるようである。天神峰の石橋政次さんは小作地が多く面積は小さい。豚と黒牛の肥育が経営の中心で最近になって南瓜の栽培を導入した技術がまだ安定していない。隣の小川嘉吉さんは耕作面積が多い。労働力不足は栗の生産で補っている。最近導入した葉生姜の芽だしと加工で生姜を買い求めている。栗、生姜の加工と買い付けと販売、商人的な計算をした働き方になっている。横堀の熱田一さんは畑作物の作り方は上手ではない。落花生、麦、さつまいもの作り方からようやく野菜の換金作物を導入してきた。畑作は得意ではないが水田作業になると妥協しない。体も水鳥の如く動く。熱田さんは九十九里浜野田の水田地帯の生まれである。

三里塚で最も手固い農業をやっているのは辺田の三宮武司さんである。経営は上層農、畑作物、水田の稲作は手入れも手堅くまじめで多収の欲を出しているわけでもなく作物にゆとりがあり、堅実に育てている。家族のまじめな人柄がよく出ている。木の根の小川源さんは辺田の生まれ。水田百姓と開拓の麦、落花生、さつまいもの粗放農業経営である。戦後開拓の徹底した自給の精神を持っている。タニシ、ザリガニ、タケノコ、自然にある食べ物は保存し利用する。三里塚特産の山芋のじねんじょは冬季掘って高級料亭に売りに行く。反対同盟主催の決起集会にはジュースを売り、餅をついて反対同盟全国支援に売り出したりする。徹底した自給と金になるものなら何でもやる両極端を持っている。耕している田畑、育てている作物には農民の労働の姿があり、思想があり哲学があり品性があるのである。

戸村一作委員長

国家権力は大木よね宅に強制代執行を強行してすべてを強奪した。その夜、反対同盟は破壊された大木よね宅の敷地に結集して焚き火をし、夜を徹して抗議活動を展開した。この情景を戸村委員長は「ベツレヘムの野にキリストを慕う羊飼の群れ、農民のようだ」と書き表わしている。反対同盟委員長の就任を要請したときも「私は反対同盟委員長として行動をとるのではない、キリスト者として行動をとる、それでよかったら委員長を引き受けましょう」といった。自分は神の道を説く絶対者であり、反対同盟の農民は羊飼いの群れであった。

成田市役所攻防のときに、機動隊の暴行を受けて頭から血を流し重傷を負った。警棒の乱打に戸村委員長は「ヒー」と悲鳴を上げてしまった。キリストは十字架にかかったときに悲鳴は上げなかった。絶対者の自分は悲鳴を上げてしまった。悲鳴こそ神から絶対者から人間に復活する瞬間であったと私は考えるのである。人間の存在は社会的であり具体的である。人間は矛盾した存在である。だから闘争に立ちあがる農民もいれば千金の夢の到来と条件派になってゆく人もいる。キリスト者戸村委員長はすべてアダムとイブの禁断の果実、ユダの裏切り銀13枚の人間の持つ原罪と説いている。

大竹はな婦人行動隊が条件派になったときの糾弾もこの立場からである。戸村委員長の職業は農器具商である。私は戸村委員長の農器具の商売で売ったり買ったりの話は聞いたことがない。反対同盟組織の人間関係に商売を持ち込むことは絶対になかった。これは反対同盟農民の戸村委員長に対する絶対的な信頼の一つであった。生活的なものを身の回りからすべて切り落として身を清潔にしてひたすら信仰に徹する、しかしそのことは生活者としての農民の姿を見失うことにつながることになる。大木よねは日本一の貧乏だと言った。無知が闘争の力だと言った。だが貧乏の中身については語ってはいない。無知が闘争力だとすると知識を得ることは闘争力を弱めることなのか。世界史の一端を見るとキリスト教は植民地主義者の手先、露払い布教者として活動してきた。戸村委員長は三里塚闘争を経験することによってこの点について厳しく反省している。「地上に平和をもたらすために来たのではない。剣を投ずるためにきたのである」と我々を励ましてくれた。キリスト者は国家が悪魔化し暴政を振るうときコミュニスト以上に戦った歴史が世界にたくさん存在する。

「加瀬さん、お酒飲みましょうよ」「昼間からですか」「加瀬さんと酒を飲むと安心するんですよ」「戸村さん晩酌やるんですか」「私は酒を飲むと女がほしくなって見境いがつかなくなり手をだしてしまうのですよ」「恋に落ちて小樽まで追いかけて行って奥さんと結婚したのではないですか。禁欲主義者ではないでしょ」「でも、酒を飲むと女がほしい」神から人間への復活であるが、困った復活である。「反対同盟幹部には哲学がありません。駄目ですよ」では農民には哲学がないからみんな駄目なのか。駄目であるから絶対者の私の存在が必要なのだ。また農民は戸村さんは変わり者、でも悪いことはしない、金に惑わされない、シンボルとして信頼を置いていた。

人間原罪論の立場に立つ戸村委員長は組織工作はまったくやらない。北原事務局長も「私はピエロだ」と書籍に書いている。その通りである。反対同盟は大衆組織である。いろいろな思想立場の人がいて存在価値がある。脱落、裏切り者史観と革命的人間論の理解からは何も生まれない。

大衆路線

梅沢勘一さん（東峰）「戦争に絶対勝つと言ったから天皇陛下の命令で戦争に行った。そうしたら負けた」「戦後開拓で飢え死にしそうになったとき千葉県開拓組合職員に三里塚開拓組合の金を持ち逃げされた」「今度は空港で家屋敷、田畑すべてを奪い取られる」仏の顔も三度撫でれば怒る。今度はだまされない。これが梅沢さんの国家に対する現在の認識である。

小川明治さん（木の根）は海軍将校、恩賜の煙草、木の根開拓組合20周年皇族お手植えの庭の桃の木これがわが家の宝、下総御料牧場は天皇陛下の財産、日本で天皇陛下の財産に手を付ける者はいない。だが、終戦時、飢え迫る中「闘魂必成正剣破邪木ノ根居士」の院号を作って下総御料牧場の開拓に挑んだ。１０００年余の大木を切り倒して開墾し畑を拓き集落を「木の根」と命名した。

語る言葉に戦後の革命時の息吹がある。小川明治さんには2つの国家論が極端に存在する。

大竹金蔵さん（古込）は農家の次男、小作農民には分家するほど田畑はない。地主の年季奉公で働いたが独立することはできない。軍属になって満州へ（中国東北部）難民逃避行、戦後開拓の死ぬほどの苦労、国や県の方針でシルクコンビナートに参加したが中止、今度は空港を作るから出て行け。俺の一生は日本に住むところのない難民、流民であった。寄生地主制下の小作の二男、中国侵戦争への参加、戦後開拓の苦難、農基法農政とシルクコンビナートへの参加と中止、空港建設による土地の強奪。これが大竹金蔵さんの国家論。支配者が政策として主張する国家論と、その被害、支配にあった農民の国家論の2つの国家論が存在する。国家との体験が農民としての立場の国家論に発展させて、理念、人生観になるようにするにはどのような政治的大衆路線を貫いてゆけばよいのか。ここに私の組織者としての任務と存在がある。

人間の存在は具体的

戦後自作農の社会的存在は、経営者であり生産したものを販売する商人、自らが生産労働に従事する勤労者。現段階による農民は、相手を支配したり搾取したり収奪する性格を持っていない。歴史的にみて性格のおとなしい農民だと私は理解している。空港建設はこのおとなしい農民のすべてを国家が暴力によって奪い取る決定的危機に直面している。その危機に対する農民の激憤が三里塚の闘争である。

自作農勤労農民は勤勉でまじめで自己搾取的でよく働いていると思う。表面的には平和な農村共同体にも、泥棒がおり、酒好きの亭主に酒をふんだんに飲ませ泥酔させて村の男と情事を重ねる男と女、夜が明けると同時に畑に出て山の端で情事を重ねる男と女、金を借りて返さない男、誤って親を殺してしまった男、食べる寝るに事欠く貧しい生活の人、宗教に凝って金をみんな奉納してしまう人、出世、野心で人を利用している人、三里塚は日本の国、日本の出来事はみんな三里塚に存在する。その農民の存在が、あの人は信用できる、あの人は信用できない、能力があるが人を利用するから駄目など反映して組織は結成される。農民の歴史的存在と現在の具体的な状況をしっかりと認識しなければならない。個人の抱えている問題は何か、組織運動の表面に出てこないが、この内部矛盾をきちんと理解し解決し反対闘争に組み上げてゆかねばならない。

感激と憤激

反対同盟婦人行動隊が隣の家の旦那、反対同盟員とスクラムを組んで工事阻止行動を展開した。私は感激して、新しい運動、新しい社会が生まれたと感激するほどであった。千葉県の大鐘、西村小作大争議には「女房団」が組織されて男たちと共に戦った。同じく野田キッコーマン醤油の労働争議の時も「女房団」が組織された。新潟木崎争議のときは、婦人は手焼き煎餅を作って村々を売り歩いて闘争資金を作った。富山の女一揆の米騒動、京都城南の小作争議にも女性が立ち上がった。内灘、砂川、忍草、妙義の基地闘争でも女性が闘いに立ち上がった。三里塚でも女性が立ち上がったのである。婦人行動隊は闘争現場で先頭になって戦い抜き、宣伝車のマイクを握って反対闘争を訴えてまわった。全国の集会に、中国に活動の場を広げていった。

「加瀬さん、演説はできないよ」「空港建設絶対反対、力を込めて魂を込めて情熱をこめて、闘争で体験したこと、自分の気持ちを発言すればいい」と励ましてきた。農村の女性がマイクを握って政治主張を述べる。本当に生き甲斐を感じ私を励ましてくれた。党派の決起集会で発言し、そのあと料亭に招待され酒を飲み、交通費のほかに講師料の大金を受け取る。党派の反対同盟幹部囲い込み工作である。「この堕落した反対同盟幹部、日本の人民のために害毒を流すだけである。反対同盟を解散しろ」と激怒した。獄中で裁判闘争を戦い抜いている大勢の人、三里塚に命を捧げた若者たち、それを尻目に酒を食らっている反対同盟幹部に私は我慢が出来できなかった。基本的には新左翼に対する激しい批判である。55年の闘争の歳月、農民と私の関係は馴れ合いではない、甘えではない、絶えず緊張関係である。努力し切磋琢磨し闘争を前進させる関係にある。

一粒の麦地に落ちて

今から55年前、空港反対富里青年行動隊員大里八郎（両国）に子供が生まれた。私はよく子守をしたものである。富里人形台の加藤良作さんの家にも孫が誕生した。子守した背中の温もりが残っている。青年行動隊の増田茂・祥子夫婦（武州）にも次男が生まれた。「勉さんの名前をもらって名付けた」と三里塚に連絡が入った。恐縮したのを覚えている。三里塚・芝山の原野を拓いた、石井武さんの母親100歳、小川明治、源さんの母親100歳、秋葉哲さんの母親100歳。松の大木の油に固まった芯の熱さを私は感じるのである。体は衰えているが凛として命の温もりを感じさせてくれるのであった。

歳が下がって、寄生地主制度と戦争の中生き抜いてきた石橋さんのおばあちゃん、石毛さんのおばあちゃん、染谷のおばあちゃん、熱田のおばあちゃん、そして代執行を受けた大木よねさん。空港反対闘争の中で新しい命の誕生と三里塚、芝山の原野を拓いた我が母たちの苦難の歴史の中で私ははち切れんばかりの空気を吸って戦い抜いてきた。一粒の麦地に落ちて、青い芽が吹き、太い幹が出来て、黄金の実が稔る。私は人民の闘争の前進と歴史の発展を心から信じている。

オルグ活動覚え書き２

人の性格の特徴を理解せよ

祖父徳太郎は戦後公選制第１回の東条村（現多古町）の村会議員になった。私は昭和24年３月27日に新制中学校を卒業した。祖父が村会議員、父が消防団役員、母が婦人会役員であったので人の出入りは多かった。祖父はこの村をまとめていくには次の人物に特別注意しなければならないと言った。

吉川晃、農地改革までは村一番の地主であった。叔父自由民権運動家、国会開設の建白書を全国に発し河野広中と共に活動し衆議院議員になり、足尾鉱毒事件では田中正造の要請を受けて帝国議会で政府を追及した桜井静（旧姓吉川）である。父親の吉川才三郎は千葉県議会議員であった。その息子吉川晃は読み書き、算盤は村では右に出るものはない。地主時代の親の七光りで生きている。好人物だが信念がない。裏表ない蒟蒻みたいな人物である。

加瀬三楼は頭脳明晰で慎重な男である。善いことも、悪いことも労力と金銭がかかる。損することはやらない。知っていても自分の意見は言わぬ人間である。相談に行けばきちんとものを教えてくれる。手堅い男である。

千葉英樹は安い薬缶である。すぐにのぼせて湯気を出す。父親は千葉久太郎で村長であった。地主ではないが自作農上層である。村長の父親、自分が現在村役場の助役の位を鼻にかけて、意見を述べると反対しているものと曲解してすぐにのぼせて相手を無視してくる。短気で堪え性がなくなる。すぐに頭から湯気を出す安い薬缶は火傷するから触ってはならぬ。触らぬ神に祟りなし。

加瀬峰松、学校は出ていない。読み書きは達者ではない。だが水門の管理、大排水路の管理、農道管理の村の土木工事の段取りは彼が一番である。善く教えてもらいなさい。

村の有力者はそれぞれ際立った性格の特徴を持っている。十人十色である。それぞれの特徴を伸ばして部落をまとめあげてゆかなくてはならない。お前も村の中心となってことを進めてゆく人間にならなければならない。人の意見性格をきちんと理解する人間になれ。

小さな火花も燎原を焼き尽くす

香取郡の青年団協議会の青年たちは社会科学の学習に熱心であった。多古町社会科学研究会の火は隣村の久賀文学草紙の会に飛び火した。さらに神崎町赤土の会に、佐原市職の流想会に広がり香取郡サークル協議会が誕生した。さらにサークル協議会は香取郡市地労協議会と交流を持つまでに発展していった。このころ香取郡青年団9市町村（7000人）は自民党員によって独占されていた。団長鎌形敏夫県会議員、林大幹（後の衆議院議員・運輸大臣）、菅谷大作（後の干潟町長）、市町村団長と青年団役員は多古町を除いてはみんな自民党支持者であった。この青年団改革に乗り出したのが吉場（多古）、川口（多古）、加瀬（多古）、小林（多古）、臼方（神崎）、郡（神崎）、遠藤（干潟）、杉崎（干潟）、花香（小見川）のサークルで社会科学の学習を積んだ青年たちであった。東庄町を除いて香取郡町村団の役員はすべて革新的な青年が指導者についた。革新的な香取郡青年団の活動は八日市場市の青年団に、木更津、君津、館山、小糸、峰上の千葉県下の市町村に広がって浜田幸一（後の自民党衆議院議員）を団長とする千葉県青年団を革新系青年団に変革したのであった。革新的な千葉県の青年団は関東の拠点となった。日青協改革に立ち上がった。青森、岩手、長野。茨城、三重、和歌山、富山、広島、京都、山形、福井、沖縄等の革新県団との交流をはかり、辻正彦（後の社会党衆議院議員）の日本青年団協議会の会長の就任に成功したのである。私は社会科学の学習で儒学、国学、神道・仏学の教学と決別して、社会科学の学習こそが労働者農民の解放の学問であることを私は実践の中で知ったのである。

学習活動の実践

社会科学の学習をして成果が少し出てきて我々は有頂天になっていた。香取郡青年団の活動者養成講習会で「そんなに唯物弁証法の学問が我々青年と農民、労働者のためになる学問ならば、浪花節のようにわかりやすく話してくれ、いいといってもわからなければなにもならない」この言葉に我々は激しいショックを受けた。香取郡青年団は「ものの見方考え方」「弁証法とはどういう科学か」「大衆組織の理論」等の著作を出版し日本で最初のスターリン批判を行った哲学者の三浦つとむを講師に依頼して学習することにした。これまで青年の多くは松丸志摩三、須藤克三、むのたけじ氏らの著作を読んでいたが本格的な哲学の学習をしなければ青年団活動を発展させることはできないと悟ったのである。哲学者三浦つとむは香取郡青年団活動に思想的な大きな影響を与えた。我々が熱心に学習したのはヘーゲル弁証法の「対立物の相互浸透の法則」であった。この認識論の理解は困難を極めた。運動の様々な分野の中でこの法則はどのように存在しているのか。特に矛盾論の理解は困難を極めた。無着成恭の「山びこ学校―山形県山元村中学校生徒の生活記録」運動は青年団活動の共同学習に大きな影響を与えた。生活を直視し問題を発見し解決する。香取郡青年団はさらに、「調査なくして発言権なし」毛沢東の農村調査報告を応用して実態調査で問題を発見し、要求を組織し運動化していった。青年団の機関紙と言えば町長、教育長、青年団長の挨拶と行事日程の掲載であったが、レーニンの「国家と革命」を学習して「機関紙活動」の役割を発見し、組織運動の指針でなければならないことを知った。誌と紙の違い、原則的な方針と典型の紹介と暴露など様々なことを発見した。日本青年団協議会は共同学習運動を提唱していた。仲間づくりの中で「1人の100歩より、100人の1歩」を方針としていた。これは指導性の否定であると我々は反論した。100人が1歩進むには、1人が100歩水先案内として進まねばならない。仲間づくりといっても仲間とは何かを明らかにしていない。竹馬の友、映画、酒飲み、旅行の友、その他数えきれない程の友人は存在する。青年団活動で目指す仲間づくりとは、青年の生活と将来を阻害するものを改革してゆく意思を共にする。それが香取郡青年団の仲間づくりだと規定した。運動論、組織論、あるいは戦術論に長けていても人間的な温かさ、ヒューウマンな心、精神がなくてはならない。人間は積み木ではない。

学習活動の怖ろしさ

私は多古町社会科学の学習で、中国革命、毛沢東著作集を学んだ。私は1963年全日本各界青年訪中代表団に農民代表で参加した。そして延安の革命遺跡毛沢東住居を参観した。革命闘争の中で紙は大切なものであった。ペン書きの上に毛筆の原稿、「矛盾論実践論」の原稿ではないか。1冊の書籍に巡り合ったことによって自分の運命が変わった。1冊の本に導かれて今ここに来たのである。感動して体が震えた。同時に戦慄が走って身体から血の気が引いた。学習は研鑽を積まねばならない。だが学び方の間違いは我が身を滅ぼすことを知ったのである。同時に我が身を滅ぼすにとどまらず運動に危害を加え人民に深刻な被害をもたらすことを知ったのである。毛沢東の実践論「学問は科学の問題であり、いささかの傲慢も許されない。その反対に、誠実で謙虚でなければならない」。

階級闘争の犠牲

佐原市で香取郡市安保共闘会議があり参加すべくバスに乗った。隣村の太龍寺下から飯田畔子さんが子供を背負って乗った。私の顔を見るなり涙を流して泣いたのである。畔子さんは多古町社会科学研究会の紅一点の才媛であった。ともに学んだ仲である。「どうした」と声をかけると膝の上にある森永のミルクの缶をみせた。「三千男（夫）は子供のミルクも買ってくれないの、いつもおばあちゃん（母親）に買ってもらっているの」といった。彼女は私の手を握り締めて泣くだけであった。母親の嘆きとは別に背中の子は深く眠っていた。

「今日は安保共闘会議があるから時間がなくて相談には乗れない。必ず相談に乗るから」と言って成田行きのバスに乗せて見送った。

佐原駅に着いたら構内が騒然としているのではないか。「日比谷公会堂で社会党の浅沼委員長が青年に刺殺された」とラジオが報道したというのである。唇を噛んで佐原駅構内に私は立ち尽くした。

この夜、飯田畔子は農薬自殺を遂げたのである。家族の反対を押し切っての結婚、夫三千男は共産党員と連日の安保闘争参加、農業労働の過酷さ、家族制度、安保闘争、農業労働の重圧で彼女は自ら命を断ったのである。遺書「かつてあなたは生きる道を私に教えてくれましたが、今は私を死に追いやりました。子供は三千男に、私は母の隣に葬ってください」天下国家を論じ、安保に反対し社会変革を追求してきたが、隣にいる同志畔子の1人の命を救えなかったのである。貧しい自分の人間性に多古社研の会員は血涙を絞って哭した。私は国会通用門の戦いに参加していた。1人の学生が死んだ。樺美智子さんが警官隊に虐殺された。社会党浅沼委員長の死、飯田畔子の死、樺美智子さんの死、私は前途に我が生死をはっきりと自覚したのであった。そして三里塚で三宮、東山、新山、原君をはじめ多くの同志たちが機動隊に虐殺されていったのである。人間の解放、人間の命を大切に闘う。

だがその戦いで人間の命が犠牲になっていく。この悲劇にどう堪えていけばよいのだろうか。背負いきれないほどの墓標を背負って私は生きて闘いつづけている。

女性を泣かす

香取郡青年団の後輩たちが青年団史を発行したいので協力してほしいとの要請があった。郡靖（神崎）、遠藤良一（干潟）、花香耕作（小見川）、加瀬勉（多古）が小見川公民館で開かれた編集委員会に出席した。青年団活動を辞めて10年余の歳月が経っていた。利根川河畔屋の料亭で酒を飲もうということになった。香取郡青年団時代に役員が、同志たちが一回も酒を飲んだ記憶がない。喫茶店、食堂に立ち寄った経験もない。いつも飯弁当持参である。バスに乗る金もない。自転車で駆け回る。そして同志の家を互いに泊り歩く。10年、20年の歳月の空間は存在しない。話は進む。料亭の女将が可愛い女の娘がいますから座敷に出してくださいとのことであった。きんきらきんの声をあげてコンパニオンが入ってきた。みんなに酒を一杯づつ。話は青年団改革、警職法、勤評、安保闘争、香取郡青年団の組織を賭けて取り組んだ利根川塩害闘争、砂川基地反対闘争、三井三池闘争。社会教育法反対で参議院文教委員会の公聴人で意見を述べたこと。天下国家のことを論じたかと思いきや好きな女性が出来て悩んだこと、話は天地に飛んだ。コンパニオン嬢は居眠りコックリコックリ額でテーブルの徳利を倒してしまった。我れに返って部屋を飛び出していった。台布巾を取りに行ったと思ったら女将が出てきた。「高いお金を払って座敷で女の人を居眠りさせたのはあなた方が初めてです。女に恥をかかせるものではありません」と叱られ謝罪し、コンパニオン嬢に特別チップを差し上げた。コンパニオン嬢を無視する気はなかったけれど結果として無視してしまった。香取郡の私の同志はみんなこのような奴ばかりであった。

「難舎者義也」（捨てがたきは義也）

下総国香取郡長部村（現匝瑳市）遠藤伊兵衛・良左衛門・良太郎・良一の遠藤家は天保２年（１８３１）農村改革者大原幽学を逗留させた名主の家である。この遠藤家の後裔遠藤良一君は私の刎頸の友である。旭農業高等学校時代、先生の教えに納得せず食らいついて「蝮男」の異名をとった秀才である。遠藤家の裏山には大原幽学の旧居があって２人は夜を徹して議論を重ねたものである。農村改革者の大原幽学は思想家というよりは実践家であり、関西地方の優れた農業技術をもって長部村を中心に村々に多くの弟子を持ち農村と農民の生活を改革した。水稲の施肥、植え付け、正条植、二毛作の技術を導入し、生産日記の記入、宵相談と生産計画、生産、生活用品の共同購入、潰百姓を再興するために先祖株組を結成、世界初の産業組合を組織した。安政4年（1857）幕府の弾圧を受けて切腹したのである。

私の刎頸の友遠藤良一君は「父の代と俺の代で砥技代金が70万円かかった」と大原幽学が切腹に用いた短刀を拝見させてくれた。その短刀の柄には「難舎者義也」と刻してある。辞世の和歌「花散らばちるうてなはつきて落とし実の　おほれ栄る時にこそあるらん」大原幽学の思想的立場は「天の命の之を性といふ。性に率いて之くを道いふ」儒教の立場に立ち家族主義的な道徳感が強い。大原幽学は思想家よりは実践家である。私と遠藤君は「捨てることのできない志、その義とはなにか」「義を捨てるなら命をすてる」青年運動に、社会運動にその理念を求め続けたのである。

幽霊になった遠藤君

久しぶりに遠藤良一君を訪ねた。奥さんが「加瀬さんいいところに来てくれた。うちの人幽霊になって生きている。どうしても会っていってくれ」という事であった。10月10日中学校の運動会場にいた。彼は中学校のＰＴＡの会長である。私の顔をみるなり「参ったよ」と言った。遠藤君が困難だとか、参ったという言葉は一度も聞いたことがない。奥さんも結婚して以来「参った」という言葉を聞いたことがないといっていた。あの遠藤君が「参りました」というのだからとんでもないことが起きているに違いないと思った。22歳の娘さんが急性白血病で7日余り患って亡くなったというのである。「幽霊になった。幽霊で生きている」と彼は言った。「本当の幽霊になって生きていればいい」と私は言った。「そうするよ」と遠藤君は言葉を返した。遠藤君は自分に厳しい男である。死線をさまよう悲しみはなかなか人には理解してもらえないもの、自分で克服しなければならない。自分さえ絶対に許さない厳しさを持っている男である。覚悟を決めて人生を生きている人間なのである。

箱根の湯の宿

突然の電話連絡が遠藤良一君から入った。「箱根に宿をとったから湯に入りに行こう。明日車で迎えに行くから」とのことであった。旭高等学校の秀才。読んでも書いても考えて覚悟のうえでも優れた才能の持ち主であるが、「こっちにも都合というものがある、もっと早く連絡してよこせばよいのに遠藤君の筆無精にはあきれるほどである」、遠藤君のことになるとそんな感情が全く体の中から湧いてこないのである。砂漠の砂の中に水が染みこむように自然に体の中に入って行ってしまうから不思議である。ポットにお茶を入れて弁当を用意した。遠藤君は「弁当持ってきたからな」と迎えに来た。

今の時代に弁当持参で旅行に行くものはないと後でみんな笑われたが、ドライブインの駐車場で車の中で弁当を食べ、静かで景色が良いところだと下車してお茶を飲んだ。香取郡青年団の組織活動の作風が身についているのである。我々は健康な体が全財産、健康を損ねては活動はできなくなる。自分の身体も人民の財産、健康には特別に配慮しなくてはならない。自分の体をお粗末にする人間がなんで人の命を大切にできよう。三里塚闘争に明け暮れている私のために湯の宿をとってくれたのである。かれは「息抜きも活力のもと」と一言いって笑っていた。遠藤家は名主の名家、大原幽学逗留の家、日本歴史書に名をとどめている家、それに比較して小作人、一家離散の歴史を持つ家、私の口から「伝統か」と言ったら遠藤君が「伝統はぶち壊すためにある、善いものは残せばよい」といった。遠藤家は大原幽学の儒教の思想を引き継いでいる家柄、家の前の田んぼも国指定の無形文化財で保護されていて勝手に形状は変えることはできない。遠藤君は唯物史観を青年運動で身に着けた男。矛盾、軋轢、伝統の重みに遠藤君の心の中に想いを馳せた。現在、遠藤君は新設された大原幽学記念館の館長、父親は干潟町の助役、人間関係も多彩な出入りである。遠藤君は息子に「好きな女の人はいるのか」「います」「それならばすぐ連れてきて結婚しろ、結婚式、入籍そんなことは愛情の本質とはなんのかかわりもない」と言ってのける男なのである。「加瀬君、お互いに好きなのだから越川君（香取郡青年団出身、社会党婦人局・松前仰参議院議員秘書）と結婚しろ」「私生活はあってないようなもの、責任がもてないよ。好きな女を死ぬほどの苦労をさせるわけにはゆかないよ」「難舎者義也か。三里塚で死んでいくのか」「うん」酌み交わす酒も、湯の宿の湯も、２人の心と体をとか溶かしていくのであった。

死の別れ

刎頸の友の遠藤良一君の奥さんが身体の筋肉の力がなくなっていく難病にかかった。「こんな身体になって楽しみにしていた北海道旅行はできない」と言ったら、そんなことはないといって付き添いの看護婦を頼み北海道旅行を10日間にわたって遠藤君はやってのけた。家を改造して車椅子で生活できるようにした。3年で命は尽きると医者に宣告されている。その遠藤君の奥さんが私の家に突然やってきたのである。「どうしても加瀬君にお願いしたいことがあるから連れて行ってくれ」と頼まれたので来たというのである。数えきれないほど遠藤家には宿泊し、お世話になり奥さんのご飯をごちそうになってきた。訪ねてきてもらって本当にうれしかった。「どうぞ、どうぞ、座敷にあがってください」と勧めた。遠藤くんが「女房は車から降りることはできないよ」と言った。私が車のドアを開くと遠藤君の奥さんが「加瀬さん、私は死んでゆきます。これまで通りお父さん（夫）をよろしくお願いします」と言った。悲壮感もない、悲しみでもない、絹糸を吐く蚕のような透き通った柔らかい温かい言葉であった。私は一瞬絶句した瞬間、正気になって、深い無言で頭をこくんと下げた。

遠藤君の奥さんの肩が荷物を降ろして丸くなったように安堵の姿になった。人間は捨てきれぬものを断ち切って死んでゆかねばならない。遠藤君の奥さんの見事な死に際に悲しみを超えて羨望の感情が湧いたのであった。私は三里塚で、反対同盟幹部戸村一作、小川明治、小川源、石井武、岩沢吉井、秋葉哲、萱沢一利、木内武、柳川茂氏等の三里塚闘争に生涯をかけて身罷っていった人たちに巡り合うのである。どう生きるかはどう死ぬかである。死も生の連続である。「一粒の麦地に落ちなんば」一粒の種は偉大なる生命を宿しながら深い沈黙のまま地に落ちる。

農民にとって一番困ること

農民にとって一番困ること、それは文句なしに政府・国家権力に土地を強奪されることである。次に困ることは支援団体の存在である。彼らがいては自分の考えによって選択ができないからである。第三に困る存在は反対同盟の存在である。第四に困ることは加瀬勉の存在である。これらの存在は農民自身の選択の自由を妨げる存在なのである。国家権力に対して命を懸けて財産を守り抜くということは、又、そのほかの者にも自分の財産に対して意見、干渉は許さないということである。

島、内田、石橋の加藤紘一会談、石井英祐と千葉県企画部長会談・熱田一と前田会談などが秘密裏に進行した。三里塚シンポジウムが計画実行されるのだが、反対同盟は組織としては参加しないし出席はしていない。空港建設用地に土地を持つ者は反対し、ある者は事態を見守った。シンポジウム、円卓会議は土地収用法適用除外を勝ち取って三里塚闘争終了、空港と地域の共存の方針に転換していった。反対同盟は、北原、熱田派、小川嘉吉派、辺田集落グループ、東峰集落も島村、萩原・石井（恒）支援グループに分かれて活動するようになった。農民はそれぞれ持っている条件が異なっている。田畑の面積の広さ、小作地の存在、家族構成の違い、借財の存在、自分の財産に対するそれぞれの農民の意識等によってそれぞれ選択の方向に違いが出てきたのである。私は闘争50年、無駄ではなかったと確信している。主体的に、落ち着いて交渉し生活の基盤を作り上げている。島村、市東、新しく定住した者も深く決意して闘争を堅持している。

私と反対同盟の農民との関係であるが、「反対同盟は自立し大丈夫だから実家に帰ってくれ」まずこの言葉が出た。50歳、60歳になった私に援農され庭掃除、豚小屋の掃除、一番早く起きて食事の支度等されては気の毒でたまらないのである。私は青年行動隊に農業を守れと言ってきた。だが親たちは私のように、新左翼の学生のように家を飛び出して政治運動、社会運動をされては困ると心配しているのである。「農家の長男でも加瀬さんは特別だ。俺の家の息子と違う」と関係性を断ち切ってしまうのである。農民は自分の息子が私みたいになることを恐れているのである。生活者の視点と政治、社会運動者視点の違いである。

反対同盟の農民は、大木よねの強制代執行阻止闘争を経験し、木の根小川直克の財産の処遇に、同盟組織としても責任が持てないことを知った。それぞれ主体的に人生の選択をしていくことは、責任が持てない以上止めることはできない。だが、私が絶対許さないことは、反対闘争に敵対し、自らが歩んできた闘争の歴史を否定し侮辱することであり、農民といえども絶対許さない。

新年の決意
2016年、三里塚芝山連合空港反対同盟旗開き

元朝参り

私は生まれて初めて元朝参りをした。もちろん、神仏に手を合わせたわけではない。除夜の鐘が終わって、私は自分の集落100戸に「第三滑走路建設反対」の新年の決意表明の文書を配布したのである。これは私の新たなる空港建設反対の闘争宣言である。真夜中真の闇、いくら暗闇が深くとも太陽に輝く朝はやってくる。いくら寒さが厳しくとも花咲く春は必ずやって来る。私は闘争の勝利を信じ、自分自身の明日を信じる。「小さな火花もやがて燎原を焼き尽くすであろう」「星火燎原」の言葉、私は大好きである。文書を配布したら翌日国家権力の手先どもが会談を申し込んできた。私は断固拒否した。

青春の季節

青春は恋と革命の季節である。いまや青春は私にとって遠い季節となった。砂川を戦い、警職法反対、勤務評定反対、三池を闘い、そして60年安保闘争、樺美智子さんが国会南通用門で警官隊に虐殺された時に私はその戦列に加わっていた。日本が変わればアジアが変わる。アジアを始めとする世界人民は歓呼の声を挙げて日本人民の闘争に連帯した。

農家の長男であった私はこの諸闘争の経験を経て、1962年4月24日、日本社会党千葉県本部常任書記となった。ここで自分の運命を変える一枚の資料にめぐり合った。産業計画会議の資料は沼田ダム建設と東京湾埋め立て面積3000ヘクタールの第二東京国際空港の建設計画であった。この建設計画は、やがて綾部運輸大臣への答申となって表れわれた。私は空港建設反対闘争に取り組み、浦安、木更津、霞ケ浦、八街、富里そして三里塚へと転戦することとなった。内湾の漁民を組織し、八街富里反対同盟を組織し闘い、三里塚芝山反対同盟を組織して闘い続けてきた。八街富里闘争の千葉県庁突入占

拠、千葉県庁包囲耕耘機デモの実力闘争は闘争に勝利をもたらした。

三里塚においても強制代執行阻止闘争、管制塔占拠闘争では、警視庁の三井刑事局長、亀井静香統率する警備本部を粉砕した。私は日本財界の代表日経連会長の桜田武、財界の実力者中山素平、元警視総監秦野章と会談した。成田空港の建設は戦後自民党の政策の最大の失敗であると彼らは言った。４０００メートル滑走路１本、貨物空港で撤退したい、これが彼らの意見提案であった。「三里塚で警視庁敗れたり、これ以上は戦えない」これは秦野章の発言である。私は彼らの階級和解の和平提案を断固拒否した。国際空港の当初計画は３０００ヘクタールであったが、三里塚で面積１０６０ヘクタールとなり、その面積の大半が下総御料牧場と千葉県の竹林である。私は大いに戦いの成果を挙げたとおもっている。３５００メートル滑走路の建設は阻止した。アジアに唯一つのハブ空港、それが三里塚空港だ。だが、仁川、中国、フィリピン等に巨大空港が建設され、また我々の闘争で三里塚ハブ空港の建設という彼らの野望を粉砕した。羽田で国際線が飛び地方空港でも国際線が飛び立つ状況となっている。国際線は成田のみという彼らのもくろみは消え失せた。その機能を著しく低下させる成果を挙げた。フランスでコンコルドが開発されて、ソ連ではツポレフTu―１４４の超音速機が開発され地球は小さくなったと騒がれた。だが、この飛行機も姿を消した。環境破壊の怪物であったからである。いまや、格安小型旅客機が主流になる勢いである。三里塚闘争50年の戦いは日本人民の闘争として大いに評価されてよい。

一粒の麦の種

あすなろの木も20年30年立てば立派な檜に成長する。三里塚闘争50年余、あすなろの木が立派な檜になったかどうか各人が厳しく反省する必要がある。金太郎飴の集まり、行事の繰り返しではしょうがない。決意を新たに生まれ変わろうではないか。「一粒の麦地に落ちなん」人民、民衆という大地に三里塚の大地に己の命の種を蒔き育てていこうではないか。

権力の魔性

悪魔は鏡を見るとその魔力、力を失うといわれる。鏡に映ったおのれの姿があまりにも醜いからである。悪魔の力を消滅させる鏡とは、人民の力であり我々の闘争である。悪魔の国家権力は傲慢である。自らを省みる力は持っていない。三里塚で起きた悲劇と苦難の現実はすべて政府が空港建設を強行したが由縁である。一切の責任は政府にある。三里塚50年の歴史を顧りみることなく、又あらたなる第三滑走路建設の野望、毒牙を剥き出し襲いかかってきた。地元の農民が空港を作って欲しいという願いからだと。商工会等を中心に「第三滑走路を建設する会」や市町村首長が猿回しの猿になって踊っている。強権、弾圧、土地の強奪で空港を建設してきた国家権力は、今度は新たにその野望を地元住民の願いとすり替え、毒牙を砂糖に包んで襲い掛かってきた。悪魔はよく笑う。「糖衣毒牙」「糖衣砲弾」に惑わされてはならない。

飢餓からの解放

私は正月雑煮餅を腹いっぱい食べた。だが満腹感が罪悪感に変わってゆくのを感じた。それは飢餓に苦しむ人、餓死する人を目の前にして自分だけ腹いっぱい食べているからである。地球上には70億の人々が生きていて、その半数の人が飢餓に苦しんでいるのである。しかも、食糧を生産している農民が貧しく苦しんでいるのである。食糧を生産する農民が飢餓に苦しんでいる。食糧の南北問題はさらに厳しく、アジア、アフリカ、中東、ラテンアメリカの人民の飢餓はひどい。日本は世界一の食糧輸入国である。飢餓に苦しむ人々を見て見ぬふりをして世界中から食糧を買いあさっているのである。農地、農業は、荒廃の限りを尽くし自給率は40％、耕作放棄の面積は富山県の広さに及ぶ。「バターか大砲か」飢餓からの人類の解放、この古典的命題は現代においても新しい意味をもっている。空港建設が建設された北総台地畑作農業地帯は日本有数の農業地帯である。我々は断固として空港建設に反対して日本農農業を守る。我々の行動は常にインターナショナルでなければならない。

福島と沖縄に連帯を

空港が建設されて肥沃な農地がコンクリートの下になった。騒音直下の廃墟になった村の崩壊の残骸と福島の原発の事故で村を追われた人々と三里塚の農民の運命が二重三重に重なる。三里塚空港の建設は強権による土地の強奪、弾圧、民主的諸権利の蹂躙の無法のなかで強行されてきた。沖縄の辺野古の基地建設に、国家権力が三里塚で用いた無法、力の手段で建設を強行している。国会で戦争法案が可決した。だが多くの人々は「あきらめない」で戦争法廃棄のための闘争を継続している。いままでは法案が国会で成立すると断念して闘争を中止した。今度は「あきらめぬ」決意を示した。三里塚闘争50年余の闘いはあきらめない戦いであった。三里塚闘争を展開している我々は、福島、沖縄、戦争法廃棄の戦う人々と共闘し連帯し運命を共にしてゆかねばならない。

運命の選択

第三滑走路が建設されると、私の家、私の部落は全戸移転立ち退き区域になる。騒音地獄のなかで「子々孫々」まで生き延びてゆくのか。先史、縄文、弥生、現代と続いてきた故郷を捨てて立ち退き移転するのか。それとも国家権力の第三滑走路建設の野望を粉砕してここで生き抜いてゆくのかの選択に迫らることとなった。第１の道を選ぶのか、第２の道を選ぶのか、否である。断固として否である。我々が選択する道は第３の道、第三滑走路建設計画の粉砕することである。近隣の人達とよく相談し、村の者達と力を合わせて第３の道を一筋に進む覚悟、決意である。

先達を憶う

成田市寺台に小野派一刀流の開祖、小野治郎右衛門忠明父子の墓地がある。

「切り結ぶ白刃の下こそ地獄なれ、一歩進めば極楽ぞ開ける」剣道極意の諭し歌である。剣豪二天一流の宮本武蔵が弟子の伊織ともに下総国法典が原、この北総の原に開墾に入ったことがあった。「鍬は剣なり、剣はまた鍬なり、耕しは政治なり」といって、村人全員を武装させて夜盗を殲滅した。故戸村委員長は敬虔なキリスト教信者であった。「地に平和をもたらすためにきたのではない。剣を投ずるためにきたのである」闘争時の座右の銘であった。取香の大木よね婆様、朝倉の秋葉哲ちゃん、岩山の岩沢吉井さん、木の根の明治さんと源さん、菱田宿の菅沢一利老人行動隊長、東峰の石井武さん等々多くの人が三里塚闘争に命をかけ生涯を賭けて身罷っていった。我々もこの先達、先輩、同志の作り上げた道を不動の信念を持って断固として歩んで行かなければならない。

航空機騒音多古町対策協議会委員寺田様

航空機騒音多古町対策協議会委員
寺田茂義様

空港問題に対する諸見解

運命を委ねてはいない

空港の機能を拡大し、第三滑走路を建設した場合、残る地権者も出て行く地権者も「運命的選択」を迫られることになる。この運命的選択の深刻な事態の発生に責任を取れる人間は誰もいない。たとえば三里塚や原発事故の悲劇に対して責任を取れといっても取れない事態が発生している。我々は、首長や議会議員を投票によって選出している。でも自分の生き甲斐や運命についてこれらの人に委任している訳ではない。首長、議員は自分が人々の代弁者であり命令する権利を持っているように振舞うことがしばしば起きる。一国の、一人の運命を左右する問題を自分たちだけで決めようとする思い上がりにしばしば陥る。思い上がりに注意してほしい。

この無責任な政策行為

空港建設・特騒法に基づいて成田用農業振興事業が実施された。全国一の高い補助率（税金）と受益者はこれまで10アール当たり50万円の賦課金を負担してきた。受益者３０００戸、３０００ヘクタールに50年の歳月をかけ用水と圃場の区画整理に努力してきた。私は、成田用水総代、理事、東部工区長、工区委員としてこの事業にかかわってきた。まだ賦課金の納入は続いている。

政府、空港公団、空港（株）、関係市町村首長らは農業振興策の成田用水事業を積極的に推進してきた。この成田用水関係地域の農地、山林等を壊滅させて第３滑走路を建設するという。農業振興政策、そして今度は農地の壊滅政策への１８０度転換である。無責任極まりないではないか。三里塚空港建設の経過を反省すると言っていながら50年間無責任をこのように繰り返しているのである。成田用水事業にかかわってきた私はこの無責任な行為を断じて許さない。

騒音対策とは何か

私の家屋は防音ガラス戸が半分しか入っていない。冷暖房の空調は入っていない。騒音の被害を受けている被害者である私がなんで防音工事の金銭の負担をしなくてはならないのか。夏、防音密閉の部屋で空調もなく生活することを余儀なくされているのである。拷問を受けている日常生活であるこの状態は私ばかりではない。防音工事の補助率が家屋に対してでなく家族構成、人頭割で行なわれているからである。私は騒音対策は存在しないと思っている。騒音対策とは家屋を密閉し外部との関係を遮断することである。金庫のように家屋を密封しても騒音はそのまま残っている。外で働く農家の日常生活は騒音地獄に晒されている。騒音による被害、人格権の侵害に対して補償金が支払われる。補償金とは騒音被害に対しての我慢料である。この我慢は、子から孫へ、空港が存在するかぎり半永久的に続いてゆくのである。我慢を金で解決できると思うならそれは権力の思い上がりである。私の集落は超高齢者社会、通院、介護施設へ、自宅介護に１戸１名の病者がいる。これらの人々の療養、静養にとって必要なものは航空機騒音のない静かな環境である。第三滑走路が建設されれば九十九里浜一帯にいたるまで広大な地域が騒音の被害を受けることになる。航空機騒音を拡大することは病者に対する著しい人格権の侵害である。政府は自宅介護の基本方針を打ち出している。航空機騒音を減らすように努力すべきである。アジアモンスーン気候帯、海洋民族の家屋文化は湿度を防ぐための開放的、風通しの良い住宅空間が伝統的なものである。家屋の密封とは空調を使うことである。空調とは化石エネルギーを使うことである。それは地球温暖化の環境破壊を増大させることにほかならない。

主権在民、民主主義の回復を

私は町長に牛尾区住民の空港機能拡大反対、騒音被害反対、第３滑走路建設反対の署名簿を提出した。町長が住民の意志にどれだけ深い関心を示し、我々の意志がどれだけ民主的に処理されてゆくか、重大な関心を持って見守っている。政府は三里塚に空港の建設の位置を突如決定した。憲法で保障されている、財産権、居住権、職業の選択権、行政に対する直接請求権等を強権によって制限し、強権によって収奪した。政府自ら主権在民の立憲主義、法事国家を否定し民主主義の破壊を行ったのである。政府は三里塚農民に謝罪した。空港（株）も謝罪した。二度と過ちは繰り返さないと公言しているが政策態度は改めない。牛尾住民の署名の意思が民主的に処理され、その過程で政府によって破壊された民主主義が回復されるように願い事態を重視している。

言葉と行動は慎重に

町長に提出した牛尾区の署名について、義理、人情、恩義、物、金の日常の人間関係を十分に配慮して、個人の意志が自由に発揮されるように深く配慮をしながら署名の賛同を戴いた。「運命の選択」という本質がかかっているからである。思い上がりを戒めて事にあたった。一人ひとりの意見を尊重し、1戸1戸の家族の思いを尊重し、浦安から木更津、霞ヶ浦、八街、富里、三里塚へと空港反対同盟を組織してきた。誠実で謙虚でなければならない。これが私の空港問題にかかわってきた55年の歳月の姿勢である。

千葉県収用委員に対する抗議行動では、委員の身体を脅かし、家族の日常生活ができなくなるほど抗議を展開し委員全員が辞職した。収用委員の採決は三里塚に強制代執行をもたらしたからである。当然の結果である。また、真行寺一郎芝山町長は強力に空港建設を推進した。深夜住宅の雨戸は完全に破壊された。警備に当たった機動隊も襲撃されて落命した。菅沢町長、加瀬芳広氏（騒音対策協会長）が千葉県収用委員、また真行寺町長のようになることは十分に予測できる。言葉と行動には慎んでもらいたい。加瀬芳広氏が成田第3滑走路実現を目指す有志の会顧問に就任し、過日開催された空港（株）黒野の講演会のパネラーに出席したのは、多古町騒音対策協議会長の公的立場を著しく逸脱したものである。厳重に抗議する。

三里塚闘争50年を記念して

禿頭を光らせて

空港建設の暴政に抗すること55年。八街、富里、三里塚に転戦。黒髪をなびかせて闘争してきた美青年も、白髪からこのように禿頭になった。さらにこの禿頭を光らせて三里塚闘争の一隅を担ってゆく決意を新たにしている。中国の有名な格言に「その国を亡ぼさんとするならば、その国の史を亡ぼすことである」との言葉がある。振り返り気がついたら50年の闘いの足跡があった。人民の歴史の発展の担い手創造力の主人公としてさらに精進をしてゆきたいと思っている。三里塚は東峰の人たちを中心に、木の根のペンション、横堀大鉄塔、労農合宿所、そして一坪土地共有者５００人が頑張っている。人民の闘争は永遠であり三里塚闘争もまた永遠である。

三里塚闘争は内乱

今は亡きクリスチャンの戸村委員長は「地上に平和をもたらすためにきたのではない。剣を投ずるためにきたのである」と私たちを激励した。三里塚闘争は国家と日本人民の闘争、内乱であったと思う。北総台地の人民が日本の歴史の表舞台で活躍したのは、貴族社会を震撼させ武家社会の歴史的登場を予言した平将門の乱（承平５〔９３５〕年）、房総三国を独立国として5年にわたって支配した下総の住人（現香取郡東庄町）上総介平忠常の乱（万寿４〔１０２８〕年─長元４〔１０３１〕年）徳川初期（承応３〔１６５４〕年）、家老久世大和守に越訴した百姓一揆の佐倉惣五郎、北総台地の農民と日本人民の空港建設反対闘争（１９６０─）である。特に三里塚においては50年の長きにわたって闘争が継続されている。それは我々の闘争に道理があり、歴史発展の法則にかなっている外にない。民主主義を確立するための抵抗権、革命権は我々にある。

侵してはならないもの、破壊してはならないもの

三里塚反対同盟は、全国の住民運動と連帯・共闘してきた。人間の命の尊厳、一切の価値を生み出す生産と労働、大自然は絶対に侵してはならないし破壊してはならない。国家権力はそれを侵し破壊し、強奪し金と物に置き換えることを国家の政治の理念としてきた。人間の尊厳よりも金と物を最高の価値とする国家を人間と自然が共存する国家に変革してなければならない。

地球上には70億の人が暮らしている。その人口の半分の人が栄養障害と飢餓に苦しんでいる。地域的にはアフリカ、ラテンアメリカ、アジアの諸国だが、飽食に明け暮れている日本は世界一の食糧輸入国、食糧自給率の低い国で食糧不足の飢餓の国である。輸入食糧に頼るのでなく国内農業を発展させて自給の政策をとるべきである。日本一の条件を持っている北総畑作農業を破壊する空港建設には絶対反対しなければならない。限られた土と自然の環境は人類の生存のために守らなければならない。

人間の生贄

古代王朝は神の名において人間を生贄にして国家を造ってきた。
20世紀、三里塚において、大木よねさんに代執行を行い「国策」の名の下に空港建設の生贄にした。人間を生贄にする、それが国家の本質である。戸村委員長は、大木よねさんは日本一貧しい人であると言った。私もそう思う。大木よねさんは7歳のとき親と別れ支配され差別され、搾取され、無一物で生きてきた。貧しい人々が少しでも幸せになる社会を作る、これが国家の理念政治の理念でなればならない。それを、代執行をかけて全てを奪い尽くした、悪鬼に劣る行為である。人間の尊厳に対する反逆である。人間を空港建設の生贄にする国家の行為を断じて許してはならないと思う。主権在民、健康で文化的生活を送る権利は憲法によって保障されている。民主主義を蹂躙する政府の行為を断じて許してはならない。人民の意志を無視する政府をいつでも打倒することができる力を我々が持った時に真の民主主義は発展して行くに違いない。

国際連帯活動

三里塚闘争は世界的な広がりを持った。ベトナム侵略戦争反対、アメリカの黒人の人権闘争、パレスチナの国家独立闘争、フランス基地反対闘争、ドイツフランクフルト空港反対闘争、中国人民との交流など国際連帯についても積極的に行なって来た。我々の行動は常に国際連帯を目指すものでなければならない。これまでの農民運動は地域性の枠を越えることができなかった。三里塚闘争は大きく飛躍した。人民が世界歴史の表舞台で活躍する時代が訪れてきたのである。

闘争は最高の芸術である

日本で一番長いマンホールの夜。突如管制塔に翻った赤旗。開港阻止闘争の完全な勝利。世界的実存主義哲学者サルトルは三里塚闘争の支持者だった。20世紀地球で一番美しいものは「中国革命の長征」であると言っていた。人間の良心の全面的な解放を保障する社会体制の実現を目指す、我々の階級闘争は人間の良心が天と地、宇宙に光り輝き満ちている雄大な地球上に画く最高の芸術でなければならない。人間的感動を与えられねばそれは闘争ではない。

総力戦

警視庁、関東管区、名古屋までの中部管区の精鋭延べ９０００人の機動隊。夜明けの闇の中から現われて、銀色の盾に朝日が反射し機動隊の陣形は壮観だった。迎え撃つ我々の部隊は広場を埋め尽くし、群集も呼応して鬨の声は三里塚の山野に響きわたった。砦を死守する反対同盟婦人行動隊は柱に身体を鎖で縛りつけ、砦の中は少年行動隊、三里塚高校生協議会、反対同盟青年行動隊、老人決死隊、反対同盟は総力を上げて戦いに挑んだ。逮捕者４６１人、負傷者８４１人(内重傷者43人)。

国賊の農民を殺せ

農民放送塔からの檄が響いて、機動隊に向かって一斉に投石、投石で駒井野の青い空が一瞬曇った。機動隊の突入、機動隊の高圧放水、大型ブルドーザー、砦破壊の大型バックホー、代執行破壊部隊、火炎瓶で応酬。機動隊、破壊機械に命中、炎上。鎖で身体を砦に巻きつけていた婦人行動隊にワイヤーロープがかけられてブルドーザーで曳かれていく、代執行破壊部隊突入、「国策に反対する人間は日本人ではない」「国賊」「上が責任を取るから何人殺してもいい」と指示されている。「殺すぞ」と掛声をかけて火事場用の鳶口を振りかざしてくる、木を切るエンジンカッターで襲いかかってくる。反対同盟の農民が登っている木がそのまま切り倒されてゆく。私は初めて殺されると思った。国賊として反対同盟の農民を殺しても空港は建設する。人間を殺しても空港は作る。これが国家の意思であった。

美しき人間の涙

塞の中の白兵戦、火炎瓶も使えない、ドラムカンのガソリンをバケツに汲んで機動隊に浴びせる。焚き火を投げつける。火達磨になった機動隊を高圧放水車が消す。「何で機動隊のためにあんたが死ぬのよ」高校生柳川信子さんの絶叫である。振り向くと、北原事務局長の娘さんが、バケツでガソリンをかぶって焼身自殺の抗議をするところであった。信子さんの声に北原さんの娘さんが我に返った。その一瞬、信子さんの目から大粒の涙が溢れた。その涙に太陽が光った。美しい人間の涙である。私はこんな美しい涙をこれまで見たことはなかった。

闘争は朗らかに

婦人行動隊が少年行動隊の我が子を胸に抱えこんで、この親子を殺してから空港を作れと口々に絶叫している。男で残ったのは石井英祐くんと私、婦人行動隊のところに駆け寄ると同時に私の襟首に機動隊の手がかかった。逮捕。その一瞬、婦人行動隊の椿のおっかさんが苦しい顔をして倒れた。「婦人行動隊が死んだ」と叫んだ。「早く砦の外に出て医者のところに連れてゆけ」と叫んだ。驚いた機動隊は私の襟首の手を放した。椿のおっかさんを抱きかかえて砦の外に全員脱出した。安全なところにきた。椿のおっかさんが目をパッチリ開けてにっこり笑った。「加瀬さん、みんな大丈夫か」と声をかけた。みんなを助けるために機動隊に死んだふりを使ったのである。「機動隊の野郎どもざまあみろ」婦人行動隊の笑い声が駒井野の山野に響き渡った。闘争はいつも厳しく、美しく、朗らかである。

祈りの心を失って

三里塚の老人決死隊であった人たち、また、多くの人たちが亡くなっていった。私はこれまで「安らかにお眠りください」

と祈りを捧げてきた。しかしこの祈りの言葉を失ってしまった。三里塚では墓を掘り起こし暴き、その上をブルドーザーで固めてコンクリートを流して空港を建設してきた。空では騒音の爆弾が破裂している。地の下も地上も空も人間が安らかに眠るところは三里塚にはない。人間としての祈りの心を取り戻したいと思っている。

生きている者　死んでいった者

私は多くの反対同盟員と全国の同志を失った。でも、これらの人たちは私の中に生きている。戸村さん、明治さん、石橋さん、源さん、菅沢老人行動隊長、熱田さん、秋葉さん、石井さん、三宮さん、岩沢吉井さん、長谷川たけさん、柳川のおっかさん、原君、東山君、新山君等々数えきれない。これらの人々と毎日言葉を交わして生きている。生きている者との会話、亡くなった人との会話の重さは私にとっては同じである。亡くなったこれらの人々は三里塚空港反対同盟地獄の軍団を組織して闘っているそうである。「生きているお前たちは、なんとだらしなく、意気地がないことよ」と私は毎日お叱りを受けている。

大きな課題

三里塚闘争に深くかかわってきた社会党、総評は歴史の中に消滅していった。共産党も三里塚から去っていった。新左翼も力を失いました。私たちが解決しなければならない重要な課題が三里塚闘争ではっきりしました。これはとても良いことだと思っている。農民が大衆が命をかけて闘っているのに党利と党略では政党の名に値しない。

熱き思いを共有して

三里塚では多くの村がコンクリートの下に埋められた。騒音地帯で廃墟になった三里塚の村々、福島で原発で廃墟になった村々、村を追われた人々と三里塚の農民の運命が重なる。沖縄辺野古で基地建設の強行という現実が三里塚闘争と重なってくる。戦争法案反対、絶対あきらめない闘争の持続と、50年の歳月を国家権力に屈することなく闘い続けてきた三里塚闘争が重なってくる。日本人民の闘争の熱い思いを共有して行きたいと思っている。三里塚では第三滑走路建設計画が浮上してきた。国家権力は着々と遠謀を組んでいるが、初心にかえって闘いに挑んでゆく決意である。

少年行動隊宮本由美子さんの手記（小学校6年生）

駒井野代執行のとき、「死んで帰ります」と両親に告げて家を出た。命をかけて闘って夜家に帰った。私は両親に「生きて帰って申し訳ありませんでした」と頭を下げた。

権力の総攻撃

政府、行政権力、空港公団、機動隊、測量隊、代執行作業隊ばかりが攻撃をかけてくるのではない。千葉銀、成田信金、京葉銀行、三井、三菱等地元、大手銀行が3人か5人1組になって「補償金が入ったら私の銀行をつかってください」と勧誘活動を展開したのであった。総勢30人とか50人の職員であった。抗議して銀行マンの書類を奪い取った。毎日訪問して勧誘したときの記録が克明に記載されていた。見事なオルグ活動というほかはなかった。家族及び親族の人間関係も克明に調べ上げてあった。親族一同に相続権があるから補償金が入ったら我が銀行へである。娘が東京の会社に勤務していた。がその上司が休暇をやるから生家に還って父親に土地を売れと言って来いと言われた。土地を売らないと私は会社を首になると泣いていた。

このような敵の総攻撃と戦う経験を私たちの大衆運動は持っているはずである。千葉県の京葉工業地帯を造成したときには、補償成金の農漁民の「五井様」を作り出した。高度経済成長下、開発は全国に「五井様」を作り出したはずである。原発成金もそうである。

三里塚反対同盟を組織していくときには、空港建設反対で勝利した富里、八街の農民30人、50人が部落集会に参加して闘争の体験を語った。大衆的なオルグ団である。オルガナイザーの扇動的言動は農民はなかなか受け入れない。だが同じ農民が真実を語るときに素直に受け入れたのである。農民の自立性、自主性を徹底的に高め農民１人ひとりを優れた組織者にすることによって戦いの展望は開けると思った。

私に対する攻撃

芝山鉄道建設のために私の所有する木の根字拓美（ペンション）を売ってくれと相川勝重町長が来た。菱田をよくする会の大木敏男が来た。石井新二が来た。町会議員になった出山克正が芝山鉄道社長を連れて突然やって来た。私に対する攻撃は「芝山鉄道用地部嘱託特別社員、課長級待遇、事務室、秘書、運転手」の役を特別に与えるというものであった。土地代金、課長としての高い給料が入る、用地部だが仕事はやらなくてよい、退職金は出る。老後の人生は幸せではないかというものであった。三里塚空港の建設は大手建設資本の合同企業で進められている。木の根の土地を我が会社に売ってくれれば「出勤しない社員待遇、家にいて好きなことをしていればよい。また空港反対活動をしていてもよい。木の根の土地を取得すればそれを種にビルディングや滑走路の入札権を獲得しますから、加瀬さんに支払う給料はなんでもない」こんな事を言ってくるのである。生死を賭け共に戦った青年行動隊員が権力の手先になって私に攻撃を仕掛けてくる。

自分の非力に惨めさが付きまとう。木の根の土地の一坪共有化運動は死人が出そうな内ゲバ。８００人を組織したが運動としての組織管理はなく野放し、空港反対闘争に生涯を賭けた小川明治、小川源両副委員長の意思を引き継いで全人民的な土地所有はいまだならず、悲しみ、辛さはいくつも重なっている。

絵はがき「三里塚」丸木位里・丸木俊夫妻（三里塚「廃港」要求宣言の会）

第4部

三里塚闘争、運動と理論

三里塚闘争前史

新しい思想・社会主義

八街・富里地域が新東京国際空港建設の候補地になった大きな理由は、日米安保条約の地位協定によって置かれている米軍基地の横田、厚木エリアという米軍専用空域と、北には茨城県百里自衛隊航空基地があり、ブルー14・20をはじめグリーン4・6・8・10、アンバー1・9・10、レッド1・19がひしめきあっているが、この八街、富里を中心とした千葉県北総畑作台地の上の空があいているとの理由であった。八街と富里が隣接する地域に旧日本軍の陸軍飛行場があって幅6メートルのコンクリートの滑走路がいまでも残っている。第10飛行師団隷下部隊第18戦隊第140戦隊（天翔16638）師団長少将近藤兼利。この陸軍の飛行場を建設するために強制移転、強制労働が実施されたのである。高速道路富里インターのところに富里町七栄猪穴という集落がある。強制移転させられた人々の集落である。猪穴という地名のように荒れ地であって、開墾は血の滲むほどの苦役の連続であった。

運輸省は、この陸軍飛行場跡地に最初に目をつけたのである。この跡地は、戦後に開拓が行なわれて、現在は農地になっており、また八街の市街に近いことで、新東京国際空港建設地に隣接する富里村に位置をずらしてきたのである。富里村高松入集落は、この旧陸軍飛行場に接した集落である。

訪ねてきた親娘

高松入集落の篠原さんが、娘さんを連れて私の住む現地闘争本部にやって来た。

「加瀬さん、うちの娘で役立つことがあれば使ってください。社会党の宣伝カーに乗せて、マイクを握らせてください」というのである。親に連れられて来た娘さんは、「加瀬先生よろしくお願いします」とていねいに頭を下げた。驚いた私は、とっさに『加瀬先生』だけは、かんべんしてください」と言葉を返した。篠原さんの娘さんは、富里村社会教育委員会、富里村青年団、青年学級が共催の講習会に参加して、「農村青年の学習活動と実践」という私の講演を聞いていたのである。

このころ、サークル活動に参加していても、警察が身元調査、思想調査をやっており、社会党の活動をしていてもアカなどとレッテルを貼られ、時には村八分にされる農村の状況であった。特に若い娘さんが活動に参加すると「嫁に貰い手がない」「傷持ちの娘である」とさえ言われていた。空港反対闘争が全住民が参加するようになってきたからといっても、国会、県庁などへの陳情、請願活動でも、冠婚葬祭そのほか、のっぴきならぬ所用があって、老人とか妻などを参加させると、闘争に熱意がないから「おんな年寄り」を出すのだと軽蔑され、陰口を言われていた。反対行動の中で、おんな、年寄りは肩身の狭い思いをしていた。こんな状況の中での篠原親娘の申し出なのである。

私塾高松学館

篠原さんの祖父は国本氏が開く私塾高松学館で平民社の社会主義思想に触れ、めぐり合ったのである。八街村の小作農民の青年たちが住野青年自治会を組織し、後に農民組合に発展させていったのである。千葉県北総台地に、社会主義思想と結びついた近代農民運動を誕生させたのである。私塾高松学館は、その母なる役目を果たしたのである。私は篠原さん親娘に出会い、この歴史的事実を知ったとき、感動で身体が震えて鳥肌が立つのを覚えた。

八街町、富里村、酒々井町、芝山町、山武町の連合空港反対同盟の会長は梅沢清さんであるが、梅沢さんの曽祖父母は「明治」の廃藩置県のときに江戸で失業した商人であり、江戸―東京の治安を維持するための移住開墾の農民として、この地に住みついたのである。現在は10町歩あまりの畑山林をもつ資産家である。戦前、旧制佐倉中学を出ると25歳で町会議員になった人である。

この梅沢さんの叔父で、大学を出て新聞記者をしていた梅沢菊次郎さんが、平民社に出入りしていて、私塾高松学館に平民社の小田頼造を呼んで講演会を開催したのである。そのことを平民新聞は、次のように伝えている。

千葉県伝道行商日記（小田頼造遺『平民新開』明治三七年九月十八日・第四五号）

九月七日

前日より運動の結果と梅沢菊次郎氏の尽力にて此の夜は八街村字住野戸に就いて社会主義談話会を開くことになりしを以て、昼間余は梅沢氏と共に来聴者勧誘兼書籍販売のため、住野を去る約二十町ばかりの高松てふ小村落に赴き、篠原氏及国本氏を訪ふ、篠原氏は農夫にして熱心なる非戦論者なり、国本氏は高松学館てふ私塾の塾長にして、進歩したる教育思想を有し、此の山間の青年に独立不羈の精神を吹き込みつつあるなり、午後九時半より開会、余は一時間半ばかり社会主義を説明したり、来聴者は四十余名にして何れも青年なり、此の青年諸君によりて社会主義研究会起さるる筈、此の日書籍を売ること七冊

九月八日

朝梅沢氏と共に八街村役場を訪問、居会せたる村長助役学校教員と社会主義非戦論等について論戦、役場を辞して後八街駅長桜井氏を訪ふ、氏は平民新聞の読者にして種々の談話を為したり、先に役場にて論戦の際、彼らより今夜平民社より記者一名の来車を請ひ談話会を開いてはとの義出で、余打電せしが午後六時駄目との返電来たりしを以て、余は其の旨彼らに通じ置きて、六時三十五分の汽車にて成東町に向かう、此の日書籍を売ること九冊

この高松学館の平民社の講話会に当時青年だった池田滝治（現八街町長４期、県会議員２期）鈴木豊（千葉県農民組合創始者、普選実施以来の村会・町会議員）林貞一（千葉県社会党農民部長）細谷重徳（元八街町教育長）など現反対同盟幹部が参加していたのである。鈴木豊さんは当時のことを次のように語っている。

農民組合の結成と小作争議

（鈴木豊談、加瀬勉収録）

衆議院に「小金佐倉十牧開墾授産地回復請願書」は明治27年に出ていますが、農民の騒動・暴動はもっと早い時期に起きていたわけです。私の20歳代まで繰り返し繰り返し続いておりました。当時、開墾すれば自分の土地になると言われて農民は一生懸命に命懸けで牧場の荒れ地を拓いていったわけです。それが越後屋（後の政商三井）を始め江戸の豪商でつくった

開墾会社の名義に土地がなっていて、農民はなにももらえないことから、農民の騒動、暴動が起きていったわけです。

開墾会社が農民にくれた土地は、宅地として面積は３反歩で、１反５畝歩は住野の地に、残りの１反５畝歩は日当たりの悪い何も収穫できそうもない北はずれの駒場の悪地でした。農民には土地をもたせない、宅地さえ分散して渡したものですから、１反歩１円で土地を売って逃げてゆく農民が続出しました。

開拓した土地は農民のものだと思っていたのが、いざ土地を分けてもらったらそんなわけですから、開拓農民は千葉県庁、東京の内務省開墾局に簔笠ぞうり履きで請願に出かけていったそうです。腰にアワ弁当をくくりつけ、千葉の登戸海岸から東京湾を小船に乗って、何回となく押しかけ、そのたびごとに警官が抜剣して退散を命じたそうです。

明治維新にあたって、失業者、禄無しがたくさん出て、その者たちを東京府下に置くと、なにをやられるか、わからないので、千葉県の馬の放牧地であった取香牧をはじめ七牧の開墾に移住させたのです。開墾会社の開墾地の割り当て面積は、私の家で10町歩ぐらい、前の家の山本さん10町歩ぐらい、反対同盟会長の梅沢さんの家も10町歩ぐらいでした。その土地が開墾会社の名義にされ、盗み取られたのですから、農民が怒るのはあたりまえのことです。

そのころ日本は富国強兵、殖産振興のもとで資本家や地主を創る時代であったので、土地を農民に開墾させて自作農を創る気など政府には毛頭なかったのです。小作人のことなど牛馬同様、虫けら同様に扱っていました。東京府下で失業武士、維新で職を失った窮民に暴動を起こされるものですから、治安対策としてこれらの者を千葉県の放牧地の原野に追っ払ってきたのです。

土地は開拓農民のもの

いまも、当時の文書が残っています。内務大臣大浦兼武の秘書で岩瀬兼超さんという人が相当頑張ってくれて「開墾は下図どうりにやれ、規則どうりにやれ、救済すべきだ」という内容の写しが私の家の長持ちの底から出てきました。当時のことが詳しく書いてあります。これを政府に提出したのが、千葉県因幡郡富里村の染谷雄助という人でした。開拓農民の願いは、岩瀬兼超さん、足尾銅山鉱毒事件の田中正造先生、東洋自由党の大井憲太郎先生の努力もあって衆議院でも取り上げられました。

八街の土地は開墾会社の名義になり地主の土地になってしまいましたが、自分たちの土地であることは、繰り返し繰り返し親たちから聴かされて育ちました。土地は自分たち開拓農民のものであり、開拓農民を窮民、力民、富民と区別し虐げられてきたことを自然に親たちから聴いていましたから、政府や地主は決して善い者だとは思ってはいませんでした。これが、農民組合、農民運動をやる根本精神になったのです。

八街住野の部落に梅沢菊次郎という人がおりました。空港反対同盟会長である梅沢清さんの父親の弟の方です。なかなか学問のある方で、社会主義の勉強をした人です。警察がやかましくて、社会主義の本を便所の屋根裏に隠して読んでいました。私が20歳ごろ、あるときこれを読んでみろといわれました。いまでいう哲学書ですね。これは、おれたち小作人のために書いてくれた本だと思って、うれしくてうれしくて非常に共鳴しました。いま覚えているのは、堺利彦先生の「共産党宣言」、これを読み、社会主義でなければならないと決心しました。

農村青年7人、これは住野部落の青年の仲間ばかりですが、1923（大正12）年1月15日に、青年自治会をつくりました。いまの市町村自治会とは意味が違います。なにごとにもとらわれず、本当の自主独立、縦横無尽にものごとを研究しようとするものでした。もちろん青年自治会の目的は社会主義の研究をする団体でした。団体ができれば当然、運動をやろうということになってゆきました。これを母体に農民組合がつくられ、運動が始まってゆくわけです。徹夜で読み、徹夜で討論しあい夢中でした。夜明けまで語り尽くしたことは珍しくありませんでした。労働組合はありましたが、農民組合、農民運動はありませんでした。私は無産政党でもできればいいなあ～という気持ちがだんだん強くなってきました。

清宮登さん（印旛郡酒々井町）が、職場が東京にあって通っていました。そこで、耳よりの話を持ち帰ってきたのです。関西で杉山元次郎、賀川豊彦さんが農民組合を創り、鈴木文治さんが日農関東同盟をつくった話を教えてくれました。

普選運動と小作人

自治会で農民組合をつくることを相談していると、東京の普選運動に参加しようということになり、青年自治会の代表1人を参加させることにしました。普選運動に行くときだって、自分たちが生きているあいだは実施されようとは思えませんでした。しかし普選が実行されれば自分を苛める奴には投票しないだろうし、いくら強くても斬り合いで弱い相手を倒し天下を取ることはできませんから、普選が実行されればたちどころに人民の代表が選ばれて人民のための幸福な社会がつくられると思いました。

いま革新政党が国会で3分の1の勢力の壁を破れるか、破れないか問題になっていますが、私ども千葉2区の選挙区をはじめ各1人の国会議員を当選させているのですが、困難な長い時間をかけました。いま人民のためにと演説や口では言っていますが、議員の多くは自分の立身出世、野心の下心を隠すようになってしまいました。堕落ですね。

１９２５（大正14）年に選挙が行なわれ、私も村会議員になりましたが、独立して生計を営む者、直接的に市町村民税を納める者以外は選挙の資格がなかったのです。

そのころ村の政治は、民政党《ママ》、政友会が派手に金を使って村長選挙など争っていました。村は、地主の西村が８００町歩、大久保が１００町歩、大鐘が８００町歩、鍋島公爵の鍋島が１３００町歩など一手に握っていました。村は６００戸ぐらいあったのですが、公民権をもっている人も少なく、村の公職に就ける人も少なく、学校長が学務員を兼務していました。農民の生活は悲惨きわまりないものでした。とくに小作人の生活、暮らし方は酷いものでありました。戦後、農地改革で農地をもらって、自作農になって自民党支持になった農民もたくさんいますが、大正時代の農民の暮らしは悲惨なものでした。

農民組合の支部を結成する

１９２４（大正13）年1月8日、青年自治会が母体となって日本農民組合関東同盟八街支部をつくりました。新聞に大きな見出しで「小作争議始まる」と書かれたものです。自分たちも小作争議をやりたくて、社会主義の本を読んで知ったことをやりたくて、腕をむずむずさせていたのです。

地主の圧力がどうかかってくるのか、警察の弾圧があるのかどうか、試してみようということになりました。そこで私が名乗りをあげ農民組合の看板を掲げました。多くの人々は影の人となって見守ることにしました。私は妻に離縁状を書きました。農民組合の名乗りをあげれば、おれは地主に叩き出され村を追われる。おまえの面倒はみられない。いい人と再婚して幸福になってくれと言いました。いざ名前をあげると駐在所の巡査があわてて調査にきました。そうしたらみんな勇気百倍になりました。

自分の連れ合い（妻）が大地主・西村の部落から来ていました。奏の実家に働きかけ、小作人が争議を起こす決心は大変だが、始めれば楽しいし得にもなると、私の連れ合いの実家に西村の小作人が集まって、夕方から真夜中1時まで話し合いました。

小作料を1反歩7円から5円に下げる相談をしましたが、とても恐ろしくて争議はやれない、勇気と自信がないということでした。私は、それではこのまま一生泣き寝入りするつもりか、あきらめて我慢するというのか。地主の西村は町長をやり在郷軍人会長であったので、みんな怖じ気がついたのでした。

鬼より怖い地主が下手に出てきた

それなら昔のことを聴かせようと「小金佐倉牧開墾事件で西村が我々の先祖が開墾した土地を盗み取ったのだ、彼の土地はほんとうは一切れもないのだ」と、地主たちが我々農民の土地を横領したのであることをこんこんと聴かせたのです。そうしたら、鈴木さんという人が、こうして熱心に頼むのに争議を依頼する人がなくては張り合いが悪かろうと、追い払われてもよい、ここに住めなくなってもよい、とにかく地主・西村に小作料を下げろと要求してみることにしました。2人だけが決死の覚悟を決めてくれました。私の妻の実家とそれに分家でした。1反歩7円の小作料を5円に値下げしろという要求書をフトコロにいれて、加納友吉と2人で西村のところに行きました。

地主の西村にむかって「おまえのところは軍人の家で元主計少尉ではないか。時と場合によっては鉄砲の弾が飛んでくる。命を落とすこともある。ハラをくくって返事をしろ。我々小作人の要求を飲め。断ってもらえば、なおのこと勇気が出て嬉しいんだ」と農民組合の立場で遠慮なく言ってやりました。西村は断ることもできず、要求を飲むこともできず、おろおろしていて、しまいには涙をポロポロ流しました。奥さんも、長い間屏風の陰に座っていましたから、足がしびれて立てなくなりコチコチになっておりました。西村の第1番頭・中村さんが出てきて、とにかく今日のところはひとまず帰ってくれというので、引き上げてきました。

このようすを加納友吉さんが「地主西村、落涙す」と書きました。これは小作人に勇気を与えました。そのことが西村の小作人に伝わり、はじめ団結できなかったので、妻の実家と分家だけでしたが、それに続いて、おれたちも村を追われ、小作地を取り上げられてもよいと、部落中の小作人が立ち上がりました。激しかったですよ。暴動を起こしても要求を通そうという意見も出ました。それは最後の手段に残しておくことにしました。

地主の西村が驚いて、小作料1反歩7円を5円50銭に引き下げてきました。鬼より怖い地主が下手に出て来たものですから、人のよい小作人は一遍に腰が折れて争議を放棄してしまいました。我々農民組合は5円にしたかったのです。物取り（経済主義）だけではダメですね。新しい世の中（社会主義）をめざしていく自覚がないとダメです。初めての小作争議は5円50銭で片が付きました。

血の雨をふらすぞと気勢をあげたが

地主の鍋島とは、あの化け猫騒動の伝説をもつ鍋島なのですが、１３００町歩の土地を所有していました。鍋島との争議は小作料値下げではなく、土地闘争でした。小作地を自作地にするために、耕す者に土地を渡せと鍋島の事務所に交渉にいきました。小作料も支払わないで自作農になりたいとは生意気だ、滞納を整理してからにしろと言われました。なにしろ小作人は地代を払えないほど生活に困窮していました。明治時代から払わない小作人もおりました。

農民組合は滞納整理をしつつ農民に土地を売り渡すよう鍋島に要求しました。そうすると鍋島は、土地を小作人に売って地代は取れないから損をすると、片倉製糸に土地を売ることにし、片倉製糸も土地でひと儲けしようと企んでいました。

１００万円で話が進み、鍋島の幹部は礼金に20万円をもらったそうです。小作人からみれば、１００万円は夢の夢でした。私は4人の部落長とともに千葉県庁に押しかけ、農務課の忠島に「いくら売買が自由だからといっても、小作人が耕していて、小作料を払っている土地を片倉製糸に売る行為は間違っている。約束どおり農民に売るべきである」と言った。そのころ自作農創設法がでていまして、こんな時代に小作人に土地を売らないということはないというと、忠島もそのとおりだと賛成してくれました。地元で農民大会を開くので、県庁からも弁士として来てくれるように頼みました。当時、私は農地委員をやっていましたから「鍋島の土地を片倉に売り渡すのは反対だ」と決議をさせました。

町の西小学校で農民大会を何回も開きました。それでも売り渡すというなら血の雨を降らすぞと気勢をあげましたが、とうとう売り渡されました。

住野の小作争議

私の住む住野の小作争議は1926（大正15・昭和元）年に始まりました。地主は元開墾会社の幹部社員、伊藤喜助の息子の伊藤安五郎でした。小作料は1反歩5円でしたが、農民組合は未払い運動を起こしました。地主・伊藤は小作地を鍋島のように売ってしまおうと考えて、キノエネ酒造（飯沼本家）へ売る交渉をはじめました。明治以来、開墾地は農民のもので誰のものでもない、キノエネなんかに売られてたまるものか、農民に売り渡せと要求しました。

当時の農民運動の方針は、小作人は土地を買ってはいけないという方針でした。日農関東同盟の鈴木文治さんは「今年3割・来年5割・末は小作の作り取り」という歌をつくって方針を教えてくれました。農民運動の最終日標は社会主義社会をつくることにある、いつかは社会主義社会をつくるために資本家と一戦を交えなくてはならない、小作人が土地を持つと、労働者のように団結できなくなる、あくまでも小作人対地主で争うことが必要だとのことでした。

地主の伊藤は、小作料を農民が払わないので暴力的に出てきました。警官と、知った執行吏が来て突然、家の中にいる家族を殴りつけ、子どもまで庭に投げつけて5寸釘で雨戸をドンドン打ちつけて差し押さえしたのです。鈴木元次郎さんは、学校に行くことはできませんでしたが、独学で勉強し、いつも農民組合や小作人の先頭に立って闘っていました。しっかり者で頑張り屋でした。差し押さえをくらい庭に打ちのめされた家族の姿をみて鈴木さんは「住み慣れし千葉野の里を後にして　吾はいずくに吾はいずくに」と感きわまって歌を詠みました。

差し押さえが繰り返されるたびに、小金佐倉牧開墾地は農民のもので、彼ら地主に盗まれたものだ、横領されたものだと文書を配りました。とうとう小作料は6年間1銭も払いませんでした。差し押さえがあるたびごとに小作調停法を逆手にとって、いま調停中だから競売はやらないで欲しいと訴えたわけです。

地主に依頼され小安弁護士が東京から来たのですが、とにかく小作人に土地を売り渡すことを地主が承諾したからと言ってきました。小作人は1反歩5円の小作料6年間分の棒引き、ただにすること、そのかわり1反歩40円で買うこと、だから差し引き1反歩10円で買い取りました。

当時、八街町の斎藤町長は、これは恐ろしいことだ、革命的な出来事だと言っておりました。百姓が自作農になっても安楽に暮らせないことを、私は知っております。小作人が自作農・土地持ちになっても労働組合のように組織をもって、日常的に地主や資本家、政府と闘争を起こせる方法を考えなくてはならないことを知っていましたが、日農関東同盟には一言も言いませんでした。

戦後まで続けた大鐘争議

地主の大鐘得三郎（８００町歩）を相手とする大鐘争議は大事件となりました。その闘争は戦時下でも続けられ、戦後の農地改革まで続けられた長い争議でした。

大鐘争議は１９２３（大正12）年に起こしました。地主・大鐘が左、地主・西村が右と、道１本隔てて土地を所有していました。西村が小作料反当たり７円を５円50銭にされたものですから、大鐘の小作人は７円は高すぎる、酷いではないかということになりました。争議をやるということではない、５円にしてもらいたいと話を聞くだけ聞いてもらってもいいではないかと、私は徹夜で説得しました。その夜、小作人の集まりでは、誰ひとりとして発言するもの、口を開くものもなく、バラバラと帰りました。

つぎの朝、小作人が集まって相談しましたが、小作料を値下げしていただく考えは毛頭ありませんと、大鐘のところに代表２人がいきました。だが大鐘は、農民組合ができたので、いずれ小作料の値下げの要求がでてくると考え、池田滝治、山本文太郎など農民組合の中心になっている人の土地を取り上げて追放してしまえば、小作人は腰砕けになると思って、先手をうってきました。

大鐘争議は、ここから起こりました。この争議は１９４５年まで続けられました。法廷闘争も行なわれ、大審院まで持ち込まれましたが、和解しませんでした。

千葉県知事・岡田文麿が調停に乗り出し、和解案を提示しました。

一、地代は畑１反歩５円50銭と定めること
二、地代完納者に対して地主は１反歩に付き、年額２円以内の奨励金を交付すること
三、当該調停事項は管轄裁判所で法廷和解すること

この調停工作は成功して、佐倉裁判所で和解が成立したが、大鐘は地代完納者にたいする奨励金１反歩２円の支払いは地

主の任意であると言って払わず、拒否し続けました。

1936（昭和9）年に国粋会の遠藤条吉が調停に立ち和解が成立したが、佐倉裁判所で和解文の作成中にまた紛糾した。地主側の条文のなかに「5円50銭の地代完納者に対して、1円50銭の奨励金の交付」と「滞納金年賦償還金1反歩5円50銭を隣接地主並に4円とすること」を拒否したのです。

この地主・大鐘の背信行為にたいして、農民組合は全農会長黒田寿男（弁護士）の支援を受けて約1000円の小作料、宅地代を弁償供託したが、大鐘は契約不履行で受け取りを拒絶、農民組合の戦闘的幹部、北村新造（小作地4町歩）池田作次郎（小作地3町歩）平沼源蔵（小作地1町5反歩）に強制執行、立ち入り禁止の処分を申請しました。さらに、この立札の時当局は県特高警察・大野警部以下、県警刑事課、佐倉署員100人を動員、検束用のトラックまで動員してきた。農民組合員300人は大鐘邸を包囲し、邸内に突入し、日本刀で番犬の首を切り、血のしたたる犬の首を竹槍に刺し、大鐘の座敷に投げ入れるなどして闘った。全農は執行委員・山本源次郎が検束されました。また農民組合の農婦たちは、女房団を組織して、大鐘の裏山の神社に100人が集結するなど、おおいに気勢をあげました。多くの検束者を出し、私も検束された1人でした。

この大鐘争議は、1949年の農地改革が終わるまで続きました。私は小作人代表で調停に出ました。東京から山岡賢治、浅沼稲次郎、黒田寿男さんらがよく応援に駆け付けてくれました。小作人代表は、私の他に渡堀朔太郎、高木高吉でした。地主の代表は貴族院議員で多古町出身の菅沢重雄、山武町の蕨真次郎でした。蕨は伊藤左千夫らと共にアララギ派を起こした埴谷の蕨真の弟です。蕨家はいまでも「お代官さま」と呼ばれています。それに八街町の日暮喜内という人でした。中立委員は千葉県幕張出身の三橋亘、貴族院議貞で八街町出身の越川勝太郎でした。菅沢は千葉県知事の岡田を子供のようにあしらっていました。

地主小作人問答

朝10時から調停に入りましたが、菅沢が、開口一番、小作人に訪ねたいことがあると発言してきました。

第1に、長く小作争議を続けているが、八街ばかりが土地ではない。満州（現中国東北部）に行く気はないか。また北海道はどうだ。

第２に、トウモロコシからも米と同じタンパク質がとれる。主食にトウモロコシを食う気はないか。

第３に、いま停車場を歩くと、小作人の着ている着物と地主の着ている着物が同じになってきたが、ぜいたくであるし、それでよいのか。

第４に、農民組合を解散する気はないか。

と質問しました。酷い内容でしょう。このように小作人は地主から扱われておりました。私は、次のように発言してやりました。

第１の質問に対して、満州にいく気は毛頭ない。金もない学問もない小作人が、外国へ行っても成功するとは考えられない。まして小作人は、地主のように盗み取ろうという気はない。

第２に、主食の替わりに、タンパク質が同じだからトウモロコシを食えという質問にたいして、八街は火山灰地でできた土であるから地味も豊かではない。水田で取れた米と畑で収穫した陸稲では味が違うように、地力のない八街では陸稲は味がわるい。私は農民組合を作って初代無産医療組合を組織して、医師・武田さんと活動しているが、小作人は親子何代にわたっての開墾労働の疲れから、結核になり倒れている人が多い。過労と栄養失調からである。いま薬を飲むことのできない小作人が多く、無産医療組合は薬を飲む運動をしている。小作人こそ、肉や魚を腹一杯食う必要がある。トウモロコシを主食にしろとは、とんでもないことである。

第３に、小作人の服装が地主と見分けがつかない問題だが、小作人は、あばら家で隙間風が入り、寒さが来ても、着るものや寝る布団に不自由をしている。野良着と他に出かけて行くときの着物は同じである。贅沢しているとはとんでもないことである。

第４に、農民組合を解散しろということだが、とんでもない。解散する意志は、まったくない。農民組合は、明治政府が政商、豪商、三井などと開墾会社をつくり、農民に土地を開墾をさせておいて、その土地を横領したことが、農民組合を作る基礎になっている。その後、社会主義の思想が八街に入ってきて、ちょうど八街で農民組合を作ろうという機運といっしょになって共鳴する人が出て、自発的に参加者があって、組織されたものである。だから解散することは出来ない。

農民組合の目的は社会主義の社会を建設することにある．資本主義の世の中である限り農民の解放はない。社会主義の世の中を作らねば、万民の幸福はない。小作争議は、その闘争の一過程、ひとつの問題に過ぎない。小作争議が終わっても、農民組合を解散する気は毛頭ないと、きっぱり言ってやりました。

これが、当時の小作人と地主の、基本的な考え方と立場の違いでした。

八ッ場ダム反対闘争（その一）

空港建設反対富里村大掘の社会党闘争本部に加瀬完参議院議員から連絡が入った。群馬県長野原町旅館組合から八ッ場ダム反対闘争のために富里・八街の空港建設反対闘争の経験を話してくれと依頼された、同行してくれとのことであった。社会党群馬県連の猪上専従書記が八ッ場ダム反対の組織を作るために現地に工作に入っていて千葉県連を通して依頼してきたのである。温泉旅館組合主催の集まりとあって旅館の大広間は参加者で溢れていた。主催した旅館組合の責任者は「温泉に入って、ゆっくり食事してそれからお願いします」とのことであった。加瀬完先生は「みんな集まっていますか」「集まっています」「すぐ始めましょう」八ッ場ダム建設については計画は発表されたが、「ダム建設計画案」、「補償条件」「温泉移転と新しい町づくり」の建設の具体的プランがまだ建設省河川局から示されていなかった。住民の不安と動揺は激しく揺れていた。加瀬完先生と私は富里・八街闘争の経験を話して絶対に阻止できると訴えた。加瀬先生の講演と住民の質問は夕方5時から夜の9時まで続いた。

講演が終わると温泉に入り、食事して加瀬先生はすぐに床について寝てしまった。温泉にゆっくり入って酒と料理をご馳走になって足腰伸ばしてゆっくりして床に入る。旅館組合の人もそのように接待しようと用意してくれたのである。酒も料理にも目もくれず食事を依頼して加瀬先生は寝てしまったのである。私と猪上君は加瀬先生の隣の部屋に床を取って寝た。富里闘争本部の電灯はない、風呂とトイレはない、土間の上に板を敷いて布団をかぶって寝ている生活。温泉に入ってたぶん旅館組合が用意した酒と料理を腹一杯食べられると目算していたが駄目になってしまった。がっかりしたが、物見遊山に来たのではない、闘争を組織しに来たのであると気を取り直した。

猪上君の重要な話

猪上君は群馬県妙義山射爆場反対闘争で現地に入って活動した人物。妙義山恩賀集落の人たちの基地反対闘争の経験を語ってくれたのである。この猪上君の話は富里から三里塚闘争に重大な影響を与えていくのであった。重要な話は2つあった。1つは戸主、男は駄目だ、金と野心に弱い。防衛施設庁の役人にすぐにごまかされてしまう。

2つ目は老人・婦人を組織しなければ闘争は勝つことができないということである。防衛施設庁の役人がきて囲炉裏を囲んでいる家族の前に札束を出して山を売ってくれ、夫がその札束をつかもうとしたとき、妻が「その金受け取ると山を出なければならない。取らないで」と泣き叫んで夫の手にしがみついたというのである。

もう1つは恩賀集落の老人たちが、白装束に身を固めて6尺の柄の付いた鎌を振り上げ、山に入るならお前たちを斬殺して俺たちも死ぬと、老人も婦人たちも防衛施設庁の職員の腰に下がっている水筒にしがみついて三途の川を渡る死に水だ、飲ませてくれといって阻止したというのである。

老人、婦人を組織しなければ闘争は勝利しない。私は富里八街婦人行動隊、三里塚においては婦人、老人行動隊を組織したのであった。妙義山射爆場反対恩賀の村の人たちの戦いは空港建設反対八街、富里、三里塚の闘争へと引き継がれて行ったのである。

コソ泥の如くに

食事してすぐ床に着いた加瀬完先生は夜明け3時に私を起こした。夜が明けるから1番電車で東京に帰ろうというのである。「加瀬先生、夜中の3時ですよ」「もうすこし眠りましょうよ」1時間経つと「夜が明けてきたから旅館を出て駅まで歩こう。歩いているうちに1番電車が来るだろう」「加瀬先生、黙って先生が出て行くと旅館は大騒ぎになり、あまり早く起きると女中さんが迷惑します。1番電車に間に合うように配車してくれることになっている」。それでも加瀬先生は納得しないのである。「国会で用事があります。帰らせていただきます」と書置きして旅館を出ましょう。音を立てると女中さんが目を覚ましますから、そっと出ましょう。まだ夜はあけきらない。月、星明かり薄闇の中、加瀬先生も私も無言で歩いて長野原の駅に向かった。

無人の駅で2人は終始無言であった。温泉宿に来てゆっくり風呂にも入れなかった。用意してくれた料理も酒も飲まなかった。ゆっくり寝ることもできなかった。ダムが出来れば村は温泉旅館は湖底に沈む、多くの人の運命が強制的に変化させられる。大事な闘争に参加して温泉宿で物見遊山の気持ち、加瀬先生の行動は私に深い反省を与えてくれたのであった。猪上君の婦人・老人を組織せよ、に私は深く決意したのであった。

八ッ場ダム反対闘争（その二）

群馬県沼田ダム反対闘争に参加することになった。松永安左衛門が主催する産業計画会議が東京湾に第二新東京国際空港建設、沼田ダムを建設し、又、尾瀬沼に地下隧道を掘って取水し首都圏の都市上水道、工業地帯の用水を確保する計画案を作成したのは1962年の事である。沼田市を湖底に沈めてダムを建設するという大型開発計画であった。沼田ダム建設反対期成同盟から三里塚反対同盟石橋政次副委員長に支援要請があった。戦前、石橋副委員長は群馬県沼田の陸軍砲兵隊に入隊し、上海に上陸、南京攻略に参戦した。沼田ダム反対期成同盟の事務局長がその時の戦友であった。この関係で支援要請があったのである。石橋副委員長、宮野稔反対同盟事務局、村山隆正反対同盟員、現地常駐の加瀬勉が支援要請に応えて参加した。三里塚空港反対同盟の県外初めての共闘であった。沼田市を湖底に沈めてのダム建設は壮大なもので日本独占資本と国家権力の強大な計画をまざまざと見せつけられた。

沼田市から長野原町八ッ場ダム建設現場の吾妻渓谷を視察して、湖底に沈む農民の人たちと夜は交流した。八ッ場ダム反対の人々と交流するのは２度目である。旅館組合は１度は反対にまとまったが賛成になった人が大勢出てきていた。群馬県は中曽根と福田両総理の選挙地盤である。沼田ダム、八ッ場ダム工事を巡って大手建設会社の資本が２人を取り巻いていると言われていた。

社会党が政権を取り民進党が政権を取った。八ッ場ダム建設計画を中止させる政治的条件はあった。いや一時中止させたが、自民党の政権となって工事は完成を目指して行われることになった。空港建設反対闘争と重ね合わせ見ると、社会党の無気力さ、民進党の無能さをしみじみと私は感じた。自民党に対しては凄さ、無慈悲さを痛感した。自民党は権力の持つ非情さを知っている政党である。人を殺してまでも空港を作るぞ、この非情を実行する政党である。支配階級を代表する政党としての非情さを持っている。今の野党にはこの自民党のこの非情さを上回るやる気、度胸、肝っ玉、本気、決意、信念、政策がない。人民のために民主主義を命がけで守り発展させる決意がないのである。いわゆるやる気のない政党、本気になれない政党である。

野性

私は東京神田駅構内エリーゼの喫茶店に入った。さらに東京駅、新宿・渋谷、四谷すずらん通りモンブランの喫茶店に、腹はコーヒーと水で小沼のようになった。三里塚闘争でせっかく赤い血潮になってきたのに、身体中の血液がコーヒー色に染まってゆき、伯楽奔馬赤い血でなく黒い汗が滲む思いがしてくるのである。コーヒー好きでないのになんでそんなに飲み歩くのか。東京には政治事務所が沢山あって政治局員がいて政治を商売にしている人たちがいるのである。共闘だ、統一戦線だ、ともに三里塚を戦おうと要請に来たのである。彼らは私と違って日本中の闘争を知っている。世界の政治の動きも私に解説し教えてくれる。彼らはいろいろな闘争を知りそれを時には積み木のように組み立て縫い合わせている。出来事の表面を既存の物をつなぎ合わせて生きているいわゆる根無し草なのである。闘争は積み木でもなければ既存の出来事を縫い合わせることではない。未知の世界を求めての可能性に対する命がけの挑戦である。採取経済から縄文へ弥生へそして三里塚へその耕しのすべての命が空港建設のコンクリートの下に埋められて行く。自然は引き裂かれ、命あるものは窒息し、国家と飛行機というプレスが、人間をスルメ烏賊のように引き延ばそうと襲い掛かってきている。九十九里浜の平らな渚と海、木枯らしの立ち上がる浪頭、利根川の真水を飲み込む潮目の渦巻く波しぶき。犬吠の岩に砕け散る波しぶき、終わったと思った飛沫の中に本当の命が光る。自然の音である潮騒や海鳴りが古代から連綿と続く人類の闘争の鬨の声に聴きとれる。

闘争は未知の世界に挑む野性的な仕事である。既存の出来事を縫い合わせて政治知識としている連中には私は興味はない。17歳で初めてヒロポン中毒の先輩を相手に「酒を飲む会」を組織して以来闘っては組織し、組織しては闘い続け、三里塚闘争を通じて国家と闘争するまでになった。生きるとは闘いであり、闘いとは生きることである。

闘争は野性の塊である。野性とは自然や野生動物の意味ではない毅然と対峙してきた人間の裸の情動を含んでいる。このうえもなく生気に満ち溢れた生命秩序全体を指す言葉である。それはまた公共的な飼い馴らされた市民的自由を超える永遠の絶対的自由の別名が野性である。飼い馴らされた合鴨に野生の美しさはない。凛とした冬の凍てついた大地と空を飛ぶ俊敏な野生の鴨は美しい。1発の銃声、1本の矢が身体を貫く運命であっても私は野性の1羽の鴨の如く羽ばたいていく。良心の傷口から人間の真実の血が、人間性の不滅性が噴出し、永遠の死に至るまで流れ出ている。三里塚ではこうした血が流れ、私はそれを目の当たりにしているのである。

宣伝活動

農村の村々には火の見櫓があり火災発生、災害が発生したときに打ち鳴らす半鐘が下がっている。戦争中、国の強制で持って行かれてしまったが、釣鐘があった。村の緊急事態はこれを打ち鳴らし連打して村人に知らせる。釣鐘の代わりに空港反対と書いた五衛門釜が辻々に立てられた。古い五衛門釜が沢山あるわけではない。各集落にドラムカンが立てられた。村境には右、下総国三里塚・成田、佐倉へ、左、上総国芝山、松尾、成東への碑の道標が立っている。空港に反対する農民は山から杉丸太を切り出してきて柱を作り「空港絶対反対」の道標をすべての集落の辻に立てたのである。そうして風雨に強いトタンを塗装した空港絶対反対の看板が立てられた。武州集会所の３差路に血染めの竹矢来が組まれた。国や県の連中が村に入ってきたら突き殺すと農民は殺気だった。大正時代、西村小作争議があって、西村の番犬の首を切り落とし竹槍に刺して庭を行進し、血染めの犬の首を地主西村の座敷に投げ込んだ。反対同盟の幹部の多くはこの小作争議の関係者である。その経験がよみがえったのである。

八街町で新年の消防の出初式があった。消防団長が空港賛成の挨拶をした。住野集落の消防団は抗議して会場から退場した。消防倉庫と火の見櫓にペンキで空港絶対反対と大書した。天神峰の小川喜平さんの屋根に空港絶対反対が書かれたが、この八街の闘争を引き継いだものである。

富里に隣接する山武町埴谷は騒音地帯になる。空港反対同盟が組織され首長選挙に鈴木さんが立候補した。当選を目標としたものではなかった。選挙で自民党候補に反対同盟組織を切り崩される組織を守るための立候補であった。貨物自動車に大型のバッテリーを積みマイクで「空港百害あって一利なし」を絶叫して走り回った。その後に空港絶対反対の幟旗を立てた貨物軽自動車が１００台も２００台も続いた。当時は道路は舗装がしてなくて漠々たる砂塵を巻き上げて選挙期間中走りまくった。鈴木さん当選。空港反対の町長の誕生であった。

武州集落反対同盟の村田さんが新車のライトバンを購入した。安全祈願に香取神宮に行った帰りに霞ケ浦空港反対闘争の視察に行った。霞ケ浦の漁民が自転車に空港絶対反対の看板を括り付けてワカサギを売って歩いているところを見聞した。村田さんは新車に「空港絶対反対」と塗装したのである。村の者は驚いた。反対同盟の農民は耕耘機に空港絶対反対の看板を取り付けて田畑で働くようになった。

富里村一番の能筆家は人形台の加藤老人であった。「空港絶対反対佐藤内閣打倒」の幟旗は加藤老人の筆によるものである。空港反対富里八街青年行動隊が東京で開かれた日韓条約反対青年集会に参加した。鎌、鍬、むしろ旗、野良着の戦闘服・行動隊長の吉田総一郎さんが鎌を振り上げて決意表明をした。その姿が写真に収められ青年行動隊の赤旗の図案になった。牛蒡田の鈴木老人は半身がマヒして寝ていたが、佐藤総理大臣空港絶対反対の手紙を書いた。脅迫文と認定されたものが70通にのぼった。反対同盟自らが作り上げたスローガンである。理にかなったリズム感がある。

金はひと時　　土地は末代　　どの手できても
判は押さぬ　　一致団結　　必勝だ

農民は宣伝を必要だと自覚したときには自らその能力を発揮し解決している。反対同盟員が乗っていない宣伝車。反対同盟の宣伝車とマイクを奪って新左翼の団結小屋常駐員が「こちら反対同盟の宣伝車です」と走り回っている。代理戦争の中からは何も生まれない。生まれるとすれば闘争の敗北だけである。

古巣の社会党と新左翼

三里塚闘争を条件闘争に転換させようとした社会党は歴史の中に消滅していった。死んでいった人間を生き返らせようとしても無駄なことである。八街には明治、大正・昭和の小作争議に、そして空港建設反対闘争に生涯をかけた池田、鈴木、林、細谷をはじめとする先輩の社会党員がいた。千葉県の北総大地に初めての近代農民組合を組織した人たちである。千葉県に２番目の農民組合が誕生した。芝山町千代田村である。空港反対闘争地域である。この地域山田集落から日農全国会議派の書記、共産党員、戦後、千代田村村長（芝山町）、労農党から社会党代議士として実川清之が誕生した。千葉県農協中央会会長、全日本農民組合財務委員長、千代田農協組合長。芝山町の社会党員は50人いた。芝山町の空港反対同盟幹部の多くは社会党員であった。

三里塚地区を抱える成田市はどうか。戦後、８月16日、無政府主義者小川三男（多古）、共産党員萩原中（多古）らが、成田バス車庫から「人民戦線を結成して革命に蜂起せよ」と全県下に激を飛ばした。小川三男は後に社会党代議士に、三里塚空港反対闘争現地闘争本部委員長に。小川国彦は成田選挙区１人の社会党県会議員として当選、社会党代議士、空港反対社会党現地闘争委員会事務局長、成田市長を歴任している。野心と出世の権化の人間であり、最後は裏切ったが、それなりの支持者を持っていた。

三里塚の隣多古町の小川豊明は、戦後全国で初めての農業会改革をやり、多古町町長、千葉県農全販連会長、全国農協全販連会長から労農党へ、さらに社会党左派へ、千葉県２区選挙区社会党代議士へ。５万票を獲得していた。八街、成田、芝山、多古は戦前・戦後の革新勢力、社会党の大衆的基盤であり、拠点であった。空港建設反対闘争はこの大衆的な基盤を足場に戦われたのである。

これが跡形もなく消滅して空港反対闘争に新左翼が登場した。「空港機能拡大・用地７００ヘクタール拡大・２０００戸の立ち退き、新滑走路建設・50万回増便、騒音地帯の拡大」の10年計画の新たなる国家権力の攻撃がかかってきた。空港関連市町村、利根川を越えての茨城県の市町村の範囲まで、市町村単位、集落単位の説明会が連日開かれている。この中に革新勢力、新左翼の姿は全く見当たらない。私自身、社会党代議士の選挙の票集めのための人足にならないように努力し、大小の大衆闘争を積み重ね空港反対闘争を組織してきたが、その遺産を食い潰して生きている社会党の残党ということか。それともそれを乗り越えて新しい運動を創り上げてきたのか。全共闘・新左翼は三里塚闘争という、関ケ原の戦いの残党というところか。

新左翼は分派主義で主観主義で大衆の要求を様々に組織できる党派とは私は思っていない。大衆のいろいろな要求、農民闘争とか住民闘争とか労働運動の職場闘争との経験の蓄積を持っていない。大衆組織を利用する街頭カンパニアの体質を持った組織であると私は理解している。

空港反対と選挙闘争

「全農民組合の会長野溝勝候補」の宣伝車が私の村を走った。中型貨物自動車に板の囲いを取り付けポスターを貼り付けた車である。私は体中の血が沸騰したような興奮をして夢中で手を振り続けた。18歳ごろのことである。全日農青年対策部長、中央常任委員そして全国区候補の野溝中央選対事務所での活動。空港反対天神峰闘争本部に全日農会長の野溝勝の檄文が届いた。18歳の時家の下で手を振り続けて興奮した野溝候補とともに活動するとは夢にも思わなかった。社会党と言えば選挙である。選挙と言えば社会党である。選挙、選挙、選挙と開けても暮れても選挙の事ばかり。この候補を当選させれば、議会で多数を占めれば我々の要求は実現し町も国も変わる。社会党千葉県本部の書記になって衆参、県会、首長、市町村議員、農業委員の選挙まで県下を飛びまわって活動した。選対事務、車体長、街頭演説司会、千葉県衆議院選挙区第2区社会党候補小川豊明当選は4万5０００票から5万票である。どの集落にどの支持者がいて、その支持はどのような人たちと人間関係を持ち、そのうちの確票、中間票、浮動票、自民党、支持票と確実に分析し、5万票の人たちの顔が判明するほど、わかるほど徹底的に運動する。ポスターの貼り方でその地区の選挙活動の姿が読み取れるのである。宣伝車の速度によって訴える言葉の長短、支持者のところは速度を落とす、しかし止まらない。止まれば他の候補支持者にわかってしまい潰される。宣伝車の中の私語の禁止。牛1匹、馬1匹、車1台いても姿は見えなくてもその付近に仕事している人がいる。丁寧に支援を訴える。社会党で身に着けたのは選挙の職人技だけである。

八街池田滝二町長

八街町は佐倉、小金井7牧の1つで、明治2年から4年に開拓農民によって作られた8番目の村である。「下総国佐倉・小金井牧の開拓農民の騒乱・暴動」（警視庁資料）それは三井他の豪商が開墾地を奪い取ったからである。岩崎弥太郎末広農場、青木周蔵、西村郡司等をはじめ５００町、１０００町の巨大地主が形成された。池田滝二家は西村郡司の小作人であった。父作次郎の時代に騒乱・一揆を起こし、子息滝二に小作争議として引き継がれた。高松学館（富里）で社会主義の講話を聴き農民組合を青年の仲間たちと組織し、以来農地改革まで小作争議を継続した。戦後、八街町農業協同組合長、八街町長、社会党県会議員を歴任、空港問題が起きるや県会議員を辞して３度八街町長に就任した。林貞一社会党千葉県本部農民部長（八街）細谷重徳八街町教育長、鈴木豊千葉県農民組合執行委員（八街）小山小太郎町会議員（八街）武田病院医院長（初代無産医療組合長）大正時代から農民運動を展開し、西村、大鐘大小作争議をやり抜いて来た同志たちが沢山いて、「県議を辞して町長になって空港に反対して町を守れ」と。八街の先輩たちは選挙を目的にしない。闘争を第一とすることが身についているのである。開墾の歴史と小作争議を土台に小作人によって町の要職は占められてきた。みんな実力の持ち主である。八街観光と交渉して陳情、抗議の動員バスの値引き、空港に賛成する店からは何も買わない不買運動を起こせば町の商工会で店先に空港反対の店の旗が全部立つといった状況であった。もちろん空港反対の議会決議は可決した。

細野三千男候補

八街町には小作争議が大衆基盤としてあってその経験者が町の要職に着いていた。同じ開拓の歴史的条件を持っている富里村は、明治、戦後開拓農民は要職に着いていない。根古名、新橋、立沢、中沢、日吉倉などの古村から村長、消防団長、婦人会長、農協組合長、教育長等すべて古村の出身で占められていた。それはなぜか。明治、戦後開拓農民からは旧制中学校、大学の高等教育を受けた者がいないのである。鈴木村長も古村出身である。空港反対闘争は開拓農民が中心である。議会で「空港反対決議」をしろと要求しても鈴木村長はしないのである。抗議し談判すると鈴木村長は「村民の過半数が反対すれば議会で反対決議をする」と公約した。反対同盟は2日間で村民の過半数を超える空港反対の署名を取った。富里村議会で空港反対の議決が可決された。反対同盟は村長選挙に事務局長の細野三千男を立候補させて闘うことを決定した。明日から選挙闘争が始まる、保守陣営から立候補する者がない。反対同盟は勝利を確信した。久保忠三富里反対同盟委員長と細野候補が支持者回りに行ったきり、姿を隠してしまったのである。社会党の現地闘争本部が選挙事務所になっていたが、夜になっても2人の姿はみえない。2人は自宅で寝ていたのである。

細野候補は立候補を取り止めたというのである。その代り根木名の町会議長秋山彪一に立候補してもらい、中立で活動してもらうように3人で話をつけてきたというのである。

細野候補はなぜ辞退したのか。町長の自信がないというのである。社会党と反対同盟は古川利雄社会党議員を辞職させて村長選を戦った。100余りの差で秋山候補に敗れた。社会党闘争本部前で焚き火をし、1升瓶の冷酒を飲み交わしたがみんな無言であった。焚き火に照らされる顔から悔し涙が流れ落ちていた。反対同盟委員長久保忠三と事務局長の細野三千雄が裏切ったのである。選挙戦に勝ったと私も反対同盟も思ったのである。最後に裏切り者が出て敗戦した。当選証書を受け取るまでは選挙の勝敗はわからない。細野三千雄は東洋大学出身のインテリである。神経を患って故郷富里に帰り、豚の飼育をして生計を立てている。

政治には、闘争心、決断、胆力、見通しが必要である。肝っ玉が据わっていないと闘争心も、決断も見通しが出来ない。細野は読み書きができてもこの胆力、開き直りが出来なかったのである。覚悟といえば九十九里浜のセグロ鰯の歯ぎしりみたいなもので、失敗したらしょうがない、笑われたらしょうがない、恥をかいたらしょうがない、そんなプライドを捨て切れないのであった。

鈴木候補首長選挙

富里に空港が建設されれば山武町埴谷は横風滑走路の騒音下になる。山武町は睦岡村と日向村が合併して山武町になった。山武町埴谷と言ってもなかなかわからないと思う。埴谷に蕨真という大地主、豪農がいて昔からお代官と呼ばれていた。蕨真は歌人である。野菊の墓の伊藤左千夫、土の長塚節、歌人の香取秀真などの人が蕨真宅に集まって歌会を開いた。短歌の結社「アララギ派」誕生の地である。

鈴木候補は行政の要職などの経験をしたことはない。集落の農家組合長の経験もない。町役場に行ったこともない。候補者を立てないと保守派の候補者に切り崩される、反対同盟を守るために立候補するのであって、候補者の経歴など問題ない。「空港は百害あって一利なし」マイクで絶叫し空港建設に反対しよう。鈴木候補に1票を、よろしくたのみますと1度も訴えない。票取り活動はまったくやらない。候補者の宣伝車を先頭に毎日１００台２００台の車を出動させ、むしろ旗をなびかせ砂塵を巻き上げて活動した。

票取り活動をまったくやらない選挙はこれまでやったことがなかった。これが初めてである。思わぬ事態が発生したのである。鈴木候補当選。候補者はもちろん反対同盟もどうしようと、当選の喜びは全くなく心配が先に立った。

山武町埴谷反対同盟の中心の人物は医師の鈴木祥司さんであった。大阪豊中、東京羽田、横田、沖縄嘉手納の飛行場・基地の騒音を録音してきて「航空機騒音と健康被害」について、昼夜を徹して各家庭を回っている人であった。その鈴木さんの父親は町村合併前睦岡村の村長を何期も務めていた。私が鈴木さんと毎日町長室に行きますと申し出てくれた。鈴木さんは1年間にわたり指導を受け立派に山武町の町長の任務を果したのである。2期目も当選した。「身を捨ててこそ浮かぶ瀬もあり」必死に闘えば道は開けてくるのである。１票くださいと言わない選挙がこの世にあったのである。

戸井正雄町長選挙

戸井正雄候補は芝山町議会議長であった。対決する相手候補は手島幸一、地主、東大出身であった。戸井候補は町の中心、小池役場隣に選挙事務所を構えた。出陣式の日に事務所前で戸村委員長が「空港建設絶対反対」の決意表明を行ない、戸井候補とともに戦うと宣言した。

社会党県本部委員長、衆議院議員が選挙の中で空港反対を言ってはならないと口止めした。怒った反対同盟は千代田農協2階闘争本部に選挙事務所を設けて空港絶対反対で戦った。戸井選対は社会党中心で空港反対を除いて選挙活動を行った。空港反対は二分して選挙闘争を展開したのである。

なぜ、そうなったのか。社会党代議士の実川清之は芝山町山田の出身、戦前小作争議を指導、戦後千代田村村長（現芝山町）千代田農協組合長、千葉県農協中央会会長、社会党衆議院議員であった。社会党の選挙は、社会党の政策方針は一切言わない。私の村から、私の郷土から、私の街から代議士を国会議員を出し、選挙をやってきた。社会党のことは口に出さない。空港反対を叫べば、我が郷土から代議士の母体が崩れて支持票が減る、自分が今度国会議員に立候補するときに町が二分されては困ると判断したのである。

相手候補の手島幸一は、国や県をバックに空港建設こそ町は発展すると切り込んできた。反対同盟が空港反対を叫んで活動しているのだから、必死になって空港賛成を訴えなければ選挙にならない。僅差で戸井候補は敗北した。空港賛成派の手島幸一が当選した。社会党は「角をためて牛を殺した」のである。反対同盟に空港反対と言うなということは反対同盟を殺したことになる。社会党は反対同盟を殺したのである。そして国家権力手先手島幸一に勝利を与えたのである。

高柳功町長選挙

大栄町は現在は成田市に合併されたが、香取郡大栄町で香取郡の青年団活動時代の友人、真野、宇佐美、成毛、山口君らがいる。それから安保共闘会議の時からの友人である郵便局の塚本、堀越君が憲法守る会を作って空港反対同盟と共闘していた。農村活動家訪中団を組織して高木、野口、高柳、山倉君の同志も知ることとなり、毎月1回私の自宅で社会科学の学習会を開いて空港闘争に共闘していた。彼らは大栄町青年会議の大衆組織を作って空港反対闘争や高速道路建設反対闘争を展開するようになった。大栄町青年会議は20人くらいの組織であった。香取現町長と対決して高柳功君が町長選挙に立候補して闘うと宣言した。20人前後の青年会議の力では選挙にならない。惨敗するだけである。高柳君の立候補に賛成しなかった。彼は町を改革するためにどうしても立候補するのだと固い決意を表明した。現職香取町長に息子が対決をする、親にとってみれば町に村落共同体に歯向かうことになる。高柳の父母は息子の選挙に反対して家出をして温泉宿に行ってしまった。子守を失った高柳夫婦は子供連れで田んぼの草取りに行った。寝かせておいた子供が田んぼに落ちて泥の中で水死寸前になった。「親が家出し子供を殺しても選挙やるのか」と高柳の決意を私は確かめた。「やる」と高柳は決意を披歴した。

闘争とは革命である。家が混乱しようが子供が犠牲になろうが本人が決意した以上、その革命行動を支援しなければならない。私の決心は不動のものになった。相手候補香取は、部落町会議を開いて各部落の推薦を勝ち取った。消防団、婦人会、

PTA、町の下請負機関に次から次に手を打ってきた。この選挙戦術は私は何度も経験している。香取候補は縦からの組織固めと票取りである。

20人の青年会議に同級生、青年団、養鶏、酪農、養豚、野菜の各組合、農協青年部等生産を握っている青年に働きかけ、その青年たちが決起して票取り活動を展開する。家族の票を若者と老人に分断してしまう。部落推薦と役員中心の選挙態勢を下から中身から突き崩してゆく。高柳の決心の固さもあって青年は生産点から行動を起こした。この行動は生き生きとしたものであった。青年会議は一大勢力になるであろうと私は期待を込めていた。

真夜中である、高柳から電話が入った。10票余りの差で当選したというのである。本人も当選する心構えはなかった。「困ったどうしよう」「選挙法に基づいて当選してしまったのだから、今更じたばたするな」と私は言った。私が高柳に提案したことは地方行政の手腕のある私の同志を町長高柳秘書として総務部に入れること。町長付きの運転手は前香取町長の子飼いの者であるので配転、今年1年は部課長の意見を聞いて前町長のやり残した仕事の整理をする。高柳に反対する職員は広域行政（清掃、火葬、水道、病院、給食、消防）に配転させる。町の職員は試験による採用ではない。人脈、人間関係の個人的な縁故によって長年採用されている。役場の職員を配転させると家族の恨みを買い評判は悪くなる。ということであった。高柳が町長になっても支えることが出来ないのに勝ったのである。高柳から連絡が入った。「加瀬さんの演説では町の行政はなにもできない。国の援助がなければ町の仕事はなにもできない」と彼は空港反対闘争から手を切り私との関係を絶った。27歳、「全国一の若い首長」と新聞雑誌に書かれたが、彼は1期で町長を辞め政治から手を引いた。そのあと青年会議の山倉正雄が町長になった。彼はカナダに視察に妻を連れて行った。公費で妻の経費を支払った。またお歳暮に素麺を支持者に配った、公職選挙法違反で政治の世界から姿を消した。選挙を経験し勝利したことによって、大栄町青年会議は消滅したのである。

小川国彦選挙闘争

「加瀬勉、小川国彦に敗れたり」自嘲する時がある。私の良心、人間の誇りなど取るに足らない小さなものだと思っている。それを捨てきれないから三里塚闘争に精進している。小川国彦は自分の選挙のため、野心と出世を遂げるためなら良心を捨てることのできる男である。私より年齢は1つ上、反対同盟事務局の石井英祐君と成田旧制中学校同級生。中央大学法学部卒、多古町手身の小川豊明社会党代議士の秘書となり政治の世界に入った。成田選挙区で県会議員に当選、社会党中央本部国民生活局長、社会党衆議院議員、空港反対現地闘争本部事務局長、離党して保守派から成田市長に当選。「成田の空は晴れ渡り」著書出版。反対同盟切り崩し、「俺の葬儀に来るな」と石井武世話人に遺言された人物である。

小川国彦の活動は、選挙後援会の「芋煮会」、「九十九里地引網の会」。私は小川豊明、小川三男の衆議院議員選挙を戦うのだが、陣中見舞いに来た酒はみんな自宅に家族を動員して持って行く、後援会の支持者に配るのである。選挙事務所で活動する我々は握り飯に味噌汁。小川国彦後援会員は国彦指定の食堂、料亭での食事である。選挙闘争資金で後で支払っている。

天神峰の石橋政次さんが反対同盟秋葉哲・菅沢一利、小川総一郎氏から材木の援助を受けて母屋を新築したが、小川国彦は石橋さんの材木を持って行き自分の事務所を庭に建てたのである。その時には私は石橋さんに厳重に注意した。小川豊明代議士が突如死亡して弟の小川三男が立候補して当選した。2期目に俺が立候補するのだと主張、しかし党本部は小川三男を公認した。小川選対事務局長に小川国彦が就任した。次期選挙には小川国彦公認、立候補の配慮からである。

小川三男選挙闘争本部はあと3000票─5000票獲得しないと当選しないと判断し闘争資金を用意し70万円を事務局長の小川国彦に渡した。その金は使途不明になってしまった。小川三男は落選した。社会党県本部幹部は「小川さんは、国彦に落とされた」と言っていた。小川三男さんに当選されては小川国彦は困るのである。選挙後、小川三男さんが亡くなった。社会党千葉県本部代表の弔辞を地元でもあるし小川国彦に指名した。多古町染井の寺で葬儀は行われたのであるが、その弔辞のなかで「小川三男先生は、私を枕元に呼んで国彦、俺の意思を継いで国政に出よ、これが小川先生の遺言でした」と読み上げた。加瀬完参議院議員、市川福平書記長、加瀬包男組織部長、鈴木陽三加瀬完秘書、高山秀次郎県本部書記、それに私が参列して並んでいた。「国彦の奴、亡くなった人間まで選挙に利用しやがって」と加瀬完参議院議員が苦渋の声を発した。小川三男さんの長女小川ルミ子さんが「国彦さんは、父のところに一度も見舞いに来なかった」と言っていた。

小川国彦は国会議員になり活動するのだが、小選挙区になって当選する可能性がなくなるや社会党を離党して成田市長に立候補、保守派の支持を受けて当選。小川ルミ子さんが陣中見舞いに行くと「社会党のことは一切公言してくれるな」と口止めした。小川ルミ子さんは「なに言っているのよ、社会党の県会議員、代議士、中央本部国民生活局長であったのでないの」と抗議して選挙事務所から帰ってきたと言っていた。国彦は自民党保守派の候補として市長に当選した。「成田の空は晴れ渡りたり」の本を出版し反対闘争に敵対した。出世、野心のため、人を利用して生きた男、小川国彦である。

むすび

選挙闘争の経験は65年に及ぶ。ご飯粒を擂り鉢で擂って糊を作り、集落の人の目を隠れ、寒風のなか電柱へのポスター貼り、青春のすべての情熱をかけた選挙闘争。当選のあの興奮、落選の深い悲しみ。落とした涙の数の多さ。選挙になると体の血が激流する。今はあの興奮は全くない。選挙と聞くだけで身体の血が凍る。

三里塚空港反対闘争の悲劇――一坪土地共有化運動

1枚のはがき

空港建設反対一坪土地共有化運動は、千葉県選出の加瀬完参議院議員が考案したものである。千葉県館山郵便局の消印、差出人名なしの１枚のはがきが加瀬完議員のところに届いた。その手紙には空港建設地にクロスする形で反対者の土地共有地を作れば建設は阻止できるとの内容であった。

マンモス土地共有化運動

農民から一坪の土地の譲渡を受けて、その土地に空港建設反対者を何百、何千人の共有地を作るというものであった。土地共有者で作る団体が社会的人格を持った組織であるためにはどんな規約を作ればよいのか。空港闘争が勝利し農民に共有地の土地を提供してくれた元の農民に戻るにはどのように規約を作ればよいのか。加瀬完議員はこの2点に苦心しマンモス一坪土地共有地運動規約を作成した。

高辻内閣法制局長官を呼んであるので議員会館に来るように、加瀬完議員から富里大堀社会党現地闘争本部の私に連絡があった。加瀬完参議院議員、鈴木陽三秘書、加瀬勉、高辻内閣法制局長官の会議が開かれた。このマンモス一坪土地共有化運動の規約で団体として人格が認められるか、高辻は大丈夫ですと答えた。「この規約で元の所有者に土地が戻ることができるのか」という疑問に対して、高辻は「心配ありません」「心配なら和解裁判において判決をもらえば万全です」と答えた。

マンモス一坪土地共有化運動の展開

社会党は空港建設反対のために先祖伝来の土地の死守を反対同盟の農民に提案している。命を懸けて土地を守れと言いながら、土地を見ず知らずの人に譲り渡す。小長井弁護士が現地で何回も座談会を開いたが農民は納得しなかった。土地は譲れないが、家の周り、畑の周りの防風林の立ち木の1本ぐらいなら譲り渡してもよいということになって「立木所有運動」が展開された。土地は譲渡できないが借地ならよいということで「借地運動」が展開された。しかも、社会党の国会議員、県会議員に限るというものであった。富里村の畑に土地に、佐々木更三借地、勝間田精一借地、成田知巳借地等の看板が乱立した。

空港建設が富里村に内定。一坪土地共有地提供者が現われた。空港反対青年行動隊の川島秀介君（両国）が宅地を、長谷川清君（葉山）が防風林を、山下藤一郎君（二区）が防風林の土地の提供を申し出た。八街空港建設反対同盟、社会党千葉県本部と各支部、社会党国会議員団、千葉県労連（東葛教祖、全農林、電通）など800人の申し込み者があった。川島秀介君の宅地が共有地になった。千葉県友納知事の空港問題静観、佐藤栄作総理大臣、三里塚に空港建設決定の状況の中でマンモス土地共有地を持つ会の解散式が富里村役場会議室で開かれた。共有地は川島秀介君に戻された。

三里塚闘争の一坪土地共有化運動

三里塚空港反対日本社会党現地闘争委員会（委員長小川男）は闘争を勝利させるために、反対同盟に対して一坪共有地運動を提案。反対同盟は組織を挙げて一坪共有化運動に取り組み、空港建設敷地計画の土地を騒音地帯の者が所有する方針を進めた。担当したのは事務局の宮野稔、萱沢専二、石井英佑等であった。小川三男・小川国彦をはじめ千葉県選出の国会議員も参加した。

第２次土地共有化運動

多くの反対同盟の農民が移転していった。さらに社会党国会議員の一坪共有地放棄が続いた。新たに支援団体の一坪土地共有化の参加が行なわれた。芝山相川町長、大木敏男芝山町菱田をよくする会等が空港（株）と結託して全国的に一坪共有地放棄の攻撃をかけてきて３００人等の一坪土地共有所有者が土地の権利を放棄して空港（株）に売り渡した。

木の根一坪土地共有化全国運動

木の根の土地は小川源反対同盟副委員長の所有地（面積10・3アール）であった。「兄小川明治、小川源の空港反対の遺産・遺志」を引き継いでほしいとの強い要請を私は受けた。私は三里塚に土地を求めにきたのではない。農民が土地を最後まで守り抜いて空港反対闘争を勝利させる、これが基本であり戦いの意義である。この原則を私が崩すわけにはいかない。再三断ったが小川源副委員長に「兄貴と俺の遺志」を継いでほしいと懇願されて、私は木の根の土地の譲渡を受けた。土地代金１２００万円は全国カンパと私の自己資金で用意し支払い、私の名義で土地の登記を行なった。

木の根の土地の利用

私は小川明治・小川源副委員長の意思を引き継いで木の根の土地を取得したのであるが、それは反対同盟と運命共同体として共に戦い、共に生きることを意味していた。譲渡を受けた土地を反対闘争の前進のためにどのように利用するか。権利上は私の所有する土地であるが個人的な利用は許されない。木の根反対同盟員の要求で畑地灌漑施設を建設することにした。木の根の揚水の風車であり、畑地灌漑施設貯水プールの建設であった。全国支援の協力で木の根地区の畑地に潅漑施設を整備して生産を向上させた。

土地問題についての経験の総括

①空港の位置が三里塚に決定した時、鈴木武雄（古込）は私の知人で多古町船越の出身・家屋敷含めて1町歩70万円で売りに出た。

私は反対同盟幹部を集めて千代田農協（組合長実川清）から反対同盟幹部の連帯保証で70万円の融資を受けて買い求めようとしたが、反対同盟幹部の同意を得ることはできなかった。私は反対同盟の共有財産を作りたかったのである。反対同盟はそこまで責任を持ち合う団体ではないという事であった。農民同士の土地の売買価格は1反歩一番良い畑で8万円であった。桜台のゴルフ場の土地買収価格は1反歩12万円であった。のちに空港公団が1反歩150万円の買収価格を提示してきた。

②小川源反対同盟副委員長は当初空港建設に賛成で特に成田市長藤倉とは親交が深かった。空港公団に全財産の見積もり価格を出させて移転するというのが方針であった。私は説得にあたったのであるが「反対同盟で田畑を用意し俺の家族が生活できるようにしてくれるか、加瀬お前はそれを約束できるか」、反対同盟が源さんの田畑、家族の生産基盤を保障し家族を養うそんなことはできない。それはできないが空港建設は阻止でき、現在の生活は維持できると断言した。

③小川明治副委員長（木の根）が死亡して財産相続兄弟贈与で500万円の資金を必要とした。子息小川直克君が、土地の権利書を反対同盟北原事務局長のところに持参して行き、土地を担保に500万円作ってくれと申し出たが、反対同盟幹部会は申し出を断り、移転止むなしの結論を出した。石橋政治副委員長が500万円を個人的に融資して移転を食い止めたのである。

④大木よねの強制代執行闘争で反対同盟幹部は、俺は強制代執行まで戦いきれない。家族、田畑もある。それを失うことはできないと表明。代執行をやらせないようにするにはどうしたらよいのか。反対同盟の戦いの限界がはっきりしてきた。生活者としてわが家と田畑の代執行阻止闘争はできないことがはっきりした。

⑤空港反対同盟の数々の戦いのなかで、同盟員の土地の所有権があるところでは激しく戦い、攻防を展開してきた。農地奪還、三里塚解放区、三里塚に政府の土地はないと叫んでも自己の所有権のないところでは戦いは展開されていない。

⑥農民が条件派になり、売り渡した土地を農地奪還を叫んで自主耕作を行なったが、工事が迫ってくるとすんなりとなんの抵抗することもなく公団に土地を明け渡した。革命を叫び政府打倒・三里塚解放区を叫ぶ各党派は団結小屋周辺の移転していった農民の土地を自主耕作していた。米40俵も収穫した党派もあった。だが工事が差し迫ってくるとすんなり明け渡していった。自主耕作地は団結小屋常駐の生活を支え闘争資金を作ったという意味では積極性はあるが、農地奪還でも解放区でもなんでもない。解放区とは政治的権力が存在していることであり、農地奪還とは民主主義革命における土地改革、または社会主義革命における全人民の土地所有を意味していることを歴史は我々に教えている。革命的用語を発し、その言葉に酔いしれ陶酔している観念主義者は、人民の闘争に被害をもたらす以外のなにものでもない。

三里塚解放戦線「本日我々は武装した」、農民が竹槍や鎌を握って闘争に立ち上がったことは極めて重要である。人民大衆がどのような戦いの体験を積み、どのような契機で武装するに至ったのか、これは極めて大切なことであり重要なことである。

⑦中国革命の宝は3つである。中国共産党・武装闘争・統一戦線である。中国革命は武装闘争である。日本は議会を通じての社会変革である。党綱領に武装闘争路線を提起している党派は現在存在していない。三里塚闘争も大衆的な抗議・抵抗闘争であり武装闘争が闘争の基本路線ではない。近代農民運動の中で農民が竹槍を持って抵抗した歴史は沢山ある。現に八街の大鐘小作争議・西村小作争議は農民は竹槍を持って立ち上がったが、その武装の性格は相手に対する威嚇のためであった。富里空港反対闘争の時に武州公民館前に血染めの竹槍で竹矢来を組み政府と県の連中を威嚇した。私も農民も武装蜂起したとはだれも思ってはいなかった。我々は日本赤軍の失敗の教訓をしっかり学ぶべきである。三里塚は大衆的抵抗、抗議闘争が政治・組織路線の基本である。武装軍事路線ではない。テロと内ゲバの政治路線とは無縁である。

闘争の検証

三里塚闘争の経過を吟味すると、土地の所有権がないところでは闘争はやられていないのである。大木よね宅の代執行阻止闘争、駒井野の強制代執行阻止闘争、立ち入り強制測量阻止闘争、横堀要塞闘争は三宮武司氏の土地、木の根の私の所有する土地と一坪土地共有地、横堀団結小屋の反対同盟の土地所有地は完全に横風滑走路の建設を阻止する効果を発揮している。三里塚闘争は自己の土地を守るための闘争である。政府を打倒し人民の政府、権力を打ち立てる闘争ではない。世界の人民の闘争で民主的権利を求めて農民が革命行動以上に戦いのエネルギーを発揮した経験は沢山ある。時において闘争が激しく燃え盛っても闘争の基本的性格を見失ってはならないと思う。

命題の仮説

①反対同盟の農民が移転し1人もいなくなっても空港建設に反対していくのか。賛成するのか。闘争は終わったのか。

②決意を固めて反対を叫んでも空港建設地内に我々の土地、又は地上権が設定していなければ、政府も、空港（株）もスムースに工事を進展させることができる。農民に代わって新しく所有権を敷地内部に設定しなければならない事態が来るかも知れない。農民を中心とした闘争の性格が変わる事態が訪れるかも知れない。その対策をどのように講じればよいのか。

③自作農の基本的性格は経営者であり、農産物を販売する商人でもある。労働する勤労者でもある。この三位一体の人格が政府の直接的な暴力によって分解され、引き裂かれている。これが三里塚の農民の分化分解の特殊な現状である。収奪されながら第一種兼業に第二種兼業になっていくのと訳が違う。資本主義社会における農業の2つの道はどのように展開されて行くのか。困難だが見極めていく必要がある。三里塚における支援団体の中心は学生であった。階層としての学生は就職によってそれぞれ分解し特定の階級に定着していく。学生も分解し闘争のエネルギーは失なっていくであろう。階層としての農民と学生は資本主義社会の中では分解していくのである。これは社会発展の法則であり引き止めようがない。だからと言って手をこまぬいているわけにはいかない。講じる対策はあるのか。農民と学生に闘争の力があるうちに新しい戦線の拡大と団結の方法を講じる必要がある。それも早急にである。

木の根の土地の一坪共有化運動

①木の根の土地を反対同盟の利用から全人民土地所有に発展させ反対同盟と全国戦線の共闘体制を築いていく。

②空港反対の強固な思想、意思と土地を結び付けて新しい闘争の拠点を作り建設工事を阻止する。

③三里塚を共に戦ってきた党派の指導者、確固たる思想と行動を持った全国の同志に木の根の土地を譲渡する。

④木の根の土地譲渡の全国運動は、農民の土地ではなく小川明治・小川源副委員長の闘争の意思を引き継いだきわめて政治的意味を持つ土地であり、生産を目的にした土地ではない。また政治的立場で三里塚闘争に関わっている私の所有する土地である。全人民的土地所有にしなければならない。

新左翼党派の絶望的悲劇

私は三里塚闘争に連帯する会に参加している諸党派と討論に討論を重ね、次の方針が確立した。
①反対同盟が一坪共有化運動を全国的に展開する。
②各党派は全面的に協力し支援体制をつくる。
③仮称一坪共有者全国連絡会議を組織する。
ところが、中核派は「一坪共有化運動は農地死守の原則を放棄した土地不動産売買運動である」と規定し、「第4インターが反対闘争の主導権を取るために仕組んだ運動である」と全国的に運動推進者にテロ活動を展開したのである。重傷者が沢山発生した。私も金沢大学での闘争報告、横浜での闘争報告会で中核派のテロを受けた。反対同盟員石井新二に対して軍事組織をもって攻撃すると通告してきた。党派が軍事行動をもって大衆組織に対して脅迫し攻撃してきたのである。人民内部の矛盾と敵対矛盾を理解できない悲劇である。中核派は一坪土地共有化運動は第4インターの主導権の強化のためであると言っているが全く見当違いである。連帯する会に参加する党派の代表として一坪共有地推進事務局長を第4インターの党員が任務に着いた。彼は私的なことで逃亡して姿をくらましてしまったのである。第4インター政治局は彼は病気になって治療中と私に報告してきた。それは真っ赤な偽りであったのである。私は第4インターに自己批判を求めて、政治局員の私宅への出入りを禁止した。私の拙文、小論が第4インター機関紙「かけはし」に掲載されている。それはなぜか、第4インターに誤りを自己批判せよと要求しているのであって、敵対関係に発展したと理解していないからである。人民内部矛盾として処理すべきことだと理解しているからである。三里塚統一戦線、共同行動は大切にし発展させなければならない。

　一坪共有地運動の悲劇はまだ続いた。木の根の土地を取得した人は全国で８００人に及んだ。この８００人の土地所有者の全国組織、「仮称一坪共有地者全国連絡会議」の結成を追求して反対同盟との組織共同体を作り上げる努力を新左翼諸党派は全く怠ったのである。取得した土地はどんな意味があるのか、三里塚の戦いの現状はどのようになっているのか、はがき1枚、ニュース1枚知らせる体制が出来なくて野放しに放置されたままになった。そこに空港（株）の全国的な攻撃が何回となく繰り返された。さらに、芝山町長相川、大木菱田をよくする会が中心となって一坪共有地放棄を呼びかけたのである。その結果３００人が空港（株）に土地を売り渡してしまった。小川明治副委員長・小川源副委員の意思を引き継いでくれと懇願された木の根の土地・全人民的土地所有に発展させて強固な反対闘争の拠点を作る私の試みは悲劇に終わった。小川明治、小川源反対同盟副委員長の生涯かけた闘争の意思は、新左翼の党派の争いで蹂躙され、その無責任さに激しい怒りを覚える。

三里塚において共産党は組織分裂工作、そして戦線からの逃亡、社会党は三里塚闘争を権力に売り渡し歴史の中に消えていった。そして、新左翼の悲劇的行動に対して三里塚反対同盟の絶縁声明、共闘拒否。政党公害、被害、不信の三里塚の農民の声を真摯に耳を傾け受け止めるべきである。私には、日本人民の解決しなければならない課題として、党建設、統一戦線の構築に努力せねばならない歴史的任務と使命がある。

新左翼に統一戦線の思想はあるのか

①新左翼諸党派に統一戦線の思想があるとは私は思っていない。自己の党の方針に従わない個人、大衆団体はみな敵対物である。脱落者、裏切り者史観では統一戦線は成立しない。人民内部の矛盾と敵対矛盾の質の違いと処理の仕方を理解していない。彼らの統一戦線、共同行動とは大衆団体を利用しているだけのことである。

②中核派三里塚現地闘争本部の最高責任者は岸宏一であった。面識がある。彼は25年にわたって任務に着いていて、その経験を書籍にして出版した。「中核派は三里塚闘争を利用しただけである」と断言したのである。それに対して中核派は「岸は戦後最大の新左翼に送り込んだ権力のスパイだ」と糾弾している。党員であった岸を批判し糾弾し査問委員会にかけ、全国的な批判糾弾運動を展開すればよいではないか。それは党内部の問題である。しかし、戦後最大のスパイを三里塚闘争本部の最高責任者の任務に25年間就かせておいた中核派は、党としての責任の所在を人民の前に明らかにし謝罪すべきである。中核派は三里塚闘争並びに日本の大衆闘争に被害をもたらしたのであるから深刻に自己批判すべきである。党内問題が内部

矛盾から敵対矛盾に発展したときにどのように処理すべきか、私は意見を述べたまでのことである。私は岸宏一の見解を正しいと思っている。

②資本主義の発展の法則にしたがって農民層と学生層は分化分解していった。私の予見は見当外れではないと思っている。反対同盟の土地共有化運動の担当責任者堀越昌平（東峰）が移転し、また多くの反対同盟も移転して反対同盟は組織の大衆性を失った。そして私が三里塚大地共有委員会代表に就任した。反対同盟と全国一坪土地共有者との関係が、反対同盟員でない私と全国一坪土地共有者の関係に性格が変化したのである。

はっきり言っておこう。反対闘争に生涯をかけた小川明治、小川源副委員長の意思を継ぐことができないなら木の根の一坪共有地を私に返してほしい。返還する意思がないなら小川明治、小川源副委員長の意思を引き継ぐ責任体制を確立してほしい。新左翼の無責任を二度と私は許さない。

むすび

空港建設反対闘争継続中に内部暴露の文章を書くことは敵対行為である。この文書は内部文書として扱うべきである。どんな小さいことでも権力が喜ぶことはやるべきではない。それを承知で公開することにした。私は激怒しているからである。

農民を追い出した援農隊

「農民が土を売ってしまえばおしまいだ」

三里塚駒井野反対同盟員清宮力の言葉である。清宮力は映画にもなった農民でもある。駒井野は空港建設用地の北側、利根川が丘陵地帯につくった谷津田に面した古い集落である。通称日中グループと言われる団体と個人が清宮家に住居を作って支援を開始した。農民が山砂を田んぼに入れる客土をすれば増収すると。谷津田の排水を行なえば収穫が上がる、この言葉を信じて延べ800人を動員して客土と排水路の整備を行なった。

米の収穫は前年度と全く変わらなかった。山の砂を人力で客土したくらいでコメの収穫が上がるほど生産は甘くない。水路の泥を挙げたくらいで谷津田が乾田になるわけはない。800余人動員した援農隊の落胆はひどいものであった。田畑の土を改良するには一世代50年くらいかかる。眼に見えての効果は上がらないのである。

清宮家は水田百姓で畑は少ない。援農隊は単なるお手伝いから農作業の順序、耕耘機、施肥、田植え、管理の技術を身に着けていった。清宮家の指導がなくても立派に水田管理が援農隊にできるようになっていった。零細な経営に過剰な援農隊の労働力、過剰な労働力を消化するには経営の規模拡大か、農業外の賃金を求めての兼業化かいずれの道を取らねばならないことになる。農作業は援農隊によって行われ、清宮の子息は農外の賃金を求めて会社員となった。農業の2つの道、農家から兼業農家、そして賃金労働者となって分解したのである。これは経済の法則。空港公団は清宮の子息の就職を保障し結婚する相手を紹介し、新婚所帯に必要な部屋、台所の設備費を無償で貸し付けたのである。空港公団はこれで清宮を移転させることができたと判断した。ところが援農隊は清宮家は兼業で生活も安定し、結婚する相手も決まって将来にわたって安泰、空港反対闘争は継続できると安心したのである。援農隊が気が付いた時には清宮家は移転先も決まっていたのである。

農業の2つの道を理解の全くできない真面目で真剣な援農隊の主観主義に、農民は追い出され公団の餌食にされてしまったのである。労働力過剰については、空港建設用地内においては移転して行った農家の土地を耕作して、農民は規模拡大を図り労働力の過剰を消化していった。この現象を農地奪還、三里塚解放区と呼んで新左翼は自分の言葉に酔いしれていた。

孤塁を守る

東峰の石井武さんが「三里塚、三里塚と全国から毎日人が尋ねてきたが、薄情なものだよ今は誰も来やしない」と言っていた。柳川秀夫君と石井武さんと私3人が集まった。石井武さんが「とうとう3人だけになってしまったか」と高笑いしていた。三里塚闘争の中を私の体の中を社会党が、共産党が、全共闘が新左翼が通り過ぎていった。「山宣一人孤塁を守る」私にはそんな気負いはないのだが「山宣」の言葉を思い出していることは確かである。

1918年春、ボリシェヴィキはエス・エルの土地綱領を採択して都市の飢餓状態を救うべく農村に対して食糧の調達をした。これに対して農民は武装蜂起して緑衛軍を組織した。農民出身の無政府主義者マフノはウクライナのパルチザンを率いて各地でありとあらゆる権力に抵抗した。各地区で血で血を洗う戦いが起こった。テロにはテロを反抗には弾圧を、弾圧には抵抗を、地域を支配した者は今日は殺され、多くの罪なき民衆が犠牲になった。裏切り者は殺され、目標を失ったものは強盗団に、強盗同士が略奪し合い殺し合い、敗北は政治的に根絶される。作品「漆黒の馬」はこの時の状況を書いている。「私は（綱領）の存在を信じないし、もちろん（指導者）も信じていない。私も生きることのために、地上で生きる権利のために戦っている」。この独白は三里塚の農民の共感を呼んでいるに違いない。「第1の馬は白く、これに乗る者は弓を持ち冠を与えられてあり、第2の馬は赤く、これに乗るものは大なる剣をもてり、第3の馬は漆黒の馬、これに乗る者は天秤を持つ、第4の馬は蒼ざめた馬。これに乗る者の名は死という」1つの権力を倒したら絶対服従の他者に対する猜疑で武装勢力が現われてくる。より深い絶望の在り方を知ることは有意義なことであろう。

転向1

国際共産主義運動の路線をめぐって毛沢東はソ連指導部に1万年かけて論争しようと呼びかけた。周恩来はフルシチョフと会談したときに「私は有産階級の出身、そして知識人、革命闘争の中で自己を改造し人民に尽くすようになりました。あなたは労働者階級の出身ですが労働者を裏切りました」と発言した。

三里塚闘争において、第1次条件派桜台地権者会、続いて天浪地権者会、芝山町議会、成田市議会反対決議、そして白紙撤回。戸村委員長は大竹はなの移転を巡って「はなこそは三里塚のユダである」と厳しく糾弾した。共産党は岩山にパゴダの仏塔をたて、仏を権力に売り渡して三里塚闘争から姿を消した。全共闘、新左翼内部の内ゲバ、一坪共有地運動の農地死守と不動産土地売買運動、中核派三里塚現闘最高責任者岸は戦後最大のスパイであったと。空港建設絶対反対から第三滑走路建設へ。町長に当選交付金欲しさから空港賛成へ。条件派、脱落者、裏切り者とその内在が解明されず非生産的な行為が繰り返された。

社会党県本部委員長実川清之の「在獄7年、農民運動に生涯をかけてきた。政府の空港建設を中止させて、故郷のお世話になった人たちに最後の親孝行をして死んでゆきたい」の言葉は、私の三里塚常駐を決心させた神の声の一言であった。この神の声は私ばかりでなく人民に対する神の声でもある。その実川が空港建設こそは国家の仁政であり仁慈であると行動を起こしたのである。神の声は悪魔の声に変身した。社会党現地闘争委員会事務局長の小川国彦は成田市長になり「成田の空は晴れ渡りたり」とこれも神から悪魔に転身した。神の声、神の使者として三里塚に派遣され「空港こそは地獄だ」と叫んできた加瀬勉はどうなるのか。旧約「ヨナ書」に見る憤激。神エホバはヘブル人ヨナに、堕落せる悪徳の町ニネベに行き、その悪を責めよと命じた。ヨナは滅ぼしの使者となることを嫌いタルシンに逃れようとした。エホバは怒りヨナが乗った船を海底に沈めようと嵐を起こし、エホバを激浪のなかに放り出し鯨に飲み込ませてしまう。ヨナは鯨の腹の中に幽閉されて

3日、4晩の後に許しを乞い陸地に吐き出される。ヨナは再びニネベに行き「40日たてばニネベは滅ぼされる」と町中を絶叫して歩いた。破滅の予言を聞いた悪徳王、大臣、町の者どもは悔悟し改心し断食して村ぐるみで神エホバに許しを乞うたのである。

ウォレンスキーの「偉大なる憤怒の書」「ある刑罰を予告されていて、その生活態度をたちまち変える卑屈な人間の意識、かかる人間の意識に対して自身の意思を応変する『仁慈』な神のたよりなさ、かかる人間と神とに憤怒と絶望とさらに自己放棄をあらわすよりほかに道なきヨナの心理を」とウォレンスキーは取り上げたのである。

「エホバよ、願わくば今わが命をとりたまえ、其は生きる事よりも死ぬるに我になればなり」とヨナは絶叫する。原則なく怒りから許しへゆり動く仁慈なる絶対者エホバ。心歪められたることを恥じて怒る使者のヨナの憤怒。神と使者との対立。ヨナの憤怒と私の憤怒叫びはおなじである。

転向2

三里塚現地闘争本部の最高責任者岸宏一は「権力が新左翼の運動の中に送り込んできた戦後最大のスパイであった」事を中核派は明らかにした。戦後最大のスパイを三里塚現地闘争本部に最高責任者とし20年余就任させておいた中核派は、三里塚闘争並びに日本人民の闘争に重大な損害を与えたことに自己批判し謝罪すべきである。党員の岸宏一なるものがなぜ転向しスパイになったのか、どのように権力と結びついていたのか、その経過の証拠を明らかにし自己批判して克服の方針を明らかにすべきである。そうでなければ誤りが人民の財産にはならない。

空港建設絶対反対の方針であった社会党は条件闘争に転換した。私は党内で路線論争を展開し指導部を厳しく批判し、組織内部問題から敵対行為の政治路線となるや政治生命をかけて彼らと対決した。そして彼らの誤りを文章をもって天下に公表した。社会党の犯した思想的、政治路線の誤りについて私の罪が軽減されたとは思っていない。社会党は消滅したが、党員であった私にも大きい罪と責任がある。

転向とは一つの思想、理論的発展や主体の自由な反省によって発展するのではなく、国家権力の弾圧、逮捕、投獄などの圧迫、外部からの圧力によって自己の意志が放棄させられることを意味する。元来転向は共産党員の離党、あるいは実践活動を断念したことに用いられていた。政治問題においては何よりも思想の自由を蹂躙し基本的人権を侵害した権力をなにより
も厳しく糾弾しなければならない。

天皇制国家の絶対的価値が崩壊して、それを巡って本多秋五の転向文学論、吉本隆明の転向論、転向者埴谷雄高、椎名麟三、続いて野間宏、武田泰淳らが問題を提起してきた。転向は単に共産党員の組織に対する忠誠か裏切りかの狭い問題ではなく、社会すべての領域において、国家、組織、個人においてもなされるべきであるとの反省が起こった。「思想の科学」の鶴見俊輔、藤田省三等は転向の概念を社会一般に拡大した。私は、三里塚闘争における政党の路線変更、政治指導部の転向、移転していった農民、空港絶対反対から第三滑走路建設を推進している農民、反対から賛成へ行政権力の要職に就任した首長と議員、三里塚闘争に関わってきた全国の人たちに、戦後の転向の遺産を引き継ぎ我々の主体性の発展に寄与してもらいたいと願っているのである。

新左翼党派の敗北宣言

三里塚闘争における新左翼の統一戦線政治指導部東京委員会（秘密組織）の存在を私は知っていた。管制塔占拠闘争の勝

利後、さらに戦線を整えて、三里塚闘争を前進させようとした。新左翼の統一戦線政治指導部東京委員会は「これ以上闘えない」と東京委員会を解散したと聞き及んでいる。この東京委員会の解散こそ新左翼党派の三里塚闘争における敗北宣言だと私は理解している。

我が人生の恩師加瀬完先生

我が人生の恩師加瀬完先生、我が人生の刎頸の友鈴木陽三先輩といってもみんなには馴染みがないかもしれない。空港反対闘争マンモス一坪共有地考案者の千葉県選出の社会党参議院議員、議員会長、副議長を歴任した人である。我が刎頸の友鈴木陽三先輩は加瀬完先生の秘書を務めた人である。経済同友会の東京湾第二国際空港建設案の内部資料を私に送ってくれた人である。空港問題が政治の話題にまだなっていなかった55年前のことである。加瀬先生と鈴木先輩の指導・支え・援助がなかったら私は挫折し潰れていたと思う。私が社会党を追放されても加瀬先生と鈴木先輩は私に対する信頼と友情は変わることはなかった。加瀬先生と鈴木先輩のことを思い浮かべると、体が人間的な温もりを持ってくるのである。敵に国家に良心に傷をつけられることは戦いだから当たり前のこと、闘いを共にしてきた同志、信頼し運命を共にと信じていた同志に裏切られて背後から心臓一突き、魂からの血のしたたり落ちる痛み、加瀬完先生と鈴木陽三先輩のことを思い浮かべると、痛みが自然に励ましと生きる力に変わってくるのである。

私の家から真東に向かって20キロ、九十九里浜の潮鳴りが響く旭市井戸野の農家に加瀬先生は生まれた。千葉師範を出て教師になった。千葉の小学校に赴任するのだが学習の遅れた子供をアパートに呼んで特別に教え、貧しくて学用品が買えない子供には薄給の中から買って与えていた。我孫子市の第二小学校に赴任するのだが教師として教育者としてその才能を発揮し27歳で小学校長に昇格した。生徒に対する指導、学校経営について年間に何百人の学校関係者が視察に来るほどであった。千葉教組委員長、県会議員そして参議院議員、副議長になるのだが、加瀬先生は生家には帰らず我孫子で生涯を終わった。教え子の親たちが屋敷を探し浄財を集め加瀬完先生のために家を建て生涯我孫子を離れないでくれと懇願されて住んだのである。

志賀直哉のゆかりの土地、自然公園の手賀沼河畔に加瀬さんの住まいはある。議員会館を訪れると赤坂や四谷の高級料亭で食事を私はご馳走になるのだが、加瀬先生は幕の内弁当に決まっていた。それは終生変わることがなかった。副議長になっても通勤、帰宅は電車の吊り革につかまっての行き帰りであった。歳費が入ると教え子、支持者の生活困窮者に送金していた。これも終生変わることはなかった。内閣、天皇陛下からの叙勲についてであるが、教え子を戦場に送り戦死させた教師が叙勲を受ける資格はないと拒否された。社会党の代議士で叙勲を拒否したのは加瀬先生ひとりである。

国会の議員会館に行くと受付嬢が「加瀬先生のところですか。加瀬先生の親戚の方ですね」と私も加瀬であるから声をかけられるほど会館を訪ね、運輸委員会、決算委員会、時には本会議で政府を追及していただいた。「国会議員は農民のために、労働者のためになると選挙の時に言っているが、鹿革の靴を履いて赤い絨毯の上を歩いていて、靴を脱いで田畑の中に入るやつは誰もいない」と秘書の鈴木陽三先輩と話をしていたら声高になって執務をしていた加瀬先生に届いた。突然、執務室から出てきて「加瀬君の言う通りだ。俺もそのひとりだ。勘弁してくれ」と深々と頭を下げられた。先生を批判したのではないと私は恐縮したものであった。

管制塔を攻撃し占拠し開港を阻止した。議員会館に加瀬先生を訪ねると執務室から飛び出してきて「よくやった。よくやった」と小躍りして5万円を私にカンパしてくれた。国会議員の歳費は新券で支給される。本当に手の切れるような1万円札であった。三里塚現地での生活費1年分である。資本に金に恨みをもって闘っているのだが社会党を追放された無給の私には地獄に仏、金は欲しい、金はありがたいとしみじみ思った。富里に空港が内定したとき加瀬先生は「俺は富里の田中正造翁になるのだ」と帰宅する電車のなかで自分に言い聞かせたと書き残している。国会内で空港屋と同僚議員に嘲笑され、あだ名がつくほど明けても暮れても空港問題で政府を追及した。加瀬先生の議員会館は政経研究事務所である。

国会で政府に対して質問をする資料は官僚からもらった資料を基にして作っている。社会党では加瀬先生と木村喜八郎代議士の２人は自らが資料を集め研究したもので政府を追及する。政府・官僚は加瀬・木村の質問の時は緊張すると言われていた。参議院議員、副議長の加瀬先生を政治家と一度も思ったことはない。教育者であり教師としての人間的な誠実な人であると私は理解している。厳しい学究の徒であった。学校は格子なき牢獄であり教師は人生最大の裏切り者であると断罪して戦後を迎え、尊敬する教師はひとりもいなかった。だが、加瀬先生を本当に先生だと思っている。加瀬先生が脳血栓で倒れた。伊豆の病院で療養し、半身麻痺で政界を引退した。加瀬先生を千葉県知事にとの声が各界から起こっていた最中の出来事であった。加瀬先生が出れば対抗馬なしであった。加瀬完知事が実現すれば空港反対闘争の限りない力になると思っていた矢先のできごとであった。

加瀬完先生引退記念行事が千葉県教育会館で開催された。その席で「三里塚空港反対闘争の支援をたのむ、これが私の政治の世界に残す遺言です」と締めくくった。でも社会党は加瀬先生の遺言は守らなかった。

加瀬先生は「下総の雲」「こんぺ糖の歌」の歌集を自費出版されている。先生の短歌は直情でスローガン的だと歌人は評価している。でも歌一つひとつには人間的な叫びが込められていて魂の発露となっている。千葉県の教育会をはじめ各界から加瀬先生の歌碑を建立しようという声が盛り上がった。建設費３０００万円がアッという間に集まった。歌碑は千葉県立文化会館のある亥鼻山の千葉師範学校跡地に「教師とは悲しきものか老いつつもひとりひとり児らら忘られず」もう１基の歌碑は、先生の住まいのある我孫子市の手賀沼河畔に建立された。「薄氷張りたる沼に白鷺は一人立ちおりわれに似てあり」、加瀬先生は病に倒れ半身が麻痺しペンを左手に持ち替えての執筆であった。

三里塚はどうなっているか、俺で役立つことがあれば訪ねて来いと加瀬先生は私に手紙を書き送ってきた。病になっている先生に負担はかけまいと尋ねることはなかった。加瀬先生から手紙が来た。「妻をめとらず空港闘争に生涯かけし君を尊としと思う」加瀬先生からこの歌を戴く資格が自分にあるだろうかと我が身を戒めている。

加瀬先生の出版された歌集を拝見すると、教え子が「先生寒くなったから綿入れ持ってきた」「先生珍しい食べ物ができたから持ってきた」「あの時は生活費をいただいて一家死なずに済みました。ようやく人並みに生活するようになりました」と選挙の支持者が先生を見舞いに訪れている。教師は教え子を慈しみ、教え子は教師を慕う。何十年の歳月を経ようが変わることはない。加瀬完は当選目あてに出世目当てに支持者の生活援助をしたのではない。教師としての良心がそうさせたのである。千葉師範を出て教師になり、アパート生活の中で学用品を買うことのできなかった子供に薄給を割いて与えた教師としての良心の行為を生涯貫き通した男である。

加瀬先生は身罷った。我孫子市民葬であった。香典の浄財はすべて我孫子市に寄贈された。加瀬完先生は政治家というより教師・教育者として民主教育の確立、人権擁護のために生涯をかけた人であると私は理解している。加瀬先生のご指導とご援助、加瀬先生、鈴木陽三先輩の深い友情と信頼があったからこそ三里塚で闘い生きている現在があると思っています。御恩返しは空港反対闘争に生涯をかけることで御恩返しをしたいと決意しております。ありがとうございました。

人間の命

「羊が人間を食い殺した」イギリスの産業革命の言葉である。足尾銅山では銅が人間を食い殺した。水俣では水銀が人間を食い殺した。福島では原発が人間を食い殺した。沖縄では米軍基地が人間を食い殺している。三里塚では空港が人間を食い殺している。

「空港を憎む」と遺書を残して三宮文男君が自死した。村の産土神社の境内の椎の木にトラロープを首に巻いて抗議の自殺をしたのである。私は三宮君を自宅に連れ帰った。息子の死を見た母親の静江さんは「ぎゃー」と悲鳴を上げて昏倒し意識を失った。

田辺君の家の門に見事な枝ぶりの松の木があった。それが虫害にやられて枯れてしまった。祖父が親戚一同を呼ん別れの宴を開いて切り倒した。祖父と為吉さんが声を上げて泣いていた。田辺君は青年行動隊で活躍し、三里塚闘争を共に戦った大学生の春代さんと結婚した。子供2人も成長し就職して移転を決断した。春代さんは「私は何のために三里塚に生きてきたのか」と自殺した。

東京高裁で今日は俺の裁判である。成田から京成上野、乗り換えのため上野駅構内に入った。通路の壁を背にして足を投げ出して酒を飲みパンを食べている青年がいた。「加瀬さん」と声をかけられて驚いて足を止めた。岩山の秋葉君ではないか。秋葉君は姉兄の３人兄姉。農業を嫌って２人は家を出た。弟の秋葉君が家を継いだ。移転による補償金が入って財産相続で兄、姉が金を取ってしまい秋葉君は絶望して電車に飛び込んで自殺をはかったが、両足を砕かれて命だけは取り留めた。上野駅構内でホームレスになって生きていたのである。

「元気になったら三里塚でまた戦う」と言って死んでいった新山君。病気治療中に自ら命を絶った原君。強制代執行ですべてを奪われ死んでいった大木よねさん。東峰十字路で警官が死んだ。竜ケ塚でも警官が死んだ。この悲劇を作り上げたのは国家権力による空港建設をなした業である。人間の命は地球よりも重い。その命を守るために闘い、そのために命を犠牲にしなければならない。私は背負いきれないほどの三里塚の墓標を背負って闘い続けている。

日本国憲法と三里塚闘争

日本国憲法前文

「日本国国民は、正当に選挙された国会における代表者を通じて行動し、われらとわれらの子孫のために、諸国民との協和による成果と、わが国全土にわたって自由のもたらす恵沢を確保し、政府の行為によって再び戦争の惨禍が起ることのないようにすることを決意し、ここに主権が国民に存することを宣言し、この憲法を確定する。

そもそも国政は、国民の厳粛な信託によるものであって、その権威は国民に由来し、その権力は国民の代表者がこれを行使し、その福利は国民がこれを享受する。これは人類普遍の原理であり、この憲法は、かかる原理に基くものである。我らは、これに反する一切の憲法、法令及び詔勅を排除する。

日本国民は、恒久の平和を念願し、人間相互の関係を支配する崇高な理想を深く自覚するのであって、平和を愛する諸国民の公正と信義を信頼して、われらの安全と生存を保持しようと決意した。われらは、平和を維持し、専制と隷従、圧迫と偏狭を地上から永遠に除去しようと努めている国際社会において、名誉ある地位を占めたいとおもう。全世界の国民が、ひとしく恐怖と欠乏から免かれ、平和のうちに生存する権利を有することを確認する。

われらは、いずれの国家も、自国のことのみに専念して他国を無視してはならないのであって、政治道徳の法則は、普遍的なものであり、この法則に従うことは、自国の主権を維持し、他国と対等関係に立とうとする各国の責務であると信ずる。

日本国民は、国家の名誉にかけ、全力を挙げてこの崇高な理想と目的を達成することを誓う。」

我が国の現行憲法は前文を四項にわけ、「国民主権主義」「基本人権尊重主義」そして「永久平和主義」の三大基本原理を明示している。

三里塚空港の建設は憲法の前文及び三大原理を無視して専制、独裁的な政策によって建設されたものである。国事犯、国家犯罪として建設されたものである。その犯罪行為は枚挙を挙げても、言語を尽くしても尽くしきれるものではない。

国事犯の元凶は佐藤栄作総理大臣である

私は昭和37年4月に産業計画会議（松永安左衛門）の東京湾第二東京国際空港建設計画案が発表され、綾部健太郎運輸大臣の答申に至るときから空港問題に取り組んできた。候補地は浦安沖、木更津沖、八街、富里地域、茨城霞ヶ浦、稲敷台の候補地が変転するなか、空港建設反対のために地域住民と共に行動してきた。特に、八街、富里闘争においては反対同盟の組織化のために富里村大堀日本社会党現地闘争本部（大堀）に常駐した。多くの農民は「農は国の基なり」と親の代から自民党候補を支持し投票してきた。運輸省、建設省、農林省、千葉県当局とそして、親の代から投票してきた地元国会議員、県会議員に連日の如く、請願、陳情を繰り返してきた。地元農民のこの必死の請願行動に政府・官僚、自民党国会議員は1人も誠実に耳を傾けてはくれなかった。請願はいつも門前払い、農民は虫けらの如く扱われた。激怒した農民は、千葉県庁を占拠し、耕耘機デモで包囲する抗議行動を展開するようになっていった。八街町、富里村、酒々井村、山武町、芝山町の連合空港反対同盟（会長梅沢清）が結成され町村議会ではそれぞれ空港反対決議がなされた。

政府、佐藤総理大臣はこの広範な住民の空港建設反対の意見に耳を謙虚に傾ける責任と義務があるのにも関わらず、逆に昭和41年６月22日突然三里塚地区に空港建設の位置を決定したのである。

この公権力の発動は、国民主権、人権尊重、幸福追求のための生存権等々の憲法の諸権利をすべて破壊し奪うものであった。50年余にわたって政府は三里塚の空港建設において独裁政治、専制政治を行なっているのである。

千葉県土地収用委員会の暴挙

事業認定に基づく千葉県土地収用委員会が千葉市弁天町市民体育館で開催された。もちろん反対同盟員、地権者、利害関係人はすべて参加してそれぞれ意見を表明する方針であった。ところが、地権者及び関係人に収用委員会通知が行き届いていないことが判明した。これは収用委員会の重要な落ち度であるばかりでなく、開催通知を受けていない地権者、関係人の財産権、居住権、職業選択の自由、生存権、法の下の平等等の権利が全く無視されたことになる。反対同盟は地権者、利害関係人の法的救済について代理人（弁護士）をたてて収用委員会と交渉に当たっていた。収用委員会は会議中断、休憩、協議、閉会等の宣告を何一つせずに退場してしまった。そして千葉県土地収用委員会は「緊急採決」の決裁をして土地の強制執行を実施してきたのである。空港の位置決定も問答無用、収用委員会も地権者、関係人の１人の意見も述べさせずに決裁をして収用を強行した。空港の位置決定も問答無用、収用委員会も問答無用。憲法に保障されているすべての権利を否定しての独裁、専制政治を強行したのである。

空港建設敷地内強制測量

千葉県収用委員会は機動隊の援護のもとに、空港敷地内農家の屋敷、田畑の強制測量を実施してきた。桜台で自分の畑を守っていた農民に重傷を負わせて測量を中止、十余三地域では県道51号線から侵入、天神峰では石橋、石毛さん家族を排除し、東峰集落で俺の畑に入って作物を荒らすな、畑に侵入するなと抗議した、梅沢勘一氏、石井恒司、石井光江、石井恵子の農民を次々に逮捕していった。木の根では農民の人糞爆弾の激しい抗議に測量中止、岩山大袋では農民の激しい抗議にあって畑に侵入することはできなかった。農民の抗議は自分の財産権をはじめ憲法で保障されている基本権を守るための当然の行動であった。土地を収用されれば財産権、居住権、職業選択の自由、法の下の平等、生存権、幸福を維持し追求する権利をすべて失うことになるのである。

強制代執行

千葉県土地収用委員会は地権者、利害関係人の意見を一言も聞かず土地収用の緊急裁決をした。そして強制代執行を強行した。農作業中の大木よねに前歯を2本折る重傷を負わせ、農民を排除して、家屋を破壊し、屋敷を大型土木機械で破壊し、井戸を埋め立て、収穫物、鶏まで強奪して、大木よねさんの生存するすべての生活基盤は破壊されてしまった。その結果、大木よねさんは成田日赤病院に入院後死亡した。わが国の現行憲法で保障している国民主権、人権尊重、幸福を追求する生存権「等しく恐怖と欠乏から免かれ、平和のうちに生存する権利」を剥奪したのである。またわが国憲法は専制と奴隷、圧迫と偏狭を地上から永遠に除去することを、全世界の人々と平和のうちに生存する権利を確認しなければならないと述べている。

駒井野の第1次、第2次強制収用においては、関東管区、中部管区（名古屋）の機動隊9000人を動員。凶悪な代執作業班と大型土木機械を動員して「国賊」「てめえらー日本人ではない」「日本から出て行け」「殺してもよいから代執行をやれと政府から命令されている」と口々に叫び、砦の杭に身体を鎖で縛っている婦人をブルドーザーで引き回し、農民が立木に登って抗議している木を切り倒し、鳶口、エンジンカッターを振るって農民に襲いかかった。逮捕者800人、日赤病院その他の病院に入院、治療を受けた重傷者42人。戦後史にない大弾圧・暴行の限りを尽くして自民党政府は土地を収用したのである。自民党政府は独裁、専制政治を三里塚で50年の長きにわたって行なっているのである。日本国憲法は、人間の自由こそ基本的人権であると高らかに宣言している。国民は、すべての基本的人権の享有を妨げられない。この憲法が保障する基本的人権は、「侵すことのできない永久の権利として、現在および将来の国民に与えられる」（11条）「この憲法が日本国民に保障する基本的人権は、人類の多年にわたる自由獲得の努力の成果であって、これらの権利は、過去幾多の試練に堪え、現在及び将来の国民に対し、侵すことのできない永久の権利として信託されたものである。（97条）これが基本的人権の本質である。

自民党政府はこの基本的人権のすべてを三里塚において独裁、専制政治を行ない歴史発展の普遍的価値に反逆したのである。

地方議会における直接請求権

日本はブルジョア憲法下の議会制民主主義の国である。この議会制度が我々国民の生活と権利を保障する機関であるとはとても思われない。空港建設の事業認定、空港公団法の成立、特騒法の成立、成田治安立法の成立と空港建設促進法が次々と制定され、我々の権利は剥奪されていった。議会は我々を支配する機関にすぎないことがわかる。「ガラス張りの政治」「国民の知る権利」の要求でも、多数の暴力で議会を支配する自民党政府は、自らの支配の正体を明らかにするわけはない。正体を明らかにすれば階級支配の座から降りなければならない。自らが権力を手放すことは絶対ない。民主主義の基本の１つである三権分立の機能、独自性が発揮されていれば三里塚の悲劇は生まれないはずである。千葉地裁から最高裁まで幾多の裁判闘争を行ってきたが、正義は一度も立証されなかった。

警察、裁判所はまさに国民支配の暴力装置に間違いなかった。このような考え方を前提にしてなお議会の有効性について検証してみる。

空港建設に、八街、富里、酒々井、山武、芝山の町村議会は反対を議決した。これは大衆闘争と結びついた力によって議決された。三里塚においても成田市議会、芝山町議会も空港建設に絶対反対を議決した。これも大衆闘争の力の反映としての議決であった。この議会における空港反対の議決は民意の反映として無視できない重みを持つものであった。

だが、運輸省、千葉県空港対策室は議員１人当たり現金７万円を配り買収して空港反対決議を撤回させた。このことは議員の名誉と成田市議会の名誉にかかわることであるから証言を明らかにしておく。成田市議会議員、篠原茂、浅野惣平両氏が私に直接「政府と、県の連中が現金７万円を持ってきて空港反対決議を撤回してくれと頼みに来た。現金を突き返してやった」と報告してくれた。

では芝山町議会はどうなったかというと、全員協議会が栄町安食の料亭金田屋で開かれた。会議が開かれると、運輸省の役人と県の空港対策課の職員が一斉に出てきた。「私は抗議して全員協議会を退席した」と三浦五郎議員証言。次に茨城県袋田温泉料亭に空港賛成派議員を全員宿泊させた。その料亭から賛成議員は芝山町小池料亭菊家（空港賛成議員の加瀬清経営）に秘密裏に移動。そこから警官隊に守られて議場にはいり、傍聴の反対派農民を排除して、空港建設反対の議決を撤回させた。議長は宮野雄亮であった。これが議会制民主主義の実態である。

国民主権の地方自治法に基づく議会に対する住民の請願権、議員リコールの直接請求権の基本的権利は極めて重大な権利である。反対同盟は空港賛成議員のリコールに必要な署名人の圧倒的多数を獲得した。

誰しもが空港賛成議員のリコールは成立すると思った。この事態について芝山町長寺内元助は友納千葉県知事のところに協議に出向いた。寺内町長が行方不明になってしまったのである。足取りが掴めない。町選管委員を招集して署名人審査を松本助役に要求したが町長が行方不明で、選管を招集する権利がないとの返答であった。そして選挙管理委員全員が辞職したのである。直接請求権、住民のリコール署名審査はされずに放り去られた。行き方不明になった寺内町長は友納千葉県知事の紹介で県立鶴舞病院に仮病を使って入院させられていたのである。空港反対決議の撤回、町長行方不明、町選管委員辞任、リコール署名人無審査。国家権力と行政権力の住民自治の議会制民主主義の蹂躙・破壊の実態である。芝山町を独裁、専制政治によって無政府状態にしたのである。

空港建設と農政について

農業基本法は農業についての政策の理念立法である。この理念立法に基づいての政策が農業構造改善事業である。戦後自作農経営を再編して1戸当たり3町歩の経営農家を作る農業、農民再編成の政策である。この再編構造政策によって農民の3割は農外に流失されることになる。農民の3割首切りの政策である。構造改善事業の特徴は、協業化経営であること、零細農家の農地を上層農が借り受けて経営し、下層農は飯米を生産する面積を残して農外に就職するというものであった。池田内閣の政策ブレーン池本喜三夫新農政研究所理事がフランス農業基本法を日本の農政に取り入れたものである。この農政の生体実験が三里塚の戦後開拓農家地域で実施される計画が立案された。このパイロット事業は全国から参観者が大勢来る。

三里塚は交通が不便ということで成田市豊住地区で全国第1号が実施されることになった。

三里塚地区においては、農業構造改善事業シルクコンビナート事業（養蚕協業化）が国と県の要請によって実施され稼働直前になって空港建設の位置決定によって中止となった。この政策行為は農民の物を作る自由を奪い取るものであり、憲法で保障されている職業選択の自由（22条）、財産権の不可侵（29条）の侵害にあたるものである。

空港周辺の農業振興策は成田用水土地改良事業である。関係市町村３０００町歩、組合員３０００人、年間予算約3億円、揚水事業と区画整理、畑地潅漑事業である。日本有数の畑作地帯の土地を強奪し自然を破壊して空港建設している政府に、農業振興政策を真にやるはずはない。空港関係の住民を籠絡するためのものである。これは基地周辺整備事業と同じ性格のものである。この土地改良事業において25％減反政策の生産調整を強制したのである。この作付制限は全国一律のものである。農民の持つ生産の自由、作付の自由の権利を制限するもの、目標面積達成できない市町村は交付金の減額、農業施策に対する補助金の停止、農民個人に対しては政府米買い上げ停止のペナルティ、罰則をかけてきた。権利を制限し罰則を政策として実施することは農民の自由に生産する権利を侵害する憲法違反行為である。

航空機騒音と環境権について

憲法で保障されている社会権の基礎には「個人の尊厳」「幸福の追求」が謳われ、人間の尊厳を確立し生命と暮らしを守るという目標を掲げている。「すべての国民は健康で文化的な最低限度の生活を営む権利を有する」憲法25条・13条は生活の平和的生存権、幸福の追求を保障している。

三里塚東峰の住民、空港建設に生涯かけた秋葉哲氏（朝倉）岩沢吉井氏（岩山）は航空機騒音直下、会話ができないことはもちろん、航空機騒音で家の壁にひびが入るほどの被害が発生した。航空機騒音は生活者にとって拷問であり凶器となっている。航空機騒音によって生命が脅かされている。生存権の侵害に及んでいる。航空機騒音によって千葉県北総、東総地域一帯、茨城県水郷地域地帯の住民は航空機騒音によって生活が脅かされ健康が侵害され、広範な地域に人権侵害の事態が発生しているのである。環境権侵害を許してはならない。

基本的人権について

日本国憲法は「等しく恐怖と欠乏から免がれ、平和のうちに生存する権利」を宣言している。第1に平和的生存権である。すなわち第9条の戦争の放棄である。第2は平等権である。「個人として尊重」（13条）「法の下に平等」（14条）第3は自由権である。自由というのは本来国家権力からの自由のことであり、自由権は対国家的権利のことである。1789年のフランス革命の人権宣言の第四項を引き継ぎ発展させたものである。日本国憲法の自由権規定は4つに大別される。

（一）　精神的自由

①思想及び良心の自由　（19条）②信教の自由　（20条）表現の自由　（21条）　学問の自由　（23条）

（二）　行動の自由

①集会結社の自由　（21条）②住居の自由　（22条）③通信の秘密（21条）④学問の自由

（三）　人身の自由

①奴隷的拘束、苦役からの自由（18条）②不法に逮捕されない権利（33条）③不法に抑留、拘禁されない権利（34条）④拷問・残虐刑の禁止（36条）⑤刑事被告人の権利（37―39条）

（四）　経済的自由権

①財産権の不可侵　（29条）　②職業選択の自由　（22条）

空港建設反対闘争55年、八街・富里・三里塚の戦いの歴史を顧みるとき、如何に農民の我々の権利が制限され侵され蹂躙されたかわかる。枚挙を挙げても尽きることはない。日本国憲法は言論、結社の自由、法の下の平等を宣言している。だが、三里塚においては成田治安維持法があり、警察官の主観でいつでも捜査、逮捕できるようになっている。日本の捜査機関は令状主義だが三里塚に限ってそれがない。防御権は著しく制限されている。

労農合宿所は農業研修センターに、横堀大鉄塔団結小屋は案山子亭に、名前を変えても中身は同じだという人がいるが、私にとっては屈辱以外なにものでもない。憲法の法の下の平等、言論・結社の自由から見れば成田治安立法は憲法違反である。憲法の精神は国家権力の悪魔化、狂暴化を防ぎ、国民主権、自由の拡大にある。刑法には時効の条文があり、借金も催促しなければ時効になる。権利は闘い取ると同時に守るためにさらに努力してゆかねば空洞化し無効になる。

昭和41年６月26日、佐藤内閣は空港建設で悪魔化し狂暴化した。人権蹂躙、生存権を侵されたのではなく命そのものを奪ったのである。人間を殺してまで空港を建設したのである。歴代の自民党内閣、今日の改憲・戦争政策遂行の安倍内閣と悪魔化、狂暴化が続いている。三里塚においては「空港機能の拡大・夜間飛行の制限緩和・７００ヘクタールの用地拡大、２５００戸の立ち退き、新滑走路の建設・50万回増便」の新たなる計画・政策が発表されて、市町村、各地域で説明会が権力の手によって開かれている。狂暴、強権は悪魔の行為である。衣の下の鎧、悪魔の笑いもまた強権であり悪魔である。悪魔がその力を失う時がある。それはあまりにも醜い自分の姿が鏡に映ったときである。鏡とは権力の前に立ちはだかった我々一人ひとりであり人民大衆の力、抵抗、戦いである。

三里塚空港建設反対・農地明け渡し拒否、耕作権擁護
市東孝雄君千葉地裁提訴・加瀬勉証人陳述書

農業見直し論

①農業見直し論が台頭したのは１９７０年代からである。日本経済が深刻な状況に陥りその方向が見いだせない不安と混迷の中で台頭してきた。高度経済成長した農業路線もほぼ完全に行き詰まり、従来の農業の在り方、体質に対する抜本的な批判が様々な形をとって表面化した。

②農業見直し論の内容は人によって、その発想、論点が多岐にわたって異なるが大別すれば次の４点になる。１つは日本

農業の国際的位置づけ、農業技術・経営の在り方、さらに農業と地域のかかわり方、環境の問題に大別できる。

③従来の農業路線を批判する点においては180度の転換をという点では共通している。それは農業技術論、農業経済論の枠を超えて社会、文化、生活等、人間的な視点から議論が展開されている。それは日本経済が経済効率から福祉へ、物質至上主義から人間中心主義への転換が叫ばれたのと軌を一つにしている。

④三里塚における空港の建設は、この流れに逆行し経済効率、物質至上主義の思想によって、しかも公権力が暴力をもって人間の存在を否定し人権を蹂躙し国家犯罪として建設を進めたものである。

日本農業の国際的位置づけ

①日本の農業の国際的位置づけについては、国際分業論から食糧の自給論への180度の転換である。高度経済成長期における支配的な路線は、できるだけ安く海外の農産物を買い入れて、日本農業の効率的再編を図るべきであるという考え方である

②議論を要約すれば、農産物の輸入を積極的に進めるべきである。それによって経営が困難になり農家が脱落するのはやむをえないと割り切るべきである。このために食糧が不足することはない。不足分は海外から輸入すればよい。不足が起きたらその決済は近代産業の成長で十分確保できる。食糧の自給率が何%以上自給しなければならないという主張と批判は問題外である。食糧が輸入できないということは石油、鉄鉱資源などの基礎資源が輸入できないことであり、日本の政治経済が存立できなくなることである。世界の政治経済の中でそんなことは起きるはずもない。この楽観論、明快な国際分業論で政策を日本は進めてきた。

③1960年を基準にして我が国の食糧輸入額は9億ドルから1973年には71億ドルに増大し、食糧自給率は90%から71%から47%台に下落した。カロリーベースの50%は海外の食糧に依存しているのである。1972年国際的な国際農産物の需給の逼迫、農産物価格の高騰、そしてオイルショックは、国際分業論という考え方の施策の破産を意味した。

④国際分業論のチャンピオン、日本財界は「国民生活に必要な重要な食糧の供給について」、自給率の増大、農業整備近

代化の構想を発表した。君子豹変である。

⑤しかし彼らは政策を改めようとしない。稲作の50万ヘクタールの生産地調整、減反政策、三里塚における農地強奪と空港建設、自然破壊と騒音被害の拡大と、歴史の流れに逆行して国民を危機に晒しているのである。農業を守る三里塚闘争は歴史的な普遍的な価値のある闘争である。

食糧自給率と食糧安全保障

①裏山の竹林は荒れ放題、庭を掃く箒は東南アジアから輸入したもの、畳、および家畜の飼料の稲藁は東南アジアからの輸入。自分の畑を荒らし耕作放棄をしておいて宅配の食材、自給率からいって食卓に並ぶ食品は65％が輸入の外国産、全国での耕作放棄農地は椅玉県の耕作面積と同じ。このような現状、生活に何の疑問を持たない生活態度。三里塚の農民の闘いは改めて農業の普遍的価値を呼び覚ます刺激になったと思う。

②私は米以外の自給率は、４％であると述べた。日本で生産したブロイラー（鶏）は６億２４１５万羽、生体重量１２５万トン、単純に計算して２５０万トンの飼料を消費したことになる。すべて輸入飼料である。

③豚は１００キロぐらいの時に出荷する。１００キロの豚1頭を生産するのに４００キロの餌が必要である。飼育数は１０００万頭・豚肉生産量１４３万トン。これもすべて外国の飼料に依存している。

④肥育牛は17・８カ月、５７０キロ―６００キロで出荷する。1キロの肉を生産するのに8キロの餌が必要である。牛の飼育数は１２６万１０００頭、肉の生産43万１０００トン、これもすべて国産飼料でなく外国産である。

⑤卵年間１人当たり14・７キロ、１世帯49キロ、年間消費量７５３個、食パン年間１人当たり６・５キロ、１世帯24・７キロ、１世帯61・８斤の消費。鶏卵は外国の飼料に依存し、食パンは外国の小麦である。

⑥米の消費は年間1人当たり１１４・５キロ、１世帯当たりの消費は３８１・３キロである。穀物の自給率は33％、その他の自給率は４％合わせて日本の食糧自給率は37％である。この状態で輸入食糧がストップするとどうなるか。耕作している農地、遊休農地、ゴルフ場等、農地に利用できるところに米・麦・大豆等穀物を栽培しても、餓死者は２０００万人出る

と言われている。日本は本質的に食糧危機なのである。食糧安全保障について議論されている。その国の民族の3年間の食糧備蓄が飢餓から国民を救う数量だと言われ国際的通念となっている。

⑦外国の食糧によって国民の胃袋が支配されていては民族の真の独立はない。食糧の自給率、輸入食糧依存の現状からいっても、日本の外交は平和主義に貫かれていなければならない。

⑧三里塚の農民の空港建設に反対して農地を守る闘いは、いかに深い意義があるかわかると思う。

農法論について

①昭和30（1960）年を基準にすると水田10アールに要した時間は140時間であった。現在は70時間が全国平均の時間である。近代化が進んだ経営では50時間と言われている。戦前からの日本農業の経営形態を特徴づけるものは、労働集約型複合経営であった。狭い耕地に労働を惜しみなく注ぎ込み、米を中心に各種の作物を取り入れての多角的経営であった。こうした農法、農業技術は高度経済成長政策で大きく変化した。農業の機械化と化学化が急速に進展したのである。

技術的に見れば農用トラクター・コンバイン、スピード・プレイヤー、ライスセンターなどである。化学肥料・除草剤・殺虫剤・ビニールらによるマルチ栽培が、農家の経営に急速に浸透拡大していった。経営の面から見れば複合経営から単一経営へ、単作専門経営に変化した。ひたすら経営の効率化規模拡大に走り続けてきたのである。これは高度経済成長政策の反映に他ならない。

この農業の近代化路線に様々な問題が発生した。第1に公害の問題である。公害と言えば工業だが、①農薬の多投による残留、②畜産の多投化による水質汚濁悪臭、③化学肥料による地力の低下、④機械化による経費の増大等である。

②機械化推進近代化と農業機械化全面否定論が登場した。自然循環型に合わせた技術、経営に立ち返る等の意見に分かれている。空港反対闘争の中で、農地死守、自然環境破壊反対、食の安全、自然循環型の農法、経営を実践した三里塚の青年たちの有機農法の会は生命を守るためにも高く評価できる。

食構造の変化

我が国の食構造に大きな変化が現われたのは高度経済成長政策の過程からである。食糧消費の内容についても、澱粉質から蛋白質、脂肪分に大きく変化した。戦前国民1人当たりの２０２０キロカロリーであったものが、２５１３キロカロリーに増大した。日本人の食生活は平均化し地域別、階層別、職業別に差が見られたものが、差異はなくなってきた。高度成長経済下、食生活は洋風化の信仰があった。日本の食文化が世界遺産になり、改めて日本型食文化が高く評価されるようになってきた。食文化の反省はまた農業近代化の反省と軌を一にするものである。外食産業、食の宅配の企業外食産業に、道の駅に代表される日本の食文化と世論は二分化されている。これがどの方向に進むかは明らかではない。一致しているのは食の安心安全である。

農業と地域・環境問題

高度経済成長政策下、工業路線も農業路線も経済合理化、効率化を求めてきた。農村においても兼業化、混住社会、限界集落、過疎化による廃墟、村落共同体の崩壊が各所にあらわれた。こうした効率化万能に対して農村社会の再評価がされるようになった。

自然環境の維持、保全から農業と地域との関連を見直し積極的に評価しようとする動きである。農業は単に農産物を供給する産業的機能以外に、自然環境の維持、緑の保全、洪水の調整、土壌の浸食の防止、国土保全と酸素供給、大気の浄化機能、特に都市市民の人間性回復と余暇の提供等の高い機能を果たしている。この対極には高度工業化社会、空港建設等にみられる深刻な農村社会の解体、自然破壊が存在する。

人類生存の危機

地球温暖化防止の京都議定書、パリ協定が示すように地球の環境問題は人類の生存の危機として表面化した。さきの国連において「核廃絶」「水銀の製造利用禁止」の条約が世界各国の賛成のもとに決議された。広島・長崎、水俣、福島原発事故の深刻な体験を持つ我々日本人は、世界に先駆けて環境保全のために努力をしていかなければならない。空港建設において北総台地畑作地帯の優良農地と自然環境は破壊された。北の茨城水郷平野米作地帯、南の九十九里平野米作地帯を航空機騒音地獄に陥れ、人間の生活と自然環境も破壊された。政府のこの政策行為は地球環境保全、人類の生存の危機に対して努力する世界の人々に刃を向けるものであり、歴史の流れに逆行するものである。北総畑作台地の三里塚の農民の闘いは、我々の明日に人類の未来に勇気と希望を与える道理と正義にかなったものである。

飢餓の根本原因

①世界人口の8人に1人が栄養障害、飢餓状態におかれている。この原因は次の理由によって発生している。1つはブラジル、アルゼンチン、コロンビア、フィリピン等の大所有土地制度が原因である。「耕すものに農地を」、農民に土地の所有権がないからである。低開発国においては農業に従事している農民の人口の3分の1は、全く農地を所有していない。封建制土地所有が飢餓の根本原因である。新しい社会制度のもとでの新しい土地所有制度、耕すものに土地を、これが飢餓をなくすことのできる最大の条件である。

第2の理由は世界の穀物量の60％を独占するカーギル、コンチネンタルグレイン、ブンゲ、ルイ・ドレフュス、アンドレ・ガーナック等の穀物企業アグリビジネスによる収奪が貧困を作り上げている。

第3は戦争、紛争による社会混乱が飢餓を引き起こしている。飢餓は旱魃によって引き起こされているのではない。「大土地所有制度・穀物支配・独占・戦争と紛争」の人災によって、現在の世界の飢餓が起きているのである。旱魃、自然災害が発生しても現在の農業技術、宇宙ステーション、月面着陸、大陸間弾道ミサイル、人口衛星等の科学技術を平和利用、農業開発事業に総動員すれば旱魃は防止できるし、飢餓から人類を救い出すことができる。「大砲かそれともパンか」は現在においても普遍的価値のある命題である。

②農地収奪の新しい植民地主義

中国、韓国はアフリカ諸国の農地を買収して大規模な農場を建設して自国の国民の飢餓に備えている。新しい植民地主義だと世界各国から批判されている。世界の食糧事情が逼迫を続けているからである。日本は相変わらず食糧の自給政策を放棄して海外農産物の輸入に頼っている。

③日本の農業の低迷、迷衰・衰退・混乱

兼業、超高齢化社会、混住農村社会、農村の過疎、限界集落、農業後継者なし、山間集落放棄、農業就業人口の８割が65歳以上。戦後自作農経営、農村共同体の崩壊を挙げればきりがない。このような農業衰退、農村共同体の崩壊をもたらしたのは１９５２年から始まったＭＳＡ政策、アメリカの余剰農産物の受け入れ、アメリカの古い武器の装備による保安隊から自衛隊へ、脱脂粉乳とアメリカの小麦によるパンの学校給食から今日に至る農基法農政、適地適産農政、総合農政の国内自給政策を放棄して工業製品輸出に代わって農産物を輸入するという政府の農業政策である。

混乱の状況

私は空港関連農業振興政策の成田用水土地改良区組合（組合員３００人３０００町歩。年間予算３億円）の東部工区長、組合理事を兼務してきた。

（イ）水田経営で一番条件の良い牛尾集落は組合員92人、完全離農80人。兼業農家20人、就労年齢50歳以上、後継者なしの現状である。離農者は農地を所有し請負耕作に農地を出している。土地持ち労働者になっている。

(ロ)千葉県で家族経営請負耕作で一番面積の多い農家は70町である。私の集落では10町歩から30町歩の請負耕作による大規模経営が発生している。○○農園・○○緑芸園

(ハ)○○農業法人、○○有機農法組合　○○町ライスセンターの看板が水田に戦国のように立ち並ぶ。

(ニ)戦後自作農は農地を請負耕作に出して土地持ち労働者群と、その土地を借りて大規模経営を行っている少数者に分解した。大規模経営者も自作農家族経営の延長で農業労働者を雇用しているものは少ない。大規模経営農家でも農業後継者は少ない。労働力が老齢化すれば借地を元の所有者に返還するといっている。

(ホ)借地をしての個人の規模拡大、借地をしての企業法人として農産物の生産、加工、出荷を行なっている生産組合が全国で発生している。土地所有と経営が分離している事態が生まれている。

(ヘ)成田空港(株)は騒音立ち退き区域に農地を大量に所有している。農地法によって農民以外に農地は買い受けて所有できない事になっているが、農地法の特殊条項によって所有することができる。成田空港(株)は巨大農地の地主である。この地主から農地を借り受けての生産組織が沢山発生している。巨大企業の農地所有対農民の借地による経営が発生したのだ。「耕す者に土地の所有を」、大原則が崩れたのである。戦前の半封建制土地所有制度が農民の生活を極度に貧しくして、侵略の軍隊の人的資源として海外への膨張(侵略)につながっていった歴史的経験の中から農地改革によって戦後自作農が創出された。それが崩壊したのである。空港(株)対耕作農民・企業対農民の関係が萌芽の状態でも戦慄を覚える。「耕す者に土地を」この原則を放棄してはならない。

(ト)私は空港建設反対闘争で富里村で生活した経験を持っている。現在は富里市になっている。当時富里村は、全国で2番目に広い村であり、千葉県の匝瑳郡より広かった。全国有数の畑作村である。そこに世界的資本を持つ大企業の「ローソン」が農場を誕生させた。もちろん農民からの借地によるものである。農地を借地に出した農民は農場に雇用され農業労働者になり地代を受け取る生活者になった。土地を収奪し農民の技術を収奪し、生産・加工・流通、店舗への一貫生産消費の体系を確立した。イトーヨーカドーも農場経営に乗り出しているはずである。この農村の現状に政府は農地法を改正して企業が農地の所有権を持つことができるようにしようとしている。「耕す者に農地を」の大原則が崩壊し始めているのである。これは歴史の逆行で日本の社会制度の未来を危うくするものである。私は声を大に

して警鐘を鳴らすものである。

農業者の心痛と怒り

罪悪感

美味しいものを腹いっぱい食べた満腹感、うまいものを食べた満足感、その後に必ず罪悪感が湧いてくる。私の眼の前には、アジア、アフリカ、ラテンアメリカの諸国で食糧がなくて餓死する人々のことが頭に浮かんでくる。農業者として餓えている人を救う事ができない無念さと、食べ物は分かち合って食べるものであるのに、餓死者を目の前にして食べていることに対する罪悪感である。

豊かな自然

九十九里平野米作地帯の最北端に位置する私の集落の目の前に広がる広い水田、空港敷地になった小川源さん（成田市木の根）小川喜重さん（多古町一鍬田）秋葉哲さん（芝山町朝倉」の水田の湧水を水源とする高谷川と北総台地の湧水を集め遊水地、三角州を拓いて水田はつくられた。高谷川・栗山川の流域文化に育まれて育ってきた。その水源に空港が建設されたのである。関東ローム層下には成田水脈がある。空港建設による都市化、自然破壊でこの成田水脈が汚染される状態となってきた。空港建設された敷地からは石器も発見されている。栗山川、高谷川流域からは丸木舟が全国一出土している。又、私の集落に隣接する多古町島集落台地から、縄文、弥生、奈良・平安時代の複合遺跡の集落跡が出土している。先史、採取経済から今日まで豊かな自然であった。

生身を引き裂かれて

土には土地には、農民の生きてきた歴史が刻まれている。空港建設によって田畑、農地が奪われて大型土木工事機械で破壊されコンクリートの下に埋められてゆく。大地、自然と人間が引き裂かれていく、生木、生身が血を吹いて引き裂かれていく感じがする。黒土が剥がされていく、土が殺されていく、農民が殺されて生き埋めになっていく、土が死んだ、農民が死んだ。

憤怒の怒り

今朝、今日お前は農民の作った物を食べて来たのではないか。農民の作った作物によって命を保っているのではないか、その恩を忘れて農地を破壊し農民を弾圧するとはなにごとか。抑え難い怒りが繰り返し繰り返し噴出する。農民のマグマが爆発する。それが三里塚の農民の戦いなのだ。

食糧の独占

先進資本主義国の中でも日本は最低の食糧自給率、最高の食糧輸入国。年間13億トンに上る世界の食糧が世界4分の1の先進資本主義国に独占されているのである（国際連合食糧農業機関）。その結果、世界人口の8人に1人は栄養失調、飢餓で苦しみ死んでいっているのである。慢性飢餓状態にあるアフリカ、アジア、ラテンアメリカの第三諸国では満1歳未満の子供の死亡率は先進国の15倍にのぼっている。

世界の飢餓の実態

世界のいたるところに飢餓が発生している。エチオピア・ソマリア、ケニア、タンザニア、レバノン、スーダン、モザンビーク、バングラデシュ、ハイチ等の諸国は特に飢餓状態が深刻である。「アンゴラに食糧空輸」「スーダンに世界食糧計画援助」「戦火のレバノンに緊急食糧援助」「ソマリアに食糧援助物資」等、連日報道がされている。

耕すものに土地を

南米では農村人口の3分の1がわずか1％の土地に押し込められ、アフリカ全土の4分の3の人々が自由にできる耕地は全体の4％にすぎない。低開発国22カ国に関する世銀の統計調査では農業に従事している人口の3分の1の人々は土地を所有していない。大土地所有制度であるからである。飢えからの解放は土地改革が必要である。

穀物の独占

全世界の穀物量の60％はアメリカ1国が独占している。その量は1億２００万トンである。そしてアメリカの穀物輸出取引の大半（85％）を握っているのが5大穀物メジャーである。カーギル、コンチネンタルグレイン、ブンゲ、ルイ・ドレフェス、アンドレ・ガーナックである、彼らはこのように言っている。「爆弾では破壊することができるが支配することはできない。食糧は武器である。食糧を支配すれば、人間を支配できる」と。

食糧の不均等配分、独占によって世界の飢餓は起きている。天災ではなく人災である。食糧が人間とその国を支配する武器であってはならない。食糧は天です。太陽です。世界の人が等しく分かち合って食べるものです。

日本の農地改革

①日本の産業革命と寄生地主制度は、明治35年前後に成立した。絶対主義天皇制とその社会制度はこの巨大な日本の柱脚によって支えられていた。日本一の巨大地主は山形県酒田の本間家である。所有地１６００町歩・小作人３０００人を擁していた。当時の水田の反収は6俵くらいであったが、本間家の地代は3俵であった。地代5割―7割の収奪もあった。

②戦前の日本の耕作面積は５５０万町歩であったが、その耕地の46％が小作地であった。農村は困窮し半失業状態となり、不作、凶作ともなれば娘を売って生き延びた。軍隊に行って初めて米の飯を食ったという農民兵士が多くいた。この半失業の小作農民は日本軍国主義の人的資源として海外膨張、侵略の経済的基礎を形成していた。

③このまま寄生地主制度を放置すれば農村の困窮はさらに進み、小作争議も多発して日本の社会制度が保てなくなるとの危機感が政府の農政担当者にあった。石黒忠篤、東畑精一、東畑四郎、松村謙三、和田博雄、大和田啓気、小倉武一氏らであった。彼らが目指したのは①小作料は現物でなく金納とする②自作農を創設することであった。

昭和20年8月15日、日本敗戦・ポツダム宣言受諾

①半封建土地所有制度改革と財閥の解体は戦後民主主義制度確立の2本の柱であった。対日理事会においてソ連案の地主の土地全面開放、無償に対して、イギリス案の話し合い開放、有償が激論となって第1次農地改革案は消えて、第2次農地改革案が日本政府の手が加わって作成された。その骨子は①地主の保有地は5町歩とする、②小作料は現物でなく金納とする、③農地委員会は選挙をもって選出する④地主の小作地取り上げは農地委員会の承認を必要とする、⑤地主が小作地を開放しないときは両者で話し合い、それが出来なければ知事の裁定とする、という内容であった。

②小作面積総耕地232万町歩46・3％から55万町歩10・8％に減少して、昭和24年日本の農地改革は終了し戦後自作農経営が誕生したのである。

③占領政策として日本農地改革に携わった、アメリカの、マッカーサー司令官・ロバート・フィアリー、ウォルフ・ラデジンスキー、W・M・ギルマーチンのサゼッションとメモランダムを見てみよう。

④農地改革2法案に対するマッカーサー元帥の声明

農地改革2法案が9月7日衆議院に上程されて衆―参の審議が終わり成立する直前にマッカーサー元帥は声明を発表した。

「余は日本政府が決定した農地改革法案を検討して満足した。過去に於いて幾度か苦い失敗を繰り返した日本農民の恒常的な貧困と不安定を軽減する試みの後、現政府が古い地主制度の根底を衝くための勇気、決断を示したことは慶賀に堪えない。余は政府が採択し承認したこれらの改革案が遂に確実に、これまで数百万の農民の勤労、搾取し続けてきた、封建的地主制度の害毒を日本の農村から一掃すると確信する。この日本の将来と安定と福祉に寄与すべきこの改革案にたいして、余は裏書きを与えるものである。この最後に承認された計画は、農地改革に対する最も自由主義的支持者にも、受け入れられるべきものである」

改革後農民を小作人の昔の地位に転落させないために農民に対する技術、教育、経済、文化の向上を目指して次の施策を講じる。①農業協同組合法②農業災害共済制度法③農業改良普及法④生活改善普及制度法を実施する。

⑤農地改革の評価（大和田啓気農地局長）、第1に日本の農民が農地改革を熱望していたこと、第2に農民の知的水準が

世界各国の農民と比較して高かったこと、第３に日本資本主義が発展し地主的土地所有の矛盾が深まったこと、第４に農民運動が全国的に高まってきたこと、第５に大正９年から小作制度調査委員会以来土地改革が必要だと農林省が考えていたこと、第６に農地改革を待望した国民世論の力。

⑥W・I・ラデジンスキーの評価「世界各国における土地制度と若干の農業問題」・日本の農地改革に対して、マッカーサー元帥は「共産主義者の政治拠点覆滅するには、土地耕作者の境遇改善が最大の先決要件」であることを了知していた。かかる農業上の根本改革の誘因としては、一方において日本の農業の窮乏があり、他方では農民の境遇を改善し、日本の農業をして、共産主義に反撥させることを目的とする米国の占領政策があった。農地改革法の起草者が国内に政治上の拠点を確保するのを阻止する必要を痛感していた関係上、改革が政治に及ぼす影響が関心の的であったことはもちろんである。幸いにして、その結果は最も楽観的な予想すら裏切らなかった。広範な自作農創設を成し遂げた日本の農村は、ほとんど共産主義の浸透を許さぬ金城湯池と化した。反対に新自作農は共産主義の経済理論と政治理論とに反対する陣営を著しく強化した。農地改革が共産主義の信条を覆したにとどまらず、土地私有制度によって穏健で安定した農村社会の確立に寄与する諸勢力を強化したと断定して誤りではない。

注　私は、小川明治（木の根）さんに面識があったわけではない。八街、富里に空港が建設された場合、三里塚の御料牧場、千葉県の竹林等が農民の移転先で検討されていた。私は千葉県開拓史・日本開拓史の文献を読んでいて三里塚戦後開拓のことを知っていた。文献の上で木の根開拓組合長の小川明治さんを知っていたのである。富里大堀闘争本部から小川明治さん宅に初めて訪ねて行ったのは千葉県知事が「空港問題静観」の態度を打ち出した時である。三里塚に空港建設の情報を探知した私は、小川明治さんを初めて訪ねたのである。小川さんに「御料牧場に空港が建設されます」と言ったら「日本で天皇陛下の財産に手をつけるものはいない」と一喝。小川さんの宝物は、海軍軍人の時に天皇陛下から下賜された恩賜の煙草、それに戦後開拓記念式典に皇族が庭に植えた桃の記念樹であった。だが、戦後入植の木の根の開拓の話になると人間が極端に変わる。御料牧場は宮内庁から林野庁に物納、解放地となるだが、なかなか決定が出ない。他の地域は開墾が始まっている。小川さんは「闘魂必成正剣破邪木ノ根居士」の隠号を創って、まだ決定していない御料牧場、天皇の財産に開墾の鍬を入れたのである。それを指導したのが弁護士の新津辰三である。1000年余の大木を切り倒して掘り起こし開拓村を作った。小川さんが木の根の村の名前は私が命名したと誇らしげに自信に満ちた言葉で語ってくれた。小川さんは天皇崇拝と戦後の農地改革、革命的社会状況を生きてきた2つの世界観を際立って持っていた。三里塚の農業構造改善事業式典にも皇族の列席、記念植樹、祝賀の花火、空港反対老人行動隊の天皇直訴も「臣、畏れおおくも」であった。農地改革はまさに穏健な農村を作り出したのである。

日本政府の姿

第2次農地改革案は農民のためのものであり、又その実行は農民の手によって行われなければならない。農民の自覚なしては、本改革による農村社会の民主化、農業の順当な進展は望み難い。第2次農地改革は、農民の実情に照らせばきわめて徹底的なものであり実現は決して容易ではない。農地改革の推進に鑑み、法の適用はあくまで厳格にしなければならない。指導者は新しい農村社会の建設に向かって情熱と勇気をもって職務に専念されたい。

農地改革と三里塚の農民

農地改革の目的は徹底した農業革命と民主主義の原理に立脚した土地の再配分を行って、真に農民を解放するものではなかった。敗戦によって崩壊の危機に瀕した日本資本主義を救い、アメリカを中心とした自由陣営の一員として日本を強化するものであった。天皇家下総御料牧場、岩崎財閥の末広農場、千葉県所有の竹林、それに、社台、新堀、東、扶養等の牧野が未解放地として残った。この土地が徹底的に解放され、戦後開拓で入植した人たちの農地になっていたらおそらく空港は建設されなかったであろう。石橋政次反対同盟副委員長（天神峰）熱田一副行動隊長（横堀）は小作地の所有の面積が大きかった。空港（株）と地主は結託して小作地の売り渡しを迫った。そして売り渡した。市東孝雄（天神峰）についても小作地の強制明け渡しを要求している。

農地改革で小作地の徹底解放が実現していたら空港建設は阻止出来ていたかも知れない。

共産党・社会党の農地改革に対する態度

戦後の農地改革に対する共産党・社会党の態度はどのようなものであったろうか。１９３０年代の講座派・労農派の論争は有名であった。農業・農民問題は政党の綱領の国家論の中心であった。

講座派（共産党）は農地改革は実施されたが半封建土地所有制度は制度として残存していると規定した。当面する日本の革命はブルジョア革命と規定した。一方、労農派（社会党）は農地改革で半封建土地所有制度は解体し土地問題は解決したと規定した。当面する日本の革命は社会主義革命であると規定した。両者の方針の違いは農民運動に混乱を巻き起こし、農民組織は抗争と分裂の悲劇を繰り返した。徹底した農地の解放を要求し労働者との提携・同盟を熱望した農民のエネルギーを拡散、霧散させてしまった。農民運動が反独占・業態別の組織運動を確立するまでに長い歳月を要した。人民の闘争の損失ははかりしれないものであった。

社会党は歴史の中に消滅し、共産党は三里塚闘争から逃亡した。残った新左翼党派は、極端な主観主義観念論で、市民運動、農民運動、労働運動の経験を持ち合わせていない。自分たちが組織出来ないから他の人が組織したところに押しかけ利用しているだけである。三里塚支援最大の党派中核派の三里塚闘争本部の最高責任者岸宏一がその利用主義を書籍を出版して全面的に暴露している。中核派は岸に対して新左翼に権力が送り込んだ戦後最大のスパイだと糾弾している。では、戦後最大のスパイを三里塚闘争本部の最高責任者としてきた党としての中核派の責任については自己批判していない。人民内部の矛盾と敵対矛盾を理解できず内ゲバ、脱落者、裏切り者史観で組織を混乱させ、闘争を利用している。利するのは権力のみ、権力の笑いが私には聞こえる。憲法改正を掲げた自民党は今回の選挙（２０１７・10・20）で大勝した。いまだに市民権を獲得していない民進党は分裂した。共産党も大きく議席を減らした。

三里塚空港機能拡大「７００ヘクタールの用地拡大、第三滑走路の建設・50万回増便」政策は我々に重くのしかかってきている。選挙で勝利した自民党内閣の傲慢さは猛威を振るうかもしれない。

私が経験した飢餓地獄

戦争と飢餓

①私は多古町第一小学校の5年生・6年生に2年間にわたってお米作りを教えたことがあった。学校給食、ご飯、パン・牛乳、惣菜、デザート、子供たちと無意識に1口食べたら突然涙が溢れ出た。「勉さんが泣いている」と教室は騒然となった。どうしても涙が止まらないのである。この子供たちと同じ年齢にこの教室で私は敗戦を経験したのである。学校に持っていく弁当は薩摩芋2本か南瓜が2切れであった。東京で戦災に会い、全てを失って村に帰ってきた人が沢山いて、私のクラスにも5人いた。この人たちは弁当がなく、私たちが弁当の芋や南瓜を食べているときに井戸の水を飲み弁当の時間が終わるまで校舎の裏や学校の裏山に隠れていた。みんなして1口ずつ弁当を集めて弁当のないクラスの友達に食べさせてやった。初めてクラス全員で弁当を食べた。そのとき、弁当のなかった友達が机の上に涙を落として泣きながら食べていた。母が作ってくれた弁当を食べることは悪いことではない。だが弁当のない人の前で、飢えている人の前で弁当を食べることは私は悪いことに思える、罪を犯していることだと思っている。世界で8人に1人は飢えている。外国農産物を買いあさり、自給政策を放棄して、三里塚のような良い土地を強奪し空港を建設している。犯罪行為である。

②世田谷の米よこせデモ

私の伯母は世田谷で印刷工場を経営していた。昭和20年3月10日、アメリカ軍の空爆、大空襲で焼け出されてしまった。お寺の本堂の片隅で飢えをしのいでいた。

世田谷の米よこせデモに参加した。飢えた子供を背負い手を引き天皇陛下の台所に入って行って「国民は飢えている。米をよこせ」と要求した。その日の天皇陛下の献立は貝の酢の物、肉料理、魚料理、いろいろな惣菜であった。目のくらむような真っ白なご飯が残飯として捨ててあった。私の伯母さん一家は飢えと伝染病で全員死んだ。食糧がなければ飢え死にする。食糧は人間の命なのだ。

③泥棒呼ばわりするな

私は昭和24年3月新制中学を卒業して家業を継いで農業をやることになった。祖父に「畑に行って芋穴から種芋を取ってこい」と言われた。ところが2つの芋穴には芋が1本もないのである。芋泥棒は何回かにわたって芋を盗んだとみて、山の中に草木を分けて歩いた後が残っていた。足跡をたどると私の前の家に出た。そのことを祖父に報告すると「お前も知っている通り、前の家にはその日食べるものがない。あの幼い4人の子供が俺の家の芋でひと時のひもじい思いをしのぐことができたら、それでいいではないか。決して泥棒とよんではならぬ」と私を諭した。祖父は奥の部屋から、私の家で一番大切な小箱を持ってきた。土地の権利書、貯金通帳、実印が入っている。その中から祖父は1枚の書付を取り出して「今朝朝飯の米がなかった。朝飯を食べずに学校にいった。弁当を届けてやらねばならない。こうして貸した米は6俵になった。あの生活では払うことはできまい」と言ってその書付を破いてしまった。「人間の一生は長い。必ずあの子供たちは幸せになる。長い目で見守ってやれ」と私を祖父は諭した。

祖父は食べ物は分かち合って食べるもの、人間は助け合って生きるもの、命にかかわることについては損得を考えずに助けてやることを私に教えてくれたのである。前の家の家族は、池や堀の流れで洗濯し、風呂代わりに体を洗っていた。村の畑から野菜を無断で取って食べていた。村の者は誰一人として泥棒呼ばわりをしなかった。「食べきれないほど作ってあるから」「余れば捨てるのだから」と言っていた。泥棒呼ばわりし警察に突き出したら一家は飢え死にするからである。祖父が言った通り子供たちは成長し独立し幸福な家庭をそれぞれ築いている。

④1杯の年越蕎麦

熟れて赤くなった柿の実をひとつ残らず取ったことがあった。祖父は私を烈火のごとく叱った。「冬になれば鳥も飢える、なぜ残してやらぬのだ。親木が枯れても種が地に落ちれば新しい柿の木が育つ」小作地もなく日雇いであった私の曽祖父の時代に一家は離散。私の祖父は14歳の時に屋根葺き職人の弟子になった。祖父の夢は人手に渡った家屋敷を買い戻し離散した家族、親、弟、妹を呼び集めて暮らすことであった。小作地が多かったが1町5反歩の田畑を耕し、屋根葺き労賃も入って、家族そろって鶏の肉の入った年越蕎麦を食べたことがあった。家族がまさに食べようとしたとき食べるのを止めた「家族そろって肉入りの年越蕎麦を食べられるとは夢にも思わなかった。これは夢だ。夢なのだ」祖父は涙流して1杯の年越蕎麦を食べることができなかった。一家離散の経験を持つ私は、三里塚の農民の土地を強奪する政府の行為を許せぬのである。

⑤裁判官が餓死した

私の記憶では昭和23年頃のことだと思う。新制中学2年。学校のグランドを耕して芋を植えて、先生が全校生徒で煮て食べようと言っていた。その芋も食糧統制で国が1本残らず取り上げてしまった。食糧統制、強権発動、そのために川で山で農民は自殺した。食糧統制違反で人を裁く裁判官が闇市の食糧を食べるわけにはゆかないと餓死したのである。大人たちは新聞を読んで大騒ぎをしていた記憶が残っている。農地がなければ、食糧がなければ人間は生きてゆくことはできない。外国から食糧をいつまでも買い続けることは出来ない。世界の食糧事情が少しでも悪くなり価格が高騰したら日本は深刻な社会不安になる。耕す者に土地の耕作権を、食糧自給の政策を精神を裁判官も守ってほしい。

農民の暴力と批判

会長の涙と批判

空港反対闘争を進めていく上では、いかなる意味においても、個人的野心や名誉欲や下心があってはならない。反対運動を発展させるための団結とは、この個人的野心や名誉欲や下心を克服し、反権力闘争という大きな事業に向けてみんなの心をひとつにし、お互いの信頼を打ち立てることにある。

農民の中にはその歴史的性格として、実感主義や利己主義が根強く残っている。「隣の貧乏カモの味」とか「隣に蔵がたてば腹がたつ」とかいう言葉も生きているし、長男に生まれ、学校で級長をして、卒業すれば青年団長、中年になると消防団長、そうして区長から町会議員等の野心的コースにわが身の野望を燃やす人も少ないではない。ましてや、反対運動を、組織の力をこの個人的野望の下敷にしようという者もある。また、反対運動の役員をしていると、政府や県当局のお偉方等から、手を変え品を変え、いろいろの誘惑の手が伸びてくる。そして、その人の個人的野心や名誉欲を利用し掻き立て、反対運動の矛先をにぶらせようとする。さらに組織に混乱と分裂をはかってくることがある。だからどのような意味においても、個人的野心や名誉欲を持ってはならない。

空港が閣議で内定してから、富里八街反対同盟が県庁に60人ずつ連続2カ月間抗義行動を起こしたことがあった。

5月のある日、会長の久保忠三さん、婦人行動厳長の江原マサ子さん、同じく婦人行動錬の篠原さんが帰りに知事に話しかけられ、知事主催の円遊会「藤見の宴」が知事公舎で開かれるから参加しないかと誘われたのである。この知事主催の「藤見の宴」は毎年県庁の部課長を招待して開くものである。

久保さん、江原さん、篠原さんの面々は、知事の腹黒い下心も知らず、喜んでその招待に応じてしまった。県庁の各部課長等と共にご馳走をうんと食べ、知事夫人の案内で公舎の各部屋まで見せてもらい、1日を楽しく過ごした。久保さん、江原さん、篠原さん等はこれで自分がとんだ偉い者だという錯覚をしてしまって、知事の術中にはまったのである。そのことが「千葉日報」の「こだま」欄にちょっと載ったものだから富里・八街の農民は「けしからん」ということで大騒ぎになった。本人たちが気が付いたときにはもう遅かった。「役員は知事と個人的に会って取引をしようとしているのではないか」と不信が役員と反対派農民の間に増大した。「しめた」と思ったのは知事で、知事はそれを狙ったのである。

青年研修所で開かれた役員会には久保さんは会長だから出席したが、婦人行動隊の２人はみんなの空気を察してか都合が悪いと役員会には参加しなかった。久保会長に対し、みんなから「その経過を説明しろ」「なんで知事のご馳走なんか食ったのだ」「婦人行動隊の役員も役員だ！　知事夫人の案内で見学するとは……」と批判は久保会長の胸に刺さっていった。

久保会長や江原、篠原婦人行動隊員が、知事夫妻の主催による「藤見の宴」に参加した動機は深い意味があったわけではない。ただ深い意味があろうが、その動機が簡単なものであろうがなかろうが、反対運動の障害になった実害は大きかった。

みんなの追及に久保さんは素直に謝り、非を悟ったというよりは、初めてみんなに追及されて悲しかったのか、涙を流し声をあげて泣きだしてしまった。久保会長が泣きだしたら批判の声はピタッと止まって、今度は追及した方がやり過ぎて悪いということになった。問題の本質がどこにあるのかではなくて、感情的な発言がより多く出るようになった。

批判と相互批判は「病を直して人を救う」という観点から、同志的にやらなければならないのだが、それを身につけることは大変なことである。人の誤りを批判するということは、自分もそのような誤りをやらないことを学ぶのであり、また相手が二度とその誤りを繰りかえさないように協力することだと思う。お互いがどれだけ反省をし合えるか、その深さは団結の強さ、固さの印である。

この「藤見の宴」の招待事件と久保さんの大泣きという事件があってから、富里・八街の役員会は、一層誰でもが自由に発言することができるようになった。そして「大胆に発言し」「大胆に行動する」あるいは「言行一致の発言」という気分が反対同盟の組織の中に育ってきた。役員がだらしないからといって、自分のやるべきことを果たさなかったり、組織が動かない、責任を全部個々の農民の責任にしてしまったりという、この責任の擦り合いのなかから生まれるのは敗北だけで、何ひとつ生産的なもの、創造的なものはつくりだせない。

私は久保さんの泣き声と涙の情景を思い出しては、自分の野心、名誉欲を克服し、久保さんを批判した農民の勇気を思い出しては、反対運動が前進するか、みんなと自分のためになるかを考える。またその観点からでなく、人の顔色をうかがって発言してはいないか、意気地なしになってはいないかと注意を続けている。

農民の暴力は最も民主的なものである

富里青年行動隊の面々が、富里村の役場に押し掛け、石井富美男村長に面会し「村会で空港反対決議をしろ」と要求したことがあった。

村長は「賛成者もいるし、反対者もいるので私はひとつの立場に立つことはできない」と繰り返し、自分の意見は言わずに逃げていた。「では、村長ができなくても村会なら反対決議できるだろう。村会で反対決議をすれば村長もその議会の意志に従って反対の行動が取れるはずである」と追及すると、今度は村長も逃げることもできなく、「村民の3分の2が反対すれば私も反対する」と表明した。村長と交渉してここまでこぎつけるまでには、夜の8時頃までかかってしまった。

村長は青年行動隊に住民の意志が3分の2あれば反対すると約束したのだが、村会議員の山田が個人的に青年行動隊などの得体の知れない団体と約束するのは間違っていると、その撤回を村長に迫った。村長は両者の間に挟まって困惑した。青年行動隊は、村長との約束が破られると思って、村長に「今の言葉を紙に書く、証文を作ってくれ」と要求した。村会議員の山田は書くな、青年行動隊は書けと激しいやりとりがあり、突然山田が青行隊員に掴みかかってきた。

この村会議員山田が、青行隊50人を相手に手出しをしたのは、山田はヤクザであり、富里村のカゲの村長と言われる人物だからである。役員職員はみな自分の縁故の者を入れ、富里村農協専務の役職を持ちカゲで町政を牛耳り、村民がその行動を批判しようものならチンピラ、ヤクザを使って脅迫するのである。村民は誰も恐れて手を出すものがなかった。

青行隊は村会議員の山田を役場外に連れ出し「この野郎今までは黙っていたが、もうかんべんならない」と袋叩きにしてしまった。山田はまさかと思っていたのである。青行隊は逃げも隠れもしなかった。「長年の恨みをはらしてやるから、村の者の恨みをはらしてやるから、もう一度立て！」山田はもう立つ元気さえなかった。いままでの村内における山田の社会的地位、悪の権威はみるかげもなく崩れ去っていった。村の新しい歴史はこの一瞬から始まったような気がした。

そうして、石井富美男村長は「住民の3分の2の反対者があるなら、富里議会に反対の決議を村長の職権によって提出する」と青年行動隊に一筆書いた。

富里・八街の空港反対同盟の役員会が緊急に召集され、署名活動を実施することに決定し、夜には集約するという方針を決定した。当日は午前中に準備をし、夜までには集約も終了、富里村の有権者の8割の賛同を取ることができた。そうして富里村議会で「空港反対決議」がなされたのである。

この「空港反対決議」を勝ちとった青行隊の反対同盟のなかにおける地位は不動のものになった。また、暴れ者、村の悪の顔役であった村会議員山田を〝ぶん殴った〟話は、村の中に生き生きと語り伝えられ、頭の上の石、邪魔者を取り払ったように、村人の顔が一瞬明るくなり、感情も伸び伸びとしたものになった。そして山田を打倒したことと反対決議は、反対運動をより強いものにした。

「空港反対決議」を議会にかけると、それが成就するや、鬼の首を取ったように喜ぶ人がいる。議会で反対決議を取ったからといって、それを実行させていく力、村政を反対活動の方向に持ってゆく力が組織的になければなにもならない。

山田打倒という組織的暴力、組織的力があって反対決議がなされたというこのひとつの事実を見てもよくそのことを教えている。

青年行動隊が村会議員で誰からも恐れられていた山田を打倒したのも、長年にわたって被害を受けていたからであり、空港建設に反対している住民の意志を無視したからである。それに対する農民の制裁として行なわれたものであった。

農民の暴力というものは、まったく〝理〟にかなっていて、最も民主的なものである。この最も民主的な暴力、組織的力によって議会の反対決議も生きてくるのである。自治体における住民の直接請願権が最も民主的なものと考えている人があるかもしれない。しかし、ひとつも民主的なことではない。そのことは三里塚闘争のなかで立証されている。

農民の暴力行動こそ最も民主主義的なものである。この農民の暴力行動だけがただひとつ権力に対する力となる。この闘争を体験して最も大きな権利を自覚することができた。

梅沢さんの怒り

共産党の下部組織である「安保破棄諸要求貫徹実行委員会」が東京晴海の広場で全国平和集会を開いたことがあった。共産党は10万人の労働者、学生、市民のあらゆる階層を全国から集めてきているから、そこで空港反対闘争を訴えれば、闘争は限りなく全国に広がる。それに10万人の人からカンパをもらえば闘争資金も事欠かなくなるし、バスは共産党の方で用意するから、みんなは弁当とからだひとつあればよい、ということで、反対同盟の農民が500人参加することになった。

参加した農民から集会に対するいろいろな感想が出て来た。

「会場に入るとき100円の入場料を取られた」「バッチを100円で買わなければ集会に参加できなかった」「バス賃はいらないということであったが、帰り500円ずつ取られた」「空港反対を訴える時間が少なかった」「参加者が多くて演説の声が聞き取れなかった」「カンパは全部くれると思ったが、少ししかくれなかった」と不満が続出した。

この集会後、梅沢清八街反対同盟会長宅で空港反対対策会議があった。その席上、梅沢会長は共産党の佐藤二郎千葉県委員長に向かって「農民を騙して連れていってなぜバス賃を取ったのだ」「八街観光バスを利用すれば1台について3000円の闘争資金をくれることになっているのに、なんで東京から勝手にバスを連れてきたのだ」「10万人がカンパしてくれるのは結構だけれど、農民の乞食根性が出て自分が金を出して闘う覚悟をなくしたらどうするのだ」「今は農繁期だし動員するのは大変だが、政府や県庁に抗議をすることが大切なのだ」と怒って話した。梅沢会長がこんなに厳しく共産党の佐藤二郎委員長を怒ったのは初めてである。

政党が自分の党利党略の観点から反対同盟を利用したことに対する梅沢会長の批判である。この共産党批判は千金の重みがあった。

この地区八街・富里における主要な政治課題は国家権力による土地収奪であり、それに対する農民の抵抗である。富里・八街で開かれる共産党の集会は、いつも諸要求貫徹である。だから空港反対という主要な課題がいつも一般的な要求のなかに埋没してしまう。

農民はいつも共産党はスッキリしないと批判する。それは共産党の方針に、従わないものはすべて批判の対象であり、時によっては分裂主義者のレッテルを貼りつけて、農民の批判を潰し、自主性を奪い取ってしまうということである。農民は共産党に対し、空港反対に一生懸命やるのではなく、自分の組織を作るためにやっているという評価の仕方であった。共産党は闘うことが目的でなく、自分の組織を作ることが目的化していた。「国敗れて山河あり」でなく「闘争敗れて細胞のみ残る」の観点を梅沢さんは批判したのである。社共両党が反対同盟を党利のため利用し続けてゆく悲劇は続くのである。

三里塚の農民と農地改革

痩地の北総の大地
いのちを打ちこむこと幾千年
百姓が怒る　歴史が怒る
燃えたぎる三里塚は
叛乱の国

鎖のまま
くさりにつながれたまま
哭き叫ぶ
燃えたぎる三里塚は
叛乱の国

弾けるよ
戦いの魂がはじけ飛ぶ
暗黒の闇きりさいて
燃えたぎる三里塚は
叛乱の国

はじめに

絶対主義天皇制支配体制を支えた2つの柱はいうまでもなく独占資本と農村における半封建的寄生地主制度であった。その下にあって多くの小作農民は収穫の半分以上を地代として収奪される状態にあり、また、国家と独占資本からも収奪される二重の苦しみを背負っていた。そしてそこから生みだされる貧しさは、半失業の農民を生み日本軍国主義の最も優秀な人的資源としてファシズムの土壌を形成していた。

それが、日本の農地改革でどう変わったのか、三里塚の小川明治副委員長の言葉を紹介しよう。木の根集落の小川明治さんは今はもう亡くなっているが、生前戦いのなかで、よく次のことを私に聞かせてくれたのである。

「闘魂必成正剣破邪木ノ根居士」「開拓功労者としての表彰と宮様のお手植の桃の木」「帝国海軍霞ケ浦航空隊少尉。天皇陛下から戴いた金盃と恩賜の煙草」

小川明治副委員長は自分の半生を語るとき、かならずこのことを軸にして話すのである。私はこの話を聞くたびに、戦後日本の農地改革で生まれた自作農の性格をよく表わしていると思った。

戦後、「今や国民の大多数は飢えている。乳飲子を抱えた母親は栄養失調のため、おっぱいも出ない状態である。それなのに天皇はヒラメの焼魚を食い、蛸の酢物を食い、あまつさえ混じりけのない米の御飯を残飯にして捨てているとは何事か」。世田谷の食糧メーデーの一行が、よれよれの草履をはき、子供を背に負い、宮城内に入り天皇の台所を点検し「人民の声」を読みあげたのであった。

一方三里塚においても、小川明治さんは、「闘魂必成正剣破邪木ノ根居士」の諡号をつくり、決意をかためて戦えば必ず事は成就する、正義の剣は邪を破る、おれは木の根の農民となってそこに生涯を終えるのだ、土に帰るのだ、と多くの開拓農民等と共に鎌で鍬で武装し、天皇の財産である御料牧場の全面開放を叫んで起ち上がったのである。インフレと失業と食糧危機に対して闘う革命的な都市労働者と農地解放を求めて闘う農民が大きく合流したのであった。日本の歴史のなかでそんな一瞬があったのである。

新自作農の意識と行動

周知のごとく日本の農地改革は小作地１２７万町歩、財産物納税３万町歩、牧野45万町歩、未墾地１２３万町歩、全小作地の85％を解放し事実上、半封建的寄生地主制度を解体した。

千葉県下総御料牧場は総面積１、４４４町３反６畝あったものを９２５町３反６畝を解放したにとどまった。その対象は地元入植者、県内外戦災者、復員者、沖縄海外復員者等が入植した。地域的には、天浪、木の根、古込、東峰、葉山、宮下等々がそれである。御料牧場の全面的開放を叫んで闘った小川明治さんも１町２反歩の農地を分配されたにすぎなかった。ここに戦後的自作農が創出されたのである。

この小川明治さんは２つの異なった世界を際立った形で持っている。小川さんは日本の農地改革に、諡号まで創り死を決意し、一時は自衛の為と言い武装してまで御料牧場の開放闘争に打ち込み、都市勤労者の革命運動と結びついて闘うことをはっきり自覚していた。

また、種まで食い尽くす貧窮のなかで木の根っこを一鍬一鍬掘り起こし、「木の根部落」を創り、木の根の土なら一魂に至るまで知り尽くしている、と農地改革時の御料牧場開放闘争を語るとき、言葉ははずみ、目が輝くのである。私はその中に日本の権力の衰弱と人民の闘争の高揚を肌で感じ取るのである。

一方戦後自作農になった小川明治さんは、開拓功労者として宮様お手植の桃の木を自分の畑に植樹してもらったことや、日本帝国海軍少尉として活躍し、天皇より恩賜の煙草と金盃を下賜されたときの様子を語るときも目が輝くのである。

小川明治さん、農地改革で創出した自作農は、戦前の軍隊生活・農地改革・三里塚闘争等の過去と現在が意識と行動のなかで複雑に絡みあうのである。私は戦後の農民の土地所有のなかに、小川明治さんのなかに、その意識に、日本の農地改革の不徹底さとその性格をみるのである。

三里塚の農民の多くは土地を国家権力に奪われ、また狭い代替地に強制的に移住させられていっている。その代替地の1つに末広農場がある。関東自動車高速道富里インターチェンジから七栄を通って三里塚の集会の第二公園の通りに面したところである。

印旛郡富里村にあった末広農場は元三菱財閥岩崎久弥の経営する日本有数の農場であった。財閥解体と農地改革は末広農場にも及んだのであるが、千葉県の柴田副知事、農林省大和田事務次官、GHQ天然資源局のヒューズ、ハーディ両氏等によって開放しないことに決まり、物納税として国家が没収し、それを千葉県が「県営種場」として、施設を保存して残すことになったのである。

日本の農地改革は三里塚御料牧場を残し、末広農場を残し、それが空港敷地と代替地になったのである。農地改革の不徹底さがずっと炎を残してきたのである。

また、日本の農地改革は2反歩以下の土地所有者を非農家とし、農地改革の対象外とした。大木よね（取香集落）は非農家であったため、集落の藤崎という農民の名義を借り受けて2反歩の土地の解放を受けた。三里塚空港の第5ゲート内にやはり2反歩の土地を所有する小川ゆり（千代田）は、大竹という農民の名義を借り受けて御料牧場の一部を解放して2反歩の土地を所有していた。

当時、それは農地委員会も認めた上でのことである。土地解放条件に、25年経たなければ他の名義及び売買はできないという条件がついていたので、名義は変更されずそのままになっていたのである。それを空港公団と手を組んだ書類上の名義人が、今その土地の所有権を要求しているのである。

日本の農地改革の背景

世界史における土地改革は農民が暴力を用い、その土地の所有者である地主から土地を奪い配分した。資本主義国においてはそうである。また土地改革は民主主義革命から社会主義革命に至るなかで常に綱領的な重要な位置を持っているものである。

日本の土地改革は地主からの没収ではなく、有償であり、農地委員会においての地主と小作の話し合いであり、地主の小作地を残存せしめ、山林には手をつけないという特殊な形態を持つものであった。

それはなぜか？　日本の農地改革はアメリカ帝国主義の占領政策として実施されたからである。半封建的寄生地主制度を解体し多くの戦後的自作農を創出した日本の農地改革にはかかる歴史的背景があった。アメリカ帝国主義の占領政策としての日本の農地改革は、真に徹底した農業革命と民主主義に立脚した土地配分を行なって日本の農民を解放するのではなかった。

敗戦によって崩壊の危機に瀕した日本資本主義をアメリカ帝国主義への従属のもとに再建し、アメリカの極東戦略の中に日本を反共・反革命の最前戦基地として強化するという狙いがあった。

それは第二次世界大戦後の社会主義国の出現、民族独立闘争の発展と資本主義国における階級闘争の前進に対し、アメリカが日本の支配者と企画して帝国主義政策として実施したものである。それは何よりも食糧危機や失業とインフレと闘う都市労働者と土地革命を要求して闘う農民の闘争が合流し革命化することを恐れ、それを阻止せんがためであった。次の文章はそのことをよく証明している。

「共産主義者の政治拠点を覆すには土地耕作者の境遇の改善が最大の先決要件であることを承知していた」「かかる農業上の根本的改革の誘因は、一方において農民の境遇を改善し、日本農業をして共産主義に反発させることを目的とした米国の日本占領政策であった」（マッカーサー）。

三里塚闘争と日本農民運動の発展

恩賜の煙草

戦場に赴く兵士に天皇から特別に下賜される煙草である。木の根の反対同盟副委員長小川明治氏は、横須賀海兵団将校の軍服と恩賜の煙草を私に見せてくれた。真っ白な四角い箱、中央に天皇家の菊の御紋章、煙草1本1本に同じく金色に菊の御紋章が鮮やかに付いていた。これは小川明治氏の宝物であった。絶対主義天皇制と寄生地主制度のなかで地代6割を収奪される小作農民は半失業、半農奴であった。小作農民、半農奴の経済的状態が日本帝国主義軍隊の人的資源を保障していたのである。「軍隊に行って初めて白い飯を食った」小作農民のこの言葉はそれをよく表わしている。小川明治氏宅はこの地域で典型的な小作農民であった。兄和一、明治、源、七郎と軍隊の経験者である。特に明治さんは招集兵でなく志願兵である。

闘魂必成正剣破邪木ノ根居士

これは、小川明治氏の生前からの院号である。空港反対闘争のなかで創られたものではない。復員軍人として木の根に開拓に入り、種まで食い尽くす生活、鍬1丁で掘り起こす木の根、拝みの住居生活の中で、下総御料牧場の全面開放を要求し木の根開拓組合長として闘争に立ち上がったときのものである。占領軍の政策として上からの改革、小作農民の下からの要求として日本の農地改革は行われた。日本の農地改革は、反共占領政策として行われ、農民の闘争と労働者の闘争が結合して革命情勢をいかに阻止するかであった。農地委員会での話し合い、金銭による買収、不在地主3町歩の土地を未解放とする。山林地主は解放の対象にしないという特徴を持って実施された。

この農地改革の背景には、ソ連邦、中国革命の成立、東欧諸国社会主義国の成立とアジア、アフリカの民族解放独立運動の前進、国内においても、世田谷の食糧よこせデモ、2・1ストの中止等市民と労働の闘争がその背景にあった。三里塚戦後開拓組合員による天皇家の財産である下総御料牧場の全面開放の要求と、小川明治氏の院号はこの背景の中で作られたものである。恩賜の煙草を下賜した天皇の財産の解放に院号を創って闘いに立ち上がったのである。小川明治氏や三里塚開拓農民、戦後日本の開拓農民に解放された土地は1町歩である。内外の力関係によって解放された面積は規定されたのである。この時期、農地改革の評価と農民組合の組織と闘争目標と戦術は、政党の国家論、革命綱領の中の位置を占めていた。

宮家のお手植えの桃の木

小川明治氏には恩賜の煙草の宝物のほかにもう1つの宝物が庭にあった。それは、戦後三里塚開拓組合20周年式典のときに、高松宮のご臨席のもとに挙行され、十余三地区の高橋新吉氏の打ち上げる花火の祝砲の中で華々しく行われた。三里塚戦後開拓組合の活動第1の功労者、木の根開拓組合長小川明治氏の庭に特別に高松宮がお手植えの桃の木を植樹されたものである。私が始めて、富里の現地闘争本部から小川明治氏を尋ね初対面のときに、「三里塚に空港がつくられるらしい」と言ったら「おそれおおくも、日本では天皇陛下様の土地に手を付けるものはいない」と叱り飛ばされた。１９６６年三里塚は政府の農業基本法の構造政策として、シルクコンビナート、養蚕団地協業化事業が行われることになり、養蚕組合がつくられ、畑に全面的に桑が植え付けられた。その時、三里塚宮下開拓組合集会所の庭に、宮家の桑の植樹が行われた。占領政策としての農地改革は成立し、労働者農民の結合、提携による革命的情勢は一掃された。対地主闘争から反独占農民運動に発展することはできずに、日本農民運動と組織はことごとく解体されていった。農地改革で生まれた戦後自作農は自民党政権を支える強固な地盤となった。宮家の三里塚における植樹はそのことをよく現わしている。

戦後自作農の農民運動方針

農地改革は、天皇制の物質的基礎を掘り崩し保守的な自営零細経営農民を大量に作り出し、共産主義の防壁を農村に築くことを目的にした占領政策としての農地改革であった。農民運動は、（1）地主との対立ではなく、反帝国、反独占の農民の闘争を可能にした。（2）農村における地主土地所有は分解解体した。（3）封建的残存物についても反帝、反独占闘争で一掃できる。（4）農民闘争の目標と戦術は、地主対小作の土地闘争ではなく、税金、米の供出、農産物や農業生産資材に対する価格闘争で全農民を反帝反独占闘争に結集できる。農地改革後の農民闘争の理論と実践は政党の農民運動の主導権争いをきたしたが、常東農民総協議会の実践もあって、反帝、反独占の農民闘争方針が確立していった。

私の反帝・反独占闘争の経験

戦後自作農経営下、様々な農民闘争を組織した。農民に対する収奪は農産物の販売と購入する生産資材の価格の流通過程における収奪である。機械化貧乏に対して生産、収穫を上げることによってこの危機を抜け出そうと、農業技術研究会が全国各地で組織された。篤農、精農青年たちであった。一方、この農業の危機に農業経営で対応できず出稼ぎ賃労働の流失の危機に直面している青年には、社会科学の学習会、サークル運動に組織していった。いわゆる政治型の青年である。この両者を連合して農民闘争として「牛尾村の革命的改革」を実行した。また、冬季から夏季、1年を通しての出稼ぎ賃労働、母ちゃん、じいちゃん、ばあちゃんの三ちゃん農業の出現に、「栗山川河川改修工事現場での闘争」「高谷川河川改修工事現場での実力闘争」「千葉川鉄護岸工事におけるストライキ」と出稼ぎ、賃労働者を組織して闘った。千葉県は鹿児島についで甘藷は第2位の生産地である。北総台地はその生産の中心であった。九十九里沿岸には沢山の澱粉工場と水飴工場があった。私が経験した甘藷価格闘争は、甘藷の仲買人を通さず、工場直接持ち込み、農民の共販体制を作って、甘藷1俵10円とか15円値上げを要求し勝ち取るというものであった。零細農民が零細企業を相手に価格闘争を行なうという性格のものであった。農産物の貿易自由化によってアメリカの玉蜀黍澱粉、東南アジアのタピオカ澱粉の輸入によって、甘藷経営農家とそれを加工する零細企業は全滅した。国に対して価格保障、関税の高額の要求を行ったが、農林水産委員会において、意見陳述と請願までで、農産物貿易反対の大衆運動は組織できなかった。

私は、国家独占資本に対する闘争の経験をすることとなった。1956年、それは私が25歳の香取郡青年団協議会、理事、事務局長の時代だった。異常渇水で利根川銚子河口から40キロ上流の神崎町まで海水が逆流したのである。古来、利根川の洪水から田畑をいかに守るかが国の河川行政の基本であり、築堤といかに川を深く掘り下げるかであった。まさか利根川の水がなくなるとは想いもよらなかった。利根川の水を利用していた5万町歩に塩害の被害が発生した。香取郡青年団協議会は6000人の団員を動員して被害の実態調査に乗り出し、農林省、建設省、農林試験場、千葉県などにその被害の実態を突きつけ対策と補償を要求した。農林省、千葉県、各政党の対策発表集会、農民決起集会を開催するなど、陳情活動でなく大衆行動を基本にして活動を展開した。各省庁は我々が指摘するまで塩害であることを知らなかった。政党の無策無能が明らかになった。

利根ダム湖潮止め堰の要求、利根川上流のダムとその機能、河川法の改正と水資源二法の成立、工業用水、生活用水上水道による農業用水の収奪、各河川国家行政の管理移管と農民の利水慣行権の消滅を闘争で明らかにしたのである。「水呑み百姓が水も飲めなくなる」「水がなければ工業は起こらない」「水は金よりも尊し」の時代が到来したのである。

千葉県は農業県から工業県へ、半島千葉県から世界へ。京葉コンビナート工場群の建設、取水権の無償提供、海岸埋め立てと進出企業10年固定資産税免除等々、全国一悪名高い企業誘致条例が県議会で可決成立が背景にあった。私はこの25歳のときに経験した「利根川塩害闘争」で国家独占資本に対する闘争の発展に確信を持ったのである。

戦後自作農経営の発展と全面的危機

北総畑作台地の特徴は、戦後自作農経営基盤がしっかりしていたことである。空港建設が決定された１９６６年7月の段階では、専兼別の統計を見ると、千葉県は7割が兼業農家に対して、北総畑作地帯はその逆、7割が専業農家であった。それは、1戸あたりの経営規模が大きいこと、千葉県は耕作面積が平均1戸あたり1町歩に対して、北総畑作台地の経営面積は2町歩とその倍の耕作面積があったこと、自分の家の周りに耕作地が集中して存在していること。千葉、東京市場に近く、麦、落花生から野菜、換金作物に転換できたこと。当時、日本一だといわれた丸朝野菜専門農協の創立、丸菱、遠山野菜出荷組合の活動はその典型である。

日本の畑作農業の代表的地域は、南の鹿児島、北の北上盆地、北海道、続いて千葉県の北総畑作台地だが、そこに住むことを許さないという国家の空港建設の政策が決定され、農民と住民のあらゆる権利が暴力的に抑圧され収奪されることとなった。作物は、麦、落花生から西瓜、里芋、大根、人参等々の換金作物へ転換していった。農協・農家組合から、農業技術研究会から野菜出荷組合の結成へ。生産の発展にしたがって農民自身の組合も結成されていった。農民の生産意欲、現金収入の増大、この自作農経営発展の絶頂期に空港は建設されてきたのである。当然、戦後自作農の闘争は叛乱の質を持って展開されてきた。当然の理である。米つくりの代表地帯、佐賀平野、新潟蒲原平野、山形庄内平野、秋田仙北平野、宮城仙台平野のど真ん中に、突如としてそのど真ん中に空港が暴力的に建設されたら、三里塚の農民のように戦ったであろう。ここで戦いに立ち上がることができなかったら、農地改革で生まれた戦後自作農の全面的、歴史的敗北となる。三里塚は日本の反独占農民闘争の歴史的発展である。

混沌、混乱から反転攻勢へ

私は成田空港周辺地域に対する空港関連事業成田用水土地改良区の総代、理事、東部工区工区長を歴任した。創立以来35年、組合員2800人、対象面積3000ヘクタール、年間予算3億円である。問題を理解する為に私の集落の経営実態を紹介する。

私の村は九十九里平野の北端に位置する水田地帯である。村の裏山は芝山町で村の半分は騒音立ち退き区域であり、村全体が騒音直下である。私の集落の戸数は101戸、成田用水土地改良区の組合員は93戸である。1戸あたりの水田経営面積は1町2反歩である。栗山川と高谷川の三角地帯に開けた水田は多古米の特産地として60キロで2000円ぐらい高価に販売している。生産収量は反当たり9俵くらいである。成田用水土地改良地域は谷津田が多いが、牛尾は平場で完全乾田で機械の稼動能率もよいところである。93戸のうち、農地を売却しての離農者は2戸、58戸が作業委託の完全離農、残り30戸が超老齢者と兼業による日曜経営者、残り2戸が借地経営で15町歩と20町歩の経営を行なっている。2戸の大規模経営農家は家族労働で1人は、溶接工、1人は葡萄の果樹園を経営している。離農賃労働、土地持ち労働者が大半を占めていること。大規模経営農家も家族経営で兼業であること。米の販売はほとんど縁故米、個人売りで農協に対する売渡しは少ない。多古農協においては最高米の集荷量は5万俵であったが、現在は1万俵前後に減っている。

成田用水地域では、労働者を雇用して野菜加工出荷を企業活動として行っている経営と、水田地帯においてもライスセンターの設立によって大規模農家が出現している。戦後自作農経営が大きく変化し解体した。自作農経営を基礎とした生産共同体としての村落共同体は崩壊した。農家組合、土地改良区役員、共済組合役員、水利用水組合役員等の役員が選出できない状態になっている。

借地の地代はコシヒカリ1俵半金額にして2万4000円である。土地改良賦課金、固定資産税、共済掛け金、農家組合、集落運営費、ヘリコプター防除等の経費を差し引くと手元には現金は残らない。もちろん、自分で経営している農家も、借地による規模拡大農家も赤字経営である。農地売買価格は、ゴルフ場の代替地で最高反当たり250万円、現在は1反歩100万円の上級水田でも買う者はいない。

東京―土浦を結ぶ高速道路敷地の買収価格は反当たり800万円である。農民は土地を売りたがっている。成田用水地域の谷津田、あるいは畑にみる耕作放棄地の荒れようはひどいものである。農民は家庭内においても地域社会においてもいまや絶対的少数者である。農民は、他の階層、他の階級と連帯、共同闘争の道を強化してゆかなければならない。食糧の輸入か自給か、生産と価格問題、消費と食の安全、巨大開発問題、公害問題、自然環境の保全と育成、子供の教育の問題、地域医療の確立等々地域の労働者、市民と連帯して「健康と命と暮らしを守る」闘争に積極的にかかわって行く必要がある。しかも、これらの課題は温暖化による地球の破滅的危機、食糧の南北問題危機など、世界規模の課題の共通性を持っている。

三里塚闘争を支えた主体的条件は、自作農経営、家族労働を基礎とした家族ぐるみ、地域ぐるみの闘争であった。その、経済的基盤が崩れて、有機農法による経営形態と消費者としての労働者、市民の直接連帯に変化した。私は、三里塚闘争の発展の社会的条件はあると理解している。また、家族経営の崩壊は、戦後自民党を支えてきた農村の保守基盤の崩壊でもあった。農民の有力者を議員や行政に抱き込むことによって、それをパイプに補助金を流して農民を支配する構造が崩壊した。世界不況と国家財政の破産的状況で補助金行政はできない状態となり、都市労働者、市民の貧困層の増大で階層、階級の構造的変化をもたらした。反転から攻勢に転じる社会情勢は刻々と煮詰まっているように私は理解している。巨視的に見れば、大化の改新古代土地制度の確立、荘園の成立、太閤検地と刀狩、徳川検地、地租改正、寄生地主制度の確立、戦後の農地改革等。土地所有制が変わる時代は混沌、混乱、そしていずれも革命的動乱の時代であった。はたして、日本資本主義のなかに戦後自作農経営に変わってどのような土地所有制度が創出されるのか。そして農民の闘争はいかなる性格を持つものか、新しい闘争課題に対する我々の任務は重い。

反対同盟組織化の討論

(1)　芝山地区5者会談——実川清之（千代田農協組合長、千葉県農協中央会会長、全日農財務委員長、千葉県農民連合会長、社会党県本部委員長、衆議院議員、戦前治安維持法違反等在監7年、千代田村村長）、小川総一郎専務（戦前地主）、斉藤参事（戦前地主）、宮野丸菱野菜出荷組合長、加瀬勉社会党現地オルグ。

申し合わせ事項

①地主、小作の対立関係を解消すること。

②社会、自民党の対立を超えて空港反対の組織をつくること。

③社会、共産、地区労組、反対同盟の団体共闘会議はつくらない。反対同盟の自主性を尊重し、各団体ブリッジ方式で共闘すること。

④部落、地域ぐるみでみんなが参加できる空港反対組織を作る。

組織化の方法。部落長—部落運営委員を中心に組織化するか。農家組合長—各部落の班長を中心に組織化するか。丸菱野菜出荷組合とその支部、丸菱出荷組合、養豚、酪農、養鶏の生産組織を柱に組織するか。結論、地域の農民が99％参加している千代田農協組合員の臨時総会を開いて空港反対同盟組織化の提案をする。農協理事の瀬利誠委員長、宮野稔事務局長、農協婦人部長の長谷川たけ、小川むつ、郡司とめ婦人行動隊長、以下農協の役員が反対同盟の役員に就任することとなった。

(2)　小川国彦県会議員後援会（田中徳次郎）の人間関係で組織化を図った。小川国彦県議、篠原茂、浅野惣平成田市義、小川三男代議士秘書山田信夫、加瀬勉らが工作に入った。石橋政次、石井武、堀越昭平等はまだ社会党員ではなかった。戦後つくられていた開拓組合、シルクコンビナート組合も力を発揮することはできなかった。

動揺が激しく、お互いに疑心暗鬼で、政府に幻想を持っていて、若月千葉県有竹林事務所長の説明会に多くの人が参加していた。三里塚反対同盟の委員長に神崎遠山農協組合長を要請したが断られた。戸村一作氏に委員長を依頼した。小川明治、石橋政次、辻正男、天浪の米津、古米の鈴木らが役員に着いた。三里塚では各部落ごとに毎週1回集会を開いて闘争の意思を確認しあった。北原鉱治は空港賛成派の郡司建設と行動をともにしている。空港公団に財産の見積もりをいち早くさせたのは木の根の小川源である。三里塚に八街、富里の農民30人から50人投入して組織強化をはかった。三里塚地区から富里、八街闘争には戸村一作さんが1回参加したのみで、誰も参加してはいない。

空港反対同盟組織の特徴

部落―実行委員会―幹部会が基本組織である。権力は反対同盟幹部に対する弾圧と買収工作、組織の分裂を狙ってくる。反対同盟の基礎であり田畑の所有権を持っている部落反対同盟を個性豊かな、自主性を持ったものにしなければならない。上意下達であってはならない。各部落反対同盟は生き生きとした細胞でなければならない。コミューンの思想の追求である。役員が逮捕、分断となって反対同盟組織の機能が崩れれば部落の反対同盟を徹底的に活動に立ち上がらせることである。さらに各部落の枠を超えた組織を作らねばならない、反対同盟の基本組織が崩壊すれば、老人、婦人、青年、少年の階層別組織を作ることである。各階層の特性を発揮させなければならない。

組織の基本認識

農産物価格の下落、農政に対する不満、それによる一般的な経営危機ではなく、戦後成立した自作農、家族経営に対する国家権力の直接的な破壊と強奪による危機である。それに対する自作農の対決、闘争の組織である。戦後自作農の現段階の状況はどうなっているのか。反対同盟は戦後自作農の結集組織である。50年余の闘争の資料を検討すると、「反対同盟は」からの認識で始まっていて、「反対同盟は」で終わっている。反対同盟はいかなる組織なのかの解明がなされてない。それは戦後自作農の社会的、歴史的解明がなされていないことである。また、三里塚、芝山の空港建設に反対している集落を、古村、明治開拓村、戦後開拓村と呼んできた。古村と呼ばれている村は荘園の中で自立してきた農民の集落のことである。徳川幕藩体制が崩壊して明治国家が生まれ、土地所有は領主制から地租改正（千葉県は1880年に成立）によって近代的土地所有が成立した。北総台地の集落は貧民、失業武士、御用商人による牧野の開墾（1869年）によって形成された特殊事情があった。戦後開拓とは農地改革（1949年）と二、三男対策（1952年）として集落が形成された。古村、明治開拓、戦後開拓と呼んでいてその中身の検討がされていない。

政党の任務

反対同盟の中に、部落反対同盟の中に、各階層の中に、社会党、共産党、その他政治諸派は党員、党細胞を組織できるのであろうか。私は、青年団、サークル活動、社研、農民運動、社会党選挙活動、そして党員、専従オルグの道を辿ってきた。党派の活動が大衆組織に埋没し、その指導的能力を失えば党細胞は組織されない。八街、富里闘争で3000―5000人の反対同盟員が行動を起こした時に党組織の機能は対処しきれず指導制は発揮できなかった。

後日になるが、この問題は三里塚闘争では、新左翼の現地党連絡会議と各党派の反対同盟部落への団結小屋の建設と常駐者の配置であった。政治拠点としての団結小屋は40カ所に及んだ。

反対同盟組織の建設

外郭測量阻止の組織体制をいかにつくるのか。反対同盟を軍隊組織のようにすべきであると、提案したのは職業軍人で戦犯として中国抑留され帰還してきて芝山反対同盟委員長に就任した瀬利誠であった。砂川、富里のように行動隊を学区別に組織すること、たとえば、反対同盟全体を第1師団、第1大隊（菱田学区各部落）第2大隊（岩山学区各部落）第3大隊（千代田学区各部落）、部落を統括し指揮する人は中隊長、部落の10戸単位に班長を置く。伝令、衛生兵の救護班を作る。看視隊を作り巡回する。警鐘のドラムカンを全部落に立てること。公団測量隊の侵入阻止の動員の訓練を行なうこと。日本の人民は軍隊、または消防団組織の経験しか持っていないことを私は知った。伝令とパトロール隊は青年行動隊が担当した。訓練が開始された。朝明けであれ、真夜中であれ、昼間の作業中であれ、ドラムカンが打ち鳴らされてその場所に反対同盟は結集してスクラムを組んだ。

麻生岩山学区麻生偵一中隊長が辞任を申し出た。軍隊調で号令をかけると威張っている、人に命令しやがってと言われたことが原因であった。私は中隊長会議を召集した。組織は軍隊調で呼ばれているが中身は全く違う。昔の軍隊は、天皇陛下の為、国のために死ぬことを目的とした。我々は政府の空港建設を粉砕しここで生きてゆくために戦うのである。軍隊は絶対服従である。服従させられて行動をとる。我々は違う。みんなで意見を出し合い討論し一番いい意見を行動に移す。中隊長が指揮を執るということは民主的に出されたみんなの総意の委託を受けて指揮するのである。威張って指揮を執り命令しているのではない。反対同盟組織内民主主義をどれだけ発展させることができるかどうかは、闘争の運命にかかわる。反対同盟は共闘において自主性を維持すると同時に、組織内部においても個々の同盟員の自主性を発展するように努力しなくてはならない。

師団総指揮内田寛一行動隊長、第１中隊行動隊長熱田一（菱田）第２中隊行動隊長麻生偵一（岩山）第３中隊行動隊長塚本三郎（白枡）らであった。青年行動隊長小川了（長原）、老人行動隊長菅沢一利（宿）、婦人行動隊長、長谷川たけ（岩山）小川むつ（東）大竹はな（古米）そして１９６６年10月10日外郭測量阻止闘争を展開したのである。国会、県会議員の大言壮語の社会党は大衆動員できず、共産党はガンバローの歌を唄って反対同盟が死闘を繰り返している闘争現場には近寄らなかった。

大衆的実力闘争の展開

反対同盟の抗議行動は結成（１９６６・６・28）と同時に千葉県庁（友納知事）に対する毎日50人、10日間の抗議行動に始まる。成田、芝山議会反対決議白紙撤回について芝山議会占拠、放水車占拠実力闘争に始まり、１９６７年10月10日外郭測量阻止闘争へと続いていった。１９６８年成田市役所攻防３連戦、反対同盟と三派全学連、反戦青年委員会の共闘が確立する。共産党離脱。１９６９年御料牧場閉所式粉砕闘争、１９７０年敷地内測量阻止闘争３日戦争、１９７１年駒井野強制代執行阻止闘争、小川明治副委員長死去、大木よね宅代執行、１９７２年反対同盟中国訪問、岩山大鉄塔闘争、１９７３年大木よね死去、１９７７年飛行阻止闘争、１９７８年管制塔占拠闘争、１９７８年一坪共有地運動展開、１９７９年戸村委員長死去、この間大衆的実力闘争を展開してきた。

管制塔占拠闘争の勝利

横堀要塞闘争（１９７８年）は北原、内田、熱田、秋葉、長谷川たけ、小川むつ全反対同盟幹部が籠城して支援団体と運命を共にして戦った。管制塔占拠闘争（１９７８年）は戦術的には支援共闘会議の抗議行動、単独行動であった。反対同盟が主力というよりは支援が主力に戦いの全面に出てきた。反対同盟の組織の弱体化を示すものであった。全国支援組織はこれ以上闘争はできないと発言、私は再び全国戦線に出てくることはない。今後反対同盟がどのような路線をとっても批判は許さない、と宣言した。以後全国戦線には出ていない。空港が稼動し国家体制のなかに組み込まれ世界資本のなかで競争。現地実力闘争の思想、現地実力阻止廃港の行動には明らかに限界を生じた。政策変更、社会体制の変革が日程に上らなければならない。

総評

私は総評冨塚事務局長と会談。冨塚提案。政府・千葉県、総評、千葉県労連・社会党県本部、反対同盟の代表者による事態収拾のための協議会をつくりたい。理由、全自交の運輸関係の労働者の職場の安全を守らなければならない。

加瀬勉反論と提案

①反対同盟と支援団体がいつ総評加盟の労働者の安全を脅かしたのか。そんなことはない。

②総評主催で日比谷野音で空港建設反対の集会を開いてほしい。いまなら日本の政治を変えられる。（拒否）

③単産代表者会議を開いて空港建設反対の申し合わせをしてほしい。（拒否）

④総評議長の空港建設反対と事態の混乱は政府にあると議長声明を出して政府に申し入れてほしい。（拒否）

⑤冨塚事務局長、空港建設反対の談話を出してほしい。（拒否）

冨塚の言葉――昔陸軍いま総評の時代は終わった。総評は弱くなって何もできない。

自民党の最大の成果は総評を解体し、体制内労働運動に定着させたことである。

財界との会談と権力の総攻撃

加瀬勉は財界首脳と会談、戸村委員長千葉日報社長と対談、島寛征と青年行動隊と加藤紘一自民党幹事長会談、千葉県開発局長吉田巌と石井英祐との会談、松岡秀夫と石橋、内田会談、青年行動隊と福田選挙後援会長（群馬）との会談。秘密交渉の責任を取って石橋、内田、島等が役員を辞任。反対同盟の分解始まる。

反対同盟の組織的崩壊

１９７２年、反対同盟は中国を訪問した(団長戸村委員長秘書長加瀬勉)。代表団は次のような要望書を中国側に提出した。「これからの世界情勢はどうなるのか」毛沢東主席にお聴きしたい。「中国の社会主義建設について」周恩来総理にお聴きしたい。中国の農民と交流し農村を見聞したい。周総理との会談は実現した。帰国が迫った時に中国側から「加瀬さんだけもう10日滞在を延ばしてください。毛沢東主席との会見の日程が取れますから」と強く要望された。私はそれを断って帰国した。それはなぜか？　北京飯店での第1回団会議の席上、石橋政次副団長が「社会党の実川委員長が、闘争を止めて条件を取れと私のところに来た。瀬利誠副委員長と実川さんと横堀小川喜重さんの家で2回にわたって話し合いをした」と発言した。団員のなかに小川喜重さんも加わっていて、２人は実川委員長の闘争終止符について詳細にその内容を語った。団員は信じられないことであると言っていた。

千代田農協の不正融資事件

千代田農協組合長実川清之と小川総一郎専務は農協金融委員会の審議、議決を経ないで、出山建設に８００万の不正融資をしたのである。ところが出山建設は芝山稲葉小学校の防音工事に失敗し倒産した。不正融資８００万が返済不可能になったのである。連帯保証人にされた田中清（辺田）らは財産を失うと家族は泣き出した。

この事件に関して、県警本部は「実川、小川逮捕、それとも三里塚闘争を中止させるか」と言っている。衆議院議員、県本部実川委員長逮捕となれば社会党はつぶれるような騒ぎになる。加瀬勉が現地にいては困る。現地オルグ解任の通告が既に来ていたのである。私は断固拒否したら、社会党県本部書記長加瀬包男、中央本部国民運動赤松康稔が来て私を車の中に拉致して県本部に連れ戻そうとして乱闘になった。

成田市長小川国彦

芝山町小川ゆり宅の生まれ、成田中、法政大学、社会党小川豊明秘書、県会議員（成田）社会党衆議院議員、中央本部国民生活局長、社会党空港反対現地闘争委員会事務局長。小川国彦は無所属自民党の支援で成田市長に当選。「成田の空は晴れ渡る」の著書を出版。空港建設に積極的に乗り出す、東峰堀越昭平に工作、子息夫婦を空港関連企業に就職させ、堀越の移転をさせる。石橋政次の移転にもかかわっている。村山総理の謝罪の親書を天神峰小川嘉吉に渡し移転の突破口を開く。木の根の小川邦章、小川直克の移転工作を行なった。

社会党村山内閣

一坪共有地を放棄した社会党に村山内閣が誕生した。

千葉県地方区選出。加瀬完（参、副議長）赤桐操（参、副議長）

伊藤茂（運輸大臣、本部国民運動局長）

野坂効賢（衆、官房長官、全日農会長）

日野一郎（衆、国務大臣、乳価共闘会議議長、全日農執行委員）

鈴木清美（参、国務大臣、全専売労組、葉タバコ共闘議長）

岩垂寿喜男（衆、沖縄、環境大臣、総評平和運動局長）

千葉県選出の国会議員、加瀬、赤桐が参議院副議長になった。だが空港問題について何もしなかった。村山内閣には私と長年活動をともにしてきた同志が大臣になった。そして三里塚闘争に取り組み、現地に来ていた人々である。伊藤運輸大臣も三里塚に来て反対同盟と懇談した。ただそれだけであった。

①自民党政府が三里塚の農民に謝罪した。それを内閣として踏襲した。改めて謝罪はしなかった。

②村山総理は小川国彦（成田市長」の仲介を経て、個人の資格で小川嘉吉「天神峰」に謝罪の親書を手渡した。伊豆で宿泊して空港（株）と小川嘉吉交渉が行なわれ移転が成立した。「政府が謝っているのだから戦う相手がいなくなった。謝っている人に喧嘩を仕掛けるのは道理に反している」と小川嘉吉の言葉である。

自民党の最大の成果は社会党を消滅させたことである。
③社会党は羽田拡張、国際線飛行の推進をはかった。

それぞれの選択

大木よね、堀越昭平、石橋政次、石井恒司、岩沢吉井、秋葉哲、小川源、小川直克、菅沢一利　熱田一、石井新二、相川勝重、石毛博道、補償金三宮60億、小川嘉吉40億、竜崎春男50億の補償移転、農民は脱落者、裏切り者なのか。私はそうは思わない。国家権力に犠牲になったものだと思っている。ただし反対闘争、反対同盟に敵対行動をとっている者を私は許さない。

空港（株）は巨大地主

農地法によって非農業者は農地を所有できないことになっている。でも空港（株）は農地を所有している。農地法に特殊条項があるからである。騒音立ち退き区域に、宅地農地、山林等多くの膨大な面積の土地を所有している。その状況について把握していない。プライバシーの権利保護によって実態が掴めないのである。農民の移転条件として所有していた農地を耕作させていたが、いまやいろいろな人が空港（株）の農地を借りて生産組織を作って活動している。地主・小作、自作農から大企業からの借地経営と変化してきているのである。ローソンなどは全国に14大農場を持ち、生産、流通、販売まで一元化している。農民は農業労働者に立場が変化していっている。全国には無数の農業生産法人等が組織されてきている。政府は、戦後自作農による農業生産は考えていない。農地法改正によって大企業の土地所有ができるようにしようと考えている。１９６０年の農業基本法の農政は、農業再編成の構造政策であった。

　全国初の成田豊住のパイロット事業、三里塚のシルクコンビナートなど協業化を進めたが農地の流動はなく、農外の大企業、大資本によって農地、土地、水など大規模な収奪が行なわれ土地の高騰もあって経営の再編はできなかった。ＴＰＰの政策を目前にして、農地法の改正、農地管理機構の設置、農地貸し出しに対する補助金の増額耕作放棄地に対しての固定資産税１・８倍の重税と貸出しには固定資産税３年間無税にする。攻めの農業、輸出産業としての農業を声高に政府はいま叫んでいる。2015年度全国では8万ヘクタールの農地が移動した。耕作放棄は富山県の耕地に匹敵する面積である。経営の大規模化は進んではいない。千葉県において70町歩の借地経営を展開している家族経営がある。田植え、稲刈りは臨時雇用をしている。冬季は土建等の建設工事を請け負っている。私の集落では20町歩、10町歩の借地大規模農家が2—3戸現われているが農業委員会を通さず作業委託になっている。生産現場は混沌としている。

古代の土地所有の上に律令国家、荘園土地所所の上に武家国家、荘園の中に生まれた個別経営を年貢対象とした秀吉の太閤検地刀狩、中世封建制の確立、徳川幕府の検地と近世幕藩体制の確立、地租改正による近代的土地所有と明治国家の確立、寄生地主制度と資本制国家の確立、農地改革による自作の土地所有と戦後民主主義国家の確立。戦後自作農に変わって新しい土地所有の農業経営、生産が行なわれるのか。現場は混沌として乱世の如きである。

農業問題に対する論争

「大型の小農」大内力、「小企業農」梶井功、「資本形上層農」伊藤喜博、「企業的小農経営」「企業的家族経営」吉田順六、「高次の段階の新中農」綿谷赳夫らがそれぞれ見解を述べている。成立過程、展開の方向、経済的問題、社会的性格について実証的に分析、その論拠の基礎は弱いけれど論点はそれぞれ注目しなければならない。

土地持ち労働者

大規模農家の対極に土地持ち労働者が現われた。「変質した下層農として把握するより土地持ち労働者として把握すべきである」「非農家の経済基盤の上に生活を移した。資産として農地の値上がりを待っている」「農地を請負耕作に出している離農者は農業生産に関心をもっていない。農地を資産として考え、値上がりを待っている」「労働の現場においても権利意識は低い、低賃金構造に甘んじている。土地持ち労働者は農民運動、労農提携の一翼を担うとはおもわれない」「土地持ち労働者は労農同盟の大衆的基盤である」評価は分かれている。

第三滑走路の建設問題

空港関係市町村の商工会、第三滑走路を実現する会、石毛博道、木内順、小川宏、大木敏男元反対同盟員らによる第三滑走路建設問題が浮上した。地元の住民の要望という隠れ蓑を使っての権力の陰謀である。空港（株）が騒音地帯に土地を所有していること。田畑を耕作放棄するほど農業経営が衰退し、農業後継者が1人もいない現状が現われた。私の部落は成田用水300戸、3000町歩の中で一番よい耕地条件を有している。組合員戸数92、完全離農70、残り30戸兼業で50歳60歳が就労、借地による大規模経営15町歩、20町歩の2戸専業ではない。92戸の組合員の中で農業後継者は1人もいない。1反歩の地代はコシヒカリ1俵（1万5000円）である。その地代から成田用水賦課金、固定資産税、農業共済掛け金、ヘリ防除、農家組合費を支払うと赤字になる。離農者にとって農地は貧乏神である。大規模経営農家も大型機械の装備に金がかかり厳しい経営である。農業経営者後継者はいない。労働力が老齢化すれば借地は返すといっている。雇用してまで賃金を支払っては経営は維持できないといっている。

多古町島地区で土地改良事業を実施して区画1町歩、5反歩水田を作った。その農地が売りに出た。1町歩200万円であった。私の地域で1町歩300万円で売りに出たが買い手が付かなかった。土地を買って経営しても採算が取れないからである。地代をいらないから無償で耕作してくれ、先祖の土地を荒らすわけにはゆかないと言う農家が2戸出てきた。優良農地の耕作放棄は各所に現われている。1965年代三里塚における農民間の農地売買の価格は優良畑で1反歩8万円であった。桜台のゴルフ場土地買収価格は1反歩2万円、空港公団買収価格150万円。土地価格は高騰して1反歩1000万円の単位になった。現在、圏央道土浦から成田市大栄インターまで完成したが、土地買収価格は1反歩800万円に上がり、土地を売りたい農民が続出しているのである。第三滑走路（多古町―鍬田―芝山町加茂）が建設されると私の家は部落は騒音立ち退き区域に入る。

■著　者

加瀬　勉（かせ　つとむ）

1934年5月5日、千葉県香取郡（現多古町）327番地において、父加瀬光、母とよの7兄妹の第2子として生まれる。家業は農業田畑1町5田歩。

1941年4月、香取郡東条村尋常小学校に入学。

1949年3月、東条村新制中学校卒業。

香取郡多古町青年団団長、香取郡市青年団協議会理事、香取郡市青年団協議会事務局長、千葉県青年団協議会常任助言者、多古町社会科学研究会会員。

1956年9月21日、日本社会党に入党。

1961年4月27日、日本社会党千葉県本部書記に就職。

全日本農民組合中央常任委員青年対策部長。

1963年4月、国際空港反対日本社会党富里現地闘争本部に常駐。

1966年6月、国際空港反対三里塚、芝山現地に常駐。

以下今日に至る。

加瀬勉　闘いに生きる　上　――我が人生は三里塚農民と共にあり

2018年3月30日　初版第1刷発行　定価3,200円+税

著　者　加瀬　勉

装　幀　渡辺美知子デザイン室

写　真　加瀬勉、朝日新聞社、新時代社

発行所　柘植《つげ》書房新社

〒113-0033　東京都文京区白山1-2-10　秋田ハウス102

TEL03-3818-9270　FAX03-3818-9274

http://www.tsugeshobo.com　郵便振替00160-4-113372

印刷・製本　株式会社紙藤原

乱丁・落丁はお取り替えいたします。　ISBN978-4-8068-0711-7 C0030